湖北援疆干部风采录

（1999—2020）

中共博尔塔拉蒙古自治州委员会党史研究室（地方志办公室） 编

U0953117

方志出版社
Publishing House of Local Records

图书在版编目(CIP)数据

湖北援疆干部风采录：1999—2020 / 中共博尔塔拉蒙古自治州委员会党史研究室(地方志办公室)编. 北京:方志出版社,2024. 8. -- ISBN 978-7-5144-6294-4

Ⅰ. K820.863

中国国家版本馆CIP数据核字第2024S8K856号

责任编辑:王娜
责任校对:张玉霞
责任印制:梅中英
出 版 者:方志出版社
地 址:北京市朝阳区潘家园东里9号(国家方志馆4层)
邮 编:100021
网 址:http://www.zgfzcb.cn
发 行:方志出版社图书营销中心(010-67110500)
印 刷:新疆金版印务有限公司
开 本:787毫米×1092毫米 1/16
印 张:35.5
字 数:592千字
版 次:2024年8月第1版
印 次:2024年8月第1次印刷
定 价:120.00元

《湖北援疆干部风采录(1999—2020)》编辑人员

主　编:刘如鹏

副主编:涂　军

编　辑:罗文利　李秀兰　李洪文　潘静　那·布尔根

序　言

根据党中央部署，1999年，湖北省开始对口支援博州，在这片青色草原留下深刻的“湖北印迹”。1999年至2020年，在自治区党委、自治区人民政府的正确领导下，在湖北省委、省政府的大力支持和援助下，湖北对口援疆工作认真贯彻落实中央、湖北省、新疆维吾尔自治区对口援疆各项决策部署，聚焦新疆工作总目标，抓干部人才援疆管长远，抓产业就业援疆打基础，抓项目资金援疆惠民生，抓教育卫生援疆树品牌，抓交往交流交融促团结，较好完成了对口援疆工作各项任务。

1999年至2020年的20余年间，十批次1400多名湖北援疆干部和专业人才来到博尔塔拉，积极实施对口支援项目，协调援疆资金，建成了一大批民生基础设施，增强了博州各族干部群众的获得感、幸福感、安全感。湖北省援博干部、教师、医生舍弃优越的工作、生活条件，远离亲人故土来到博州，同博州50万余名各族干部群众一起团结奋斗、扎实工作，把他们的家国情怀、青春热血、专业修为、智慧汗水挥洒在博州这片神奇的土地上，演绎了一个个感人的故事，谱写了一首首动人的诗篇。湖北援疆干部人才与博州各族人民结下了深厚友谊，成为心心相通的兄弟姐妹。他们用自己的真情付出，让博州人民感受到了社会主义制度的优越，感受到了祖国大家庭的温暖。他们用自己的行动，给博州人民上了一堂生动的铸牢中华民族共同体意识教育实践课。

“长江天山一脉牵，鄂博手足情相连”，湖北和博州两地人民的深情厚谊，历史不会忘记。博州人民将满怀感恩之心，永远铭记！

《湖北援疆干部风采录（1999—2020）》编写组

2023年10月

编辑说明

一、《湖北援疆干部风采录(1999—2020)》(以下简称《风采录》),是根据自治区党委党史和文献研究院及自治州党委部署,由中共博尔塔拉蒙古自治州委员会党史研究室(地方志办公室)编写而成的。

二、《风采录》以马克思列宁主义、毛泽东思想、邓小平理论、“三个代表”重要思想、科学发展观、习近平新时代中国特色社会主义思想为指导,坚持辩证唯物主义和历史唯物主义的立场、观点和方法,记载了1999—2020年间共十批湖北援疆干部认真落实对口援疆各项决策部署,在博尔塔拉蒙古自治州开展援疆工作情况。

三、《风采录》所收录资料主要是1999—2020年《博尔塔拉报》采编的援疆干部事迹、新闻图片。在编辑时,一般照录原文,但针对一些特殊情况,如错别字、语法错误、逻辑差错等作相应编辑加工。

四、《风采录》中的“自治区”指“新疆维吾尔自治区”,“自治州”、“博州”指“博尔塔拉蒙古自治州”。

产业援疆

2011年7月24日，自治州召开湖北省对口支援博州、农五师现场办公会　　(罗峰、胡边江　摄)

2012年7月17日，湖北(宜都)九州方圆博州新能源有限公司博乐30MWp光伏电站项目奠基仪式举行（王飞　摄）

2012年9月2日，在第二届中国—亚欧博览会上，湖北省相关企业与博乐市政府负责人签署援建项目协议文件

（王飞　摄）

2011年，湖北援博企业——新疆博海水泥有限公司成立
（五台工业园区　提供）

2011年，湖北援博企业　　新疆晋耀新型建材有限公司成立。图为工人察看生产线运行情况（于苏甫·艾尼　摄）

2014年，湖北援博企业——阿拉山口东贝节能有限公司成立。图为员工正在作业
（于苏甫·艾尼　摄）

2014年，湖北援博企业——精河县楚新农业发展有限公司成立。图为工人在纺纱生产车间工作

（李明星　摄）

2015年，湖北援博企业——新疆金鑫昱纺织有限责任公司成立。图为工人正在生产

（于苏甫·艾尼　摄）

2021年，湖北援博企业——新疆卓越汽车制造有限公司成立。图为汽车组装项目

（阿拉山口综保区提供）

项 目 援 疆

2007年，湖北援博重点项目——州老年、青少年活动中心（李恒春　摄）

2007年，湖北援博重点项目——精河县人民医院综合楼
（精河县人民医院　提供）

2007年，湖北援博重点项目——阿拉山口学校教学楼　（李恒春　摄）

2008年,湖北援博重点项目——博乐市高级中学教学楼。图为笃学楼

(博乐市高级中学 提供)

2008年,湖北援博重点项目——博州蒙医医院综合住院楼

(博州蒙医医院 提供)

2009年,湖北援博重点项目——华中师大一附中博乐分校 (曹轶广 摄)

2011年，湖北援博重点项目——温泉县扎勒木特乡百户牧民定居工程

（任广智　摄）

2013年，湖北援博重点项目——博州人民医院综合门诊楼

（博州人民医院　提供）

2019年，湖北援博重点项目——博乐市妇幼保健计划生育服务中心

（博乐市妇幼保健计划生育服务中心　提供）

人才援疆

2007年10月11日,援疆干部方贻立(中间)在野外现场指导技术人员勘测农村公路

(博州融媒体中心　提供)

2009年5月17日,援疆干部、水产工程师张从义(右)在艾比湖放养从湖北引进的匙吻鲟鱼苗

(博州融媒体中心　提供)

2009年9月19日,州交通局副局长、援博干部陈方先主持援博论坛

(博州融媒体中心　提供)

2018年7月25日，援疆干部赵良英（左二）与博尔塔拉报社网编室工作人员交流业务　（赵龙　摄）

2019年8月14日，援疆干部曾德斌（左）给技术员讲解枸杞植林栽培的技术要点　（李明星　摄）

华中师大一附中博乐分校教师尹才华（左三）是通过援疆、进而调入新疆工作的湖北援疆干部第一人。图为援疆教师尹才华辅导孩子们学习

（张新燕　摄）

2007年10月12日，第二批湖北援博干部返鄂留念　　（包金泉　摄）

2013年3月27日，湖北援疆指挥部领导带领援疆干部宣誓（尹群燕　摄）

2020年9月14日，160名湖北省第七、第八批援疆干部人才抵达博州　　（赵震东、刘献　摄）

教育援疆

2008年10月22日，援疆教师陈新贵在给学生授课

（博州融媒体中心　提供）

2009年6月10日，博州远程教育与湖北教育网台资源对接仪式暨电教人员培训班开班

（博州教育局　提供）

2011年8月3日，博州举办“自治州、农五师中小学现代远程教育培训班”。图为湖北省教育专家就信息技术与各学科整合实践等内容进行专题培训

（博州教育局　提供）

2012年8月14日，武汉职业技术学院博州分院揭牌仪式在博乐市举行，湖北省委常委、常务副省长王晓东（右三）和自治区人大常委会副主任乔吉甫（右一）共同为分院揭牌　　（陈瑞滨　摄）

2013年5月12日，湖北在博州中等职业技术学校的16位老师在学校专业建设、教学研究、人才培养等工作中做了许多创造性和积累性的工作　　（孙明亮　摄）

湖北武汉三中物理高级教师梁继鲁自2009年8月起援疆，至2018年已在华师一附中博乐分校工作9年

（湖北省援疆工作前方指挥部　提供）

2018年9月4日，援疆教师、湖北省襄阳市第五中学地理老师马治文（右二），在精河县高级中学为学生授课

（阿曼叫尔·阿依旦　摄）

2019年5月13日，自治州鄂博名师大讲堂在博乐市人民政府报告厅开讲

（博州教育局　提供）

2019年4月27日，鄂博名师大讲堂活动中，援疆教师熊杨爽为博州教师授课　　（吉·布曾　摄）

2020年9月，援疆教师曾铮（左）和妻子黄贞珍（中）一同到精河县高级中学（襄阳五中精河分校）任教，并将7岁的女儿也接到精河县就读，开启“家庭组团式”援疆的新模式
（于苏甫·艾尼　摄）

2020年12月14日，援疆教师毕芳冰（前排右）与学生在课堂上交流探讨
（于苏甫·艾尼　摄）

医疗援疆

2007年10月12日，博州人民医院援博医生朱文成（前排左）带队在博乐市团结商场门前为各族群众义诊

（史伟 摄）

2009年7月15日，援疆医生谈宇梁（前排中）正在博州人民医院给其他医生授课

（张新燕 摄）

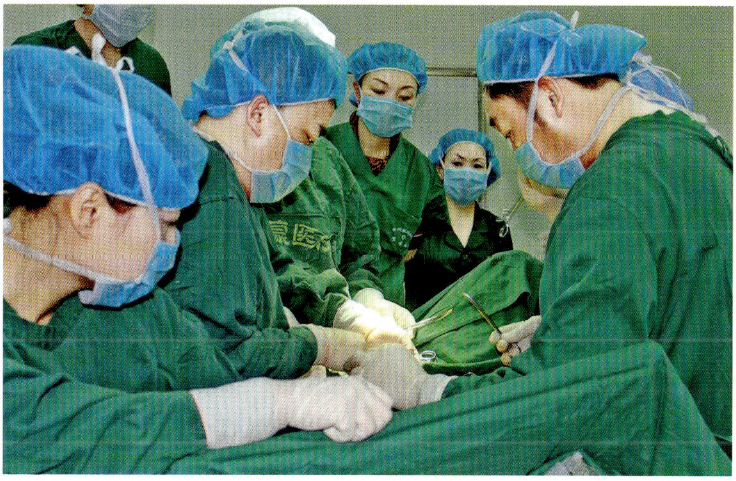

2011年3月10日，湖北专家主刀博州蒙医医院首例直肠肿瘤根治手术

（高小萍 摄）

2011年6月24日，援疆医生在为群众义诊

(陈瑞滨 摄)

2011年8月9日，在博州人民医院，博州党委副书记、常务副州长、政法委书记杨育清(前排左一)与华中科技大学同济医学院附属协和医院院长王国斌(前排右一)为华中科技大学同济医学院附属协和医院博州分院揭牌

(高小萍 摄)

2011年12月8日，援疆医生李红星(左一)向精河县人民医院内二科医生传授用电子胃肠镜检查及治疗的相关知识

(赵国鹏 摄)

2017年9月21日，湖北省卫生计生系统组团式援疆现场办公会在博州举行

（博州卫健委　提供）

2018年1月7日，远在数千公里之外的武汉协和医院手术指导团队与博州人民医院医生进行手术前沟通　　　　（陈勇　摄）

2018年6月30日，"湖北医生就在边疆群众身边"大型义诊活动在精河县大河沿子镇中心卫生院开展，14名湖北援博医生共接诊各族群众546人　　　（何钢　摄）

2018年7月3日，湖北省武汉市第九医院援博州医生、博乐市人民医院（中西医结合医院）检验科主管技师易茜（左一）向科室医生讲解全自动生化分析仪工作原理（于苏甫·艾尼 摄）

2019年5月20日，援博医疗专家为阿不都卡德会诊（楠登 摄）

2020年9月4日，湖北省捐赠给博州及第五师双河市的1100万元医疗物资抵博州。工作人员正在博尔塔拉会议中心码放湖北援博抗疫物资（楠登 摄）

文 旅 援 疆

2011年12月，湖北省演艺集团派出演员参演博州2012年新年音乐会

（博州文体广旅局　提供）

2014年10月13日，湖北省青联委员、湖北省歌剧院演员舒雯在“鄂博·楚星一家亲”联谊活动中演唱歌曲

（赵震东　摄）

2016年7月25日，湖北省包机旅游首发团乘飞机抵达博乐，开启博州之旅首批包机旅游　（吉·布曾　摄）

2017年8月13日，首趟武汉至博州“鄂博号”旅游专列抵达阿拉山口火车站。“鄂博号”专列行驶里程9800千米，行程14天，从武昌站发车后，途经甘肃、宁夏两省，终点为阿拉山口市

（博州融媒体中心　提供）

2018年9月20日，“鄂博情　一家亲”博州赴鄂交流演出在武汉市洪山礼堂举行

（张新燕　摄）

2018年11月25日晚，湖北省歌剧舞剧院在博州艺术剧院为博州人民献上经典剧目《洪湖赤卫队》

（于苏甫·艾尼　摄）

2018年11月11—13日，湖北省地方志办公室在博州举办援博志鉴编纂业务培训班　（博州地方志办　提供）

2020年，博州图书馆筹建期间，湖北省图书馆捐赠自助办证机、OPAC（联机公共目录检索系统）图书检索机、图书馆管理系统软件平台等信息化设备，为博州分馆湖北专区配送2万册图书，并给予图书管理业务指导

（博州图书馆　提供）

2020年9月21日，湖北援疆旅游包机百人团抵达博州。博州在博乐机场举行具有民族特色的欢迎仪式。图为博州歌舞团演员为远道而来的湖北客人敬献哈达

（张新燕　摄）

交流交往

2009年5月28日，湖北援疆干部在博州蒙古族同胞家过端午节

（博州融媒体中心　提供）

2014年8月1日，自治州2014年“鄂博少年手拉手·携手共筑中国梦”融情夏令营正式开营。从全州选拔出来的73名优秀少先队员赴湖北武汉、荆州等地参加为期7天的夏令营

（杨薇薇　摄）

2017年8月6日，湖北援疆干部、州党委组织部副部长廖进军（左一）带着从湖北前来探亲的父母妻儿一家五口，专程前往博乐市青得里镇定吉格村看望结对群众阿外汗一家　（吴汉勋　摄）

2018年6月29日，湖北省援疆前指携手中建三局新疆分公司，在华师一附中博乐分校启动“鄂博情深 筑梦未来”公益助学活动。公司58名党员与58名家庭贫困学生结对

（湖北省援疆工作前方指挥部　提供）

2018年8月，博州举办2018年“鄂博少年手拉手·民族团结一家亲”夏令营

（博州团委　提供）

2019年8月19日，博州妇联与湖北省妇联联合举行的“情系新疆 大爱无疆”援疆“百人结亲”仪式在博尔塔拉宾馆举行

（博州妇联 提供）

2020年1月28日，鄂博手足情相连，众志成城战疫情。新疆天莱牧业集团有限责任公司向湖北省捐助100吨酒精的罐车开往湖北省武汉市　（于苏甫·艾尼　摄）

2020年10月，博州党委党校主体班学员在湖北红安干部学院进行异地培训

（博州党委党校　提供）

新一轮援疆工作开展以来，博州总工会联合湖北省总工会共同开展鄂博劳模疗休养活动。图为湖北省劳模到温泉县参观湿地公园（博州总工会　提供）

目 录

建功立业在边陲

——第二批湖北援疆干部工作纪实

吴世永

2002年7月，第二批40名湖北援疆干部告别家人来到博州，开始了为期三年的建功奉献生活。援疆干部们以过硬的理论知识、业务功底和饱满的精神状态，克服初来乍到所面临的困难，很快打开了工作局面，赢得了博州干部群众的好评。

半年来，援疆干部从严要求自己，扎实开展工作，在建设第二故乡过程中做了许多感人的好事。

说博州话　想博州事　做博州人

调查了解乃至熟悉掌握一地、一部门的基本情况，是做好今后各项工作的基础和前提。为此，援疆干部来博后不久就抽出时间到企业、到市场、到乡村开展广泛调查。通过看、问、听，了解实际情况，并结合自己所在县市和部门的工作，提出了发展建议。援疆干部、分管全州工业、旅游和内外贸易的州党委副书记就做大做强旅游业撰写了调研文章。同时他在担任第11届乌洽会博州交易团团长期间，带领大家高效开展工作，取得了成交金额20.53亿元的好成绩。援疆干部、州经贸委副主任周强率队进京参加“2002国际投资控股与中小城镇发展项目合作洽谈会”，先后同国外一些大集团公司签订了“旅游、枸杞深加工等项目合资合作意向书”。援疆干部、精河县副县长戴伴云带领援疆干部徐建军到自治区为该县的水利、农业、种源等项目争取到30多万元的项目资金。援疆干部、温泉县副县长覃绪华在当地发生特大山洪时，与当地干部群众一道防守在抗洪一线。

此外，来自教育、卫生、新闻和广播电视等行业的援疆干部，也在各自的岗位上奉献着智慧和才华。湖北卫生专家在州医院的半年时间里已完成或指导手术100余台,填补了一项左肝全切、合并胆囊切除手术空白;在精河、温泉和博乐从事教学的援疆老师,通过调研提出了治校方略和教改方案。这些教师除每周上好20多节课外,还负责带好2—3名徒弟。

爱心奉献　缔结鄂博手足情

40名援疆干部以博州为第二故乡,视博州为自己的家。来博不久,即开展了一帮一助学活动,即每人每年结对资助一名当地贫困中小学生400元,一包三年不变。并与结对学生家庭建立登门家访制度。援疆干部、州科技局副局长章荣炎不久前给其资助的蒙古族学生送去两套羽绒冬装、棉鞋。精河县高中外语教师杨传德为激发学生学习英语会话的兴趣,自己掏钱设立了专项奖学金。

除做好教育、卫生、科技援疆外,援疆干部还牵线搭桥,促成湖北企业界和党政领导20多批近百人来博考察、投资。湖北潜江市党政代表团一次性为温泉县城镇小学捐赠40万元建教学楼,湖北日报社为博尔塔拉报社捐资10多万元,并出版了一期“博尔塔拉”彩色专版。此外,湖北教育、广电、交通、人事、财政、卫生等系统也都有了援助意向。

半年时间虽短,但通过一件件实事,我们感受到了援疆干部奉献边疆的真情。

(2003年1月24日发表于《博尔塔拉报》)

博天山之爱　乐奉献之举

——博乐市援疆干部工作纪实

黄　原

去年7月，湖北黄石、天门等地的9名援疆干部，带着组织的重托和家乡人民的期望，来到博乐市。一年来，他们牢记使命、踏实工作，赢得了各族群众的尊重和信任。

孜孜不倦勤“充电”

援疆干部自觉学习“三个代表”重要思想，保持政治上的清醒和坚定，认真阅读《新疆历史及民族宗教问题简明读本》及有关书籍，了解新疆的历史和民族、宗教等有关知识，虚心请教，特别是向少数民族干部请教。同时，善于思考，做读书笔记，收集资料卡片，不定期地集中学习、交流思想。

时时自律严要求

为适应新的环境，市援疆干部小组制定了《博乐市援疆干部管理制度》，9名干部自觉遵守，严格做到思想不越界、行为不越轨、工作不越位，不断强化“三个离不开”思想，确保过好政治关、纪律关、安全关、团结关。

多多深入问良策

一是广泛调研，积极思考。博乐市副市长褚兰新深入全市所有的乡（镇、场）和30多家企业，在调研的基础上，撰写了《对做好当前棉花收购工作的建议》，对当地棉花收购工作起到了积极的促进作用。

二是摸准情况，拓展新路。市高级中学副校长李军对教育教学情况进行整体调研，注重教师的培训和学生的培养。实行“弹头”工程，重点培养考重点大学的学生。

三是针对难题，提出对策。市建设局副局长何兴汤利用专业技术，在跑马场大门设计上，提出了“开启式套杆设计方案”，解决了建设中的难题。

默默耕耘办实事

一是尽职尽责。副市长褚兰新分管科委、统计、旅游、工商、技术监督及三个街道办事处和三台办事处的工作。在工商管理方面，从维护消费者权益出发，积极推行市场预警制度；在农业科技工作中，他带领专家顾问团赴团场取经；在社区工作中，他经常深入居委会了解情况。政府工作千头万绪，他积极协调处理多方关系，及时解决各种问题。

二是发挥专长。黄石市中心医院的骨科主任医师肖进来博后，已完成(指导)手术240多例，有3种技术(脊柱矫正、创伤因固定、假体置换术)开了博州手术史的先河。来自黄石市二医院的主治医师喻春华，在肾脏内科工作，他因陋就简，开展腹膜透析疗法诊断技术尝试。两位医生工作负责、医术精湛、服务热情，受到领导和患者的好评。

三是超负荷运转。市高级中学副校长李军、英语教师陈满堂、语文教师彭茂林、数学教师孙明星承担毕业班教学任务，每星期代课都在26个课时以上。

四是积极协调。市计委副主任周礼发积极协调，顺利完成了1200余户村民的供电线路改造，并参与拟定了《博乐市2002年国民经济和社会发展计划执行情况及2003年计划(草案)的报告》。

殷殷亲情浓似酒

去年8月，博乐市委、市政府号召全市干部职工开展捐资助学活动，援疆干部积极主动参与、慷慨解囊，并迅速发起了“希望工程”结对帮困助学活动，每人又捐款400元，与贫困学生家庭实行定向联系制度。

来博后，为了使家乡了解新疆，宣传博乐，去年底，副市长褚兰新的《援疆心语》一文被《湖北日报》刊登，《西部灵壤——博尔塔拉》专题片光盘寄回其他省市播放。家乡人为博乐人民在极其艰苦的条件下，顽强拼搏，建设美好家园的精神而深深感动。

(2003年6月28日发表于《博尔塔拉报》)

丹心绘出花烂漫

——记湖北援疆教师、博乐市高级中学副校长李军

张　平

我们从荆楚大地
来到青色草原
我们是燃烧的红烛
展示着援疆教师的风范
我们无怨无悔
我们甘于奉献

——主人公心语

站在办公室阳台隔窗眺望，李军紧蹙着双眉。初春三月的阳光下，博乐市高级中学的学生们正在做课间操。李军在想什么呢？

一

2002年，李军从荆楚大地来到博乐市高级中学任副校长，他深知主抓教学副校长这副担子的分量。

学校各方面的硬件设施欠厚实，年轻教师没有太多的高中教学经验，考试机制需要重新设置，教学研究工作亟待加强……

李军多少有些担心：自己从湖北天门市来到博乐市高级中学任副校长，是否能干好？干不好怎么办？

有着18年教育管理经验和22年高中数学教龄的他心想，当初是自己主动要求来新疆援教的，而今只有百般努力，只能干好，否则愧对组织和家人。

——很快，一套新的考试机制形成了。学校从抓考风入手，促进了班风和

校风转变。

——很快,学校关于加强教学教研工作的各项措施出台了。

在李军的积极倡导下,学校进一步强调了集体备课,加强了集体研究。李军提出,要加强课堂教学研究,突出常规课的稳定性、优质课的示范性、研究课的创新性。李军认为,教得好的检验标准是学生学得好。

校长陈秦鼎是这样评价李军的:"最可贵的是他给我们带来了先进的办学理念和教学管理的好经验、好做法。"

市高级中学有了许多变化——

校风变了,教学质量提高了,学习氛围浓厚了,教研活动多了……2003年高考成绩再创历史新高:共有511名毕业生参加高考,上线人数493人,过线率达96.5%,其中还有学生考入清华、北大等名牌学府;全州文理科4个总分状元、8个单科状元也都出自市高级中学。

说起这些成绩,李军总是这样说,学校是一个整体,成绩的取得是全体师生共同努力的结果。

二

作为校领导,李军抓好教学管理工作就可以了,可他还要带毕业班的数学课。

今年春节,李军和其他湖北援疆教师回湖北,过完年就赶回来上课了,比湖北省规定的返疆时间提前了近一个月。知情人说,他女儿今年也将参加高考,可他却……

去年的一天,李军接到女儿打来的电话,说爷爷病了。陈校长听说以后特批李军10天假,可李军没回家。他说,自己是一名普普通通的援疆教师,任何时候"小家只能服从于大家。"

面对成绩,李军没有陶醉,他知道要做的事情还很多。这不,他望着校园内做操的学生,心中思谋的是,如何打好今年高考这场硬仗。

(2004年4月15日发表于《博尔塔拉报》)

把爱留给青色草原

——记湖北援疆教师吴新华、陈利军

胡迎花

没有鲜花，没有掌声，只有重复的劳作：上课、下课，在校园里一直延续着师生共奏的“交响曲”。在博乐市高级中学，记者见到了湖北援疆教师吴新华、陈利军。

吴新华的“学生缘”

吴新华是来自湖北天门中学的一位优秀教师。去年8月，他离家别子来到博乐。在市高级中学除带高三两个班数学外，还承担着培优生的重担。

说起吴新华，博乐市高级中学的师生们都夸赞他性格开朗，又不失严师风度。校领导说，他的敬业精神令教师们交口称赞。每周超16节的课时，他毫无怨言，而且始终保持着乐观的态度。高三(1)班的学生邢晶晶说，吴老师非常有“学生缘”。同学们与吴新华除了师生关系外，更多的是朋友关系。课间、晚自习下课，吴老师总是最后一个离开学校，学生们好像总有说不完的话要对他说。无论是在学习上，还是在生活上，吴老师都给学生带来了无限的乐趣。

陈利军的“学生气”

陈利军也是来自湖北天门市的一位教师，看上去他还是满身的“学生气”，简直就是一个中学生。想象不出他瘦小的身材怎能肩负起高三两个班化学课的重担。可又有谁料到，正是一身“学生气”的陈老师带出了模拟摸底考试一个班成绩在平行班第一、另一个班比同年级平均分高出9分的好成绩。领导赞他治学严谨，注重教和学的结合。尤其是他注重学生全面发展的教学方法极大地影响着高级中学的师生们。

教研组的老师们告诉记者,陈老师总是牺牲休息时间,查找大量化学学科资料,和教研组的老师们一道有重点、有选择地使用。

陈老师的敬业精神给老师、学生留下了深刻印象。高三(12)班的何海娟同学告诉记者,陈老师讲问题从不厌烦,即便是最简单的问题,只要问他,他总是给你讲上好几遍。

陈利军的细心、耐心,赢得了学生的爱戴,更赢得了全体老师的尊重。在采访时,陈老师告诉记者,去年12月底,他得了胸膜炎,住进了州医院。在医院的20多天里,校领导、老师和他的学生都去看望他,同年级组的老师还凑份子给他买了一件羽绒服,使他十分感动,他说:“我穿在身上,暖在心里呀!”

(2004年6月12日发表于《博尔塔拉报》)

奉献无悔

——记湖北援疆教师李华

曹轶广

“能援疆，我感到很荣幸。”博乐市高级中学高三物理教师李华自豪地说。

4月25日，李华在同事的一再劝说下，终于放下手头的工作，到州医院做了小腹、双肘内侧脂肪瘤切除手术，缝了17针。李华接下来做的事情着实让学生感动了一番。

高考临近，莘莘学子挑灯夜战，为最后的冲刺做准备。为不影响正常上课，李华并没有请假休息。李华在进行板书时，高举的胳膊拉扯着伤口，可李华并不在乎疼痛，依然继续给学生上课。

看到老师刚做完手术还带病上课，同学们听课比平时更加认真。下了课，很多学生给李老师递上苹果、橙子等，还关心地问他能否坚持上课，要多注意休息；有些学生还特意到李华的宿舍看望他。

班上有两个女生物理学得不好，李华刚带物理课时，她俩只能考30分到40分。一次，她俩哭着找到李华，表示对高考已经丧失信心。为了不让她们丧失信心，李华帮她们分析原因，并向她们讲方法、谈经验。一段时间后，她们的平时考试成绩都能保持在60分以上。她们只是李华用心辅导学生中的一部分。他告诉学生，不要认为学习成绩一般就没有希望，只要努力，完全可以后来居上。

在教学中，李华兢兢业业，无愧于人类灵魂工程师的光荣称号。但是，对于远在湖北的妻子和7岁的儿子，李华总觉得有些对不住他们。前一段时间，儿子给李华打来电话，问他什么时候回去，李华强忍住泪水，只说：“快了！快了！”

（2004年6月12日发表于《博尔塔拉报》）

湖北援疆医生喻杰、郑小林二三事

张军花

“喻医生给我做的鼻腔泪囊吻合手术非常成功,没有感觉到不舒服,而且很快就康复出院了。”这是温泉县呼和托哈种畜场哈萨克族村民布鲁木鲁汗的心里话。

去年8月,喻杰和郑小林分别从湖北省黄石市一医院和武汉市中心医院来到博州医院,并担任医院五官科和州医院分院外一科副主任。他们凭着丰富的医疗经验、渊博的知识,很快赢得了同事和患者的一致好评。

从事眼科工作30年的喻杰来博后,带领科室成员开展了很多眼底病的诊治,如糖尿病视网膜病变及高血压网膜病变等,使科室成员在诊断和治疗水平上有了明显提高。

今年只有32岁的郑小林是湖北援疆专家中最年轻的医生。

州医院分院外一科住院医生李小明说:“今年3月,温泉县一位中年妇女患有慢性腹腔、盆腔脓肿和肾功能衰竭等病,身体散发出异常气味,需每天换药。平常换药都是护士做,但郑小林从病人住进医院直到离开医院,一直都在给病人换药,而且每次换药需用40多分钟。他的这种不怕脏和累的精神非常值得我们学习。”

今年4月22日,博乐市达勒特镇精更浩西村村民李松树因患肝癌住进州医院分院外一科,郑小林成功为他做了不规则部分切除术手,使李松树术后病情很快恢复,于5月10日病愈出院。

喻杰和郑小林对记者说:“博州地方不大,但博州各族人民非常热情好客。我们与博州各族人民结下了深厚的友谊。虽然就要离开博州了,但博州是我们的第二故乡,有时间我们会经常来博州这个‘家’看看的。”

(2004年6月12日发表于《博尔塔拉报》)

洒向人间是真情

——记湖北援疆医生李家福、陶晓楠

丁泉燕

一

本报曾于4月23日报道温泉县八十八团场职工张永红三胞胎妊娠，但重度妊高症使她出现心律失常、呼吸衰竭。州医院的医生们紧急会诊，成功为她实施了手术，最终母子四人平安。事后，记者得知，为张永红做手术的就是湖北援疆医生李家福。

湖北省中南医院妇产科主任李家福是第四批湖北援疆医务人员的一个。其现任湖北省性学会理事、湖北省降低孕产妇死亡率专家，擅长高危、难产手术。同时对妇科疑难杂症及肿瘤治疗有丰富的经验。

我州是少数民族聚居地区。李家福为少数民族患者治疗时，经常存在语言障碍，但他总是不厌其烦地询问病史，耐心诊治。2004年4月1日凌晨3时，妇产科住进一位重度妊高症并心律衰竭的危重产妇古力斯坦。李家福医生冒着极大风险果断实施了手术，经过一夜的精心治疗，病人转危为安。疲惫的李家福医生这才露出欣慰的笑容。

每个疑难病例，每个危重病人的床前，总有李家福的身影。他细心的诊疗、和蔼可亲的笑容总能给病人带来信心和力量。

二

2003年9月，年近八十的父亲遭遇车祸，至今还卧床住院。身为长子的陶晓南却不能赶回武汉床头尽孝。已上高二的儿子独自在家，无人照顾。身为父亲的陶晓南只能在电话里叮嘱儿子多注意身体。

或许是从小在部队大院长大的缘故,陶晓南已养成了坚忍、刚毅的性格,但说起这些来,他的眼睛又分明湿润了。

陶晓南是湖北省协和医院呼吸科内科主任医师、硕士生导师。自2003年8月5日到州医院内科工作以来,他始终在临床一线,指导内二科各项工作的开展。

2003年8月23日凌晨3时,州医院内二科急诊收治了一位72岁的哈萨克族女病人库里帕尔。患者是症状性癫痫,呈持续抽搐状态,陷入深度昏迷,生命危在旦夕,呼吸道分泌物多。陶医生在病床前指挥抢救,果断及时地将气管切开。随后,他在病床前守候到第二天凌晨8时,患者脱离危险后,他才离开。

陶晓南医生以自己丰富的学识和临床经验为全院的医务人员多次举办讲座,解答疑难问题,使医护人员的专业知识得到进一步的提高。

提起博尔塔拉,李家福和陶晓南说,在这里生活了近一年时间,我们早已把美丽的博尔塔拉来当成是自己的第二故乡。

(2004年6月12日发表于《博尔塔拉报》)

我们会想念这里

——记精河县人民医院湖北援疆医生那顺、熊汉中

吴世永　何海燕

那顺和熊汉中就要离开工作一年的精河县人民医院了。虽然他俩在这里仅工作、生活了300多天，但这里热情的人们和朝夕相处的同事都给他俩留下了难忘的印象。

"我很留恋他们。这里的人特直爽。虽然条件比其他省市大医院差多了，但他们从上到下都特别团结。"那顺这样说。

"新疆给我一种向上的感觉。新疆，特别是博州变化很大。医生很敬业。"熊汉中这样总结自己一年来的体会。

那顺和熊汉中分别来自湖北鄂州市第二医院、湖北鄂州市中心医院。去年8月9日，他俩被安排到精河县医院外二科和内二科。那顺所在的科主要是治疗骨外和脑外病人，而熊汉中从事的工作传染性比较强。

在同事们眼里，那顺和熊汉中都是属于那种业务功底扎实、没有架子、待人真诚、生活要求不高、传授技术不保守的专家。

外二科主任杜昌辉说："那顺所在的单位改制后，与他一起工作的同事都签了合同，可他的合同还没签。即便面临工作压力，但是那顺仍按时上下班，倒班值班，随叫随到，没有表现出不安心工作的样子，我们都很佩服他。"

"我们都称他熊老师，虽然他今年才34岁。自从熊老师来后，他经常向我们讲解一些典型、重点病例，对同事提出的问题，他都耐心解答，现在我们科在呼吸业务方面有了很大进步。"内二科主任冯新这样评价熊汉中。

（2004年6月18日发表于《博尔塔拉报》）

跨越万里的倾情奉献

——记湖北援疆干部、州党校副校长陈祖明

吴世永

陈祖明是在两年前的一个夏季,从遥远的湖北省会武汉市来到西部边城博乐的。

那年他37岁。来之前,他在湖北省委党校任办公室副主任和党委秘书。

转眼,两年过去了。7月7日,在州党校二楼会议室,副校长阿不力克木谈起他对陈祖明的印象时说:“他就像在新疆长大的一样,我感觉很早以前就认识他。如果允许,我真想让他长期留在这里。”

据了解,作为第二批援疆干部,陈祖明在这两年中因其业务强、作风正、待人好而受到州党校上上下下的称道。

挺过了最初的不适应期

“2002年8月3日陈祖明来后,就住在我们党校教学楼的三楼宿舍里。由于教学楼附近有一大片林子,夏天虫子特别多。晚上看书时,被虫子咬了,脸上、身上溃烂、肿大,还住了一个月的医院。”州党校办公室主任姜文杰至今还清楚记得两年前发生的那一幕。

环境、生活上的种种不便,并没有难倒陈祖明。在他看来,这只是一个必须经历的适应过程。

陈祖明的家在汉口,妻子在汉阳上班,每天天不亮就走,天黑才回家,根本无暇照顾家人。于是,正在读小学五年级的女儿只好经常自己去省委党校食堂打饭吃,而这一点是最让陈祖明放心不下的。州党校教务科长李晓梅动情地说:“去年在湖北省委党校学习时,看到这种情形,我们觉得孩子真是太可怜啦。”然而,即便这样,每学期开学,陈祖明都按时返校,从没有因家中的事情耽

搁一天。

“我在他身上，看到了湖北援疆干部的好作风。”州党校管理员宋建设感慨道。

不想做个碌碌无为的援疆者

最让州党校老师佩服陈祖明的，还是他那种想干事和干成事的强烈事业心。

陈祖明在州党校担任副校长一职，主要分管教学和科研工作。

这两项工作，陈祖明花费的精力最多，取得的成绩最为明显，也最为同事们津津乐道。

陈祖明首先提出了“教学内容专题化，教学专题系列化，系列专题精品化”的教改新思路，大力倡导研讨式教学。

他利用去年暑期，精心制作并成功推出了令人耳目一新的多媒体课件——《延安精神永放光芒》，此举开创了州党校使用现代化手段教学的先河。

他主动参与自治州科研课题和自治区党校牵头的国家级课题的调研，撰写的《振兴中华的伟大旗帜》一文，在博州、农五师党校系统举办的“学习十六大精神研讨会”上被评为二等奖；参与完成的国家级子课题《建设大口岸，推进大开发》的调研报告，被自治区党校主办的《实事求是》杂志刊载。

此外，他还在教改工作中相继推出了外请专家讲课、组织学员讨论、把关审签教案、学员课堂笔记、读书笔记展评等一系列教改管理新举措。

党校一位老师说：“陈祖明干事不仅积极热情、干练活泼，而且做事非常周密、细致。教学计划他逐字逐句把关，跟他在一起工作常感到有一种压力。”

两年来，在陈祖明的积极奔走、协调下，湖北省委党校已为博州党校免费培训6名教师、为自治州培训了近百名县级干部，并达成了在2005年前，湖北省委党校再为博州培训200名中青年干部的计划。湖北省投入500万元援建的州党校综合楼楚天楼，从去年开工建设后，也让陈祖明费尽了心血，目前工程已经竣工。

陈祖明的故事还有很多，如自费资助温泉县中学一名叫居玛哈孜的哈萨克族学生上学；为不耽误工期，为综合楼垫付400元购买消防材料，等等。他所做的这一切,是因为“他把这儿当成了自己的家。他就想在这里干成点事情。”州党校办公室副主任希·艾力这样评价陈祖明。

其实,促使陈祖明这么用心做事的原因只有一个,那就是他对博尔塔拉的一切都充满了无限的感情。

(2004年7月24日发表于《博尔塔拉报》)

献给草原的“哈达”

——记湖北援疆干部博乐市副市长褚兰新

吴世永

从湖北大冶到新疆博乐的路途有多远?

从踏进博乐市到今天的700多个日日夜夜,这中间又付出了多少?

这一切,褚兰新也许没有仔细想过,但他肯定能深深体会到。

相同的职务,不同的地域工作环境,即使这一切都发生了深刻的变化,但他心中“奉献”二字却一直没变。

2002年7月20日,刚办完出院手续的大冶市副市长褚兰新,在伤口没有完全愈合的情况下,6天后便和其他39名援疆同志一起,不远万里来到了祖国的西部边城——天山脚下的博乐市。

人生的旅途在这一年有了新的起点。那一年,他44岁。

选择援疆无怨无悔

“所见所闻,我们感到震撼。没想到你们在新疆付出这么多。”今年博州50年大庆期间,来自湖北省黄石市党政代表团的成员们由衷地发出这样的感慨。

其实,“援疆”这两个字背后就饱含着奉献之意。

而对褚兰新而言,在是否来疆工作的这个问题上,颇费了一番思考。

这种思考,既是对自己的一种考验,也是对组织决定的一个慎重回应。

去和不去,他必须在二者中作出一个选择。

“你可以享受安宁而平静的快乐,也可以体味陌生而寂寞的生活;你可以满足现状,也可以不断追求;你可以放弃奉献,也可以接受挑战;你可以拿出多条理由予以推脱,也可以义无反顾地挺身而上……这一切选择权都在我自己。”那一晚,他思考了许久许久。

褚兰新说:“那几天,家中的电话日夜不断,来访的朋友接踵而至,关心的、劝阻的、赞许的、祝福的应接不暇。”

但褚兰新去意已决。

而最让褚兰新感动的还是妻子、母亲和女儿的声声鼓励。“你放心,家里不用担忧。到了边疆,多为当地办好事,我在家等你。”在大冶市第一小学教书的妻子宽慰道。年迈的母亲噙着泪花絮叨着:“儿呀！你下乡当过知青,参军上过战场,进厂干过工人,娘相信你能吃苦,能干好。”正在武汉理工大学读书的女儿则撒娇地说:“爸爸,我很想你,我俩来比赛,三年之后我们将同期毕业,看谁的成绩最好。”亲人的理解与支持,更加坚定了褚兰新的选择。他分明感到,自己身后那注视的目光充满了殷切期待、挂念抑或眷恋……

勤奋工作　尽心尽力

“我深知三年援疆工作的宝贵和重要,为此,我将个人工作的思路确立为:既求稳更求新,既求多更求好,既求大更求实。”这是褚兰新在担任博乐市副市长一职时给自己的工作定位。褚兰新在政府主要分管工商、旅游、统计、技监四个办事处的工作。其实,特殊身份的褚兰新在做好分管工作的同时,也拿出许多精力做好政府其他各项工作。2002年踏进博乐,他跑遍了所有的乡(镇、场),走访了部分村(队)、农户,调研了30多家大小企业。

2003年防非典期间,他组织办事处干部对居民点进行“地毯式”清查,带领有关部门负责人对宾馆、饭店,进行实地督查。

2003年,褚兰新在全市范围内组织开展了打造“诚信博乐”的大型活动。召集驻市15家单位和12家企业上街宣传、咨询。在全市企业、工商户中率先开展AA级企业评选工作,评选出13家AA级信用企业。在推行电子政务过程中,他组织市工商局建立了2家网站,2003年初开通了博乐“315”网和博乐企业信用网。今年,褚兰新主管全市《中华人民共和国行政许可法》的宣传、“双清”工作。从抽调人员,到起草实施方案;从自学到培训,从组织到检查,他亲自参与,并在全疆第一个组织了《中华人民共和国行政许可法》模拟演示。这次演示,让前来观看的自治区法制办主任李伟赞叹道:“博乐市的这次演示,是学习宣传《中华人民共和国行政许可法》的一次工作方法上的创新，在全疆应该推广。”当然，更叫人佩服的是博乐市石灰窑矿区的整顿治理。这次整顿，充分体现了褚兰新的领导水平、工作能力和市场意识。

博乐市石灰窑矿区占地3000多亩，有大小采矿企业60多家。长期以来，矿区管理混乱无序，存在安全隐患，多年整顿未见成效。褚兰新担任整顿领导小组组长后，带领相关部门多次深入矿区调研，制定整改方案，仅召开矿业业主会议就多达11次。经过近一年的扎实工作，一批无证非法采矿的企业被全部取缔，矿内的生活区、井采区、加工区被重新划分，统一了房屋建筑标准，成立了社区，矿区的面貌焕然一新。

清理整顿告一段落后，针对矿区存在的深层弊端，褚兰新及时提出了矿产资源采矿权实行有偿转让的建议，并精心组织实施，第一批拿出7处矿点进行拍卖，共拍得资金572万元。这笔钱，比博乐市30年来在该矿区的总收入还多出许多。

鉴于褚兰新在工作中经常采取的一些新思路、新办法，有位领导曾这样评价：“褚兰新是一个按市场规则、用经济手段抓政府工作的人。”事实上，褚兰新所做的工作远不止这些。整顿国家级风景名胜区赛里木湖乱搭乱建问题，褚兰新担任拆迁组组长，按时完成拆迁任务，受到了自治区赛里木湖开发协调小组的肯定；抓旅游工作，他组织了博乐市首届旅游产品展示会及导游小姐大赛；组织人员编写了《博乐市旅游指南》和《博乐旅游传说故事》两本书，拿出了《博河沿岸民族风情园规划》；抓社区工作，他经常深入社区和居委会，找班子成员个别谈话，多次召集会议，提出工作要求，交流工作体会，有效地推动了工作……

友好信使　传情两地

搭起黄石、天门与博乐友好交流的平台，也是褚兰新的工作重点。为此，褚兰新积极促成各种团队互访；创新提出和协调安排博乐市干部赴黄石、天门挂职培训；联系湖北有关部门对博乐市进行经济技术援助。

两年来，湖北黄石市、天门市共向博乐市捐助资金80万元。黄石市广电局向博乐市广电局赠送一套摄像设备；黄石市规划局先后派出4名技术人员来博编制博乐市城市近期建设规划;博乐市三小的“黄石楼”、博乐市高级中学的“天门楼”正在施工。

同时,黄石市、天门市还分别承诺,从2004年到2008年,每年分两批,一批20人,为博乐市后备青年干部和专业技术人员在黄石、天门两市提供挂职锻炼岗位。培训人员除交通费外,其余费用由黄石、天门承担。现已培训30人。目前,两地人员互访已达78人次。这种经常性的交流互访,密切和融洽了其他省市与边疆各族人民的情谊。

勤思多写笔耕不辍

褚兰新喜欢读书,两年中仅读书笔记他就写了5万多字,收集资料卡片达3000多张。爱读书,也使他养成了勤于思考、经常写作的习惯。

平常工作中,诸如工作计划、实施方案、总结、讲话稿之类的东西,他都是自己动笔,从不让秘书代笔。

闲暇时间,他还写一些工作体会、来疆感想之类的文章。两年来,他写的散文《援疆心语》在《湖北日报》刊发,散文《边防行》《博乐的绿》《牛》《丰盛的午餐》和理论文章《对当前棉花收购工作的建议》《对社会信用的思考》也先后被《博尔塔拉报》《湖北援疆通讯》采用,《关于博州旅游资源开发与利用的思考》被全国理论创新学术成果评审委员会评为二等奖。

褚兰新说:“写作,抒发了我的感情,丰富了我的精神生活。”褚兰新是一步一个脚印从基层走上来的,地位的变迁,没有改变他那颗真诚待人的心。来疆后,他陆续拿出3000元钱资助了两名贫困学生和两户贫困户。正如他在《援疆心语》一文中所说:“博大的是胸怀,高尚的是奉献,需要的是抱负,成功的是持恒。坦诚的我,崇尚真实、博大、高尚。”这也许就是他援疆的真实心路历程吧。

(2004年8月7日发表于《博尔塔拉报》)

爱在边疆无怨悔

——一位副县长的援疆日记

廖 强

2002年7月,在鲜花和掌声中,覃绪华等第二批40位湖北援疆干部来到祖国西北边陲,踏上了充满艰辛而又非常有意义的三年援疆之路。

从湖北宜昌市五峰土家族自治县,到新疆博尔塔拉蒙古自治州温泉县,行程整整一万里。

作为五峰土家族自治县副县长,覃绪华这位年轻的土家族汉子,从踏上援疆之路的第一天起,其命运就和宜昌、博尔塔拉连在了一起,因为他是两地人民相识相亲的代表,是两地密切交往与交流的使者。

"我们是代表宜昌来的,这是一种责任,我们必须坚守。"覃绪华说。

援疆任温泉县副县长的覃绪华有记日记的习惯。他告诉记者,在这将近三年的援疆工作中,他已经记了近五大本日记。那么,他会记录些什么呢?他会有怎样的故事留给明天呢?以下这些故事是覃绪华日记的点滴,也许我们会从中读到一个援疆干部的真挚情怀。

——编者的话

蒙古族小女孩的来信

2003年12月18日,我收到了一个9岁蒙古族小女孩的来信。她在信里说:"覃叔叔,在我即将失学的时候,您从宜昌来到了这个边陲小县,帮助我们建设家乡。我得到了您的资助,鼓起了学习的勇气。现在,我的每门功课都在85分以上。学习之余,我还帮妈妈捡废品。我一定不辜负您的期望,好好学习,长大做一个像您一样的人。"

这是我资助的两个贫困学生之一,另一个去年已经高中毕业。这个名叫苏丽玛的蒙古族小女孩,正上小学三年级,家住温泉县扎勒木特乡。她爸爸妈妈离婚了,由于她妈妈从县城皮革厂已经下岗,只好带着她们姐妹俩捡废品度日。我得知这个情况后,先帮她交清了两年的学杂费,然后资助她500多元继续上学。每年“六一”、春节的时候,我就给她买文具、书包等,先后两次到学校去看望她。

资助贫困学生是我们9位援疆干部在温泉县开展的一个活动,9位同志每人都资助了一个贫困生。在收到资助贫困学生的感谢信后,我们十分感动。原来自己的一点举动,对一个人会有那么大的帮助。

松树头拥抱话别那一刻

修建“三峡路”时,中间有一条绿化带需要树苗。当地气候干燥,一般的树苗不能成活。2003年5月8日,县长达·刚布带领有关部门的负责人来到海拔3000多米的哈夏林场挑选树苗。5月的天山深处仍是林海雪原,这里松涛阵阵,寒风刺骨。林场负责人介绍,一棵不到两米的天山雪松树龄都在40岁以上。经过一天一夜的忙碌后,我们终于挑好了528棵天山雪松,但达·刚布县长这位果敢刚毅的蒙古族汉子却已经累得走不动了。

2004年7月15日,宜昌市委常委、组织部部长熊承家同志率宜昌党政代表团访问温泉县,看望我们援疆干部,并参加了由宜昌市人民政府投资100万元援建的项目——“三峡路”剪彩揭牌仪式。到目前为止,两地互访19次,100多人。

当宜昌代表团离开温泉县,在赛里木湖一个叫松树头的地方分别时,温泉县委刘自重书记和熊承家部长紧紧拥抱在一起。两人泪流满面,久久说不出话来。在场的人无不热泪盈眶。

难忘牧民激动的泪水

2004年9月26日,温泉县一条海拔2300米、长70公里的牧道举行通车典礼。我曾经在随县长调研时了解到这条路自解放以来还没有修通过,沿路有3000多名牧民放牧。他们中有的在通车前还没有到过县城,每年只有6月份的时候下来到乡政府所在地购买一些必要生活用品。

为了解决牧民因交通不便带来的生产、生活困难，县里积极组织开展集资活动，努力对外争取项目，终于筹集30万元资金，耗时3个月，修通了这条路，极大方便了牧民出行。牧民们自发地在公路两旁燃放烟花、爆竹，载歌载舞，庆祝公路通车。

温泉有全国唯一的高山冷水鱼繁育基地，有全球稀有的新疆北鲵，紧邻全疆最大的高山湖泊赛里木湖，旅游资源十分丰富。2003年8月18日，温泉县招商引资最大的项目——亚联生态园旅游项目奠基。该项目依托博格达尔温泉而建，投资5000万元，占地1400亩。2004年，温泉县实现旅游总收入2500万元，接待游客11万人次。

我来到温泉县后，分管的就是招商引资和旅游等工作，这个成绩对我既是肯定，也是鼓励。

临行前父亲送来的纸条

我爱人在五峰房产局工作，身体不好。儿子17岁，在宜昌夷陵中学读高三，一家三口人远在三个地方，平时就靠打电话、发短信联系。

2004年8月的一天，我爱人到宜昌开家长会，半夜突然阑尾炎发作，实在受不了就拨通了我的电话。我当时急死了，但除了在电话中说些安慰的话之外我是毫无办法。后来，我给宜昌市一家医院一位曾经也是援疆干部的医生打电话，请他帮忙，我爱人才被送进了医院。

2004年10月26日，我回来参加五峰成立20周年县庆后准备返回新疆，爱人送我到宜昌，我买好了27日的火车票。当天晚上，爱人阑尾炎又发作，疼得在床上翻来覆去的，我当时心里很犹豫，我到底是走还是不走？第二天，爱人表示好些了，我万分不舍，最终还是踏上了西去的列车。

我父亲听说我要去新疆，临行走到渔洋关时，父亲叫弟弟赶早从清水湾上面骑摩托车赶下来，专门为我送来一张纸条，叫我要安心工作，不要担心家里。我当时很感慨，鼻子酸酸的，差一点流下泪来。

令人落泪的《中秋随想》

儿子上高三了，正是关键时刻，作为父亲，我愧对儿子。2004年中秋节，

儿子写了一篇文章,字里行间都透露着一个儿子对父亲的牵挂。儿子在文章中写道:

今天是中秋节。中秋是团圆的日子,而我的父亲远在边疆,这时候他会在干什么呢?我想他,想得连饭也不想吃了,便撒谎说去上厕所,跑到外面给父亲打电话。我拨下那段背得滚瓜烂熟的数字,等待着听到父亲的声音。一声、两声、三声,“喂!”对,是父亲的声音。我颤抖地回应了一句,他立刻听出是我。我问他在干什么,父亲回答说在看电视。我鼻子一酸,眼泪就要掉了下来。“爸,我好想你!”这句话我闷在心里好久了,但我一直都没有说。我的眼泪也开始控制不住,使劲往下掉,右手拿着电话,左手却在脸上抹个不停。父亲好像也很激动,半晌都没有说话。大约有30秒钟,父亲终于说话了:“不哭,不要紧,我待会儿和几个不能回家的同事去吃饭。”我的情绪也好了点,聊了几句后,便挂了电话。

儿子说,那天晚饭是我以前的同事请的客,他和家人邀请我儿子和爱人一起过中秋节。在晚饭中,我儿子看到一个和他一般大小的男孩叫我那个同事“爸爸”时,心里很不是滋味,这才涌出给我打电话的冲动。

(2005年5月24日发表于《博尔塔拉报》)

刘中文的援疆情怀

蔡志疆

从湖北潜江市到温泉县高级中学支教的援疆干部刘中文，弹指间就将结束边疆支教生活了。回首这三年情注边疆、汗洒教坛的一枝一叶，刘中文感慨颇多，称这三年是自己人生的一个闪光点。

5月17日下午，在温泉县高级中学李庆辉校长办公室，身为副校长和高中历史教师的刘中文，因忙于落实今年高考应考措施，面对记者，竟一时不知从何叙说自己援疆支教工作的酸甜苦辣。

“这三年来，刘校长等四位湖北援疆同志为我们学校雪中送炭，无私奉献，真正是帮了大忙啦！”李庆辉校长打破采访僵局，以感激之情叙说刘中文等4位援疆同志吃苦耐劳，积极投身边疆教育事业发展的点点滴滴。其实，在采访刘中文之前，记者对他已经有所了解。今年39岁的刘中文，已有20多年的教龄。援疆之前，大学毕业的他，一直从事普通高中教学、学生管理、共青团、教学管理和教育行政管理工作，多次被评为湖北省潜江市模范团干部、新长征突击手、劳动模范、先进教育工作者和高考先进工作者，是潜江市首批高中骨干教师、学科带头人、十佳教师、省级优秀教师、国家级骨干教师。

援疆前在潜江市文昌高中任副校长的刘中文，正处在人生“春风得意”的阶段。然而，2002年7月，听了组织的动员后，他毅然对自己的人生之路作出了又一次抉择——任湖北潜江市第二批援疆干部领队，到遥远的新疆温泉县高级中学任副校长。

“我们不是来镀金的，更不是来混日子的。”作为领队，走上援疆之路的刘中文不仅时常这样提醒自己，也时常提醒三位从潜江同来援疆支教的同事。回忆2002年8月初到温泉县高级中学时的心情，刘中文自嘲地对记者说：“工作环境令人意想不到的差，脑海里立刻闪现出打道回府的念头。现在想想，真是没出息。”

作为一名共产党员,刘中文明白选择援疆不是儿戏,既来之,就要全身心地投入,全身心地奉献。挂职温泉县高级中学副校长,主管教学教研、主抓毕业班工作,同时带两个高中班的历史课,刘中文在不断地调整着自我,以求尽快适应新的工作环境,并且有所作为。

谈起温泉县高级中学三年前的境况,李庆辉毫不遮丑地说,办学规模小,基础设施差,生活质量低,师资力量弱,学校发展处在恶性循环状态。刘中文举例说,高一年级的个别学生竟然会做出“三分之一加二分之一等于五分之二”的数学题;个别教师备课、施教和批改学生作业,缺乏认真负责的精神;教学、教研工作处在“跟着感觉走”的状态……

面对工作环境和现状,刘中文组织援疆同事组成临时党支部,制定出《潜江市援温教师学习、工作、生活制度》和《潜江市第二批援疆工作三年规划》。在支部生活会上,刘中文告诫自己和同事们,要“耐得住寂寞,经得住诱惑,管得住小节,尽快把自己融入温泉县高级中学全体师生中去,与学校荣辱与共,做好“温泉人”,当好 “温高教师”。

记者了解到,进疆支教三年来,刘中文等同志以主人翁的姿态投入学校各项工作之中,协助学校制定和完善教学常规管理制度和其他规章制度;从教师的备课、讲课和批改学生作业抓起,科学化、制度化地规范办学秩序,积极发挥示范和传帮带作用,向本地教职工传播不断创新的办学理念。

说到刘中文等援疆教师工作的辛劳,李庆辉感动地说:“他们一个人干着我们原来两三个人的教学工作,每天工作时间都在10至12小时左右,那份苦和累,常人难以想象。”

由于刘中文等援疆教师工作中敢抓敢管,不叫苦叫累,温泉县高级中学的教学教研和学校管理工作三年来不断发生变化,教学质量明显提高。这两年每年都要留住百余名原本准备外出读高中的学生。据统计,2003年,这所学校高考上线率达到84%,创历史新高;2004年高考,学校本科上线率超过36%,有78名毕业生考上重点本科院校。

刘中文是优秀的。2003年至2004年,他连续两年被温泉县评为高考先进工作者;2004年5月,他被评为“自治区优秀支教教师”,同年9月被自治州评为“优秀教师”。

（2005年6月1日发表于《博尔塔拉报》）

我真想留下来

——记湖北援疆干部、州交通局党组副书记、副局长周强

吴世永

对周强来说，返鄂的日子越来越近了。回想三年援疆经历，他从不言悔，他说："我真想留下来。"

来之前，周强是湖北远大交通实业发展有限责任公司的总经理，工商管理硕士研究生学历。在博州工作期间，他先后担任州经贸委副主任和州交通局党组副书记、副局长职务。凭借着扎实的理论政策功底、丰富的工作经验和善于处理复杂问题的能力，其实干、负责、创新的工作作风，为他赢得了"满堂彩"，连续两年被评为优秀公务员。

千里追讨工程款

"这是个想干事、能干事、会干事、靠得住的干部，这样的援疆干部越多越好。"州交通局局长杜凤昌这么评价周强。

2004年5月，州党委一纸调令，周强从州经贸委来到州交通局任"二把手"。

这年，全州农村道路开工里程达740公里，为近几年之最。交通工作正处于任务重、责任大的境地。上任后的一个多月中，周强行程近3000公里，调研、督查公路建设项目，制定了一系列规章制度。对发现的问题，他毫不手软，该整改的整改，该处罚的处罚，几个"回合"后，项目方发现这人厉害，不好糊弄，私下里便叫他"周包公"。

"周包公"千里追讨工程的故事在当地交通系统很有名。2004年，四川某公司中标温泉县安查公路合同段。到了11月，这家公司已累计拖欠施工人员和周边群众各种款项100多万元。拿不上钱的人随即将该公司项目部围了个

水泄不通,嚷道“不给钱就不放人”。当时的气氛十分紧张,随时都可能发生流血冲突。

周强赶到后,向群众保证:“年底前一定将欠款发到大家手中。”一场一触即发的冲突暂时平息了。

到了11月21日早上,事态的发展出乎了所有人的意料。在支付部分欠款后,施工方突然“消失”了。

事不宜迟,周强决定赶快冻结施工方的100万元工程保函金。经过日夜兼程,23日一大早,周强赶到了这家公司的所在地——四川某市。

几经周折,周强拿回保函,及时兑现了对民工的承诺。

提起这件事,周强说:“当时,我曾多次接到对方软硬兼施的电话。但那时我只有一个信念,无论面对怎样的困难,我也要把这笔钱追回来,决不能让边疆的群众受损失。”

真心维护群众利益

周强常讲自己的工作要上对得起党,下对得起民,中间要对得起自己的良心。

去年6月中旬,州客运公司职工多次到州党委上访,要求解决公司改制遗留的问题。自治州党委领导决定由周强全权处理。

这事最大的困难在于如何运用政策、法律和经济学知识,拿出一个上级领导、企业管理层和职工层三方都认可,同时还能有利于全州客运市场规范发展的方案。

同时,这又是个两头不讨好的“苦差事”,弄不好就成了“猪八戒照镜子里外不是人”,一些朋友私下劝他别掺和这事,可周强却对自己说:“我一定要把这件事办好、办实,维护好群众和国家的利益。”

一名曾参与上访的人,至今还记得那次周强和职工见面的情景:那天,会上有人吼道:“你一个湖北来的,跑这儿掺和啥?这儿和你没关系!”一位老职工甚至当着周强的面说:“你和管理层穿一条裤子!”

面对职工的责难,周强拍了下老人的肩膀,笑着说:“老同志,请你相信,这事我们一定会处理好的。”

经过大小400多人次的座谈交流，职工和管理层终于消除隔阂，达成共识。随后，周强向州党委、政府提交了调查报告。报告最大限度地维护了职工利益，其提出的4点建议在职工大会公布后，赢得了职工长时间的掌声。

有的职工说："周副书记这人心好。他心中想着咱老百姓。"

为枸杞产业支招

"他的思路很开阔，见解总是高人一筹。"曾和周强共过事的州经贸委党组书记刘国民这么说。精河县枸杞产业多年停滞不前，周强通过调查研究后提出：枸杞业要发展，必须抓好高科技含量的产品研发、市场营销、资本运作和种植户的科技培训，创绿色食品品牌。

为了实现这个想法，他走访了华中农业大学、武汉制药企业和科研院所，多方面进行调研。他引来湖北联合广告公司的2000万元资金，注册成立了新疆德联科技有限责任公司。德联公司当年就成功开发出"精杞王"系列滋补酒，创产值500万元。

据此，他撰写的《全面实施产业培育和治理，加快推进枸杞产业发展》论文，被人民日报新闻信息中心、中国管理科学院、《新疆日报》等收录转摘。同时获评《全国人文社会科学优秀学术文选》优秀论文二等奖，他本人也被中国管理科学院聘为特约研究员。

有人曾私下里问他："你一个挂职干部，管这么多、干这么多图啥？"周强回答："党和组织培养我多年，现在正是报效的时候。作为领导干部，更应该做到仰不愧天，俯不愧地，内不愧心。"

（2005年6月9日发表于《博尔塔拉报》）

我的心还在这里

——湖北援疆干部、州财政局副局长华登友访谈录

折慧军

三年前的7月，带着热情似火的荆楚情怀，他来到了祖国西北边陲——博尔塔拉。回想起一千多个日日夜夜，一件件往事在他脑海回放，一份份情感在他心中激荡……

作为湖北省财政厅援疆第一人，华登友为边疆的建设与发展尽了他最大的努力。援疆三年来，华登友遇到孩子高考、入学后又患肾结石病，长辈去世，妻子两次重病住院等困难。他说，妻子泪水汪汪的双眼和肿得发亮的双腿让他难忘，让他常常感到内疚。但是，三年的援疆收获又让他感到满足。他说，博尔塔拉相对其他省市确实艰苦，但这里的干部群众甘于清贫，艰苦奋斗，为巩固边防、建设边疆乐于奉献的精神，深深打动着他。干部群众不甘落后，奋发图强，力求发展的迫切愿望鼓舞着他。

在州财政局，不论是分内分外的工作，只要华登友接了手，就竭尽全力按时保质完成。为了援疆工作出成效，他即使到北京出差、去西藏交流、赴上海办事，途中多次经过湖北，甚至路过武汉，都没有顺便回家看看。不是不想家，是他把对妻儿的牵挂默默地藏在了心底。

三年里，华登友利用工作间隙，注重少数民族地区执行新的财税政策情况的调研，注意分析第一手材料，执笔或参与撰写了《博州农村税费改革试点情况报告》《2003年上半年博州财政收支情况分析》《博州实施基本医疗保险后财政负担猛增的成因分析及建议》《人民教育基金及城镇教育费附加征收使用情况调查》《博州温泉县行政政法单位经费保障状况调查报告》等调查报告，并在疆内外刊物发表了《发展少数民族地区经济的几点思考》《博州税费改革前后农民负担比较分析》《树立非税收管理新理念》等论文。

三年来，他尽其所能，从湖北省财政厅机关经费中争取了155万元支援州、县财政局，改善了机关办公条件。他引进湖北农业综合开发项目招、投标的做法，在实施中取得成效，这一经验得到自治区财政厅的肯定，并在全疆推广。他将湖北省政府采购管理办法介绍到博州，在实施中又获得较高的经济效益和社会评价。他在州党委、州政府和州财政局党组的重视、支持以及各方面的配合、帮助下，把政府非税收入管理改革推向全州。目前，州直非税收入管理改革覆盖率达95%，收取率在90%以上。他说："我做得很少很少，而领导同事给予的关爱却很多很多，即便就是回去了，我的心还是在这里。"

（2005年6月10日发表于《博尔塔拉报》）

无怨无悔援疆路

——湖北援疆干部、温泉县副县长覃绪华侧记

蔡志疆

2002年6月,时任湖北省五峰土家族自治县副县长的覃绪华,面临着人生路途的两种选择——要么到宜昌市另一个县任县委常委、组织部部长,要么援疆,到遥远的温泉县任副县长。覃绪华毅然选择了后者,于2002年7月来到新疆。

开弓没有回头箭

今年42岁的覃绪华,出生于湖北省五峰县一个土家族农民之家。虽然上过大学,走过祖国很多地方,但在踏上援疆旅途之前,他对新疆的认识只有几句话——祖国面积最大的省级行政区域,有辽阔的草原和飘香的瓜果。仔细查看地图,他才找到了博尔塔拉蒙古自治州,发现了地处边境一隅的温泉县。

伴着鲜花和掌声,覃绪华来到了新疆,来到了与家乡五峰县路程足有万里的温泉县,开始了他三年的援疆生活。

当欢迎的热情趋于平静时,覃绪华就在提问自己:“我这三年要干什么事,要干成什么事,要给边疆干部群众留下些什么?”

按照温泉县政府班子分工,覃绪华分管旅游和乡镇企业工作,协管经济协作工作。在新的工作岗位上,覃绪华很快进入了角色。工作中,他紧紧围绕县委、县政府全面建设小康社会和富民强县的奋斗目标,以主人翁的姿态求真务实,真抓实干。

5月17日傍晚,温泉县党委书记刘自重在接受记者采访时介绍说:“覃绪华在工作中表现出的责任感和使命感着实令人感动;他那严于律己,工作实在、作风实在、为人实在的品行,是我们本地干部学习的榜样。”

县委书记刘自重将覃绪华近三年的援疆工作概述为三句话：一是深入调查研究，积极建言献策；二是立足工作岗位，认真履行职责；三是工作不分内外，做到既分工又协作。

顺着县委书记概述的思路，记者采访到如下事实。

旅游是温泉县的特色经济和支柱产业。为了掌握情况，理清思路，促进旅游经济上新台阶，覃绪华来到温泉县后，花3个月时间进行调查研究，提出了"整合资源，突出重点，融资开发，打造品牌"的旅游经济开发新思路，并建议把全县旅游定位为"温泉休闲疗养"，着力塑造"生态温泉、绿色温泉、科考温泉、文化温泉"的总体形象。

覃绪华提出的思路和建议，不仅在全州和全疆旅游工作研讨会上获得好评，也被温泉县委、县政府肯定和采纳。通过招商引资，全县有了促进城镇建设、旅游品牌建设、旅游人才开发和旅游管理的龙头企业；通过提高服务质量和加强对外宣传，温泉县旅游业初步实现了由过境游到目的地游的重大转变。以"吃、住、行、游、购、娱"为主的旅游基础设施项目建设，在覃绪华的主抓或积极参与下，正在逐年按规划建设或完工。

想家的时候最美好

人到中年，上有老、下有小，更要倾力于事业，这肩头的担子，正是一生中最重的时刻。援疆三年，离家万里，覃绪华对此感受颇深。

"一个人在宿舍稍有闲暇，便会十分想念家乡，想念亲人。"不苟言笑的覃绪华向记者叙说着自己离家和想家时的情景。

2002年7月初，覃绪华回到五峰县山区农村父母的家，告知老人自己要去援疆三年，就要踏上行程。年迈的母亲哭了，拉着他的手追问："那是什么地方，离咱们五峰有好远？"坚强的父亲平静地对儿子说："你是公家的人，组织上叫你干啥就干啥！"

"夜深人静的时候，是想家的时候……"来到边塞之地温泉县，每每听到这首撩人情思的军旅歌曲，覃绪华的心中就有一种说不出的滋味。双亲年迈，需要照顾；妻子体弱，时常生病；儿子年少，独自一人在宜昌住校读高中……他在温泉县每天至少要给天各一方的亲人们打两三个电话。

“有时给儿子写信，我不知不觉就会从电脑里打出四五页……”覃绪华对儿女情长有些羞于启齿，但是从只言片语中，记者感受得到这位中年汉子对亲人的深深牵挂。

无怨无悔援疆路

作为一名共产党员和援疆干部，覃绪华援疆之旅的近三年时光，有许多可圈可点之处，他本人也给当地干部群众留下了可爱可敬的印象。

“三年援疆，我不仅要干好本职工作，还要不忘使命，当好宜昌与边疆的友好使者。”覃绪华这样定位自己援疆的职责。

近三年来，他充分发挥桥梁纽带作用，加强温泉、宜昌两地的交流协作和对口支援，两地互访和参观考察20次，宜昌市分四批接纳培训20多名温泉县医务人员；潜江市中学录取了30名温泉县初中毕业的学生就读高中；宜昌、潜江两地近三年共到位200多万元援助资金，用于温泉县医疗、教育、城镇、宣传等各项事业发展，其中宜昌市投资100万元援建的温泉县“三峡路”，不仅凝聚着宜昌人民的深情厚谊，更倾注着覃绪华的心血和汗水。

注重民族团结，参与扶贫帮困，投身招商引资，主持旅游基础设施建设……直到眼下要结束三年援疆工作返回故里了，覃绪华每天依然是“忙”字当头。他对记者说：“援疆三年，我个人可能会失去一些东西，但我人生的收获却是丰硕的。这三年的援疆之路，我走得无怨无悔！”

（2005年6月11日发表于《博尔塔拉报》）

奉献爱心与医术

——记援疆干部、武汉大学中南医院普外科主任医师陈纪伟

于　群

带着荆楚人民的热切希望，带着对边疆人民的深情热爱，武汉大学中南医院普外科主任医师陈纪伟援疆来到州医院。一年来，他以精湛的医术和朴实的作风感染和鼓舞着每一位医护人员，更赢得了无数患者的信任和赞誉。

对外科疾病有着深厚的理论功底和扎实专业水平的陈纪伟在州医院工作的这段时间，坚持每周一次大查房及对疑难病例的讨论，规范了科室许多疾病的诊断治疗程序，将自己丰富的医学知识毫不保留地传授给科室的同行们。

他对待病人一视同仁，从不分贵贱贫富。今年5月，温泉县昆得仑牧场的一位蒙古族牧民从马上摔下来，导致腹部外伤，凌晨3点从其他医院转入博州医院。当时，病人因肠破裂已呈感染性休克状态。陈纪伟得知病人情况后，立即从宿舍赶到医院进行会诊，并果断地做出立即手术的决定。手术结束时已是凌晨6点多，陈纪伟拖着疲惫的身体回到宿舍。第二天一大早，他又开始了新的工作。

今年6月初，外一科收住了一位直肠癌术后的老太太，这位61岁的老太太，因反复发作粘连性肠梗阻已连续三次住院，经详细检查，初步诊断为"绞窄性肠梗阻"，需立即手术。而病人却有顾虑，迟迟不愿手术。当天夜间5点多钟，病人突然全身蜷缩，疼痛难忍，主管医生通知陈纪伟后，他二话没说，立即披衣赶到现场指挥手术。

去年4月，一位经常便血的病人在其他医院做了"痔疮"手术，术后病人的便血症状并未得到缓解。8月，这位病人慕名前来找陈纪伟看病。陈纪伟详细询问了病史，然后为他做了细致的肛门指检，被确诊为"直肠癌"。由于及时诊断治疗，这位病人目前情况很好。

多少个夜晚，只要有急诊危重病人，就有陈纪伟熟悉的身影。有人问他："陈医生，你工作如此辛苦，不累吗?"他微笑着说："外科医生本来就是做事的，闲着反而难受。"

在州医院工作的这段时间，陈纪伟几乎参加了科室的所有手术，慕名而来的病人经常在他的办公室排队等候看病。病人说："让陈医生看病，我们放心。"有一位来自牧区的病人，由于路途遥远，等赶到外一科看病时已过了下班时间。陈纪伟微笑着对这位病人说："不要急，等给你看完病我再下班也不迟。"等他耐心为病人看完病后，已是下午三点多了。

遇到家庭贫困的病人，陈医生总是想方设法为病人节约住院费，为他们做手术，并先后多次为贫困病人捐款、捐物。他常常告诫年轻的医生，作为一名医生，在为病人做检查时要有高度的责任心，一定要非常细心、耐心。

陈纪伟性格开朗，待人谦虚热情。工作之余，他常常和年轻人在一起谈理想、谈人生、谈学习、谈工作。科室的同行们说，陈主任不仅是医术高超的医疗专家，更像是他们的兄长。

陈纪伟说："说句心里话，我也想家，总觉得欠妻子和女儿的太多太多。女儿今年中考我不能陪伴。博州医院的领导对我非常照顾，在宿舍安装了视频电话，在通信和交流上都非常方便。在博州工作得非常短暂，我只有尽我所能多做点事。"

（2005年6月14日发表于《博尔塔拉报》）

真情融入青色草原

——湖北省第三批援疆干部工作纪实

蔡志疆

从荆楚大地，到青色草原，八千里路云和月，印证着这一批人志存高远的奉献情怀；从上年大暑，到今年芒种，三百多个日和夜，记录着这一批人援疆征程的无怨无悔。他们就是湖北省第三批援疆干部。

时光荏苒，转眼一年。湖北省第三批援疆干部中一年期工作的同志不久就要返回故里了。带着感谢之情，记者日前采访了州党委副书记、湖北省第三批援疆干部工作队领队王兴於和部分援疆干部。

桃李不言，下自成蹊。围绕援疆这个话题，记者在感激中采访，在采访中感动。

担起来的是重任

去年7月26日，湖北省第三批援疆干部踏上征程，来到了他们神往而又陌生的博尔塔拉。一年的工作中，在我州各级组织的关心支持下，48名援疆干部不忘湖北省委、省政府领导的重托，不负鄂博两地人民的厚望，迅速融入博尔塔拉各族干部群众之中，赢得了干部群众的信任和好评。

去年8月到9月，湖北省党政代表团将要来博访问。为保证湖北援疆项目的科学和可行，援疆干部投入大量精力，参与项目调研和前期论证工作，促使近30个工业、基础设施建设项目的前期工作进入项目建议书程序，为湖北省和我州领导决策提供了基础资料。

作为州党委领导，王兴於带领援疆干部发挥专长，积极参与自治州推进新型工业化建设工作，倾心包装项目，广泛组织对外招商。他说，博州新型工业化建设虽然起步晚，但是步子迈得很扎实。他期望通过一段时间的不懈努力，促使自治州工业产值占全州生产总值的份额激增。

在扑下身子做好本职工作的同时，广大援疆干部时刻不忘自己是联结鄂博两地的使者、纽带和桥梁。为促进两地全方位、多层次、宽领域的交流、交往与合作，援疆干部们牵线搭桥、穿针引线，台前幕后都有他们忙碌的身影。今年春节，返乡过节的援疆干部们没有真正休息几天，而是为了促进两地交往，向湖北各地市、各部门汇报、衔接，以便让更多的领导和同志了解新疆，支持援疆工作。

王兴於介绍说，湖北省是我国中部一个并不发达的省份，但湖北省委、省政府高度重视和支持援疆工作。截至目前，湖北省支持的主要项目及援助资金的意向有：自治区50周年大庆捐赠500万元，支持自治区和博州车辆20台（价值500万元）；博乐市团结路改造项目800万元；博乐市高级中学教学楼项目500万元；州人民医院住院楼项目500万元；精河、温泉两县医院X光机更新项目100万元；温泉县青少年活动中心项目190万元；精河县人民医院综合门诊楼项目250万元；援疆干部周转楼项目303万元。此外，正在协商之中的援助项目有：精河县第三小学教学楼项目、温泉县体育馆项目、温泉县人民医院住院楼项目、州党校计算机室项目等。湖北第三批援疆的资金，已超过了前两批援疆资金的总和。

据初步统计，近一年来，鄂博两地教育、卫生、交通、城建、计划、经贸、文化、宣传、新闻、纪检、干部培训等领域的友好往来不断，交流超过500人次。通过访问、考察和学习，进一步加深了两地人民的友谊和情感。

播撒下的是爱心

大音希声，大爱无疆。近一年来，援疆干部以“不辱使命，不负重托，让博州人民满意，让湖北人民放心”为工作准则，树立和培养爱祖国、爱人民、视边疆为家乡的情怀，扎扎实实地工作，严于律己地生活，满怀爱心地助人。

在湖北省第三批援疆干部中，有13名同志在州县两级卫生系统工作，其中年龄最大的专家已53岁。在近一年的时间里，他们所做的大小手术超过300台，并毫无保留地传授、推广新技术、新知识，其间救死扶伤的故事不胜枚举。

18名在教育系统工作的援疆干部，勇挑教学重担，默默奉献在教学第一线。援疆老师们在当地承担的教学任务，每周只有10节左右，而现在都增加到18节课左右，有的多达30节课。

在援疆干部中，无论是医生，还是教师，他们较高的业务水平和高尚的医德医风、师德师风，深深赢得当地社会各界的好评。这些好评，是援疆干部们用爱心、用真诚、用行动换来的。

“三年援疆路，一生博州人。”这是援疆干部们爱心的誓言。结对助学，每名援疆干部每年资助当地1名贫困中小学生400元，其中，纪春明为贫困学生和贫困农牧民捐资2000多元，吕伟胜一年为结对助学的贫困学生捐资1800元……精河县大河沿子镇棉农去年9月初遭遇罕见雹灾，待收的棉花零落满地。全体援疆干部响应号召，连续三天与受灾棉农同吃同住同劳动，尽力为棉农挽回损失。

“因为有了爱，看这里的师生很亲切；因为有了爱，看边疆的山水如家乡。”在精河县高级中学承担英语教学工作的雷芳老师对记者如是说。

奉献出的是亲情

“一人援疆，全家奉献。”这是每一位援疆干部时常鼓励自己和家人的一句话。话虽这样说，但是家乡亲人们生活的苦乐、身心的安康，总会使援疆干部们牵肠挂肚。

从武汉大都市来到州人民医院，邓仁跃大夫感觉每天都有干不完的工作。然而，进疆不到一个月，父亲就被确诊为肺癌晚期，家人要求他回家照料老人。“才来一个月，怎么好意思开口请假呢？”邓仁跃忍痛劝慰家人为他分担重任。父亲去世后，邓大夫日夜赶路返乡，在悲痛中为老人办完后事。想着自己是一名援疆干部，他强装平静，抚摸着母亲的手说：“妈，我得抓紧回新疆，那里有许多事情等着我去做呢。”

一阵寂静之后，母亲轻声对儿子说：“你要回新疆就回吧。可是你走了，妈怎么办呢？”看着母亲孤苦无助的眼神，邓仁跃忍不住泪水对母亲说：“妈，儿子对不起您……”

俗话说，家家都有一本难念的经。援疆干部家中有这样那样困难的，何止邓仁跃大夫一个。王兴於的妻子身体不好,岳父和妻弟都生病住院开刀,家人几次催促其回家照料,他都坚守工作岗位。州党委组织部副部长王洲洋的母亲在他进疆之前就因中风病重,在他援疆半年后就抱病去世了。州党校副校长肖卫康为了安心援疆工作,只好将在武汉上学的女儿转到老家罗田上寄宿学校。州交通局吕厚全、谭冰两位年轻干部,进疆时孩子都只有几个月。州卫生局副局长、州医院副院长朱文成的母亲患脑溢血住院,他只能含泪告别瘫痪在床、神志不清的母亲踏上援疆路。许多同志刚进疆时,难以适应当地的饮食、气候,出现身体不适,但是没有一个人有抱怨和气馁。有的同志刚刚在医院拔下针头,就又立即回到工作岗位……

长江无语,天山无声。那浩渺的母亲河、巍峨的西天山,你们也能体会到"儿行千里母担忧""夫出远门妻心焦"所蕴含的人间亲情吗?为了完成好援疆重任,援疆干部们奉献的,不仅仅是他们的美好年华、聪明才智和勤奋工作,还有那说不完、道不尽的骨肉亲情。

"行百里者半九十"。州党委副书记王兴於表示,今后的援疆工作任务还十分繁重,全体援疆干部要继续发扬"忠于祖国、顾全大局的爱国主义精神,淡泊名利、服务人民的奉献精神,脚踏实地、真抓实干的务实精神,团结友爱、互帮互助的协作精神。"要在这种"援疆精神"鼓舞下,努力践行"三个代表"重要思想,时刻不忘鄂博两地党政领导和各族人民的嘱托与厚望,继续埋头苦干,扎实工作,努力在工作中破解难题,打开局面,为边疆的发展与进步作出新的贡献。

(2006年6月6日发表于《博尔塔拉报》)

驻守美丽

——记湖北援疆医生谢守丽

蔡志疆

在精河县人民医院住院部长长的走廊上，远远走来一位一袭白衣的年轻女性。她那青春、秀美的脸庞，那天使般动人的微笑，使人如沐春风。她就是湖北省仙桃市妇幼保健院主治医师、援疆干部谢守丽。

名如其人。走进谢守丽的精神世界，你会感受到人的美丽和人生的美丽，更会对创造美丽和驻守美丽的白衣天使们产生由衷的敬意。

援疆的日子挺忙的

查完病房，做好医嘱，谢守丽谦虚地对记者说："来到精河县医院妇产科工作快一年了，仔细想想，也没干出什么值得一说的事儿，就是觉得每天都挺忙的，工作和生活都很充实。"

工作着是美丽的。精河县医院妇产科主任王淑霞称赞谢守丽说："看她每天忘我地忙于业务工作和关心安抚病人，不但患者十分感动，我们这些同行也十分感动。"

谢守丽虽然年轻，但是凭着深厚的业务功底和丰富的临床经验，她已是名副其实的妇幼保健专家了。因此，援疆来到精河县医院妇产科工作不久，点名求她诊治疾病的患者便渐渐多了起来，她也就越发地忙个不停。

"作为一名医生，如果没有患者找你，就如同一名老师站在讲台上，却没有学生听课一样，会使你很难受的。"谢守丽这样看待自己的职业和工作的忙碌。

王淑霞介绍说，来到精河县医院将近一年的时间里，除了生病和休假的日子，谢守丽不但坚持值好正常班次，还经常主动替同事去顶一线、二线的班。不论白天夜晚，有了紧急情况，轮休的她总会及时出现在救治现场。

“最让人感动的,是她那种敬业的精神和对患者真诚关爱的情怀。”精河县医院副院长杨雯介绍说,将近一年的时间里,谢守丽不顾乡村牧区条件艰苦、生活不便,经常主动要求到乡镇讲课、到基层义诊。她不但将医疗卫生知识送到了基层,还扩大了精河县医院的社会影响力。

奉行医者父母心

“从医者,不但要有高超的医疗技能,更要有一颗对患者的仁爱之心。人命关天,医生在医技、医德等每个方面,都应做到一丁点不马虎。”这是谢守丽归纳的从医者准则。

去年12月中旬的一天下午6时,精河县医院妇产科接收了一位将要分娩的哈萨克族孕妇。检查发现,产妇血压170/120,胎儿体位也不正。时间很快到了夜里11点,产妇状态不好。

“立刻准备手术,我来主刀。”谢守丽吩咐同事进入抢救状态。但是她没想到,面对手术建议,产妇家人却持不同意见,并拒绝在手术通知单上签字。谢守丽没有着急,她通过翻译,耐心地向产妇家人说明情况,解释问题,动员其赶快签字。

手术成功了,哈萨克族产妇母子平安。这时,已是次日凌晨3点多钟了。还没吃晚饭的谢守丽回到宿舍,感觉十分疲惫。但是早晨上班时,她又准时出现在了病房,详细查问产妇母子的身体状况。

短短的300多天,谢守丽主刀做了50多例手术,参与手术近20例。通过援疆行医,谢守丽在精河县结识了很多朋友。今年5月中旬,陈良的妻子通过谢医生的手术,顺利生产。看着甜睡的儿子,陈良说:“遇上了谢医生,是我们全家人的福气。”助产士刘俊说:“和谢医生一起值班,我不但轻松踏实,还学到了很多东西。”护士马玉萍说:“短短一年,我们就产生了朋友的感觉、姐妹的情谊,真舍不得她返回家乡。”

守护着生命,驻守着美丽,谢守丽用花样的年华、暖人的情怀,阐释着援疆干部的职责和使命。

(2006年7月7日发表于《博尔塔拉报》)

快乐工作每一天
——记湖北援疆教师雷芳

蔡志疆

今年5月下旬的一天，听说湖北援疆教师雷芳下学期将被安排去教高三班的英语课，精河县高级中学高一两个班的同学们不乐意啦。几位同学壮着胆子找到校领导办公室，想“讨个说法”，但是，他们没能“扭转乾坤”。

这件事让雷芳很感动：“虽然和这些孩子相处还不到一年，但是我为自己万里迢迢来到边疆，和他们结下了终生难忘的师生之谊而感到欣慰。”说这话时，46岁的雷芳神情中流露的，是母亲对儿女的关爱和期望之情。

其实，正像雷芳自我评述的那样，她是一个平凡的人。走上社会28年来，她在教学中学习，在学习中教学，人生岁月平静似水。她从没想过，自己会因为教学优秀而被选派援疆支教。

雷芳是湖北省仙桃市第八中学英语教研组骨干教师，多年从事高中毕业班的英语课教学工作，积累了丰富的教学经验。去年6月中旬到7月底，经过一波三折的思想斗争，她乘飞机、坐火车，终于来到了天山脚下的艾比湖畔，来到了她将要支教的精河县高级中学。

开学了，依然沉浸在初到边疆快乐之中的雷芳，满面春风地走进高一(3)班教室。她深情地注视着全班学生，用英语亲切地自我介绍说：“同学们好！我叫雷芳，来自湖北。从这个学期开始，我是你们的英语课教师……”

话没说完，雷芳便发现同学们用迷茫的眼神看着她，似乎想努力听懂她在说什么。雷芳的心情很是复杂，她知道这些来自乡村的孩子们，从小没打好学习英语的基础，但她没想到中考总成绩较高的孩子英语基础也会这么不理想。第一节课后，雷芳调整教学思路，为两个高一班准备了不同的教案，旨在做到因班施教、因人施教。

虽然每周承担着15节课的教学任务，但是雷芳总是十分认真地准备着每一节课的教案，总会十分耐心地面批、讲解学生的英语作文，总是满怀真诚地上好每一次的观摩课和公开课，并坚持每周对学生进行两次以上的听写训练。上课了，她会比学生们还早进教室；下课了，总有一群学生围着她问长问短，强化口语交流能力；就是每天的自习课，她也会当成正课对待，辅导学生们打牢基础。

还是让我们听听精河县高级中学的师生们对雷芳的评语吧——

英语教研组组长张玉堂：她对待教学工作十分认真，很会用具体的事例、朴素的语言和真挚的情感，去激励学生学习的热情。

英语教师韩旭琴：“她以青春和快乐的风采，给同事和学生们带来阳光和清风。就是生病了、饮食不适饿着肚子，她也会快乐地为学生们上好那节课。

英语教师刘丽林：她不但是学生们的老师，也是我们这些同事的老师。经常听她的课、看她的教案，我们获益颇多。

学生徐亮：听雷老师讲课，感觉时间过得很快。每天听着雷老师亲切的话语，一天心情都快乐。

援疆干部、副校长曾全贵：她甘当傻子，乐当疯子，是个工作狂，也是我们援疆干部的榜样。

…………

李康、杜古、郝胜是雷芳重点帮扶的学生。他们中考时英语分数只有10分至40分，如今已升至60分至90分。

王斐是雷芳重点帮扶的英语教师。过去，才出师院校门的王斐欠缺教学经验。这一年，他每周去听两三节雷老师的课，在教学教法上大有收获。

给援疆留下美好回忆，给边疆留下美好印象。以这样的人生态度，雷芳克服着水土不服、饮食不适、疾病侵袭等诸多困难，把自己当成新岗位的主力军。寂寞孤独时，她很想念一人在家的丈夫，很想念大学毕业后在社会上闯荡的女儿。但是，每想起精河县高级中学同事们的关爱、学生们的期盼，她就会提醒自己：要努力为援疆工作画一个圆满的句号。

（2006年7月8日发表于《博尔塔拉报》）

心随情走苦亦甜

——记湖北援疆医生田耀成、张安源

蔡志疆

说起湖北援疆医生在精河县人民医院的苦与乐、奉献与付出，放射科主任李和平禁不住泪水溢出了双眼。

能让一位十分男子汉气的男人因感动而落泪，这男人泪的背后，一定有着动人心弦的故事。因此，将近一天的时间，记者跟随在湖北援疆医生田耀成、张安源身边，想从他们平凡的工作中，去感受那种奉献的精神；想从众多人的述说中，去捕捉感人的新闻细节。

志在援疆不言苦

去年7月中旬，将要踏上援疆征程的湖北省鄂州市妇幼保健院医生田耀成对院领导说，自己做好了在边疆吃苦的准备，一定会用实际行动为家乡人民争光。但是他那时想象的援疆之苦，是要每天骑马上下班，是要一日三餐吃手抓羊肉喝牛羊奶……

来到了精河县人民医院，田耀成为自己“闭门造车”式的想象感觉好笑。然而让他笑不出来的状况是：这家县级医院不但医护人手紧张，医疗设施也急需改善。去年8月中旬，被分配到放射科工作的田耀成，首次值班，便遇到20多位遭遇车祸的患者被送到医院救治。面对这些身体遭到不同程度创伤的患者，田耀成处乱不惊。他忙碌于拍片、洗片、诊断、填写诊断结果等工作之中，配合其他科室医生紧急救治伤员。他这一忙就是十多个小时。

作为边疆地区的一家县级医院，精河县人民医院放射科平常日子顶多只有二三十名患者“光顾”。然而，就是每天只有一人求诊，放射科也得有医务人员值班。看到科室因外派人员学习而人手紧张，田耀成就主动要求长期值班。虽然他深知这家医院过于陈旧的放射设备——X光机将会对人体产生怎样的危害,但是他没有畏惧。

到精河县人民医院工作不到两个月,田耀成就感觉头晕,人显得十分疲惫。一检查,血液中白细胞已由进疆体检时的6000多个单位(正常)降至4000个单位(不正常)。田耀成病了,头发也严重脱落。但是他只休息了一个星期,就又坚持正常上班了。

"患者看病可能只受一次放射线辐射,而我们每天却二三十次地被辐射,再健康的血肉之躯也难以承受。"李和平对记者如是说。来博州视察援疆工作的湖北省常务副省长周坚卫同志听说了田耀成的工作经历,当场决定由省财政资助100万元,为精河、温泉两家县级医院各赠送一台新型X光机。

今年5月初,因心脏病发作住院很久的母亲,忍不住在电话里对田耀成说:"你可要保护好身体。我这老毛病撑一天算一天,可就是怕见不着你最后一面了……"田耀成哭了,他处在两难的境地——不回去看望和照料母亲,怕是终生都会遗憾;火速赶回去,就会给一年的援疆工作留下缺憾。田耀成决定不回去,他电话里请求哥哥、姐姐和妻子,一定要照料好母亲。

今年38岁的田耀成很坚强,他对记者说,这一生有了一次援疆的经历,值得!

尽我所能乐奉献

在第三批湖北援疆干部中,来自湖北省鄂州市中心医院的张安源医生岁数最大,今年53岁。

在精河县人民医院,副院长杨雯这样评价张安源的援疆工作:"对待患者和同事态度好,工作抓得紧,诊断病情准确,乐为人师……"

面对记者的采访,已进入知天命之年的张安源很是谦虚。他说,时间过得很快,没感觉做了什么事,一年的时光就要过去了。

其实,作为普外医生,张安源在精河县人民医院工作的每一天,似乎都有忙不完的事儿。为了多向新同事传授新的医疗技术,他主动参与很多手术,事后认真向同事讲解病例。为了提高全县农牧民参加农村新型合作医疗的比例,他时常深入精河县各乡(镇、场)医院,开展义诊,传播医疗知识,举办专题讲座，目的就是要提高农牧民对基层医院的信任度。

精河县托托乡有位老太太不幸得了贲门癌，一家人发愁到哪里治疗才好。听说精河县人民医院来了湖北医疗专家，家人陪着老太太前来求诊。张安源主刀为老太太做了手术，术后康复效果较好。常来医院化疗的老太太对张安源说："俺以为开刀要开个尺把长的大口子哩，没想到你只给俺割了个小口子就治好病了，真不知咋样谢谢你……"

张安源笑了。他跟这老太太说不清"变大刀口为小刀口"的医疗新技术，但是他却总会十分认真地向新同事们讲解清楚把握新技术的要领。如何高位结扎加分段缝扎静脉、如何简便操作导尿管，等等，经过张安源的示范讲解，常规疗法变成了易行的新疗法，给患者减轻了很多痛苦。

说起援疆的付出，张安源这样总结："我来援疆一年，上高中的儿子被耽误了一年。但是我不后悔。尽己所能做点事，对得起家乡和边疆两地人民，这就是我援疆的初衷。"

（2006年7月20日发表于《博尔塔拉报》）

热心服务　情暖边城

——温泉县人民医院湖北援疆医生纪实

苗晓敏　孟祥华

在温泉县人民医院的365天援疆生活已接近尾声,赵卫民和他的3位湖北同事即将离疆返鄂,在这个比起湖北的大医院来说,医疗设备还相当落后的边陲小医院里,他们早已留下了一串串深深的异地情谊。

赵卫民是湖北宜昌市第一人民医院内分泌科副主任医师,2006年7月来到温泉县人民医院后,他的主攻方向是对糖尿病患者的诊治。赵医生的到来,给医院的医生带来了技术上的指导,也为温泉县糖尿病患者带来了福音。和赵医生在一个科室工作的医生师慧说:“赵医生不仅为糖尿病人提供了有效的治疗,而且还和患者建立了很深厚的感情呢。”

今年3月,家住安格里格乡其其尔根布呼村的糖尿病患者田自忠老人双腿发软,没有一点力气,被家人送往医院。经检查,老人血糖高达21.8°,赵医生要求病人立刻住院治疗。老人住院的那段时间,赵医生不停地嘱咐他一定要改善饮食习惯,“荤菜一定要少吃,蔬菜每顿都要有。”医护人员记下了细心的赵医生当时跟老人说的话。师慧说:“赵医生总是跟我们说,对待病人要细心、耐心,要多说、多讲嘱咐的话,只有这样,病人才能记住医生的话。”田自忠老人出院的那天,他的血糖降到了8.6°。田自忠老人激动地对赵医生说:“你们湖北医生能留下来该多好啊!”临走时,田自忠老人对赵医生和他身边的医生说:“哪天你们一定要到我家里来,我没有好东西给你们,宰两只羊还是没有问题的。”

一天,一位不知名的哈萨克族老太太因糖尿病到县医院看病,听说还要住院治疗,老太太拿着仅有的50块钱拒绝了。赵医生当场拿出200元要求医务人员先给交上,以缓当务之急。回到办公室,有人说:“赵医生,你给病人200

元能帮上什么忙？还不如不给呢！”赵卫民微微一笑：“200元的确算不了什么，可是，对我们来说，能帮一点就帮一点。”最终，虽然老太太没有要赵医生给垫的钱，但是，每位在场的医护人员都被赵医生的行为打动。

在湖北援疆医生没到温泉县人民医院援疆服务之前，医院很多方面的管理程序需要规范。来自宜昌市中医院外科副主任医师张旭初，在了解和熟悉了医院现状后，对医院提出加强文化建设及中长期人才培养的规划，积极为医院的发展和远期规划建言献策，以推进医疗和教学查房的规范化和制度化，他还经常参与门诊和手术，指导医师开展工作。潜江市医院内科副主任医师何忠良和放射科医生曾光的到来，为医院带来了新的治疗技术，他们不但纠正了该院医生以往不规范的医疗技术，而且主动为他们传授新的、正确的医术。院长梁衍谈起他们为医院做的这些事情，感激之情无以言表。

从病历书写到医院各项管理制度的建立，湖北医生都积极建言献计。他们还主动为医护人员开展业务培训，举办讲座。

一想到共事的湖北医生，医生师慧很是感激。她说：“以前，我们常常是被动学习和为了考试而学习，直到他们来了以后，只要有时间，我们都会主动地学，还常常有一种紧迫感。”

（2007年6月11日发表于《博尔塔拉报》）

情洒边陲

——记湖北援疆医生

张 平 刘 妍 刘 冉

民族医院的“少数民族”医生

“我们只是一群平凡的人,在平凡的岗位上做了自己分内的事而已,真的没什么特别的地方。”在接受我们采访时,来自湖北省妇幼保健院的高含医生显得很淡定。

5位援疆医生里只有高含被分到了民族医院——博州蒙医医院。作为妇科里的男医生,原本就属于该科的“少数民族”,那么在民风相对传统的少数民族医院有没有遇到过尴尬事呢?问到这个问题,高医生笑了:“没有,病人是把全部的信任托付给了我。”这个信任也是经过时间检验的吧?我们在蒙医院巴特孟克院长那里得到了答案:“高老师的专业技术水平很高,以前我们医院的妇科非常薄弱,像子宫肌瘤和高难度剖宫产之类的手术都是请专家做,高老师来了后不用再请外援了,他还带了3名学生,真正给我们留下了一支带不走的医疗队!”

高含医生在蒙医医院工作期间,发现该院麻醉技术尚有欠缺,建议医院组织人员赴湖北学习麻醉,现在医院的麻醉技术已经提高了很多。

医术精湛的留德博士

州医院外三科赵波博士是位留德两年的博士,虽然才37岁,但在专业领域已经是绝对权威的专家了。他在博州牵头的“肺动脉血管阻断成形术”课题已申请“博州科技成果进步奖”鉴定。这项技术不但填补了博州的空白,在全疆专业领域也属先进技术。

一位来自博乐的患者，右侧一二三四肋骨处长有巨大胸内肿瘤，这个位置属于相对手术禁区，疆内几家大医院的专家为其会诊后都不敢做手术。在他即将绝望时，听说州医院有位湖北胸外科专家，水平相当高，就抱着试一试的心理找到赵医生。赵医生经过详细诊断后，果断手术，成功摘除了这一巨大肿瘤。这名患者现在康复状况很好，对赵医生精湛的医术赞不绝口。还有一名三期肺癌已侵犯到肺动脉的患者，通过赵医生"肺动脉血管阻断成形术"的成功实施，保住了一叶肺。

同事眼中的赵波，不但是位名副其实的胸外科专家，在科研及论文指导方面也是位很好的老师。从技术力量雄厚的华中科技大学同济医院胸外科来到边城博州，赵医生将医院现有的一台呼吸机应用于临床，并耐心给同事讲解呼吸机的相关知识，目前，该院已使用呼吸机成功救治5例胸外伤病人。不仅如此，赵波还受邀为农五师医院做了4例手术，并成功帮该院外二科抢救一名危重病人，赢得了同行的尊敬。

"结交了那么多淳朴豪爽的新疆朋友，走的时候我会依依不舍。和他们相处的时间太短了。"这是赵波唯一的遗憾。

忠孝难两全

来自中南医院胸外科的王乐医生引用罗曼·罗兰的一句话来要求自己："我们努力地观察，为的是理解；我们努力地理解，为的是行动。"他是这样要求的，也是这样做的。同事眼中的王乐是位踏实内敛的外科医生，工作上兢兢业业，毫无保留地传授专业知识。

我们从他沉稳的外表上看不出多少情绪的起伏，但是很少有人知道，他在援疆工作中，经历了双亲离世，却没能见上父母最后一面的痛苦和遗憾。去年7月，作为家中最小的儿子，王医生主动申请援疆，家中父母年事已高，但对儿子的选择表示支持。2006年国庆节后，母亲的身体情况就已经不乐观，为了不让儿子分心，一直没有告诉儿子这个消息。一天凌晨5点，哥哥打来电话说，老母亲已经走了。王医生赶回湖北处理完母亲的后事，没有多停留，只嘱咐哥哥要多注意老父亲的高血压，就匆匆回博了。2007年春节回家时，父亲的身体还不错，过完春节回来3个星期，又接到家里的电话，父亲跌倒中风，王医生乘飞机回到武汉时父亲已经走了。“自古忠孝不能两全,难过也只能用这句话来宽慰自己。”王医生显得那么平静。

患者称赞的袁医生

在州医院耳鼻喉科的医生办公室里,我们看到了这样一面锦旗——“赠湖北援疆专家袁琨:慧泽边疆 德艺双馨 新疆博乐农五师89岁患者李湘莲 2006年10月28日”。说起话来温文尔雅的女医生袁琨,向我们娓娓道来这面锦旗的来历。李湘莲老人患有慢性胆脂流型中耳炎,袁琨医生担心会引起颅内病变,决定实施手术,袁医生考虑到在这个部位进行引流比较困难,动手设计了“T”形管用于临床,起到了很好的引流作用。目前“T”形管已经在此类手术中被广泛应用。

“阻塞性睡眠呼吸暂停综合征”俗称“打呼噜”“鼾症”,是一种危害性极大的病症,容易引起老年痴呆症,严重的会引起猝死。袁医生带来的“腭咽成形术”在全疆其他地州医院都属领先技术。袁医生的到来让“鼻内窥镜”在鼻内病变手术领域的使用范围更广。

在援疆的一年时间里,袁医生做过大小手术80多例,带出3名专科医生,目前,这些医生已经能独立做个别手术。她还利用休假时间,协调自己所在的武汉市中心医院配置了三四千元的设备赠送给州医院。“袁老师对我们年轻医生要求比较严格,手术操作很严谨。”年轻的哈萨克族医生木拉提这样评价。

作为一位妻子和母亲,无法照顾家,袁医生也很遗憾,但她表示,不虚此行。

娇小女医生的侠骨柔肠

这次援疆年龄最小的田立群医生,身材娇小玲珑,看到她的第一眼,我们很难把手术室里果断冷静的形象跟眼前的她对应起来。一位心脏病患者,从心电图看属于广泛性心梗;初步诊断考虑有血栓,但当时病人血压低,到底要不要溶栓?溶栓就意味着有风险,就是这样一位柔弱的女性,果断决定,溶栓!为最后的抢救成功赢得了时间。

“对家里人还是有亏欠的,但是我不后悔,我很喜欢这里的人。”田医生笑着说。

援疆医生的故事还没有结束,他们告别繁华的都市,来到人地两疏的博州,这种无以言表的爱,像沉默的天山一样深沉。州医院刘曙光副院长的评价最有代表性:“这些援疆医生,用严谨的工作态度、高超的专业水平、扎实的工作作风、高尚的医德医风,为我们边疆各族群众带来了难以用语言表达的福祉!

(2007年6月20日发表于《博尔塔拉报》)

润物细无声

——记精河县高级中学湖北援疆教师

唐　虎

2005年11月17日,也许会成为湖北援疆教师雷芳难忘的日子。这一天,雷芳老师收到了精河县高级中学高三班同学们的一份特殊作业每人一篇英语作文*We love our English teacher*(《我们爱我们的英语老师》)。

这是份让雷芳老师意想不到的作业。作业中,同学们纷纷表达了自己对一位优秀湖北援疆教师的尊敬和爱戴之情。是啊,雷芳老师把全部的心血都倾注到了这些孩子的身上,怎能不让孩子们感动呢?刚到新疆的她,气候不适应,水土不服,脸肿得都快认不出来了,校长关心地劝她别急着上班,先休息一下。但是雷芳老师却没有接受这份善意的关怀,而是立刻投入到了紧张的工作中。一个多学期以来,她没有缺过一节课,每天都和周围的老师和同学们进行着心与心的交流。

曾全贵作为学校主管教学的副校长,把抓好教学管理、提高教学质量作为他的本职工作。他提出了"变一年备考为三年备考"的方案,指导高三学生掌握正确的复习方法。他举办的高三学生如何进行备考复习的讲座,深得学生喜爱,很多高三学生专门找他探讨复习方法。去年6月高考结束后,不少高三学生给他留言,希望今后继续做朋友。他还注重提高青年教师的业务素质。精河县高级中学青年教师比较多,都在一线工作,提高他们的业务素质,既关系到学校当前的教学质量,又关系到学校的未来发展。为此,他开办了3期青年教师培训班。

去年5月底,高考即将来临时,曾全贵副校长70多岁的母亲在家乡遭遇了车祸,腿部骨折,是回去尽孝还是在这里尽职?曾全贵心情十分矛盾。考虑到高三学生马上要高考了,他最终还是选择了留下来工作,直到高考结束才把此事告诉学校领导。去年10月15日,他正准备上课,一阵剧烈的疼痛使他差点晕倒在教室,两位教师急忙把他送到医院治疗,剧烈的病痛让他几乎动摇了援疆的信心。但他想到教室里那一双双求知的眼睛,又让他总在心里念叨:快点好啊,学生还等我上课哩! 同事们说:曾校长是累病的。曾全贵没有等到康复,就提前回到了三尺讲台。

高一(1)班的一名学生,学习成绩比较好,但身体不强壮,家庭条件也不太好,援疆教师吴细桥就找他谈心,鼓励他积极参加体育活动,调整他的心理状态,并从生活上资助他。一年后,这名学生身体强壮了,心情舒畅了,学习劲头也更足了。

在援教期间,精河县高级中学的援疆教师们开展了一系列扶贫助学活动,他们主动加入精河县的生产救灾工作,援疆教师、党支部副书记赵远翔结合调查了解的情况,组织4位援疆教师,主动与茫丁乡小学联系,开展了一系列扶贫助学活动。在助学活动中,他们为茫丁乡8名贫困学生买了书包,还为两名特别困难的学生送去了大米和面粉。

是什么让这些湖北援疆教师如此忘我工作,无私奉献的呢? 曾全贵副校长的一番话代表了他们共同的心声:“我们为感恩而来,没有新疆人民建设边疆、守卫边疆,就没有我们其他省市的稳定和发展。我们要把自己所学献给边疆人民。”

(2007年6月22日发表于《博尔塔拉报》)

情洒边陲不言悔

——记湖北援疆教师徐春敏、王立平

曹轶广

第三批湖北援疆教师即将离博，在此向他们道一声："老师，您辛苦了！"

徐春敏：一位博乐人

在即将离博的湖北援疆干部中，有一名特殊身份的人——徐春敏。说他身份特殊，是因为跟其他湖北援疆干部不同，他出生在博乐，童年是在农五师82团场的连队里度过的。

在离开曾经养育自己的这片故土20多年后，2006年8月，已过不惑之年的徐春敏有幸作为一名援疆干部重回"故里"，贡献自己的智慧和力量，圆了多年的一个梦。

来到博乐，徐春敏在市第一中学挂职，任副校长。在不到一年的时间里，他积极引入湖北教学管理先进经验，使学校面貌焕然一新。

刚上任时，迎接他的除了掌声、期待，更有一大堆待解决的难题：学校办学条件简陋，教学质量处于低谷，学习好一点的学生纷纷转校，教师人心不稳……

面对众多矛盾，徐春敏很快就显示出了自己的做事风格——拂去庞杂而追逐根本，直抵核心部位。在他眼里，学校第一位工作就是教学质量，第二位就是教师队伍建设，第三位就是制度建设。为此，他率先垂范，带头代初三一个班的英语课，学生非常欢迎，其他任课教师也信服。这样与教师同甘共苦，有了共同的教学语言，又了解了教学第一线的情况，很快取得了教学管理的发言权和指挥权。

"学校要创造一切条件让教师成功，杜绝吃大锅饭，混日子，教好教坏、教多教少、教与不教都一样的情况。”徐春敏是这么说的，也是这么做的。一方面，他积极倡导加强教师的业务学习，尤其对青年教师，进行多渠道继续教育；另一方面，徐春敏协助校长，在全体教职员工的参与下，修改完善了已有的规章制度，并先后制定实施了《博乐市一中教职工业务量化考核细则》《博乐市一中班级量化管理细则》《博乐市一中考核奖励方案》等规章制度。目前，学校量化管理不断步入正轨，考核赏罚有章可循。教职工中重视查看数据的人多了，踏实肯干的人多了，出现了人人勇挑重担、专心致志搞工作的良好局面。

王立平：年轻的高级教师

湖北省天门竟陵高级中学化学高级教师王立平，2005年秋季被选派到博乐市高级中学进行为期两年的支教工作。初到博乐市，水土不服，让他整整一个多月食不甘味、寝不安度。但他依然忘我工作，从不向当地领导诉苦，不向受援单位申难，也从没有动摇支教的信念。刚来的第一年，学校安排他代高二年级的化学。在别人眼里，高级教师教高二，有点屈才了。但他却没有任何怨言，积极服从组织安排，接手高二年级重点班的课程。在教学工作中，他认真钻研教材和教学方法，根据学生的实际情况，灵活运用不同的教学方式，提高学生的学习成绩。他所带班级的化学成绩在全州名列前茅。在开展第二课堂活动中，他积极辅导化学竞赛活动小组成员，2006年4月，他辅导的10名学生参加自治区化学竞赛，1名获一等奖、3名获二等奖、2名获三等奖。王立平也荣获“自治区优秀支教教师”“优秀辅导员”等称号。

（2007年7月2日发表于《博尔塔拉报》）

情系边疆　心系患者

——记湖北援疆医师、留德博士赵波

张鹏伟

赵波是湖北第三批一年期援疆专家2006年8月至2007年7月在州医院工作。一年来,他把博州当故乡,想医院发展,急患者所急,积极传授新技术,填补了我州乃至新疆医疗史上的多项空白,为边疆的医疗卫生事业做出了突出贡献。今年7月底,在自治州召开的第三批离疆援疆医生表彰欢送欢迎新一批援疆医生座谈会上,赵波被授予"优秀援疆医生"荣誉称号。

赵波从湖北来到边疆,给自己定位准确,把握工作重点,在现有条件下将自己掌握的医疗技术和知识毫无保留地传授给当地医生,尽最大努力为当地老百姓提供优质高一年来,赵波充分发挥专业技能,经他亲自主刀开展的各种胸外科特大型和大型手术50余台次,达到湖北一般三甲医院胸外科的工作量,有些手术还达到新疆三甲医院的先进水平(州医院为二级甲等医院)。如中央型肺癌根治术+肺门纵隔淋巴结清扫术、肺动脉成形术、局部晚期肺癌根治术等高精尖手术。

州医院胸外科在赵波指导下取得了显著的经济、社会效益,在全院住院病人减少的情况下,该科室住院病人比去年同期增加近100人次,留住以往需转上级医院手术治疗的患者近50名,为患者减少转院治疗费100余万元。他坚持上门诊、进行业务查房,积极参加医院外科急危重病人的会诊抢救,利用血管阻断技术成功抢救了3例骨外科血管断裂病人,使病人保住了肢体。随着赵波一台又一台大型胸外科手术的成功开展,他的知名度在博州越来越高,赢得同级医院的敬仰和认可。他先后5次应邀到农五师医院进行手术和会诊,还亲自为5名曾在乌鲁木齐市大医院多次就医未果慕名而来的疾病患者进行胸外科手术,患者术后康复。

一年来，赵波先后收到患者送来的锦旗3面、感谢信2封，拒收红包5000余元。今年6月中旬，科室在赵波指导下，抢救一名严重的车祸患者。患者为表感激之情，送礼金被赵波谢绝。

赵波援疆工作的主旨，就是教当地医生掌握先进的医疗技术和扎实的医学理论知识。为此，他在制定手术方案、实施手术的每个环节都言传身教。在他的指导下，州医院胸外科的医师们已掌握了全程电凝分离、肺血管阻断、肺血管成形等十多项具有三甲医院水准的高精尖手术技术。赵波还积极收集医学资料，给全院医护人员举办5个专题的业务知识讲座，指导帮助当地医护人员撰写的6篇医学论文发表在国家正规医疗期刊上，帮助当地医生积极申报博州科技进步奖和自治区科技进步奖一项。

（2007年8月17日发表于《博尔塔拉报》）

乐在边疆多奉献

——记湖北援疆干部、州党委组织部副部长王洲洋

刘　冉

在采访援疆干部、博州党委组织部副部长王洲洋之前,我看了几篇他写的有关援疆工作的理论文章。从《带着感情来做援疆工作》《援疆是年轻干部义不容辞的政治责任》《在祖国边疆用心工作每一天》等文章中可以看出,王洲洋是带着感情来援疆,用心做好援疆工作的。

援疆前,王洲洋在湖北省委组织部工作。沉稳、谦虚是他留给同事们最深的印象。王洲洋总是说,援疆干部来到博州,要摆正位置,虚心向本地同志学习,这是做好援疆工作的第一步。

学习就是王洲洋迈出援疆工作的第一步。他真诚地向领导、年轻同志、少数民族同志了解博州的民情、经济和社会发展情况,同时又毫无保留地把自己的知识和经验传递给本地同志。说起王洲洋,州党委组织部的同事们总会竖起大拇指。一位同事说:"王部长是从湖北省委机关来的干部,可是在我们面前从来不摆架子,还总是谦虚地跟我们学习交流。从他身上,我们学到了很多东西。"

在州党委组织部,王洲洋分管干部教育和党建研究工作。在科室人员的配合下,王洲洋在深入调研的基础上,进一步修改并完善了我州干部教育培训工作制度,研究制定了《自治州2006—2010年干部教育培训工作规划》。这个规划根据自治区和自治州的安排,部署了我州县处级干部在5年内轮训一遍的工作任务,对我州干部教育培训工作具有很好的指导和督促作用。

在做好我州日常干部培训工作的同时,王洲洋积极向湖北省委组织部汇报协调,为我州党委组织部争取到有关培训费用40万元,并促成湖北省委党校大力支持我州干部教育培训工作,规范了选派我州干部到湖北省委党校培

训的具体办法。两年半来，我州共选派了121名干部到湖北党校参加培训学习。同时，王洲洋还积极与湖北省委组织部、财政厅、省援藏援疆办协调，利用湖北优势教育资源，选派我州干部到武汉地区高等学校进行专题学习培训。湖北工业大学、华中科技大学、武汉职业技术学院、武汉大学先后举办了5期博州干部专题培训班，全州173名干部分别参加了工业经济管理、城市建设和管理、新闻宣传、职业教育教师和文秘5期培训班。

每次办班，王洲洋都结合我州实际，与学校领导、任课教授商议制定适宜的培训方案。每期培训都受到了参训干部的一致好评，达到了“党委满意、学校满意、学员满意”的良好效果。

“干部通过培训可以提高理论素质，通过锻炼可以提高能力。”王洲洋的想法就是这样实在。在他的努力协调和争取下，目前，我州已有34名干部到湖北6个对口地市挂职锻炼2—6个月，3批39人到湖北社区挂职锻炼1个月。

作为援疆干部，王洲洋在同伴中是一位老大哥，威望很高。因为湖北援疆干部领队、州党委副书记王兴於同志工作繁重，援疆干部队伍建设和管理的工作大部分落在了王洲洋身上。

要带好一个队伍，相应的制度是必要的。王洲洋组织湖北全体援疆干部，学习了援疆干部管理相关政策，起草了《湖北省第三批援疆干部内部管理办法》《湖北援疆工作队信息与宣传工作管理办法》等制度。同时，在编撰《湖北援疆通讯》的过程中，王洲洋相继撰写了《带着感情来做援疆工作》《援疆是年轻干部义不容辞的政治责任》《始终保持昂扬奋进的精神状态，建设一支能办实事、作风过硬的援疆干部队伍》等理论文章，引导、鼓励援疆干部保持旺盛的工作热情，用心用情做好援疆工作。

王洲洋还积极和援疆干部的派出单位和受援单位领导交流，定期沟通干部工作情况。和援疆干部谈心、聊家常，尽力解决援疆干部的实际困难。王洲洋说：“其实远离亲人在这里大家都不容易。我不是在管大家，我们都是亲人，我们在相扶相持。”

王洲洋是湖北援疆干部们的老大哥、知心人，是大家信任和尊重的人。两年多来，第三批湖北援疆干部没有一人违反政治纪律、组织纪律、廉洁纪律、群众纪律、工作纪律、生活纪律，大家始终以高昂奋进的精神状态，积极投身博州的经济社会建设。

采访中,王洲洋的话不是很多,正如他的同事们所言,沉稳而谦虚。问及他的家人时,他的脸上露出一丝笑容:"家人都很好,他们很支持我。"极短的话里充满对家人的关怀和温情。

王洲洋补充道:"在这里援疆的干部都是我的家人,博州的同事们也是我的家人,博州就是我的又一个家乡。"简短的话语,道出了这位援疆干部无悔的心声。

(2008年5月1日发表于《博尔塔拉报》)

情倾边城绘新图

——记湖北援疆干部、州建设局副局长万应荣

孟祥华

2005年7月，湖北省建设厅年轻干部万应荣，告别年近八旬的老母亲和不到周岁的女儿，告别繁华富庶的荆楚大地，从长江岸边来到西北边陲，一个人生地不熟的地方，担任博州建设局副局长。

州建设局副局长刘军说："万应荣是个非常爱学习的人。"刘军说，州建设局工作面广、业务量大、技术含量高，关系到百姓生活的方方面面。万应荣到位后，一头扎在学习中，学习自治州在建设方面的有关政策，了解城市规划、建设、经济状况，努力掌握全州地理地质特征、人文特征、民俗风情。为了高质量做好本职工作，万应荣将湖北先进的管理经验运用到日常工作中，尽力抓好分管工作。

记者在采访中了解到，在专业项目书编制过程中，万应荣没有因为自己是一名分管领导，就将工作放手交给下属处置。他总是发挥自己的专业技术特长，参与项目书的编制工作，先后参与起草了《博州乡镇(场)规划编制工作实施方案》《博州乡镇(场)集贸市场建设改造工作实施方案》；拟定相关责任书，组织14个乡(镇、场)总体规划的编制工作及7个工业园区、部分乡(镇、场)农村集贸市场的建设与改造工作。为了进一步宣传普及城乡规划知识，保证各项工作进展顺利，万应荣还组织编印了2000册《村镇规划建设管理知识读本》，并免费发送至村(队)。

为加大自治州城乡规划效能监察工作力度，万应荣主笔起草了《博州城乡规划效能监察实施方案》。在提升城乡建设发展水平上，万应荣没有吝惜自己的才能，他对《博州工业园区(一园三区)总体规划》和《博乐市城市总体规划(修编)大纲》及其他详细规划方案提出了审查意见，并积极研究和组织起草了

《关于加强博州城乡规划管理的决定(代拟稿)》。目前正在实施的自治州村级组织办公用房和群众文化活动场所实施方案,也是万应荣具体参与起草的。万应荣的同事们这样评价万应荣:“是他的辛勤努力,填补了博州城乡规划的部分空白,进一步规范了我州建筑行业的发展机制。”

为了促进鄂博两地建设部门的经验交流,万应荣积极发挥桥梁纽带作用,多次促成湖北省建设厅领导及建设方面的专家到博州参观考察,促成我州建设系统工作人员赴鄂学习,从而提升了我州建设工作的水平。

2005年到2006年的两年间,根据我州城乡建设工作存在的问题,在万应荣的协调下,州建设局组织了两批业务骨干赴湖北学习,学习吸收先进的管理经验。

为了进一步加强技术交流,湖北省城市规划设计研究院还承担了博乐市贝林哈日莫墩乡、精河县托里乡、温泉县安格里格乡、查干屯格乡、呼和托哈种畜场乡镇集贸市场的总体规划编制任务。

虽然万应荣在我州生活、工作的时间只有3年,但他已经深情地把博尔塔拉当成了第二故乡。万应荣刚刚撰写的《关于加强博州城市规划管理,改善城市环境的几点建议》中,透露出了他对博州的热爱。这份显山露水、突出做好山水的文章,是他为博尔塔拉各族人民描绘的一幅隽永的城乡建设山清水秀图画。

(2008年5月9日发表于《博尔塔拉报》)

援疆路上四人行

——记湖北援疆医生刘卫红、周才胜、赵发兵、杨全

蔡志疆

到了四月初的仲春时节，荆楚大地的山水田园早已是满眼绿色、百花竞艳的美好景象了。而在新疆西部的温泉县，却还是“草色遥看近却无”“冷风袭人屋舍灰”的光景。我乘车近百公里，来到温泉县人民医院，采访刘卫红、周才胜、赵发兵、杨全四位湖北援疆医生，了解他们在边疆的奉献。

得益于党中央援疆政策的实施，湖北省在将近十年的时间里，不间断、多批次地连续向温泉县人民医院派遣专家型医务人才，帮助这家医院提高医疗服务水平，给全县各族人民带来了福祉。

说到援疆的苦乐酸甜，来自宜昌市中心人民医院的放射科专家、今年53岁的刘卫红，用他那乐天派的表情否决了我的“苦酸说”。他认为，援疆一年，收获的大都是快乐和甘甜。按说50多岁的人了，不应该选择援疆，万里迢迢来到温泉。可刘大夫去年6月却乐呵呵、很自信地对领导说，自己身体比30岁的小伙子还棒，退休之前能去边疆，为当地各族人民作点贡献，也算是人生无悔了。

刘大夫一行四人来到温泉县，首先要解决的就是吃住问题。为了给受援单位节省开支，他们主动要求挤在一套60多平方米的住宅楼里，并且自己购物开伙，料理一日三餐。因为年长和资历深，刘大夫既是援疆医疗小组的组长，又是宿舍长。每逢周末休息，他们四人一同上街直奔农贸市场，把一周所需的肉菜和日用品全部购回。刘大夫说，一两个人是拎不回这么多东西的。

性格开朗的刘大夫，说话喜欢开门见山。到温泉县人民医院放射科，了解了当时的工作状况后，就主动向医院领导提建议、谈设想，并在医院领导的支持下，为放射科制定了管理制度、集体阅片制度、急诊复核制度、临床病历追踪

制度、典型片收集归纳分类保管以及送报告到病房制度。这一系列制度、措施实施后,规范了放射科工作程序,改善了医疗环境,提高了工作效率,保障了医疗质量。

在温泉县人民医院放射科,职工热孜万、夏布哈提、蒙克巴依现在很开心,他们感觉这一年在业务上收获很大。他们说,天天和刘大夫这位不收学费的教授一起工作,自己不好好学习都不行。因为刘大夫天天都会就具体问题耐心地讲解、手把手地教大家操作。医院党支部书记托合提说,过去,放射科是全院业务上的薄弱环节;现在,放射科是全院业务上的排头兵。这个变化,主要得益于刘大夫的传帮带。

走进温泉县人民医院,我看见一位面相和维吾尔族或者哈萨克族同胞长得差不多的男医生正在和患者家属说话。院长谭炳云笑着为我介绍:"你一定把他认作是我们本地少数民族兄弟了。其实他是湖北宜昌市二医院来的援疆医生赵发兵大夫。"

见我一脸的惊奇,赵发兵大夫主动与我握手说:"我在这里工作的大半年里,经常遇到少数民族患者或者患者家属,看我一眼后就和我说起了维吾尔语或者哈萨克语。幸好这里的少数民族同事每次都及时为我解围,给我和患者当翻译。"

今年36岁的赵发兵大夫,在宜昌市二医院已经是内科专家了。女儿年幼体弱,妻子工作繁忙,但他还是选择了援疆。来到温泉县人民医院,他认真负责地对待每一位患者;多次去农牧区开展巡回医疗,宣传普及医疗健康常识。

说起告别妻儿老小来援疆的辛苦,赵发兵大夫腼腆地笑笑说:"我在这里工作不算太忙,没感觉很辛苦。就是时常会惦记年迈的父母、体弱的女儿和忙碌的妻子。"

杨全和周才胜两位大夫今年都是38岁,可他们的面相却很年轻。说他们都是医疗战线独当一面的专家,我都不敢相信自己的眼睛。来自湖北当阳市中医院的杨全大夫,现在的职称是中医副主任医师。来到温泉县人民医院,他立足专业,做到中西医结合治疗,并把教学与诊治、查房结合起来。他还主动要求倒夜班。他的认真、快乐和业务上的精益求精,感染着温泉的同事们。

在温泉县人民医院大半天的时间里,我只在中午吃饭的时候,才和周才胜大夫见了一面。这一天，作为骨科专家，他和外科的几位医务人员一直忙碌在急救室里。原来这天一大早，就有几名因车祸受伤的外籍人员被送到医院抢救。

院领导介绍说，周才胜大夫到来后，由他主刀实施的多项手术，填补了医院外科空白。他申请了科研项目、撰写了关于温泉县医疗卫生现状及对策的论文，还为医院的建设和发展提出了三十多条合理化建议。

可能是惦记着急救室里的患者，周才胜大夫只是很平淡地和我说："在援疆的每一个工作日，我都要求自己一定要努力用才学和能力为这里的父老乡亲服务好。所谓的填补空白，在我们当地医院也大都是常规手术。"

走过春夏秋冬，又是一个美好的季节。在以景色秀美著称的温泉县，在温泉县父老乡亲的心田，四位结伴而行的援疆医生，你们就是这个季节里最美好的一道风景！

（2008年5月13日发表于《博尔塔拉报》）

不负重托育桃李

——记湖北援疆干部、博乐市高级中学副校长周志强

刘　妍

1月中旬,我来到博乐市高级中学,见到湖北援疆干部、博乐市高级中学副校长周志强的时候,他制定的35岁以下教师的专业知识考核刚结束,采访偶尔会被来找他要学科测试卷的教师打断。看得出来,学校的教师们和周副校长很熟悉,而且处得相当随意。我的采访就在这样的一个环境中开始了。

谈到援疆,周志强笑得很爽朗:"真的没有一点生疏的感觉,完全是带着一种亲情来的。"他说,从1999年开始,湖北省天门市与博乐市建立了对口支援的关系,他所在的天门中学与博乐市高级中学是对口支援单位,来往很密切。博乐市高级中学每年都派教师去天门中学培训,现在的许多同事以前在天门就认识了。所以来到博乐市高级中学,"除了换了地方,没有一点生疏的感觉"。

天门市在选择第三批援疆干部时很谨慎,通盘考虑后确定周志强为天门市援疆干部领队。家里人得知他要到博州的时候有些犹豫:"毕竟对新疆还是不太熟悉,但是他们很快也就理解了。"

因为以前一直钻研教学,周志强对自己独生女儿的关心相对较少。确定援疆的同时,女儿也考上了天门中学。女儿对爸爸很有意见:"以前你就没管过我,这下我考到你的学校了,你又要到新疆去了!"

周志强的妻子在财政系统工作,他们居住的天门中学家属区离妻子工作的单位很远。以前女儿上小学,可以去学校附近的外公、外婆家吃午饭,妻子不用操心给孩子做午饭。现在女儿考上了天门中学,外公、外婆家离天门中学又很远,女儿吃午饭就成了大问题。周志强与妻子商量后决定,妻子拿全额工资的70%回家照顾女儿。

"当时觉得那是万全之策,后来才发现,一个职业女性突然回归家庭变成了

家庭妇女，会承受更多的心理压力。妻子一人在家其实很闷的，所以我尽可能多地给她打电话，这样一来我每月的电话费直线上升。”周志强说到这里哈哈大笑，然后又诚恳地说：“其实援疆干部的家属们付出的，远比援疆干部要多得多。”

作为天门市教学研究会会员、天门市高考备考中心常务理事、编委，周志强是响当当的学科带头人，经常被请去命题。“可以说是精神、物质双丰收。”周志强这样说。到了博乐后，周志强发现这里无论是教学条件还是教学理念，和湖北的差距都很大，物理教学更是薄弱环节。经过一段时间的摸索，周志强发现不能将湖北的教学经验生搬硬套于本地的学校，于是，他立足于本地的文化特征和教学特点，在充分发挥博乐市高级中学特色办学的基础上，扬长避短，提出了“引、帮、促、教、动”强化教师队伍的方针，制定了35岁以下教师的专业知识考核及培训制度，举办优秀青年教师的“优质课”大赛，为学校培养了一批年轻有为的骨干教师。

周志强在抓学校教学教研工作的同时，又挑起了高三实验班物理学科的教学及教学教研大梁。2006年，家境贫困、品学兼优的段超考上了北京大学，人们在对段超的成绩啧啧赞叹之余，很少有人知道，博乐市高级中学的教师们对这个孩子倾注了怎样的心血。周志强记得，段超是以全州中考成绩排名第27名进入高级中学的。为了让这个孩子在北大在疆招生的18个名额里占有一席之地，学校各学科的老师都格外关注他。物理是段超的弱项，为了不让物理成绩拖段超的后腿，周志强付出了极大的努力。“那是最艰难的一个阶段辅导。”周志强这样概括。

周志强援疆刚到博乐市高级中学的时候，看到学校的信息化教育还是空白，就多方奔走，为学校从天门市争取到20万元资金和一套价值10万元的远程教育设备及14万元的图书。他还通过私人关系，找来在全国教学课件设计大赛中获得二等奖的课件作品，给同事们做范本。通过他的努力，学校的信息化教育已经成型并渐入佳境。

谈到援疆的感受，周志强说：“最大的收获就是开阔了眼界，结交了很多好朋友。最开心的事，就是自问没有辜负家乡父老的重托，为博乐的教育事业尽了自己的力量。”

（2008年5月15日发表于《博尔塔拉报》）

汗水作彩美边城

——记湖北援疆干部、温泉县建设局副局长万立国

曹铁广

这两年的夏季,在温泉县的建筑工地上,人们常能看到一位戴着安全帽,操着"湖北普通话"的年轻人。工地上凡是认识他的,见到他就会热情地和他打招呼。他就是湖北援疆干部、温泉县建设局副局长万立国。

万立国中等身材,圆圆的脸庞,他有阳光般的热情和春风般的微笑,还有那幽默、简约的谈吐,无不展示着他豁达大度、随和质朴和充满睿智的秉性。

万立国到温泉县任建设局副局长后,分管规划和房产工作。为了尽快转换角色、熟悉情况,他跑遍了全县建设职能部门及所属站、所,深入建筑、监理、房地产开发、园林、环卫等单位。他进工地、上脚手架、进车间机房。通过走访、调研,他以专家、学者的眼光发现了温泉县城乡建设和建筑市场的一些弊病,提出了解决问题的新思路、新措施。

他认为温泉县城建风格不明显、民族地方特色不突出、功能不完善,城建布局整体感不强、缺乏标志性建筑,城市定位不明确,资源整合不理想,绿化数量不足,花木品种单造型不美。

万立国说自己不想做老好人在援疆中混三年,而是要说实话、踏踏实实干工作。他对温泉县城市建设的见解和看法,引起了县党政和援疆工作队领导的高度关注。

在近三年的援疆工作中,万立国组织编制了《县城中心区控制性建设详规》和《近期建设规划》,增强了建设的指导性。在他的指导下,温泉县完成了5个乡(镇、场)的总体规划编制、4个农村集贸市场建设;组织编写出《温泉县住房建设规划》、《温泉县经济适用住房管理实施办法》、《温泉县城镇廉租住房管理办法》及《实施细则》。

其实，万立国并非建筑专业科班出身，之前他是湖北省潜江市环保局业务骨干。万立国清楚地记得，2005年8月，他刚到温泉县不久，一次暴雨引发山洪，冲毁了电厂导流渠和污水氧化塘。他第一时间赶到现场，了解损坏情况，及时组织指导抢险。这次抢险给他留下了深刻印象，环保战线出身的他，积极提议将氧化塘处理过的水引到周围的小山上，灌溉苗木。万立国的提议被采纳并取得了很好的效果。

2006年是我国集中清理建设领域拖欠工程款的最后一年，万立国主动承担起全县清理拖欠建设工程款的工作。他带着局办工作人员，一遍又一遍地到欠款单位做工作。在万立国的努力下，温泉县在全州率先完成了清欠任务。为从源头杜绝再次出现拖欠款问题，他要求施工企业严格落实清欠政策，认真执行农民工保证金制度，同时加强监督，近两年温泉县再没有发生民工工资拖欠问题。

平时万立国把宣传温泉县、推介温泉县作为自己义不容辞的责任。三年中，在他的牵线搭桥下，湖北省潜江市为温泉县援助190万元，建设温泉县青少年活动中心。该项目于2006年10月竣工并投入使用。宜昌市建委也支持温泉县建设局5万元。

扎勒木特乡11岁的哈萨克族学生木丽得尔，家庭贫困没钱交学杂费面临失学。万立国看在眼里疼在心里，他慷慨解囊，每年拿出400元资助木丽得尔上学。

“快三年了，我目睹着温泉县城的变化，对温泉县人民有了深厚的感情。”万立国说。

（2008年5月19日发表于《博尔塔拉报》）

心系边疆献真情

——记湖北援疆干部范永红、叶辉、张美义

李恒春

范永红、叶辉、张美义就要离开工作一年的精河县人民医院了。虽然他们在这里工作、生活了仅有300多天,但这里热情的人们和朝夕相处的同事,都给他们留下了难忘的印象。“我很留恋他们。这里的人特直爽。虽然条件比湖北大医院差多了,但他们特别团结。”张美义这样说。

“新疆给我一种向上的感觉。特别是博州变化很大。医院同事敬业精神很强。”叶辉这样总结自己一年来的体会。

范永红、叶辉、张美义分别来自湖北鄂州市妇幼医院、鄂州市中心医院和仙桃市中医院。去年7月,他们分别被安排到精河县医院检验科、急诊科和五官科。在同事们的眼里,范永红、叶辉、张美义都是属于那种业务功底扎实、没有架子、待人真诚、生活要求不高、传授技术不保守的专家。精河县医院院长庞东滨说:“范永红、叶辉和张美义在医院里倒班值班,随叫随到,我们都很佩服他们。”

“我们都称他们老师。自从张美义老师来后,他经常给我们讲解一些典型、重点病例。对同事提出的问题,他耐心解答。现在我们五官科的业务水平有了很大进步。”五官科医生夏尔达这样评价张美义。

“援疆医疗工作的主要任务,就是把湖北先进的医疗技术和诊治方法,通过言传身教传授给当地医生,提高当地医院的医疗技术水平和管理水平。精河县人民医院对我们寄予了很高的期望,根据我们各自的专长,把我们放在医院科室领导的岗位上使我们能充分发挥自己的特长,对其他同事起到传、帮、带作用。”叶辉说。

在精河县医院工作期间,范永红、叶辉、张美义针对精河县一些常见病和

多发病，结合自己的专业特点，多次在全院举办专题讲座和报告会，在科室开设小讲座。通过讲座和报告，把自己多年医疗实践中的一些经验传授给精河县医院的同事们，帮助他们提高诊疗水平。同时指导查房，在临床诊治实践中对同事进行医术帮教，积极参与对疑难病人、危重病人的会诊及病案讨论，制定治疗方案。

叶辉说："我们在平凡和忙碌中，一年不知不觉就过去了。这一年，尽管我们只是做了一个医生应该做的工作，但我们是在用心、用情去做，用一腔援疆赤诚去做。我们把自己所有的看家本领毫无保留地教给了县医院的各族同事，也在彼此的交流之中，体会到了民族大家庭的温暖和幸福。"

院长庞东溟说，三位援疆医生在精河县医院工作期间，把精河县当成了第二故乡，把精河县人民看作自己的父老乡亲。他们抛开思乡之苦，把全部的精力投入到支援精河县医院建设、支援边疆的医疗事业发展之中。

范永红说："我们援疆医生到精河县医院工作，得到了许多同事的关心和照顾。"张美义说："新疆的气候条件、工作环境、民俗风情与湖北截然不同，刚来时我们因为语言不通，与少数民族患者沟通有一定困难，给诊疗工作带来许多不便。为了尽快适应这里的环境，我们在很短的时间内克服了困难。因为我们始终牢记家乡人民的重托，以饱满的热情和充沛的精力，投入到援疆医疗工作之中。"

（2008年5月27日发表于《博尔塔拉报》）

乐为边疆“架”彩虹

——记湖北援疆干部、州交通局副局长方贻立

王　瑜

方贻立是湖北第三批援疆干部中普通的一员。这位从大学时代就与道路结下不解之缘的人,在积累了一身丰富的道路交通建设经验后,接近不惑之年毅然选择援助边疆建设边疆,来到了祖国西部边陲美丽的博尔塔拉。

方贻立说,这是他做梦也没有想到的。但是,他没有遗憾。回顾在博尔塔拉生活和工作的日子,他感到很充实。他说,自己做了一些力所能及的事,两年多的援疆工作,得到了自治州领导和交通系统干部职工的赞赏和认可。方贻立还说,人生中有这样一段经历,是一件很美丽的事情。

2005年7月底,方贻立援疆来到了博尔塔拉。这之前,他从没有听说过博尔塔拉这个地方。方贻立说,当时,湖北省交通厅报名援疆的还有3个人,而博州这边因为近年来公路建设进入一个高潮,急需公路建设方面的专家型干部,湖北交通厅考虑到方贻立有这方面的优势,就选派了他。

在州交通局老局长杜风昌眼里,方贻立是个功臣。杜风昌说,到2007年,全州先后开工22个三级农村公路项目、117个一般农村公路项目,建设总里程1500余公里,总投资达3.7亿元。投资总额是“十五”规划初期的11倍。经过几年的建设,到目前全州已经形成了干支相连、四通八达的公路网络,基本覆盖了全州的乡(镇、场)和行政村。全州农村公路的建设饱含着方贻立等援疆干部的心血和汗水。

方贻立用“学、看、思、干、苦、甜”6个字,总结了在博州工作的体会。

“学”对于方贻立来说,是他在博州期间做好工作的一个基础。他在一份总结报告中写道,“加强学习,牢固树立建设边疆、奉献边疆的思想观念。”初到博州,方贻立“学”字当先,了解州情、路情,还要了解当地风土人情,这是工作

的需要，也是尽快进入角色的需要。方贻立说，3年的时间很短暂，要做好工作就必须尽快熟悉当地各方面情况，尤其是道路交通情况。

在学的过程中，方贻立又融入了"看"和"思"。"看"就是看当地同事们是怎么做的，看当地道路交通工作过去是怎么开展的，看当地道路交通建设的优势是什么、不足在哪里。"思"就是自己在博州交通局副局长这个位置上要做些什么？该怎么做？

方贻立是一个善于思考的人。近两年来，博州农村公路建设进入了一个高峰期，方贻立等几位援疆干部赶上了这个大好时期。方贻立在公路建设的立项、设计、招投标、工程变更等业务环节中表现出的指挥和决策理念，让当地干部群众钦佩不已。

"干"就是在"思"的基础上，如何把已形成的工作计划付诸实施。在方贻立的眼里，修路筑桥是实实在在的工作，不是坐在宽敞明亮的办公室里就能完成的。他说，只有脚踏实地，深入工程第一线，深入工地现场，才能掌握第一手资料，才能做好决策，做好技术服务，把好工程质量和工程进度关。

说到"苦"，方贻立说，和所有的援疆干部一样，刚来博州，都要经受从不适应到适应这样一个苦，这倒不是什么问题。他不愿意提及在疆经受的生理和心理上的各种不适应，他只是笑着说，修路筑桥，多数工作是在野外。尤其是在新疆这样干旱炎热的野外，在公路上遇到一根电线杆，都想在它的阴影里躲会。

方贻立喜欢用数字来讲述援疆期间内心的"甜"。一甜，在5年一次的自治区预防职务犯罪工作先进个人评比中，他荣获先进个人称号，成为博州党政系统唯一获此荣誉的国家工作人员。二甜，在交通系统援疆的3名干部中，他作为领队，用心指导并关心着另两名干部的工作生活。他说，这两名干部在援疆期间，和自己一样得到了很好的锻炼。三甜，在援疆期间，博州在公路建设上的投资达到3亿元，让他看到了博州公路建设前所未有的大发展。四甜，在援疆期间，自己获得了4个"优秀共产党员"的荣誉称号。

还有4个数字也是方贻立心中的最甜：80万元、800万元、1500万元、87公里。讲到这4个数字背后的故事，方贻立很自豪。他说，在不到3年的援疆时间里，通过州领导、州交通局领导和自己的努力，积极争取到湖北省人民政府和湖北省交通厅的支持,州交通厅得到了湖北省交通厅对口资金援助80万元;争取到博乐市团结路改扩建工程资金800万元;在公路建设上通过引进其他省市公路建设管理的先进经验,加大公路建设力度、优化公路设计方案、深挖内部潜力、讲求科学合理地施工等措施,两年内,节约建设资金达到1500万元,用这些节约的资金多修建了87公里道路。

(2008年6月3日发表于《博尔塔拉报》)

傅宝山的援疆工作日记

张　平

前几天，记者在精河县采访，听到了许多有关援疆干部傅宝山的事儿。

傅宝山是精河县人民政府副县长，2005年7月来到精河县任职，主要协助常务副县长分管经济工作。知情人说，傅宝山有记日记的习惯。之后，记者有幸在傅宝山的办公室看到了那本援疆工作日记。

打开日记，一股浓郁的边疆情怀扑面而来——

2005年8月20日

对我来说，三年援疆工作实际上就是一个不断学习提高的过程。为此，我坚持把学习提高摆在各项工作的首位。结合工作的实际，我认真学习关于援疆工作的有关文件、党的民族宗教政策、西部大开发的相关政策、法规和新疆历史、地理知识，了解了精河县情以及精河县经济社会发展思路和目标。

新疆作为一个少数民族地区，民族宗教问题较为敏感，政治环境相对复杂。干每一件事，处理每一个问题，都必须将其放到维护民族团结和社会稳定的大背景下来审视。在具体工作实践中，我注重学习本地优秀领导干部应对复杂局面的气魄和解决棘手问题的艺术，使自己的能力有了很大提高。

2006年5月16日

自去年9月带领县经贸委、招商局的同志参加“乌洽会”后，我就开始组织小分队开展招商引资工作。通过打电话、寄信函、发电子邮件等方式，广泛邀请各地客商前来考察。对每一位前来考察的客商，我都倾情推介精河县的资源区位优势和重点发展项目，多次冒着烈日酷暑或风雪严寒，陪同客商到艾比湖盐场、乌兰达坂石英石矿、阿勒坦石灰岩矿及甘家湖白梭梭自然保护区、花山荒漠次生林等地实地考察,积极推进优势资源开发,最终促成一批企业落户精河,取得了一定成效。

2006年8月20日

今天,鄂州市委副书记、市政协主席周旺生率党政代表团来精河访问,落实援建项目资金,受到了精河各族干部群众的热烈欢迎。2005年11月中旬,县委书记陈洪也赴湖北鄂州市、仙桃市等地考察,落实项目。大概计算了一下,自我来之后这段时间里,鄂州市、仙桃市和精河县两地互访交流往来人员逾150人次。

精河县在鄂州市办有高中班,我曾多次协调联系,为精河县的学生在当地学习尽可能提供方便;在我的协调下,鄂州市和精河县两地互派公安民警,开展警务技术交流,取得了一定成效,《人民公安报》和《湖北日报》对此进行了报道。

2007年6月10日

积极争取对口支援项目是我的工作重点之一。利用休假和回湖北办事的机会,我多次到鄂州、仙桃两市市委、市政府及相关单位,向领导汇报工作,落实对口支援项目。两年多来,湖北省政府援建精河县人民医院更新X光机项目50万元;鄂州市政府援建精河县人民医院综合门诊楼200万元;仙桃市政府援建县第三小学教学楼项目80万元资金均已到位。

虽说跑这些项目的时候比较累,但是,一想到这些项目将惠及精河各族群众,再累也觉得值。

2007年9月20日

深入全县30多家大小企业开展调查研究是我的一项常规工作。最近几天,在某轧花厂了解到,这家企业给棉农交售棉花打白条。为避免发生挤兑风波,我先后5次带领县经贸委、工商局、公安局和棉麻公司的同志,到收购现场调解处理矛盾,夜间派人驻厂值班,并到农发行协调企业的贷款。一个星期后,白条全部兑现,共计1298万元。

2007年11月3日

时间过得飞快，一转眼，来精河县工作已有两年半了。在精河县工作期间，我坚持深入基层、深入群众，与各族群众广交朋友，多做有利于民族团结的事，多说有利于民族团结的话。

自己任湖北援疆干部精河县分队长，刚来精河县不久，我就组织了精河县的援疆干部每人与一个少数民族贫困学生进行结对帮扶。

2005年太河沿子镇遭受冰雹重灾后，我们精河县的援疆干部积极赶赴灾区帮助群众抢收棉花，为灾民减灾尽一份力。

这两年中我们精河县的援疆干部常去茫丁乡巴西庄子村开展“送温暖、献爱心”活动，捐赠的现金、学习用品、生活物资等价值5000余元。

…………

当地干部、群众称赞傅宝山的援疆工作日记是用汗水写出来的。在援疆干部工作的单位，记者曾听到这样的评价：“援疆干部的精神风貌好，工作热情高，我们欢迎这样的干部。”

（2008年6月4日发表于《博尔塔拉报》）

三尺讲台展风采

——记湖北援疆干部、精河县高级中学教师王刚

曹轶广　张　杰

王刚是精河县高级中学高三年级的一名数学教师,今年35岁,个子不高,双眼皮,眼神中透出睿智。2007年8月,他响应支援西部大开发的号召,带着湖北人民的重托和鄂州市人民的深情厚谊,来到精河县高级中学支教。

到精河县后,王刚克服时差关、饮食关、气候关、民俗关和语言关,以最快的时间、最好的状态投入到教学中。他承担了高三两个班的数学教学任务。为发挥特长,他经常制作课件主讲公开课,接受校领导和同事的随堂听课,积极参加数学组的教研活动,主动帮助同事处理课件设计和教学内容。高三民族班数学教师阿巴古丽经常向他请教问题,王刚总是耐心给她讲解,在他的帮助下,阿巴古丽的教学水平提高很快。

王刚在课余时间为学生辅导,经常在放学后给学生辅导半个小时到一个小时才回宿舍。有时还在晚上休息时间,为学习困难的学生开小灶进行辅导。他不仅关心本班的学生,其他班级的学生向他询问数学题时他也会耐心地讲解。数学教研组组长罗琴说,王刚敬业,教学经验丰富,他利用一切可利用的时间给学生讲题。有的学生想让他带家教、开小灶,都被他拒绝了。

王刚认为,教学要针对学生的实际,要及时调整教学方法,备课要认真钻研教材,探索新教法。要研究学生,明确教学目标,抓好教学重点、难点和关键。在高三复习阶段,他更是严格要求自己,每课必备并精心设计教学方案,教学上力争做到精益求精。他班上的学生崔凯在第一次摸底考试中成绩不理想,情绪很低落。王刚知道后便与他交流,肯定成绩,指出他学习上存在的问题,探讨解决问题的方法。现在崔凯已经调整了心态和学习方法,进步很快。进入高考冲刺阶段,在3次月考中,王刚带的两个班的平均分都在110分以上,

及格率都在90%左右,第三次月考,有一个班的及格率达到100%。

校党支部书记梁延滨说,王刚作为一名党员,为人谦和,听从组织分配。在工作中发挥带头作用,生活中也关心学生和同事,关注贫困学生,积极奉献爱心,参加各种捐款活动,并成为红十字会会员,参与红十字会的爱心活动。

王刚说:“我来精河县支教虽然只有一年,但精河县给我留下了很深的印象,学到了很多东西,与大家结下了深厚的情谊,这段经历我会终生难忘。”

(2008年6月6日发表于《博尔塔拉报》)

宜昌来的好管家

——记湖北援疆干部、温泉县财政局副局长胡向阳

曹铁广

一米七几的个头,身手矫健,理着小平头,目光中透着干练和才气;做事果断,平易近人。这是温泉县财政局干部职工对湖北援疆干部、温泉县财政局副局长胡向阳的印象。

2005年,温泉县财政收入1000多万元,而且是负增长,财政形势相当严峻。用群众的话说,全县一年的财政收入,还不够全县干部职工发一个月的工资。财力匮乏成为温泉县经济社会发展的"瓶颈"。这年的7月,胡向阳从湖北省援疆来到了温泉县。面对温泉县严峻的财政形势,他没有一丝畏难情绪,而是从容应对。

胡向阳深知,3年的援疆时间很短暂,于是,他把对家人的思念深深埋在心里,把所有的精力都放在援疆工作之中。在宜昌市财政局,胡向阳负责单纯的业务工作。到温泉县后他除了负责湖北援疆项目的资金管理外,还要分管县财政局农业、企业财务和国有资产、经济建设管理等业务工作。他深知责任重大,必须要管好每一分钱,把每一分钱都用在刀刃上,让有限的资金发挥最大的效能。

刚刚上任,他克服了水土不服、生活不习惯的困难,走访了全县各乡镇和骨干企业,在很短的时间里,就摸清了全县的财源基础,对县级财政困难局面形成的原因也有了一个理性的认识。由于工作有针对性,他很快融入了温泉县的发展工作中。他采取"对上多争取,对外多联系"的方针,积极寻找和增加财源。

两年多来,胡向阳和温泉县财政局领导一起,带领财政干部大兴调查研究之风,研究财政收支中存在的深层次问题,研究开源节流、增加财政收入的方

法。胡向阳积极与农口部门协调，向上级争取项目资金，在及时足额拨付到位的同时，加强了对项目资金的监督和管理。他组织完成了温泉县企业税源调查，为上级领导决策提供了翔实的数据。他还带领工作人员，全面清理了全县行政事业单位国有资产往来账目，分析存在的问题，掌握温泉县国有资产实际情况，按照《行政事业单位国有资产产权登记实施办法》进一步规范了国有资产的处置、转让和调拨程序，促进了全县国有资产的优化配置。此外，他还在调研的基础上撰写了《实施财政五创新 服务新型工业化》等文章，受到州县领导的高度重视。

胡向阳敢于动真碰硬。2005年，在当年的夏粮收购中，温泉县的部分乡镇出现了套取粮食直补资金问题。12月初，温泉县已是冰天雪地，气温降至-20多摄氏度。胡向阳带队来到安格里格乡，挨家挨户调查核实农民售粮情况。连续7天，胡向阳走访1000多户农家，追回冒领粮食直补资金10余万元，为国家挽回了损失。他感慨地说："我在湖北从没有见过这么冷的天，一身雪、满头冰，皮鞋都冻断底了。但事后想想，为国家挽回了损失，这点困难算不了什么。"

在将近三年的援疆工作中，胡向阳在思想上越来越成熟，工作能力上也得到了提高。胡向阳说："来温泉县工作，我不后悔。如果让我再选择一次援疆，我还会选择温泉县。"

（2008年6月11日发表于《博尔塔拉报》）

大爱留边城

——记湖北援疆州直医疗队

刘 冉

一年的时间,三百多个日夜,湖北援疆医生在博州人民心里留下了深深的印记,这些印记有他们高超的医术、高尚的医德,更有他们对这片土地的眷念和喜爱。

"在现有条件下做好,保证医疗质量,让患者满意"

博州欠缺的医疗设备使很多医疗技术和项目无法顺利开展。面对这些困难,湖北援疆医生们没有气馁,没有放弃,以他们高超的医术、高尚的医德赢取了无数边城患者的健康和满意。

一

州蒙医院的外科和妇产科是一个科室,妇产科基础医疗设备不健全,产房、手术室布局都存在一些问题。刚到这里,来自武汉市第三医院的黄桓就向州蒙医院提出增添设备器械的建议。黄桓说:"其实在这里我想做很多新项目,可是条件不允许,只能尽力在现有条件下做到最好,保证医疗质量,让病人满意。"

2007年12月的一个深夜,一名产妇难产被送到州蒙医院。当黄桓急急赶到急救室时,眼前的情况让他有些吃惊:产妇宫缩强烈,宫口已经打开,婴儿横位,一只手从产道掉了出来。经察看,黄桓发现这名产妇以前做过一次剖宫产,再做一次剖宫产,风险性和难度都增加了很多。这样的难产病人在武汉市很少出现。情况容不得黄桓多想,立即实施手术。在医务组的配合下,半个多小时后,孩子顺利取出,母子平安。

9个多月里，黄桓接生了50多名婴儿，其中20例手术都是夜晚急症。让患者安心来，平安走，是黄桓的承诺，他用行动守住了这份承诺。在他援疆的日子里，蒙医院妇产科没有出过一次医疗事故。

二

当来自湖北新华医院的医生魏波看到州医院眼科最基本的视力表已经破旧，其他基本器械残缺不全时，他着急了，赶紧向原单位湖北新华医院申请器械援助。考虑路途遥远、运送不方便，湖北新华医院同意魏波从新疆本地购买器械。"可惜只能解决部分问题，欠缺的设备太多了，"魏波有些遗憾地说。

2007年自治区和自治州残联在全州实施免费白内障复明手术。魏波主动向州医院提出参加这次白内障手术。在湖北白内障手术多采用超声乳化的手术方式，可在博乐却没有超声乳化机，魏波和自治区名专家做的是小切口白内障囊外手术。短短6天里，魏波和自治区专家共做了68台手术，平均一天十几台。白内障复明手术结束后，魏波又投入忙碌的工作中。"条件不好可以克服，辛苦劳累可以忍受，作为眼科医生，我们要做的就是恢复患者的眼功能，消除他们的痛苦，尽可能做到眼部美观。"魏波以一颗医者之心，在9个多月里做了100多台手术，为100多名患者带去了光明。

三

2007年9月，一名12岁的蒙古族小男孩，因惊厥、意识不清从温泉县转到州医院。小孩从早上5时开始抽筋，狂躁不已。当湖北援博医生肖明见到小孩时，孩子已经持续抽筋6个多小时，高烧40℃。

情况紧急，必须让孩子镇静下来。静脉点滴方法失败后，肖明准备为孩子打两支苯巴比妥针。可针头刚扎到孩子屁股上就被折断了，打针的计划再次失败。寻思片刻后，肖明有了新主意，把苯巴比妥针液注入输液小壶，由输液小壶直接输送药物到孩子静脉中。随着液体缓缓流入孩子的体内，孩子慢慢安静下来。肖明立即给孩子做了腰穿术，确诊孩子得的是化脓性脑膜炎。11天后，小孩平安出院。

肖明是忙碌的，一周两次的专家门诊总是让他忙得不可开交。9个月里，肖明的门诊人数就有600多人,他参加抢救的危重病人也有60多次。

因为医术,所以信任;因为医德,所以感激。在博州患者的眼里,湖北专家就是定心丸。州医院开设的湖北专家门诊,一周两个半天。因为患者太多,专家们总是从上午忙到下午。

“培养一支带不走的医疗队伍”

湖北专家是医生,用医术救治病人;是老师,把医术留在博州。一个湖北医生在博州工作一年,救治100名患者或者更多;教好一名本地医生,救治的病人则是成百上千甚至更多……

一

州医院内一科医生周毅是湖北省人民医院消化内科副主任医师,从医13年,经验丰富。胃镜、肠镜是确诊消化疾病的必需设备,可州医院会操作胃肠镜的医生竟然没有。这怎么开展工作呢?周毅决定从头开始,他一边把专家门诊搬到胃镜室,一边现场教本地医生胃肠镜操作。

学会操作胃镜一般需要1年时间,操作肠镜则需要3年,可援疆的时间就1年,时间根本不够。不能等了,周毅将自己多年的操作心得毫无保留地教给本地医生,这些都是他多年实践琢磨总结的精华。

在周毅耐心的示范和手把手地传授下,本地医生学习进步很快,1个多月就能独立操作胃镜,3个多月就可以操作肠镜。内一科医生王梅说:“这是质的飞跃,能这么快学会操作胃肠镜真的太出乎意料了,这都是因为周老师毫无保留地指导。”

二

州医院外一科医生马书进可以说是胃肠外科专家中的专家,在湖北省名气不小。做一台手术,救一个病人,是医生的天职,却不是马书进援疆的主要目的,把先进的医疗技术留在博州才是他所看重的。

腹部切口疝是州医院外一科常开展的一项手术,本地医生多采用传统的手术方式,手术程序复杂,患者疼痛感强。马书进带着本地医生采用了另一种现代手术方式——无张力腹膜外疝切补术。几次手术示范，马书进详细地讲解手术要领，本地医生很快就掌握了手术方法。马书进还开展了横切口小儿双侧疝囊高位结扎术，一改过去的斜切口手术方式。新的手术方式伤口小、美观，手术效果让医生和患者都感到满意。

让本地医生最为振奋的是直肠癌保肛术的成功。通过马书进的仔细传授，本地医生学会了操作弧形切割缝合器，救治了一名直肠癌患者，并成功保住了患者肛门。弧形切割缝合器目前在自治区各大医院都是很少使用，州医院的直肠癌保肛术可以说在全疆达到了先进水平。在马书进的指导下，州医院外一科医生已经开始编写科研课题论文《呼吸吻合器在低位直肠癌根治术中的应用》。

外一科的手术很多，有时一天就是七八台。可是马书进却很少亲自上阵，只要本地医生能做，他就在一旁指导。马书进说："他们能做的我就不上。实践是最好的老师，在手术出现问题时，我会及时指导他们，这样他们以后可以做得更好。"

"把对家人的思念放在心里"

援搏看似只是医生们的工作，这背后却有着千里之外家人们的理解和支持。黄桓的孩子只有3岁，妻子上班远，照顾孩子的事落在了丘父母的身上。黄桓刚离开武汉，孩子就生病住院了，家人忙得团团转。千里之外的黄桓急在心里，却无可奈何。"那真是揪心呀，只能每天等电话，干着急，却什么也做不了。"黄桓的话里充满了遗憾和自责。

同黄桓一样，每一位援疆医生最牵挂的是远在湖北的亲人。魏波和周毅的孩子今年考中学，等他们回去时孩子考试已经结束了。魏波的孩子对他说："爸爸你要在就好了。"听了孩子的话，魏波的心酸了。肖明的孩子11岁多了，平时家里只有妻子一人，没人照顾没人陪伴，肖明总是放心不下，一有时间就往家里打电话。

援疆医生在边城忍受着离开亲人的孤独和寂寞，他们把对亲人的思念变成了努力工作的动力，把对亲人的歉意变成了对博州人民的爱意，默默努力着……

“人是有感情的，离开家和亲人都会感到孤寂，在短期内要融入新环境也许不容易。但困难再多，只要我们心态平和，就可以把工作做好。”马书进的话饱含了对家人的牵挂，更多的是对援疆工作的责任和无悔。

（2008年6月12日发表于《博尔塔拉报》）

还愿桑梓

——记湖北援疆干部、州教育局副局长史新华

孟祥华

“新疆作为祖国的西北战略屏障和重要的战略资源基地，其稳定和发展，关系到全国改革发展的大局。没有边疆的稳定，就没有其他省市的改革和发展。我作为湖北的干部代表，被选派到新疆工作，是来学习锻炼的，更是来还账还愿的。”这是湖北省第三批援疆干部、州教育局副局长史新华在工作日记上写的一段话。

2005年仲秋时节，史新华抱着还愿边疆的决心，抱着建设边疆的信心，来到了祖国的西北边陲。在博尔塔拉这片青色草原上，他奉献着赤子的真诚和火热的激情。

走遍边远学校　只为摸清援助方向

2005年7月，刚刚到州教育局担任副局长的史新华，顾不上掸去身上的仆仆风尘，推辞了同事们诚挚的邀请，下乡调研去了。在全州的乡镇、牧区、农场，他一待就近两个月，这期间他跑了14个乡(镇、场)的42所学校。全州边远地区、贫困地区的学校，他几乎都走到了，基本上摸清了全州农牧区教育现状。

调研回来后史新华没有闲着，他马上着手撰写3年援助工作思路，并在9月初形成了初步的援助方案。与州教育局领导班子充分沟通后，史新华向湖北省教育厅汇报工作情况，并与湖北省教育厅各处室及高校进行初步沟通，积极争取各方面的支持。

2005年11月16日，史新华的这份《3年援疆工作方案》正式通过湖北省教育厅认可，并以援疆教育工作专题会议纪要的形式下发。这份纪要明确了史新华3年援助工作的任务和措施。

跑遍湖北高校 只为争取招生名额

“送走一个孩子,造福一个家庭。”为了让我州更多的高中毕业生有机会接受高等教育,为了进一步缓解我州高考压力,同时也为了给我州经济发展培养高层次急需人才,史新华利用湖北省高等教育资源优势,努力开拓湖北高校对博的定向招生工作。跨省招生计划的协调面很宽,而且涉及教育部、湖北省教育厅、招生高校及自治区有关部门和单位。为了取得湖北方面最大的支持,史新华积极促成了湖北省高校招生工作代表团来疆考察,共同解决定向招生问题。

2007年高考后,在史新华的主动斡旋下,湖北省教育厅决定安排武汉科技大学、湖北工业大学、武汉工程大学、三峡大学、长江大学、武汉科技学院、湖北经济学院、湖北中医学院、武汉工业学院、湖北汽车工业学院、湖北师范学院和江汉大学等12所本科院校定向在我州招生60人,并承诺该批计划面向博州全体考生,按照公开、公平、公正的原则,根据考生所填报的志愿从高分到低分录取。为确保定向考生能为博州建设出一份力,州教育局与考生协调后,鼓励考生签订毕业后来博服务一年的合同。

名额争取到了,怎样“阳光”分配名额,成了社会最关注的问题。史新华深知一旦分配问题处理不好,很容易在群众中落下埋怨,结果适得其反。在与自治州主管部门达成一致意见后,招生期间,史新华常驻乌鲁木齐,从自治区招生办调出所有高分落榜考生的名单,从高至低给每个学生打电话,询问他们的意愿。两个月的招生期,史新华用在联系考生、沟通学校的电话费就高达4000元。2007年,我州第一次出现了517分以上考生无复读、不落榜的现象。

两年来,在史新华的努力下,我州90名考生凭借定向招生名额,考入湖北省的12所重点省属本科院校。

牵线鄂博学校 只为提升办学质量

为了加强两地教育交流,在史新华的沟通下,2005年至2007年,自治州选拔了三批75名教育管理干部,赴华中师范大学和湖北省第二师范学院进修。同时根据我州教师管理队伍实际情况,史新华多次与培训单位磋商培训方案。

“一个篱笆三个桩，一个好汉三个帮。”为了拓宽教育援疆工作面，让更多的湖北省教育单位参与援疆工作，史新华积极牵线搭桥，促成了6个对口援助关系，其中包括湖北省电大对口支援州电大、武汉水果湖高中对口支援州蒙古高级中学、黄冈师院对口支援州直托儿所、武汉水果湖一中对口支援疆乐市二中、武汉武珞路中学对口支援阿拉山口中学、武汉49中学对口支援州实验中学。这些援助单位不仅为我州教学单位提供了设备及资金支持，还在领导互访、教师互派、干部挂职、共享教学信息资源及教育科研成果等方面，为我州教育部门拓展了学习与发展的空间。

时光飞逝，近三年的援疆时光转瞬就过去了。史新华感慨地说：“快三年了，博尔塔拉俨然成了我的家，成了我的第二故乡。要走了，心里总是舍不得。在这里的三年，再苦再累我心坦然，这就叫作无悔青春吧。”

（2008年6月13日发表于《博尔塔拉报》）

三年援疆路　点滴都是情

——记湖北援疆干部、州卫生局副局长朱文成

张　平

他给人留下的印象是深刻的。

操一口带有湖北口音的普通话,炯炯有神的眼睛偶尔掠过一丝倦意,讲话从容不迫,字字句句透出来的是诚恳、淡定和善意;谈话时的微笑,像绵绵涌出的甘泉,滋润着病人的身心;举手投足,传递的是祥和、安宁和温馨。他,就是湖北援疆干部、博州卫生局副局长、博州人民医院副院长朱文成。

一

2005年7月26日,怀着对新疆的憧憬和向往,肩负着湖北人民的重托,朱文成加入湖北省第三批援疆工作队的行列。

朱文成来博州后有两个职务,一个是州卫生局副局长,一个是州人民医院副院长,因此,他的工作格外忙碌。

作为副院长,他首先考虑的是如何健全制度。通过调研,他结合医院的实际,主持制定了《博州人民医院继续医学教育管理办法》《博州人民医院科研管理办法》等规章制度。但在医护人员的眼里,他更是一位专家型医生。他常说:"几天不去病房,心里就感到空得慌。"

这是朱文成的心里话。除了从事管理工作外,他坚持每周一次的业务查房,有时间还进行胃镜和肠镜的操作,并把一些经验传授给当地医生。

许多有消化方面疾病的患者都在星期三来医院,因为星期三是朱文成在博州人民医院坐专家门诊的日子。这一天是他最忙碌的日子,不管有多少病人,他都会一一看完才下班。病人多时他连吃饭都顾不上。他常说"病人大老远来,很不容易。"三年中,他的几次专业知识讲座很有影响:全州县级以上干

部听他作题为《亚健康与保健》的讲座时掌声不断；州人民医院全体医护人员听他作的题为《流感、禽流感的历史、现状及应对策略》知识讲座好评如潮；州蒙医院医务人员听完他作的题为《上消化道大出血的处理》专业知识讲座后，还恳请他继续交流。

二

远离家乡，远离亲人，离开熟悉的环境和同事时，一个人在外更显孤独。作为卫生局分管援疆工作的副局长，带好援疆卫生干部队伍便成了朱文成分内的事。

沈凌汛医生的父亲突患脑溢血，急需他回武汉确立治疗方案。朱文成在外地出差时得知消息后，连夜与在家的院领导商量，第二天医院派车专程将沈凌汛送到乌鲁木齐并赶当天飞往武汉的飞机。

来自潜江的周建中医生到温泉县医院工作后，由于环境的变化失眠症更重了。朱文成知道情况后，多次到温泉县医院了解情况，与周大夫谈心，使周建中的情绪稳定下来。

来自仙桃市的谢守丽医生被分到精河县人民医院工作，2005年9月她在集贸市场买菜时被一个精神病人用石块击中了背部，致使其腰椎间盘膨出。朱文成听到消息后派救护车将她接到州医院并组织相关专家会诊，为其拟定了合理的治疗方案。

平时朱文成不仅关心援疆干部的生活，还关心他们的思想动态，组织他们学习党的民族宗教政策，学习《湖北省第三批援疆干部内部管理办法》。通过学习，大家明白，这次医疗援疆，不仅仅是到博州为患者看病，还是代表湖北省6000万人民，一言一行关乎着荆楚人民的形象。

在援疆的三年中，援疆医生们共接诊门诊病人17000余人次，查房3000次，进行大小手术1500余台，会诊590次，下乡义诊82人次，举办各类医学讲座190余次，其中环甲膜切开抢救急性喉水肿、腭咽成形术治疗鼾症、无痛分娩、胸骨横断固定术、腰硬联合麻醉术等16项技术填补了博州的医疗空白。援疆医务工作者在行医中表现出了高尚的医德医风和精湛的医术，赢得了博州各族广大群众的信赖和好评。

三

2007年11月,朱文成主要在州卫生局工作。在这一年里,他跑遍了博州的每一个乡(镇、场)。《博州爱国卫生“十一五”规划》《博州准噶尔区域鼠疫联防联控方案》《博州艾滋病防治方案》等政策性文件的出台,无不渗透着他的心血。

为了博州卫生事业的发展,朱文成做了许多牵线搭桥的工作。三年中博州有20多人赴湖北进修学习。在落实湖北援助博州的卫生项目上他更是操了不少心——博州人民医院综合住院楼项目今年即可投入使用;博州蒙医院综合住院楼项目今年也可完工;精河县人民医院和温泉县人民医院更新X光机项目已完成。

每当看到一个落实的项目有新进展,他都会十分欣喜,因为在他的心里,博州的事就像他自家的事一样。

四

自古忠孝难以两全。

就在朱文成赴疆前夕,他母亲突患脑溢血生命垂危。虽经抢救保住了生命,但瘫痪在床,生活不能自理,只能靠八十高龄的父亲照料。为人子女不能侍奉双亲,朱文成的愧疚之情无以言表,每当想到体弱多病的老父亲照料卧病在床的母亲时,朱文成就禁不住潸然泪下。

三年的援疆时间正是他儿子三年的初中学习阶段。由于缺少父亲的管教,儿子的成绩一落千丈。每当说起这些事时,朱文成也很伤感。但是他说的一席话却让我们看到了一个援疆干部的博大胸怀:“对父母尽孝、对家庭尽责是小义,为国尽忠为大义。听从组织的安排,参加援疆工作是为加强民族团结,巩固祖国边疆而来,这是为国尽忠的大义。”

(2008年6月16日发表于《博尔塔拉报》)

千里育教桃李香

——记湖北援疆干部、博乐市高级中学教师马汉国、吴学峰、郭红军

刘　冉　张　平

跨越千山万水，把知识的火种带到边城，把求知的学生送入高校，博乐市高级中学三位援疆老师一年来的心血汗水都写在了一张张成绩单上，记在了一个个学生心里。

记住少数民族学生名字的老师——马汉国

“老师的字，老师的幽默，老师的微笑——这些点点滴滴都倾注在我们的心田。”这句话来自一封博乐市高级中学高三(13)班的学生们写给援疆老师马汉国的信里，信的字里行间都是学生们对马老师的感谢。2007年8月，深知新疆气候条件艰苦的马汉国在妻子“安心去吧，到新疆一定要好好工作”的叮嘱下。从湖北黄石来到博乐开始了援疆支教工作。其实，马汉国七旬的老母和妻子都是重病在身，儿子大四面临就业，家里的情况让他担忧不已，可妻子和家人的支持和理解成为他援疆支教努力工作的动力。

马汉国带高三年级两个班的化学课，一个试验班，一个平行班，试验班学生的目标都是名牌大学或重点大学。马汉国带的高三(13)班在高二下学期期末考试中，化学成绩比另一个实验班人均低1.3分，最高分95分。看到这一排排分数，马汉国感到惊讶，深感自己肩上的担子沉甸甸的。

经过一段时间的授课，马汉国发现部分学生学习态度和行为习惯不太好。要提高学习成绩，学习态度和习惯必须改变。马汉国利用课余时间和个别学生谈心交流，并对上课纪律作了严格的规定，改变原来部分学生上课懒散和精力不集中的坏习惯。这样，学生们课前有准备，上课有精神、听课能专心、思考会用心，回答问题有条理，学习效率提高了很多。

平行班的哈萨克族学生阿迪亚经常不上课。每次上课,阿迪亚空空的座位总让马汉国难受。一次,马汉国问阿迪亚不上课的原因。阿迪亚却说:“老师,你能记住我的名字,我好高兴。”阿迪亚的话触动了马汉国,一个名字就让她这么高兴,他感到自己平日对少数民族学生关心还不够。此后,马汉国开始留心记住班里每个少数民族学生的名字,与马汉国谈心的少数民族学生也多了起来,大家开始相信和尊重这位湖北来的老师。

如何进一步提高学习成绩,马汉国结合学校和学生实际情况,采取“低起点、小循环、多反馈、高要求”的教学思路,反复推敲改进方法,使不同层次的学生都能有所进步。两个多月下来,高三第一次考试后,高三(13)班人均化学成绩高于另一个实验班1.07分,高分和有效分都高于另一个实验班,平行班成绩也得到提高。

马汉国和妻子刘娟都喜爱艺术,马汉国爱书法,刘娟擅长服装设计。马汉国的草书《沁园春·雪》荣获过自治州援疆工作10周年美术书法摄影展二等奖。由于丈夫的原因,新疆成了刘娟采风,汲取多民族风情元素的好地方。来博乐后,刘娟见到了马汉国的学生,这些孩子也喜欢上了这位师母。高考刚结束,学生们的咨询电话就打来了,请马汉国出主意,让刘娟想办法。“这些孩子和我的感情很深,要离开了,真有些舍不得了。”想到回家,马汉国有些期待,也有些依依不舍。

累并快乐着的数学老师——吴学峰

来自黄石第六中学的吴学峰,带妻子去看病的计划因为援疆支教被耽误了。吴学峰摆摆手说:“没事,等我援疆工作结束了再去也行。”妻子点头。在这样简单温暖的理解和祝福下,吴学峰踏上了援疆支教的路。

刚来博乐三天,吴学峰和其他两位援疆老师还没来得及适应新疆的气候环境,就开始了支教工作。

已是高级教师的吴学峰仍然保持虚心学习的态度,和本地老师在数学教学上交流讨论。“本地老师在数学教学上,经验很丰富,有很多方法值得我学习,通过交流我们可以取长补短。在吴学峰眼里,高三数学组长李老师就是一个教学经验丰富的良师益友。吴学峰常常和李老师交流教学问题,教室、办公室、家都是他们的会议室。好几次，吴学峰到李老师家里做客，一说起教学方法就忘记了时间，等起身离开才发现已是凌晨两三点钟。通过交流学习，吴学峰丰富了自己的教学经验，还和本地老师建立了深厚的友谊。吴学峰觉得自己已经融入博乐市高级中学这个大集体中。

备课是吴学峰注重的教学环节。吴学峰带一个重点班和一个平行班，两个班学生的基础不同，教学进度也不一样。在认真研究了两个班学生情况后，吴学峰找到了教学重点、难点和关键的地方，为两个班的学生选择不同层次的典型例题和习题。吴学峰的这种教学方法收效很好，两个班的学生们对例题和习题的理解力大大提高。学生们开始注意到了老师的备课，有的还向吴学峰借阅教案。

课堂上，吴学峰是老师；课堂下，吴学峰是朋友，学生们非常信任和尊敬他，有事也会主动请教他。平行班高三(10)班的学生想加课补习数学，班长找到吴学峰把同学们的想法告诉了他。吴学峰说："只要你们喜欢数学课，你们愿意加课我就加课。"就这样，高三(10)班的数学课由每周的12节加到每周15节。吴学峰带的另一个班知道后，也要求老师加课，吴学峰欣然同意。几个维吾尔族学生因为基础差，想请吴学峰利用课余时间补习功课，吴学峰很高兴地答应下来。虽然每周多了几节课，休息时间少了，但是同学们学得起劲，吴学峰累得快乐。

高三第二次模拟考试，数学成绩出来了。"真不错。"这句话让吴学峰笑了，他的付出和学生们的努力都在此刻满足了。

用面饼做实验的物理老师——郭红军

三位援疆老师里最年轻的是郭红军。一个人带3个班，一百多个学生，这个工作量比郭红军在黄石试验高中时多了很多。30多岁的郭红军毫不在意，"没事，我可以做好。"

教物理的郭红军对这门枯燥难学的学科，有自己独特的教学方法。课堂上，郭红军喜欢边讲课边做试验。一次上动量和冲量课，课本中用玻璃杯做试验，通过玻璃杯在水泥地面和塑料地面上的不同损伤度来说明动量和冲量的不同。郭红军考虑到用玻璃杯做试验可能会扎伤学生，有没有什么可以代替玻璃杯的？冥思苦想一番，郭红军想到方便面的面饼。在上动量和冲量课时，郭红军将两块方便面面饼摔在了讲台和书本上。学生们都笑了："郭老师，你真浪费，方便面就这样被你摔了。这堂课真是让我们想忘也忘不了。"

开朗爽直的郭红军更像学生们的大哥哥，用心教授学生知识，也用心关爱他们。复读班学生王培楚上课时看小说。郭红军看到后，并没有立即上前收书，也没有在课堂上批评他。下课后，郭红军找到王培楚说："上课是为了什么？你想想你这样不认真，能不能对得起你的父母？"王培楚沉默了。回去后，王培楚主动写来了检讨书，学习也变得积极而认真了。对王培楚的转变郭红军很高兴："当时其实很生气，但他已是这么大的孩子了，在课上批评他对他伤害很大。私下讲道理，学生能接受，改正效果也好。"

3个班的学生100多人，郭红军和每一个学生都谈过话、谈过心。有的学生家里出现了问题，郭红军还找到学生家长了解情况。吴思思、李涵羽、吴成立等学生家长在郭红军的指导和帮助下，缓解了心理压力，调节好心态，配合学校做好孩子的后勤工作。郭红军的耕耘收获了最丰硕的果实，实验班优秀率提高20%，重本率达到95%以上。

2007年的教师节，试验班的学生们送了郭红军一张贺卡。这张小小的贺卡让郭红军感动不已。"我也要送学生们一份礼物。"考虑再三，在2008年元旦，郭红车花了600多元，为试验班的每个学生准备了一个精美的笔记本。拿到笔记本学生们都很感动。大家纷纷在扉页上写上自己的理想和誓言，有的还要郭红军题字留言。

6月高考结束了，援疆老师们的工作也结束了。虽然高考成绩还没有出来，但三位老师们却很自信，"我相信孩子们，他们没问题。"6月底，三位老师就要离开博乐了，他们看不到学生们拿到高校录取通知书后的喜悦难免有些遗憾，不过他们相信，他们和这些学生，和这里的老师留下的是不了之情。

（2008年6月18日发表于《博尔塔拉报》）

青春筑梦边关路

——记湖北援疆干部、州交通局项目执行办主任谭冰

王　瑜

今年32岁的谭冰，是湖北第三批援疆干部中年龄最小的一位。两年多的援疆工作，使他成熟了很多，收获也不少。

在湖北，谭冰是京珠高速公路管理处的一位业务干部，在公路建设方面积累了不少经验，可以称得上是公路建设的专家级人物。2005年7月，谭冰报名援疆来到博州，被安排到州交通局项目执行办担任主任一职。

来到州交通局工作，谭冰抱着虚心学习的态度，迅速将自己"推入"工作角色。在不到半年的时间里，他将州交通局项目执行办的工作了解得很清楚。为了尽快适应当地的工作和生活，他和项目执行办的同事一起，对博州交通基础设施的基本情况和今后面临的工作任务进行了全面的调研。

州交通局干部介绍说，援疆干部带来的不仅仅是先进的技术和富有创造性、开放性的理念，同时还带来了兢兢业业、踏实勤奋的工作作风。同事们说，谭冰等援疆干部一到博州，没有把心思放在欣赏边塞风光上，而是全身心地投入到工作之中。初到工作岗位，谭冰不畏艰辛，将博州境内的各条国道、省道、县乡道路以及通村道路都实地进行了踏勘，对全州的交通设施建设情况有了较为全面的了解。在深入一线、扎根基层进行调查研究的基础上，他协助州交通局领导和工程技术人员，对全州路网进行了详尽的规划，并在规划中提出了许多合理的意见和建议。

对谭冰来说，在博州交通局工作的两年多时间里，正是他发挥潜力的时候。因为这两年来，正是博州交通事业发展最快的两年，抓住了这个时机，就是抓住了发挥才能的时机。

过去，博州交通系统自身进行公路设计规划的力量比较薄弱。谭冰来到

这里,一直与州交通局的工作人员奋战在公路建设第一线。由于具备了较高的公路建设专业技术,谭冰在同事中成了专家,在具体工作中对当地技术人员进行传、帮、带,给同事们讲授公路工程设计软件的使用技巧等,提高了州交通局的同事们依靠自身力量进行公路设计的能力。

“这里的公路网密度没有湖北那么大,但是公路建设的总里程和建设总量还是很大的。所以在公路建设上,同事们的工作量不轻。”谭冰这样说。讲起在博州工作的感受,谭冰说,这里的同行们工作的环境很艰苦,工作难度大,付出的劳动是艰辛的。

州交通局干部孙友亮告诉记者,州交通局的工作人员多数时间都在野外劳作。作为援疆干部,谭冰两年多来没有因为环境艰苦、工作难度大而退缩过,没有找理由在办公室里待着。因为他深知,做好项目执行办的工作,不能只待在办公室里。交通系统干部技术人员在公路一线忙碌的时候,总少不了谭冰的身影。

谭冰在援疆期间感到自豪的事是:通过对公路建设工程质量、进度以及工程合同的控制,节约了建设资金。

谭冰告诉记者,博州近几年公路建设总量很大,如果工程项目在设计规划过程中缺乏科学合理的操作手段,缺乏全新的管理理念,就会造成不必要的资金浪费,还会出现质量下降或进度缓慢等问题。

为了达到保证工程质量、节约资金、加快工程进度的目的,谭冰在工程设计阶段,十分注重科学性和合理性,做到设计阶段的实地勘测坚持因地制宜的原则。工程管理中出现设计变更时,他也尽量做到由事中控制转化为事前控制,避免出现大规模施工造成返工浪费的现象,努力减少施工中工程的变更次数。

“援疆工作中,欣慰的事和遗憾的事是并存的。”谭冰说,欣慰的事是参与了博州公路建设工作,将来回顾起在博州工作的经历,自己是自豪的;遗憾的事是,儿子出生3个月他离开了家,没能在妻子和孩子最需要照顾的时候,尽到做丈夫和做父亲的义务。

（2008年6月19日发表于《博尔塔拉报》）

情注边城　爱洒草原

——记湖北援疆干部、州建筑规划设计院院长助理徐文虹

孟祥华

2005年仲秋时节，肩负着湖北省中南设计院的嘱托，徐文虹援疆到博州建筑规划设计院担任院长助理。

西行路上，徐文虹思考着怎样面对那个陌生而又熟悉的行当？怎样才能不辱使命……

大刀阔斧搞改革　多年亏损见效益

自治州建筑规划设计院是一家自负盈亏的企业。多年来，由于院内管理方面存在薄弱环节，制约了设计院工作向前发展。加之分配机制不合理，这种“一人挣钱，十人平分”的“大锅饭”模式，严重影响了业务人员工作的积极性。

院长徐江说：“在那样的情况下，别说业务人员主动去承揽业务了，就算是主动找上门来的活，都没人愿意去干。谁也不愿意一个人辛辛苦苦养活一群不相干的人呀？实不相瞒，前几年我们院里的人均月收入还不到500元。”

解放思想，改革创新，这是企业生存的根本。徐文虹利用自己在湖北省中南设计院积累的先进管理经验和经营理念，针对设计院薄弱之处，在班子建设、工作目标管理、生产经营管理、技术质量和服务质量管理、收入分配以及制度建设等方面，提出了设想、建议和要求。他的设想、建议和要求，能够让每名干部各司其职、各尽所能；能够充分调动每个职工特别是一线技术人员积极性，并且尊重市场规律，实现了按劳分配的原则。他的这种先进管理机制一经提出，就得到全院大多数人员的好评。

实践证明，在新的分配机制和奖励机制的激励下，州建筑规划设计院焕发新生。不仅在两年多时间里实现了扭亏为盈，而且凭借一线业务人员雄厚的

技术和诚挚的服务，该院在全州建筑业规划、设计、监理市场中的占有率已由原来的30%提高至50%。如今，全州每两个建筑项目，就有一个出自州建筑规划设计院。当然，有付出就有回报。现在，州建筑设计院职工平均每月2100元的工资收入，着实让大家感觉很爽。

主动出击包揽工程　工资提成分文不取

谁占有市场，谁就掌握发展生命线。博州建筑市场被业内人士公认规模太小，竞争尤为激烈的战场。在两县一市，仅注册的建筑设计企业就有六七家。为了开拓市场，扩大市场占有率，徐文虹不断出主意、想办法、找路子，在承揽工程上发挥了桥梁作用。

尤其是在承揽湖北省援疆项目工程的设计、监理上，他一次次地主动与项目主管部门、项目援建单位、施工单位沟通联络，为州建筑规划设计院争取任务源。看着他兢兢业业的工作态度和不达目的誓不罢休精神状态，谁也不会相信，这是不拿工资、不拿提成的"业务员"。

在他的努力下，州建筑设计院承接了州医院住院楼、援疆干部周转楼、州技校规划、技校师训楼、山口冰铜冶炼厂原料库房等项目的设计任务，还承担了援疆干部周转楼、博乐市高级中学、乡客运站、州蒙医院住院楼、山口冰铜冶炼厂原料库房等项目的施工监理任务，为州建筑设计院带来近60万元的收入，其功劳堪居榜首。但是，就在院领导和同事们一致要给予徐文虹奖励时，他却婉言拒绝了。他说："没有什么可奖励的，我只是尽了一名援疆干部的责任而已，这是我应该做的。

竭尽全力抓业务　夫妇二人齐援建

徐文虹来自装备精良、竞争激烈、设计经验丰富的湖北省中南设计院。他深谙"学习如逆水行舟，不进则退"的道理。为了提升州建筑规划设计院一线技术人员的业务素质，徐文虹制定了严格的每周学习制度，营造主动学习氛围。2006年8月、2007年8月和2007年10月，他多次斡旋联系，邀请中南设计院的专家到州院授课释疑。

提起徐文虹的无私奉献，建筑设计工程师何卫民感触颇深。2007年9月，何卫民接到精河县一单扩土墩工程设计项目。施工现场土质沙化，且有水流经过。从未接触如此复杂工程的何卫民犯了难。正在何卫民一筹莫展时，回乡办事的徐文虹第一个想到自己的妻子——中南建筑设计院结构设计工程师江红。他让何卫民赶紧把所有项目有关材料复印好，由他带到湖北请妻子江红帮忙。

9月21日凌晨6时左右，正在梦乡里的何卫民怎么也没想到，20日乘飞机回家的徐文虹，竟然打电话告诉他扩土墩项目设计阻力的解决方案。何卫民更没想到，夫妇会因为他的一单业务连夜查资料，反复验证设计数据，竟然整宿未眠。

何卫民感激地说："徐文虹不仅把他自己所学无偿地传授给我们，还把他妻子当成了我们院的编外工程师和免费的老师，我敬重他这样的援疆干部。"

（2008年6月23日发表于《博尔塔拉报》）

用真心和爱心援疆

——记湖北援疆干部、博乐市副市长纪春明

王　瑜

在博乐市提起纪春明，了解他的同志都会说，纪春明在他援疆的三年中做了很多事。援疆三年，争取援助资金406.1万元；促成13对鄂博单位建立友好往来关系，通过联络，达成湖北黄石、大冶、天门三市干部来博考察76次548人；博乐市干部赴鄂考察24次197人；两地互派挂职培训干部25名；资助贫困学生3位、贫困农户3位，捐资15409元；办实事20余件……

深入调研，打好援疆工作基础

2005年7月底，纪春明从遥远的湖北省大冶市来到博乐，任博乐市副市长，分管经济。和其他的援疆干部一样，纪春明牢记“不辱使命、不负重托，让博州人民满意，让湖北人民放心”的要求，开始了三年的援疆历程。

来到新疆，克服各种不适应对纪春明来说不在话下，因为在大冶，他就是一位在农村基层摸爬滚打过的汉子。

到了博乐市，第一位的任务就是学习和调研。纪春明深知这是开展好工作的基础。他列了很多的学习重点，包括中央、自治区、自治州的重要文件、领导人的重要讲话等等。纪春明说：“快三年了，读书笔记、心得体会估计达13万字。”

任博乐市副市长，纪春明没有把自己当“外人”，他把在大冶市工作时的那股认真劲儿带到了博乐。到博乐市后，他用近两个月时间，走访调查了7个乡镇、4个街道办事处、17个市直部门和59家企事业单位。通过深入调查了解，纪春明拟定了详细的援疆工作计划。

在近三年的工作中，纪春明一直保持着勤奋学习、深入基层的良好习惯，

三年中共撰写调研文章11篇，为市政府提出了很多合理化的建议。

充分发挥才智，做好分管工作

纪春明的特长是抓经济，他分管经贸委、招商局、工商局、质监局，协管国税、地税。在近三年的时间里，他走乡镇、跑企业、进市场，成天忙个不停。他分管部门的工作人员告诉记者，和纪市长一起“干活”，感觉时间过得很快，说到底，就是紧张、忙碌。就连司机都说，纪市长下基层的次数太多。博乐市部分企业在运行中有许多问题和困难需要解决，为企业排忧解难成了纪春明工作重点。他是一个细心人，每做一件事都要做个记录。在近三年的时间里，他先后为企业和分管的部门排忧解难25次。

“我们始终把致力于当地经济发展作为第一要务，充分发挥在黄石、大冶的人缘、地缘优势，大力推进招商引资工作。”纪春明在努力充当着鄂博两地的“红娘”。

在纪春明分管的工作中，最值得他自豪的是：通过招商引资，为博乐市经济发展增姿添彩。每年春节的长假，纪春明回到黄石、大冶，都主动向当地领导汇报工作，跑资金、跑项目。通过个人关系，约请黄石、大冶的企业朋友到博乐市考察投资，联系博乐市的干部到湖北挂职学习。

在博乐市工作一段时间后，纪春明总结了一条招商思路：即“三个范围”“两个重点”。“三个范围”是面向湖北、面向浙江、面向疆内。“两个重点”是以情招商，以商招商。纪春明所说的以情招商，就是利用他在内地的朋友、同学关系来招商。在近三年时间里，纪春明先后联系了4位在黄石、大冶的朋友和同学来博乐市考察投资。以商招商方面，他通过3位在博乐市结识的浙江“老总”，动员浙江老乡来博乐投资兴业。经过努力，近三年中，纪春明已引进5个项目落户博州，投资额达1.4亿元。

在博乐市招商局局长孙惠萍的眼里，纪春明是一个非常务实、敬业的人。

2005年11月，纪春明带着两位干部到浙江永康招商引资，恰好孙惠萍因工作到湖北省黄石市，在黄石市的孙惠萍联系到正在浙江的纪春明，告诉他办完工作后顺便回黄石看看家人，其实永康和黄石两地相距不远。这次孙惠萍出差到黄石，到纪春明家看望纪春明的家人，纪春明的妻子黄细玉说起丈夫时泪流满面,“指责”纪春明干起工作来不顾家。黄细玉说,丈夫在黄石工作时也是这样。

纪春明发挥“红娘”的作用不仅仅体现在招商引资上。援疆的三年中,他辗转黄石、大冶、天门和博乐市三地,积极牵线搭桥,促成鄂博两地人员互访、考察、交流、培训、挂职等事宜。还争取了400多万元的湖北资金用于博乐市的城市基础设施建设和教育、医疗等事业的发展。

把爱心留在边城

纪春明做过一个粗略的统计,在近三年的时间里,他用在爱心捐助上的资金有15000多元。他说,他在把博乐市工作时所有的生活补助都用在了对农村贫困户和贫困学生的身上了。

纪春明的办公桌上放着一本市团委提供的“‘希望工程’一助一”花名册。纪春明对自己捐助的贫困生的情况了如指掌。近三年中,他资助达勒特镇中心小学五年级学生艾尼瓦尔2232元,纪春明计划援助他读完初一;资助小营盘镇中学的娜迪热2832元,纪春明将帮助她读完初中;资助博乐市高级中学贫困生蒋怀香4043元,纪春明计划资助她读完高中……

纪春明还在贝林哈日莫墩乡、乌图布拉格镇、阿热勒托海牧场“攀”了3位穷亲戚,他经常去看望他们,在近三年的时间里,给每户援助1000多元。另外,还给两位白血病人捐助500元。

纪春明每年春节回家过年,都要提前去看望这些贫困学生或者贫困户,三年了,他一直在这样做着。

(2008年6月24日发表于《博尔塔拉报》)

事业在哪里　故乡就在哪里

——记湖北援疆干部、州党委副书记王兴於

吴世永

2005年8月，博尔塔拉蒙古自治州迎来了第三批援疆干部。王兴於是此次援疆干部的领队，担任博州党委副书记。

此前，43岁的王兴於在湖北工作了19年之久，从东风汽车公司到湖北省经贸委党组成员、副主任再到边陲为官，他经营过企业，又从过政。

三年来，经他牵线搭桥和努力，先后争取协调了16个湖北援疆重点项目，援助金额达4773万元；为博州培训党政干部、管理人员和业务骨干1000多人次。落实湖北省直和援疆干部派出单位对口支援疆州单位的资金、物资累计达1540多万元。

繁忙的工作之余，他还笔耕不辍，结合工作实际撰写了不少调研文章。其中《积极探索做好援疆工作的规律》《努力建设一支作风过硬能办实事的援疆干部队伍》分别在自治区《援疆工作》、湖北省《民族大家庭》刊物上发表。

他不仅对工业"情有独钟"而且第一次对博州的新型工业化建设实行了目标责任考核。

三年弹指一挥间，这位曾经是湖北省最年轻的副厅级干部又在博州留下了什么？交出了怎样的一份成绩单？

狠抓新型工业化

博州工业底子薄、基础差，工业以粮油、水泥、石灰石等初级产品加工为主，在全州的经济"盘子"中，分量一直很轻，成为影响全州经济快速增长的"短腿"。作为分管工业的一名领导，王兴於到任后的第四个月就对博州的整个工业情况进行了一次详尽的调研。他对工业战线的同事们说，和其他地区相比，

博州发展新型工业有有利条件,第一大优势是口岸,辐射能力强。其次是发展农副产品深加工有优势。他要求搞工业的人要加强学习,熟悉市场,逐步使自己成为内行。在工业化起步阶段,要以引进项目为中心,既要广泛“撒网”,又要重点“钓鱼”;既要走出去广泛宣传,又要多交朋友;既要争上大项目,又不要放弃小项目。对有可能来落户的企业,要成立专班,重点联系,实行跟踪服务。

他反复强调,要研究制定一定的机制和办法,动员更多的力量参与到新型工业化的建设中来,形成“大合唱”。对部分干部在发展工业中存在的畏难情绪,他说,我们发展工业虽然面临很多困难,但搞工业不能等,要“快炒热吃”。

为加快新型工业化发展,博州党委、政府决定建设进出口加工工业园区。王兴於参与制定了工业园区的规划。如何让刚建好的工业园区尽快发挥作用,王兴於提出,当务之急是增加园区的内容,把这个“填空题”做好,造好园区的“人气”。为此,他针对湖北和博州两地优势,利用自己的人脉关系,采取策划合作项目,组团走访湖北企业,推动鄂博两地经贸合作。如今,博州“一园三区”的格局已经形成,同时还吸引了湖北省供销社来博开展棉花购销合作,并筹资1亿元租赁了4个轧花厂;武汉中南冶勘院也入驻博州进行铜矿勘探等。

按照抓大不放小、既重视引来企业也重视培育当地企业的思路,博州这几年的工业布局调整成效明显,一批效益不好的企业得到破产重组,一批新项目开工建设或投产,特别是大项目的招商引资工作取得突破性的进展,去年,全州招商引资工作到位资金近7亿元,超额完成年初确定的6亿元的任务。目前,博州初步形成了以阿拉山口地平线油气炼化储运、胜利钢铁制品、瑞晨管道加工为主的落地加工企业群;以精河盐化和天山、中鑫硫化碱为主的盐化工企业群;以博乐互益棉纺、精河泽汇、天杰、力达棉纺为主的棉花加工企业群;以博兰水泥、博雪、西部矿业等为主的矿业开采加工企业群;以中粮博州糖业、绿牧源、蒙新牛羊肉加工、博圣玉米酒精、鸿锦枸杞加工等为主的农产品加工企业群。博州新型工业化已由蓄势爬坡阶段进入深化拓展阶段。

牵线搭桥当好使者

在做好分管工作的同时,王兴於还努力争当湖北人民友谊的使者、两地交流的桥梁。三年来,鄂博两地党政部门互访、行业交往、单位交流不断升温。

去年7月，湖北省副省长蒋大国率团成功访问博州，进一步促进了两地多层次、宽领域的交流。

在湖北省委、省政府和各派出单位的大力支持下，王兴於和其他援疆干部们多方争取、积极协调，使得湖北对博州经济援助的力度明显加大。截至去年底，湖北援疆的15个重点项目，有10个已竣工投入使用，其余5个项目建设顺利。

除了经贸合作外，王兴於积极利用湖北的优势教育资源，帮助博州培养干部和专业技术人才。去年，根据博州经济社会形势发展的需要，通过采取在湖北省知名院校培训、省直系统对口培训、选派博州干部到湖北挂职锻炼等途径，先后为博州培训党政干部、管理人员和业务骨干200人次，取得了很好的效果。王兴於还充分发挥部分援疆干部的专业特长，在做好本职工作的同时积极培训当地干部。通过举办研讨班、邀请湖北专家来博义务讲学等多种形式培训本地各类人员超过1500人次。针对博州急需帮助的一些领域，积极与省直有关单位联系，先后派出市政建设、道路交通、文物管理等方面的专家来博进行短期技术指导。

为进一步扩大鄂博两地交流的范围，在援疆干部的牵线搭桥下，一些没有援疆任务的单位也积极开展交流互访活动，有不少还结成了“友好对子”。

从严要求不辱使命

作为第三批45名援疆干部的领队，王兴於认真抓好援疆干部队伍的管理。为了带好队伍、做出成绩，王兴於定期组织援疆干部进行学习，关心他们的成长，解决其所遇到的具体困难。通过定期学习，援疆干部进一步认识到援疆工作的重大意义，增强了所肩负任务的使命感，打牢了做好援疆工作的思想基础。

王兴於要求援疆干部，在工作和生活中要做到不提特殊要求，不做特殊干部，坚持把党风廉政建设同业务工作一起部署、一起检查、一起落实，发现问题及时提醒、批评并督促及时纠正。在虚心向本地干部群众学习的同时，又要有意识地把湖北先进的思想观念、发展经济的一些成熟做法和博州的实际结合起来加以运用，促进观念创新、体制创新和管理创新，给博州的经济社会发展注入新的活力。三年来,援疆干部牢记使命,积极投身工作,援疆的医生在医院扛起了大梁,成为各专业的带头人和业务把关人。援疆的教师从严要求,默默耕耘,不仅以其较高的教学水平和管理赢得了学生和家长们的普遍信赖,而且带动了博州整体教学水平的提高。去年,博州高考再次取得优异成绩,上本科线的学生达到2437人,上线比例达44.6%。

在过去的三年时间里,王兴於始终对自己从严要求,自觉遵守廉洁自律各项规定,严格执行党的政治纪律、组织纪律。

三年中,王兴於也经历了许多困难和考验。但面对困难和考验时,他始终坚持紧紧依靠湖北省的支持、依靠当地党委和政府的领导,充分发挥援疆工作队内部的团结协作,不急躁、不慌乱,较好地克服了困难、化解了风险、经受了考验。

(2008年6月25日发表于《博尔塔拉报》)

汗洒边城不言苦

——记湖北援疆干部、州财政局副局长尹祚田

刘　冉

“我一直想来新疆”，因为这个愿望，尹祚田踏上了援疆路；“援疆就该有所作为”因为这个责任，尹祚田努力奋斗着……

能者多劳

尹祚田在州财政局分管的工作繁多，综合科、科教文科、会计科、法制税政办公室、票据中心、会计函校……这些烦琐的工作，别人一见都头疼了，可尹祚田不仅圆满完成了各项工作，还开创性地做了大量卓有成效的工作。

三年里，尹祚田下基层、跑乡镇，对全州财政工作进行了大量的调查研究，特别是对全州农村义务教育经费保障机制实施工作进行了检查、测算，并督促县市足额落实应承担的资金及时拨付到各校。走访中，农村校舍的破旧、贫困学生的困难，尹祚田看在眼里，急在心里。回到单位，他立即将新机制中没有纳入的博乐市市郊学校农村学生问题上报，同时组织建立起农村义务教育阶段贫困学生信息库，规范贫困学生的界定。根据调研结果，2007年，州财政局上报义务教育基础建设项目13个，总投资2385万元，改造和维修中小学危房3.3万平方米，免去36941名学生的教科书费382.35万元，让农村每一个孩子都能安心上学。

多年从事财政工作的尹祚田深知会计工作的重要性。为了强化会计管理工作，增强会计员的业务能力，尹祚田组织举办了全州会计检查、考试、竞赛等活动。

全州每年报名参加会计职称考试的人很多，考试通过率总是不太理想。如何帮助报考人员取得好成绩是尹祚田很关注的事。结合湖北省的经验，尹

祚田充分发挥州会计函校的作用,组织举办会计职称考试和会计从业资格考试考前辅导班。仅2007年,会计函校就为中级班授课352学时,辅导410人;初级班共授课188学时,辅导43人;从业资格证班共授课96学时,辅导42人。

随着《博州财政法制宣传教育第五个五年规划》《博州财政局执法责任制实施方案》的制定和下发,州财政局健全完善了财政相关规章,此后州财政局没有收到一起群众和管理相对人的投诉,而这些扎实的工作背后是尹祚田默默的汗水。其间,尹祚田还组织完成了企业所得税源调查工作,他被评为2006年自治区重点产品国际竞争力调查工作先进工作者。

将湖北财政工作先进的工作方法和理念带到博州,把兢兢业业、尽职尽责的工作态度留在博州,尽管分管工作繁重,尹祚田只有一句话:用心尽力做好工作。

携手两地

所有援疆干部都是鄂博两地交流合作的牵线人。经过尹祚田的多方联系和筹划,三年里,湖北省财政厅5位厅领导先后访问了博州,博州财政局的领导也成功地率团回访湖北。访问中,湖北省财政厅援助州财政局136万元,2005年、2006年、2007年确定的援助博乐市高级中学州人民医院、州蒙医院、州技工学校的建设资金全部到位。

资金需要援助,人才需要交流。在尹祚田的联系争取下,武汉科技学院先后开设了三期博州财政干部培训班,博州120人参加了财政、会计专业知识及专题讲座的培训。问及尹祚田家里的情况,他淡淡一笑,“家里困难肯定是有的,可既然来援疆总有牺牲,在这里就谈工作。是的,每一个援疆干部都是克服了环境、饮食、气候家庭等种种困难,用浓浓的思乡之情度过每孤独的夜晚,凭满满的援疆之情迎接每一个奋斗的黎明。带着深深的责任感和使命感尹祚田努力着……

(2008年6月26日发表于《博尔塔拉报》)

留下边疆无限美

——记湖北援疆干部州广电局副局长陈振国

刘 冉

一个广电事业工作者，一个以镜头捕捉美景的新闻人，陈振国把博州的辽阔景色，把对博州的眷眷深情记录在一张张美丽的照片和一卷卷感人的影带里。

2005年7月，怀着对边疆的美好憧憬，陈振国来到了博州，他暗下决心要让更多的人看到这片辽阔壮丽的土地。

作为州广电局副局长，陈振国分管宣传工作。做好广播电视节目，推出群众愿看、爱看的精品节目是他的任务。经过陈振国和专题部同志们的策划和筹备，州电视台开办的《社会聚焦》《家园》《经济15分》《农牧天地》4个汉语栏目与《吉祥草原》《文化与生活》《从东到西》3个民族语言栏目和观众见面了；16集新农村系列专题《农村故事》受到观众好评。每个栏目的成功，每位观众、听众的称赞声，都让陈振国振奋。

2005年，全州实施广播电视村村通工程。陈振国和同事们入村进户安装调试设备。有的住户远在山上，交通不便，汽车上不去，他和同志们就手提肩扛设备。“有些牧区太偏僻了，城里能收几十个电视频道，在这里只能收到几个台。可是哪怕就是收到一个台，牧民也很高兴。这状况让我心里不是滋味。”牧区的艰苦环境深深震动了陈振国，牧民小小的满足感让他的心酸痛。

2005年春节，陈振国回到家乡，向湖北省广电局领导申请援助资金。这次，省局拿出20万元用于援助博州扩建博尔塔拉人民广播电台。扩建完毕时，博州的广播电台从一个频道一个语种(汉语)发展为两个频道三个语种(汉语、蒙古语、维吾尔语)。这年，陈振国又借助同学同乡的关系，从新疆财政厅争取了广电设备专项资金20万元。

新建州广播电视中心，这是自治州广电事业“十一五”规划项目，陈振国负责有关方案的规划工作。为了做好方案，陈振国与湖北、新疆各地的广电局、电视台联系，考察湖北电视台及黄石、潜江、荆门、宜昌、襄樊、十堰等地的广电中心，考察新疆电视台和伊犁、喀什等地的广电中心和演播厅。陈振国组织专家论证，最后作出的规划方案得到了州党委、州政府的支持。

2005年11月，博州经贸合作座谈会在湖北武汉召开。陈振国协调湖北电视台、湖北人民广播电台、湖北经济电视台、楚天广播电台对博州经济发展、民族风情、风光景色等各方面作了专题报道，向湖北社会各界宣传推介博州。

每次回到湖北，陈振国总会拿出他拍摄的照片和影片让朋友观看，他总是说：“博州真的很美，没去过的一定要去看看，去过的会一辈子记得那个地方。”

（2008年6月27日发表于《博尔塔拉报》）

男儿西北有神州

——记湖北援疆干部、博尔塔拉报社副社长、副总编辑谢智

邹　玲

在博尔塔拉报社各族干部职工眼中，湖北援疆干部谢智不仅是一位优秀的挂职领导，更是一位好朋友、亲兄弟。

新闻人最大的特点，就是无论身在何处，都能立刻进入工作状态。谢智这位来自《湖北日报》的新闻业务骨干也不例外。

援疆来到博尔塔拉，谢智被组织上任命担任博尔塔拉报社副社长、副总编辑，分管汉文编辑部和广告部工作。到任伊始，他真诚地甘当小学生，迅速融入博尔塔拉报社干部职工之中。他认真调查研究，了解情况，很快便摸清了博尔塔拉报社的基本情况，找到工作的切入点。与博尔塔拉报社一班人达成共识，形成了三年援疆工作的基本思路，即以智力援疆、宣传援疆为主，辅以必要的资金援助，促使湖北日报报业集团对口援助博尔塔拉报社的工作再上一个新台阶。

谢智经常对在采编一线工作的同事说，新闻工作责任重大，咱们谁都不能有丝毫马虎的思想和行为。咱们大家时刻都要记住“责任重于泰山”这句话。

每天要审阅4万字左右的稿件，还要每天参加汉编部采编业务会议，谢智感觉自己援疆的日子很充实。在每一次采编业务会议上，他都要根据自己看稿的情况，认真对编辑的组版思想和记者采写的稿件进行点评，并积极参与和组织报社每一个时段的重大战役性报道。

谢智援疆的三年，正是《博尔塔拉报》欣逢良机、锐意进取、阔步发展的三年。为谋求报社各项工作更上一层楼，他围绕完善报社采编制度和版面编排流程等一系列制度建设，负责起草了《博尔塔拉报改版套彩整体方案》《博尔塔拉报版面规范》，对报纸出版工作流程进行了重新规范，提高了编辑效率；对

《博尔塔拉报》汉文版版面形式进行了重新设计,并于2005年12月1日付诸实施,取得了较好的效果。其间,他还多次以专题讲座的形式,把自己的所学、所感、所知及其他省市先进的办报理念,介绍给博尔塔拉报社的同事们。

采编自动化系统是博尔塔拉报社几年来亟须解决的一个"瓶颈"问题。解决了这一难题,就可使博尔塔拉报社在采编手段上迈上一个新台阶。于是,谢智于2005年10月中旬返回武汉,向湖北日报报业集团领导汇报情况、寻求支持。2006年6月和8月,湖北日报报业集团代表团及集团三峡分社代表团分别访问博州,援助博尔塔拉报社资金12万元,用作博尔塔拉报社采编自动化项目的启动资金。2006年12月11日至2007年1月20日,在谢智的请求下,湖北日报报业集团专派一名电脑技术工程师两次到博,指导博尔塔拉报社采编自动化系统设备选购安装工作,使博尔塔拉报社采编自动化工程得以顺利实施。

为扩大报纸信息量,增强报纸可读性,谢智提出借采编自动化实施之机改版扩版的建议,得到了报社党委的认同。2006年下半年,他负责起草了《博尔塔拉报》汉文版整体改扩版方案,得到了州党委宣传部的认可。2007年3月1日,博尔塔拉报社新闻采编网络系统正式运行,同时,《博尔塔拉报》汉文版也由周五刊四开四版,增扩为周五刊四开八版。

实施"人才培训工程",帮助博尔塔拉报社培训采编人员。这是谢智这三年来每年都要操心费力的事。在谢智的协调下,湖北日报报业集团三年内分三批,帮助博尔塔拉报社培训新闻采编人员,每期4—6人。与此同时,在谢智的努力下,博尔塔拉报社还实施了"温暖人心工程",即将报社工龄30年以上的老同志及工作业绩突出、表现优秀的年轻同志,分批组织到湖北考察学习。

广泛宣传博州,发挥"宣传援疆"的作用。2005年10月29日,《湖北日报》免费刊发了一期介绍博州在湖北招商引资的彩色专版,博州领导说,谢智为博州招商引资工作尽了一份力量。2006年8月,为配合博州的外宣工作,在州党委宣传部的领导下,谢智积极促成了湖北新闻采访团采访博州,并积极与集团领导联系,于9月12日在《湖北日报》刊登了一个宣传博州的专版。

2007年12月27日,靠家政服务为生的朱新梅给谢智送来了一面锦旗,上书"三年解囊恩重如山,多次援助情暖人间"。

朱新梅有两个女儿。2001年，丈夫患了直肠癌。为给丈夫治病，朱新梅把城郊占地0.5亩的宅院变卖了，领着两个女儿进城，租住在两间平房内。朱新梅靠家政服务和打零工维持生计。2005年，大女儿刘英考上博州蒙古中学汉语高中班，但一学期800多元的学费却让朱新梅一筹莫展。刚到博州的谢智通过教育部门得知了刘英的情况后，决定每年拿去900元钱，资助刘英读书至高中毕业。

朱新梅感激地说："谢社长和我们素不相识，却比我们的亲人还亲。他每次来看我女儿，还带着食品水果，真让我们一家人非常感动。"

"走过春夏，走过四季，很快就走过了三个年头。援疆之路就要接近终点了，但我人生的一段美好会永远留在这里！"谢智笑言。

（2008年6月27日发表于《博尔塔拉报》）

情系精河献年华

——记湖北援疆干部精河县高级中学教师赵远翔

李恒春

“妈妈您放心,我定不会辜负组织上的期望好好工作,为边疆教育事业多做贡献!”这是精河县高级中学援疆教师赵远翔,在与千里之外的八旬母亲通电话时常说的一句话。

“有困难找领导,学校一定会帮助你们,最大限度地解决生活中的不便”学校校长李新忠的话至今回荡在赵远翔的耳边。这些关心的话一直暖在心头。赵远翔说:“领导、同事给我生活上的照顾和无微不至的关怀,让我们援疆的教师感到了家的温暖,他们不是亲人胜似亲人,我深爱着这片土地,精河县是我的第二故乡!”

赵远翔到精河县高级中学,担任学校党支部副书记,分管党务工作。上任后,他立即投身到党员先进性教育中,工作中他注重调查研究,以极大的责任心和丰富的党务工作经验指导学校的党务工作以及先进性教育活动工作。对党员的思想、工作、生活情况有了全面的了解。他以自己丰富的工作经验对学校的党建、团建工作给予了有益的指导。同时他还全身心地投入到教学研究上。他通过走访师生,对校情、学情都作了详细了解。针对学生渴望学习但又普遍存在学习基础差、学习习惯差、自学能力差的状况,他根据多年语文教学经验,先后确立了“先学后教、以学为主、注重基础、精讲多练”的教学指导思想。经过一年多的不断努力,现在大多数学生从课文预习、重点研讨到课后作业等,都能在老师指导下主动完成。尝到甜头之后,现在自觉学习已经成为学生一种主要的学习模式。

为了强化学生的语文基础知识,赵远翔一方面努力拓宽教学的知识面,一方面加大训练力度。2007年,高二班的43名同学参加自治区作文竞赛,有2

人获得一等奖、4人获得二等奖、5人获得三等奖，赵远翔也由此获得了自治区作文竞赛优秀指导教师一等奖。

在助学活动中，赵远翔为茫丁乡8位贫困学生买了书包，为特别困难的两名学生家送去了大米和面粉。

“是什么力量让你如此忘我工作?”记者问。赵远翔说:“我为感恩而来，没有新疆人民建设边疆，守卫边疆，就没有我们其他省市的稳定和发展。我们要把自己所学的知识献给边疆人民，为边疆教育事业多做贡献;我为学习而来，学习边疆人民屯垦戍边、艰苦奋斗的精神，这是我人生中一笔宝贵的财富。”

（2008年6月27日发表于《博尔塔拉报》）

援疆心路自美丽

——记湖北援疆干部、博乐市教育局副局长吕伟胜

刘　冉

一本名为《心路》的业务工作文集，载满了三年的情思，记满了二年的人生经历。

2004年的博州之行，让吕伟胜爱上了这片土地。第二年，吕伟胜义无反顾地成为一名援疆干部，再次来到博州这片美丽的土地。这一次，他不再是赏景的游客，而是身负重任的边疆援建者。

服务边疆不言苦

来到博州，吕伟胜在博乐市教育局担任副局长。初到博乐，为了更加全面、仔细地了解博乐市中小学现状，吕伟胜用了3个多月时间，走访了47所学校。

在一次下乡调研时，吕伟胜夜宿山里的蒙古包。看到被熏黑的校舍、破旧的桌椅和在昏黄的灯光下学习的孩子们，他的心灵受到震撼。援疆到底是为什么？吕伟胜感悟到：援疆就意味着奉献，尽最大的能力奉献自己的聪明才智，为边疆的教育事业发展多做些实事。

总结其他省市的管理观念、科学运作模式和高效的教育教学法，结合自己多年的教学经验，吕伟胜先后举办了4期学校管理队伍培训班，培训管理干部793人。每一次培训班，从筹划、撰稿、组稿到审稿，吕伟胜无不倾注着大量的心血。2005年11月，第一期培训班要开课了。这时吕伟胜却患重感冒了，过度的疲劳让他坚持不住了，39.5℃的高烧让他头晕目眩。在医院，吕伟胜沉沉地睡着，一个惊醒让他想起了培训班，他急忙拔下输液针头赶往会场。“那时我是一边擦着虚汗边讲，还好，前期准备很好，6个专题报告受到了大家的好

评。”吕伟胜回忆说。

举办讲座多了，博乐市的校长、老师们都熟悉了吕伟胜这位湖北来的教育专家。吕伟胜停不下手中的笔，三年来，写出的文章近三十万字。吕伟胜把它们整理成书，送给博乐市各个学校，这便有了《心路——援疆文教温存》的由来。

争取援助不言累

博乐市教育缺人才，更缺资金和项目。每次回湖北，吕伟胜都向黄石教育系统积极争取援助。一个多月的春节假期，他和援疆干部——博乐市副市长纪春明都是在奔走中度过，真正和家人相聚的时间还不到10天。在吕伟胜他们的努力下，黄石、大冶、天门三地教育系统先后为博乐援助教育资金57万元。

在他热情邀请下，黄石教育局副局长刘厚道于2005年对博乐进行了第一次访问。当时刘道厚带着5万元援助金，可博乐市的实际情况让刘厚道感到仅仅5万元是不够的。第二年，刘道厚又带着7万元和几个项目再次来到博乐市。在吕伟胜和其他援疆干部的穿针引线下，博乐、湖北两地互访共组团16个，人数102人。湖北机械工业学校和黄石中专从两个最热门的数控机床和电子信息专业中各给博乐市40个指标，现在已经有61名博乐学生在黄石就读。

（2008年6月27日发表于《博尔塔拉报》）

一朝赛湖缘　永生博州情

——记湖北援疆干部、州水利局水产处工程师张从义

刘　妍

和张从义接触，会发现这样一个有趣的现象，谈到自己的专业和调皮的儿子时，他几乎是滔滔不绝，其他的事，他的回答总是简单，但真诚。

2008年7月，怀着对新疆的憧憬和向往，肩负着湖北人民的重托，张从义成为第四批援疆干部的一员。

一

从山清水秀的荆楚大地来到宁静祥和的边陲，作为业务骨干的张从义很快就进入了角色。他考察和了解了博州渔业生产情况，发现有十分明显的特点，以"两湖三河"作为发展的重点，针对博州水域水文情况及渔业发展的实际情况，在与鄂博两地专家和领导沟通后，引进了三个经济效益高的水产养殖新品种进行试验性养殖。

2008年10月，400千克克氏原螯虾被投放在艾比湖湖滨区河蟹养殖基地。目前从回捕情况看，越冬成活情况良好，自然增殖还在进一步观察中。2009年5月，我州两次从湖北引进9厘米至10厘米的大规格匙吻鲟苗种1500尾，这也是首次从美国引进软骨鱼类，分别投放到了四个养殖点。苗种在投放后成活情况不一，除了艾比湖湖滨区外，其余三个投放点的成活情况都较好。6月底，又有80000尾黄颡鱼苗种被投放进博州水域。引进新品种的目的，就是为了给当地的养殖户带来最大的经济效益。"引进一个新的苗种，要考虑这么几点因素，苗种本身的经济效益有多大？对博州的生态有没有影响？还有，就是苗种本身的适应能力。"张从义如数家珍。已经把博州当成自己第二故乡的张从义真诚地希望，博州的渔业发展能在常规鱼类的养殖上做一些文章，提高绿

色无公害养殖的意识，带来更大的经济效益，最好能够建起自己的鱼类苗种繁育场。本地鱼类的开发也很有市场，准噶尔雅罗鱼、高原条鳅，只要在做好保护工作的基础上进行人工养殖，销售市场是大有可为的。

二

水产工作属于野外工作，夏季在各个养殖基地一待就是一个月，冬天在赛里木湖进行人工繁殖高白鲑。张从义笑说："在进养殖基地前几天，我的笔记本电脑是昼夜运转，几乎是不停下载电影，好看的不好看的，什么类型的都下载，一进湖，这些电影就是打发寂寞时光的佳品啊！冬天就难熬了，住宿点没有电，连"电影"都没得看咯！"2008年12月入冬最寒冷的时候，张从义受赛湖渔业有限公司的邀请，来到赛里木湖进行冷水高白鲑的人工繁殖工作。在了解了现有的人工繁殖方法后，他提出了在受精液中降低葡萄糖浓度、增加无机盐浓度的试验配方，结果受精率及孵化过程中眼点出现率均比以前提高5%至10%。在生产结束后，张从义将试验所采取的授精方法、受精液配比、受精率抽样比较等数据统计后，成文《高白鲑受精率比较》，上报给生产基地及水产处领导。赛里木湖的冬天，是张从义感觉最难熬的冬天。为了打发无聊的时间，张从义就和住在一起的几个渔民聊天，渔民们似乎已经习惯了孤独的生活，显得很内向，和张从义交流的话题有限，内容很少。"那个时候只要太阳升起来的时候，看到窗子外面挂在栏杆上的那个破塑料袋没怎么动，就高兴，因为风不大，可以下湖捕鱼了；醒来看到那个"风向标"乱动，就知道，又是无聊的一天。"即使是这样，张从义还是能找到快乐，晴天爬山，雪不大的时候就踏着雪去看看结冰的赛里木湖。"冬天的赛里木湖给人的感觉是特别的，有一种形容不出的美。第一次见到白雪映衬下的赛里木湖，见惯了江河湖海的我也被震撼了。"张从义这样说。

三

"男儿有泪不轻弹，只因未到伤心处"。张从义说起自己流泪的经历，显得有些不好意思。那是2008年10月，在艾比湖长江绒螯蟹特色养殖基地驻点工作期间，忙时参与了解河蟹养殖的生产和捕捞情况，闲时特别是在失眠的夜晚,就着天空中的一弯冷月,船在湖面上晃晃悠悠,想家的情绪瞬间袭上心头,从未和儿子分开这么久的张从义,想着儿子的种种,不觉间,眼泪溢出了眼眶。

张从义说,儿子很调皮,不怕妈妈怕爸爸。现在孩子丢给爱人一个人带,自己一点忙也帮不上,难免心里有些愧疚。为了弥补自己的亏欠,他目前能做的,就是让自己的专长为博州的经济发展尽一份力,不负单位领导所托,也对得起家人为支持自己援疆做出的牺牲。来到博州一年多,张从义已经习惯了博州的生活,照他的说法,他享受了最美味、最地道的羊肉串。在这里生活的日日夜夜,已经铭刻在他的生命里。博州,是他永生无法抹去的记忆。

(2009年7月29日发表于《博尔塔拉报》)

用爱呵护新生命

——记州蒙医医院妇产科援疆医生陈湘漪

张新燕

"我觉得在这里工作只是换了个环境，其他一切都没有改变，面对的都是同样的病人。唯一不同的就是身上带了"援疆"两个字，所以觉得责任更大，肩上的担子会更重些。"

——主人公心语

飞机从天河机场起飞，养育了她33载的长江渐渐远去，热泪模糊了湖北援疆医生陈湘漪的眼睛。3天前，她婆婆因病去世，而她却来不及为逝者再上一炷香，就匆匆踏上援疆的征程。时至今日，陈湘漪想起这些都会忍不住泪流满面。

陈湘漪是湖北省妇幼保健院一名妇产科医生，有着多年的临床经验。一年前，她成为援疆干部中的一员，来到了边陲小城——博乐。抚平伤痛，投入工作。2008年8月3日，陈湘漪刚刚放下行李，就来到了州蒙医医院妇产科。还未来得及和新同事一一熟悉，一位维吾尔族妇女被家人搀扶着来到了妇产科。这位妇女大汗淋漓、捂着肚子，脸因疼痛都扭曲了。陈湘漪简单问了病人的情况后，立即让她去做彩超、尿液等检查。检验结果出来后，陈湘漪证实了她对病人最初的诊断：宫外孕。

"病人马上进行手术，护士到位、备血、消毒……"陈湘漪有条不紊地布置手术前的各项准备。40分钟后，病人平安地推出了手术室。

"那是一台成功的示教病例。"州蒙医医院党支部书记、副院长张杰这样评价道。

2009年5月19日13:30左右，一位19岁的哈萨克族临产孕妇由母亲陪着来到了蒙医医院。通过检查,陈湘漪发现母体羊水不足,需要进行剖宫产。可是孕妇的母亲死活不同意手术,坚持顺产。晚上9点钟,母亲体内的羊水越来越少了,孩子还没有生下来。陈湘漪嘴皮都说干了,着急得差点强行把孕妇推进手术室。凌晨两点,她的家人终于签字,同意手术。40分钟左右,婴儿被送往急救室。经一晚上抢救,母子俩终获平安。而此时的陈相漪已经连续工作了20个小时。张杰说:“如果再晚一分钟,大人和孩子可能都保不住了。”

陈湘漪在州蒙医医院发挥着传、帮、带的作用,先后举办各类教学、交流讲座4次,分别就产科诊疗常规、产科及新生儿急救等知识进行专题交流、讲座、培训。她常对带教的5名医护人员说,产科是一个高风险的科室,事关两条人命,情系多家人幸福,所以一定要担起十二分的责任!为此,她制定了重点规范工作:病历的书写、产前检查、接诊病人及病情交代、产科的诊疗常规、产房的规范化管理、产程中的监护及异常分娩的处理、新生儿的窒息复苏、手术的操作、术后病人的管理等,要求每个医护人员严格按章操作,不能有丝毫的马虎。陈湘漪还从湖北带来了先进的医学技术——分娩镇痛。此项技术可以减轻产痛,在湖北各大医院临床上已广泛应用。在博州,陈湘漪已运用此项技术为10余位孕产妇成功分娩。工作虽然很忙碌,可闲下来的时候,陈湘漪常常会感到寂寞,她很牵挂千里之遥的女儿和丈夫。2009年6月,陈湘漪的丈夫喻淑庆来疆探亲后在日记中这样写道:援疆是一份责任,是一份使命。我很骄傲我的妻子是一名援疆工作者,虽然她远离家人,独自在异域他乡很辛苦,但她所做的一切无疑是最高尚的。所以我一定会在后方照顾好家人支持她,让她安心工作,不辱使命。

丈夫的话给了陈湘漪很大的鼓舞,短短一年时间,她接诊人数约318人次,教学查房26次,主刀手术56台,辅助开展手术73台。其中,急重病人手术26台,危重病人抢救6人次。带领和组织开展新式剖宫产术,缩短了手术时间,减少了术后并发症的发生。开展无痛分娩,产钳助产,电子阴道镜检等新的诊疗项目,均为蒙医院首创,取得了较好的实效。在做好日常诊疗工作的同时,结合农牧民居住地域分散、卫生条件差、妇女就医困难等特点,陈湘漪先后多次参与下乡巡回医疗,深入农牧区进行妇科病的筛查,并有针对性地开展妇女保健等知识宣传。

面对的大多数都是少数民族患者，陈湘漪道出了自己的心声：五十六个民族是一个大家庭，他们都是我最可爱的兄弟姐妹。我会平等对待每一名病人，用爱去呵护每个新生命。

（2009年7月30日发表于《博尔塔拉报》）

业务良师　患者亲人

——记湖北援疆干部、州医院妇产科赵良平

丁泉燕

许多人在自己的生命中,奉献多于索取,用行动默默书写着生命的意义。

近年来,一批批湖北援疆干部来到博州,为博州的发展尽心尽力。

2008年7月底,赵良平告别年过七旬的父母和新婚的妻子,来到边关塞外博尔塔拉,成为湖北援疆干部队伍中的一员。

赵良平,虽然只有35岁,但年轻的他已是湖北省武汉市中心医院妇产科主治医师。

赵良平来到州医院妇产科后,发现很多医生由于业务工作繁忙,放松了学习,于是,他就从加强业务学习入手,工作再繁忙,仍要挤出时间,把大家组织到一起,开展业务学习。赵良平说:“妇产科80%的工作属于常规性工作,医生在不断地重复劳动。但有20%的工作不是常规性工作,要让医生通过学习,接受最新的医疗知识,增进业务能力,处理特殊的病例。”记者在妇产科医生办公室看到,医生们在一起讨论病例,有的医生桌上还放着厚厚的《妇产科手术学》。

赵良平发现,有很多医生在做手术缝合伤口时,习惯缝得很紧很死。这种做法会伤及病人的肌肉层,使伤口不易愈合,形成很难看的疤痕。这和近年来医学界提出的不仅要治病,还要美观的手术方法相背。他还发现,病人做完手术后,护理人员将湿的酒精纱布敷在伤口上,这样不仅不利于伤口愈合,而且酒精挥发后留下的水会渗入深层伤口造成感染。赵良平及时纠正了医务人员这些做法。他说,作为一位医务人员,应站在如何治病救人、减轻病人痛苦的角度来为病人服务。每次,赵良平在带医生们做手术时,碰到医生做得不好的地方,他都会耐心地指导。医生余莎莎说:“赵医生的手术做得很漂亮又利索

干净，我们科室的同志都在争相向他学习，努力在赵医生援疆一年半的时间里，将他的技术学到手。”赵良平倾其所有，将自己的业务知识教授给妇产科的医生，注重培养一支带不走的医生队伍。

在湖北援疆干部援建工作开展以前，州医院妇产科对妇科损伤、宫外孕、剖宫产等手术都能正常开展，但对绒毛膜癌、宫颈癌、卵巢瘤等特殊病例的治疗，则不能正常开展。赵良平看到妇产科副主任古丽努尔对肿瘤很感兴趣，就重点将有关肿瘤的手术知识教给古丽努尔。2009年6月，医院来了一位病人，流产后出现了子宫增大、子宫出血等症状。古丽努尔说，以往处理这类病例采取的方法是刮宫。在赵良平指导下，她对病人进行了认真检查，确诊为绒毛膜癌。这种病例如果按照以往的方法来处理，会加重病情，危及病人生命。

今年5月，州医院来了一位病人。这位病人腹腔积液达3000毫升，经诊断检查，病人患有原发性输卵管瘤三期，恶性度非常高。这是一例大手术，以往州医院没有做过这样的手术。赵良平说：“在确诊病情后，我认为这是一个让古丽努尔学习积累经验的好机会，当即决定带她一起做手术。”病人推入手术室后，古丽努尔作为一助，和赵良平一起做了4个多小时的手术，将病灶切除。如今，病人已经出院。现在，古丽努尔已经能够熟练地处理此类病例。

腹腔镜是微创手术中的一项技术，采用腹腔镜给病人做手术，手术创面小，病人恢复快，能减轻病人的病痛。妇产科主任吕新萍想学这门技术，平时，她就经常拿着有关这方面的书籍找赵良平请教。一年下来，吕新萍已经积累了很多腹腔镜方面的知识。2009年6月，一位盆腔内长了巨大包块的病人来到州医院。赵良平诊断后确定病人患有囊腺瘤。以往医生采取的都是开腹手术，病人出血量较大，手术后10天才能出院。赵良平带着吕新萍采用腹腔镜技术给病人做手术，在病人腹部打了三个洞，将长12厘米、宽8厘米的包块打碎后，再取出。术后第4天，病人就出院了。吕新萍说：“有了这次手术实践，自己运用腹腔镜的技术更加熟练了。”

还有半年的时间赵良平就要离开博州回湖北了。赵良平说：“2008年离开湖北时，我觉得在博州举目无亲，但来到博州医院后，交了很多朋友，这段工作经历将会珍藏在我人生的美好回忆中。”

（2009年8月4日发表于《博尔塔拉报》）

乐在边疆多奉献

——记湖北援疆干部、州蒙医院骨伤科李胜利

刘　妍

“对临床医生来说,诊断比治疗更重要。”这是李胜利常说的一句话。李胜利,来自湖北省中医院骨伤科,兼《中国中医骨伤科》杂志编辑部副主任。2008年8月4日,李胜利作为湖北援疆干部中的一员,来到自治州蒙医院,8月5日,他就为一名胫腓骨折陈旧性骨折畸形愈合的患者做了手术。

从无到有的骨伤科

骨伤科,与传统意义上的骨科不同,主要治疗范围为骨伤、筋伤、跌打损伤、风湿、强直性脊柱炎等,中医治疗骨伤疾病以正骨手法为主,中医学中有“手法成正骨之首务”的说法。

彼时的蒙医院,还没有单独的骨伤科,骨科业务由外妇科的主任兼任。李胜利来到州蒙医院看到这种情况后,一人带了3位年轻大夫挑起了骨伤科的大梁。3个年轻人没有中医基础,而一般的中医需要经过5年的学习才能独立问诊。时间短,任务重,怎么办?除了日常的理论学习,李胜利在给病人进行颈腰椎手法治疗时,总是让3个年轻人在一边观摩。一段时间后,3个年轻人能独立操作了,李胜利仍在一边耐心指导。如今,由他和3个年轻大夫组成的骨伤科成立了,慕名而来的患者络绎不绝。

不单纯依赖现代检验手段

“不是所有的腰疼都是椎间盘突出引起的,就像不是所有的膝关节疼痛都是关节炎造成的一样,不能单纯依赖CT和核磁共振这些现代化的检验手段。”李胜利说。

一名来自乌苏的患者被腰疼折磨了3个多月，去过的医院都诊断他患了腰椎间盘突出症。治疗一段时间后，腰部的疼痛并没有减轻，患者在家不能干重活，腰弯不下去，日夜被不间断的疼痛折磨。在多方求医无果的情况下，他听说博州蒙医院来了位湖北大夫治疗骨伤疾病有专长，就赶来找到李胜利。李胜利在看过患者的核磁共振检查结果后，结合中医的诊断检查发现，患者并没有椎间盘突出症患者的神经根辐射痛现象，由此他断定，患者只是一般的腰局部疼痛，与椎间盘突出无关。李胜利给患者打了封闭，患者疼痛大为缓解，腰部下弯自如。患者高兴极了。

中医的根本是标本兼治

“中医的根本是调节人的体质，绝不是单纯的头痛医头，脚痛医脚。”李胜利这样教导3个年轻医生。

精河县大河沿子镇的一名患者，患动脉血栓闭塞性脉管炎造成腿部皮肤大面积溃疡。四年来，患者由于皮肤溃疡严重，因此引起一个脚趾坏死而截肢。腿部缺血造成溃疡面不愈合，两次植皮都失败了。血栓引起的血流不通畅，使患者无论多热的天，病腿都是冰凉的。患者找到李胜利的时候，溃疡面已达到了10×6厘米。李胜利用中医疗法给患者配药，内服外用双管齐下，治疗与调理患者自身免疫力同时进行。一段时间后，患者的溃疡面渐渐缩小，出院时，溃疡已基本闭合，腿部血流开始恢复，腿部温度也随之恢复。

在州蒙医院记者见到李胜利问起援疆感受时，李胜利说：“新疆在我的心目中是一个既神秘又神奇的地方，援疆是我的心愿。一年多的援疆经历对我一生而言，有着非常深远的影响，不但开阔了视野，也增加了阅历。自己的所学所为能为边疆人民解除痛苦，是我最高兴的事。”

（2009年8月28日发表于《博尔塔拉报》）

选择援疆无悔无愧

——记湖北援疆干部、温泉县人民医院骨外科医师徐博

曹铁广　张永丽

今年40岁的徐博，从湖北宜昌三峡大学毕业后，一直在荆门石化医院骨科工作。2008年7月，徐博援疆到温泉县人民医院骨外科工作。

来到温泉县人民医院后，徐博发挥自己的临床技术优势，做了一些开创性的工作，如四肢骨折的手术治疗、皮瓣转移修复软组织缺损。完成门诊80余次，诊疗患者1000余人次，医疗查房150余次，开设讲座3次，参与手术60余台，抢救危重病人12人。在完成日常医疗工作以外，他还积极参加下乡巡回医疗和义诊，多次参加危急重症的抢救治疗工作，为院科建设发展提出合理化建议。在温泉医院工作的一年里，他感受到了边疆地区卫生事业发展的困境和农牧民看病难的现状，他设身处地地为患者着想，尽量用简单实用的治疗方法为患者解除痛苦，减少医疗费用。

2008年底，一位哈萨克族小伙左手手掌被脱粒机撕脱下来，手指骨和手部肌腱被打得粉碎。患者被送到温泉县医院，徐博为他实施了转移皮瓣修复四肢软组织缺损术。目前，这位哈萨克族小伙左手已经长好，部分功能正在恢复中。要知道，如果采取传统的手术方法，这位哈萨克族小伙的左手只能被截肢。徐博此次成功实施的皮瓣移植手术，填补了温泉县医院外科手术的空白。

今年7月中旬，一位名叫沙吾提的维吾尔族中年人从楼上摔下，造成胸椎压缩性骨折，四肢不能活动。徐博主刀为沙吾提进行手术，采取脊柱骨折椎弓根钉内固定术，固定患者受损的胸椎。整个手术持续了一个半小时，并取得成功。病人经过半个月的疗养后，健康出院。

徐博还带了一名骨科医生，名叫刘炬亮。在徐博的言传身教下，他进步很快，病情诊断、手术实施等方面都有很大提高。作为一名骨科医生，徐博体会

到自己医疗技术的局限性，在其他外科和内科疾病的处置中技术还有欠缺，特别是在边疆地区人才匮乏的基层医院，更需要基础扎实技能全面的全科型医生。他表示，在今后的医疗执业过程中，他将更加注重学习，提高医疗技术，更好地造福患者。

今年3月，徐博的父亲因病过世，徐博回家办完丧事就匆匆赶回温泉。他说，父亲在天之灵会理解他的所作所为。

对于援疆工作，徐博深有感受："一年的时间，是感受、感动、感恩的过程，经历了成长、成熟和成就。选择援疆，无悔无愧。"

（2009年9月10日发表于《博尔塔拉报》）

妙手传递爱的温暖

——记湖北省援疆医生、武汉市第一医院外科副主任医师金太欣

丁泉燕

是太阳，就要发光发热，温暖世间万物；是医生，就用妙手仁心，救治伤痛病患。2008年7月底，湖北省武汉市第一医院外科副主任医师金太欣，随湖北援疆队伍来到博乐。作为专家，他用精湛的医术治愈了许多胃肠病患者。

2008年8月26日凌晨3点，一名患者被紧急送到州医院。来时患者已昏迷不醒，生命体征不稳定，血压几乎为零。金太欣和外一科主任居来提立即对患者进行抢救，经确诊，这名患者患有罕见的乙状结肠扭转、坏死伴休克的腹膜炎。他们紧急制定了手术方案，经过3个多小时的紧张手术，患者转危为安。据悉，这位患者曾在多家医院治疗，但未见好转。金太欣说："对这种病症的确诊需要医生有丰富的临床经验，手术风险极大，我曾在湖北做过几例。但像这位患者这样有休克等综合并发症的情况，还没有遇到过。"2008年9月，一位88岁的患者被紧急送到州医院，金太欣医生诊断后，发现病人小肠几乎坏死，肾、肺等多个器官功能衰竭。金太欣告知家属："如果手术，风险极大。转院，病人的生命也许撑不到乌鲁木齐市。"家属在转院还是手术之间犹豫片刻后决定手术。专家会诊确定了手术方案，金太欣主刀，为病人做了肠粘连剥除术。术后，病人恢复很好，器官功能也逐渐恢复了正常，半个月后就出院了。外一科主任居来提说："很多前来就诊的病人都说，遇到金医生是他们的福气。外一科的很多医生也认为，金医生把先进的医疗技术带来了，让他们学到了胃肠方面的治疗技术，是他们的福气。"如今，有很多有胃肠疾病的患者慕名前来治疗，金太欣经常是一边做手术，一边为外一科的同事讲授如何处理各种胃肠疾病。

援疆工作，金太欣带给我州患者的是福音，带给孩子和妻子的，却是深深

的思念。记者采访金医生时，他刚刚与儿子通过电话，像这样父子间的长途电话，几乎每天都有，甚至有时一天好几个。在银行担任行长的妻子工作非常繁忙，援疆前，10岁儿子的生活起居和学习一直由金太欣照顾。援疆后，孩子学习没人管，成绩下滑，这让他非常着急。利用休息时间，金太欣按照孩子课程的进度编写了辅导题集，通过网络或传真传送过去，让孩子学习来提高成绩。让金太欣难舍的还有他的家人，80多岁的父亲重病，岳母中风、脑梗，金太欣都不能在床前尽孝，只是过年回家短暂停留探望了二老，又匆匆踏上了回疆的路途。

金太欣说，援疆时，是对家人的不舍；离博时，是对博州的不舍。今后的岁月，就让这不舍的情怀，连起鄂博两地人民，让两地友情源远流长。

（2009年9月15日发表于《博尔塔拉报》）

不负重托　情洒边城

——记湖北省援疆干部、博乐市妇幼保健院门诊部医生杨力

刘　妍

见到杨力时，他正在看一本厚厚的专业书，下午的阳光经过窗帘的过滤显得柔和了许多。

作为湖北省十堰市人民医院呼吸内科骨干的杨力，于2008年8月踏上了曾经神往的新疆大地，来到了有“青色草原”之称的博尔塔拉，他很快调整了对气候和生活上的不适应，投入了本职工作。

博乐市妇幼保健院门诊部，就是杨力工作的单位。受条件所限，该门诊部与维吾尔医医院、博乐市计划生育服务站同在一栋楼上。自然而然地，一些维吾尔医医院处理有难度的急诊病人，也经常会找杨力帮忙。

在杨力帮忙处理的急诊患者中，一位叫热依汗古丽的70多岁老人给他留下了深刻的印象。老人因为慢性支气管炎、哮喘、高血压等多种病症住进了维吾尔医医院。一日，老人上卫生间因用力过猛引起心衰倒在了地上。由于维吾尔医医院收治的多是慢性病患者，对于这样的突发状况医生们一时间不知该怎么做才好，慌乱中有人想起了同在一栋楼上班的杨力，赶忙给杨力打电话。当时已是深夜，杨力搞清事情原因后，一边在电话中指导在场的医生急救，一边往医院赶。来到医院，杨力发现患者喘气十分困难，已经出现全身紫绀。经过心电图等一系列检查，他找到了患者病发的诱因。病因找到了，施救工作随即展开，强心、利尿、扩管……在杨力的镇定指挥下，一个个缓解心衰的步骤有条不紊地展开，经过20多分钟的抢救，热依汗古丽病情稳定下来，终于脱离了危险。“幸亏老人的心衰没并发心肌梗死，否则以现有的条件是没法展开抢救的。”杨力现在回想起来都还心有余悸。

不久前，医院接诊了一名咳嗽了很长时间的患者。据患者自己介绍，他爱

饮酒，咳嗽还伴有高热、咳痰、吐酒等症状，去了不少医院，医生都认为他患的是肺结核，按照肺结核的治疗方法给他打了很长时间的抗生素，但依然不见好转。经过检查，杨力发现该患者胸廓有畸形，再仔细询问患者的症状，杨力认为该患者的临床表现、体征与结核病人不符，应该是吸入性肺炎和化学性肺炎。抗生素对化学性肺炎是不起作用的，如果按照肺结核治疗对肝脏、肾脏的伤害相当大。杨力依照自己的判断对患者使用了适当的激素药物进行控制，并辅以其他药物，患者的病情迅速好转。

在博工作一年多，杨力感到很欣慰的就是自己的妻子和女儿都很支持自己的工作，能让自己的所长为边疆百姓服务是他最开心的事。通过与边疆百姓接触，他为当地群众防病提出了自己的专业意见：食用肉类一定要在烹饪时间上尽可能长一些，让肉类熟透，防止包虫病的发生；多吃蔬菜，改变饮食结构对预防高血压等心血管疾病有益；气候多变要注意增减衣物，降低咽炎、慢性支气管炎的发病率。

“援疆一年对我的一生是非常难得的经历，无论在为人处世还是增长阅历方面，在这里学到的东西对我而言都是终身受用的。”杨力这样总结。

（2009年10月16日发表于《博尔塔拉报》）

荆楚大地献真情　灵壤博州添活力

——湖北援疆工作十周年综述(上篇)

丁泉燕

十年寒霜雨雪、十年风雨兼程。对于博州来说，地方还是这片地方，人还是这些人，可是十年寒暑，博州发生了大变化。一座座高楼拔地而起，一条条道路拓成通途，一所所学校旧貌换新颜……如今，博州的孩子要上大学，找湖北老师；患者有疑难病，点名找湖北专家；单位要发展，找湖北援疆干部共谋思路……援疆干部扎实而富有成效的工作，已在我州的经济社会发展中留下了深刻的印记，受到各族干部群众的广泛赞誉。

1997年6月，为促进新疆发展，维护新疆稳定，中央作出了选派干部援疆的重大决策。1999年6月，按照中央的统一部署，湖北省开始对口支援疆州。

从第一批湖北援疆干部到第四批湖北援疆干部，他们每个人都在思考着同一个问题：身后有湖北省委、省政府、部门领导以及家乡父老乡亲关切的目光，面前还有博州人民的期待，如何给湖北、博州人民交出一份满意的答卷？为此，援疆干部们扑下身子，心无旁骛地投入工作中，他们努力克服气候、饮食等方面的诸多困难，牢固树立“来到博州就是博州人，说博州话，办博州事”的思想。正是由于有了这样的工作热情，援疆干部的潜能被极大地激发出来，很多以往被视为遥不可及，甚至是难以实现的事，如今都变成了现实。

教育援疆　打造博州教育强市

从1999年至今，已有113名湖北教师踏上博州这片土地，曾经或正在为博州的教育事业而不懈努力。湖北省援疆教师到我州后，不仅带来了先进的教学经验，更为提高我州整体教学水平做出了巨大贡献。博乐市高级中学在2002年以前，还没有学生考上清华大学。湖北高考“状元之乡”天门市的老师来校任教后,爆出新闻。2002年,该校出了第一个考上清华大学的学生,上重点本科分数线的学生达到创纪录的78人;2003年,又有两名学生分别考取清华、北大,上重点本科线的学生达到130人;2004年,两名学生考取北大,上重点本科线学生达到240人。当年,全州普通高考录取率达到了80.8%,有398人超过了重点大学录取分数线,比上年增长约80%。教育部门人士介绍说,以前我州每年中考的前20名学生,至少有15名去乌鲁木齐等地的高中就读,湖北老师来后;情况倒了过来,至少15名学生选择留在本州就读。在精河县、温泉县高中,湖北教师去了以后,效果同样明显。

周志强是湖北省天门市教学研究会会员、天门市高考备考中心常务理事、编委,经常被请去命题。2005年,天门市确定周志强为第三批援疆干部天门市领队。到博州后,周志强发现这里无论教学条件还是教学理念,和其他省市的差距都很大。经过一段时间的摸索,周志强在充分发挥本地学校特色办学的基础上,扬长避短,提出了“引、帮、促、教、动”的强化教师队伍方针,制定了35岁以下教师的专业知识考核及培训制度,开展优秀青年教师的“优质课”大赛,为博乐市高级中学培训了一批年轻有为的骨干教师。

2005年7月,担任州教育局副局长的史新华上任后,一头扎进工作中,在全州乡(镇)、牧区、农场,他一待就是近两个月。这期间,全州26个乡(镇、场),他跑了14个,137所学校,他跑了42所,全州边远地区、贫困地区的学校,他几乎都走到了,基本上摸清了全州农牧区教育现状,并写出了《三年援疆工作方案》。2009年10月13日,华中师大一附中博乐分校教务主任田国庆谈起十年来湖北援疆教师时,深有感触地说:“是湖北援疆教师传递给本地教师‘软性’的教学理念,将高考备考与教学紧密地结合起来,采取‘传、帮、带’的方法,让本校教师能够由点到面科学评价每一次考试成绩,不以学生考试名次论成绩,而是在考试中找差距、找问题。”

十年磨一剑。如今,我州已经拥有了一支教学理念先进、教学水平较高的教师队伍。

项目援疆　激发博州新动力

2009年9月1日,占地面积258亩的华中师大一附中博乐分校落成,办学规模为60个教学班、3000人。项目总投资概算1.36亿元,其中湖北省援助3000万元。这仅仅是十年中湖北省对博州项目援建的一部分。在十年的援疆工作中,双方越来越深刻地认识到:给钱给物都是一时的,项目才是管根本、管长远的。为此,自治州积极主动地加强与湖北省的沟通、交流,尽最大努力争取援助支持,提升我州经济自我发展能力。

十年来,在自治区党委、政府的正确领导下,在湖北省委、省政府的大力支持下,在全体援疆干部的共同努力下,湖北省援疆工作形成了以干部援疆为龙头,以交流互访为纽带,以智力、资金、物资支持为手段,以项目建设为载体,以促进双方的交流合作、实现双方共同发展为目标的援疆工作格局,取得了显著成效。十年来,湖北省共援助了博州老年活动中心、博州党校综合楼、博州援疆干部周转楼、博州人民医院综合住院楼等24个重点项目;援助的项目、物资、资金总额已达1.3亿元。一大批重点援助项目的投入使用,极大地改善了我州的基础设施条件,为自治州的长远发展奠定了良好基础。

"天山长江一脉牵,鄂博手足情相连。"回首总结十年来的援疆工作,为我州的社会经济发展付出辛劳的274名干部,他们每个人都有说不完的苦辣酸甜,都有值得一生珍藏的难忘经历和美好回忆。

"选择援疆就是选择了一份神圣职责,建设美好博州,就是在执行一项伟大的历史使命。"一批批援疆干部离开博州时都流下了不舍的泪水,留下了对这片土地深深的祝福与思念。

(2009年10月19日发表于《博尔塔拉报》)

荆楚大地献真情　灵壤博州添活力
——湖北援疆工作十周年综述（下篇）

张新燕

中央援疆战略的实施，像一声嘹亮的号角，让边疆儿女倍感振奋。1999年7月，湖北省第一批援疆干部踏上博州这块热土，鄂博两地共谋发展的篇章正式拉开了序幕。

十年来，我州先后有1800多名党政干部、专业技术干部及其他各类人才到湖北省接受培训学习、挂职锻炼，回来后成为了单位的业务骨干。

十年来，湖北省共为我州选派干部274名，极大地提升了我州教育、卫生以及科技、文化、新闻宣传等社会事业的发展水平……

这份跨越时空的大爱，温暖和感动着40多万博尔塔拉各族人民。

医疗援助为患者带来福音

医疗援助是湖北省援疆的重点项目之一。一批批湖北援疆专家用精湛的医术为患者解除病痛，并把毕生所学毫无保留地传授给当地医生。

2006年前，全州没有一家医院能够医治冠心病、心律失常、急性心梗突发病人。这些病人只能转往自治区人民医院或用风险极大的溶栓治疗。通常情况下，患者还未来得及转院心脏就停止了跳动。2006年在湖北专家田立群的指导帮助下，州人民医院开始做心血管介入术：不用开刀，就可以完成放支架、装起搏器，这对于博州心脏病患者来说无疑是莫大的福音。

第三批湖北援疆医生邓仁跃第一次用紧急行环甲膜切开术拯救了一位已停止呼吸的患者。这在全州医疗史上是第一例。

为改善我州的医疗硬件设施，四批湖北援疆干部四处奔走，多方争取资金。看到精河县放射设备——X光机过于陈旧，第三批湖北援疆医生田耀成多方奔走和汇报,时任湖北省委常委、常务副省长周坚卫决定由省财政资助100万元,为精河、温泉两家县级医院各赠送一台新型X光机。

在湖北援疆干部、大冶市副市长纪春明牵线搭桥下,博乐市红十字会门诊部争取到大冶市人民医院医疗人才以及资源上的大力支持,于2006年8月建成具有纪念意义的"博冶"医院。次年8月,鄂州市人民政府援建精河县人民医院综合门诊楼项目首批100万元无偿援助资金到位。

2008年12月,由湖北省援助500万元,州财政支持、州人民医院自筹资金兴建的外科楼拔地而起。该楼总建筑面积10200平方米,地面六层,地下一层。大楼配置有医用电梯、中心供氧、危重病人监护和电视监控设施等。医疗环境、软、硬件设施均达到全州一流水平。

博州人民医院内一科主任巴音巴特深受援疆之惠,2004年他曾赴湖北省学习心血管介入术长达半年之久,如今他已成为这一领域的专家。十年来,他身边的许多同事,如口腔科医师董良峰、儿科医师朱庆、内五医师阿依坦等也分别到湖北省各大医院进修,医疗水平有了很大提高。

十年来,博州人民医院在湖北专家医师的"传、帮、带"下,已可以独立完成直肠前突修补术、左肝全切合并胆囊切除等20项手术,填补了我州医疗史上一项又一项空白。十年的援助,可以说我州医疗事业已实现了从无偿"输血"到自身"造血"功能的转变。

培养"带不走"的人才

湖北省与我州始终坚持高位推动,建立了定期交流互访机制,鄂博两地党委、政府主要领导亲自抓,有力地促进了双方人员往来和合作交流。

我州从2001年开始,每年派出由州级党政领导率队的高规格党政代表团赴湖北省考察访问。

2008年3月,州党委书记在北京参加全国两会期间,专程拜会了湖北省委书记、省人大常委会主任罗清泉和省人大常委会常务副主任周坚卫等领导,对湖北省对口支援我州致谢,共商援疆工作。

2008年5月,以州长奥曲尔为团长的博州党政代表团专程赴湖北省汇报考察。

湖北省也多次组织党政代表团来博访问，先后有王生铁、贾天增、刘友凡、蒋大国、周坚卫、黄远志、邓道坤、张岱梨等省领导带队访问我州。十年来，鄂博两地人员交流互访达3900余人次。

“给钱给物不如培养一批好干部”，志存高远的荆楚人民倾情相助，让我州党政干部、各类人才有了再次进修和深造的机会。

湖北省依托和利用华中科技大学、武汉大学、中南财经政法大学等高校，举办博州社区干部、财政、卫生、教育等系统干部的各类专题培训班和研修班，让我州各类人才享受到了高端、优质的教育培训资源。从2008年开始，湖北省委、省政府每年从省级财政预算中固定单列100万元人才培养专项经费投入我州，举办各类专题培训班，鼓励、支持和引导“人才培养工程”的深入开展。

十年来，广大援疆干部主动当好友谊使者，促进两地交流，有力地推动了鄂博两地全方位的合作交流。100多个单位之间实现了“友好结对”，许多没有援疆任务的单位也加入互结友好的行列。

“从形象工程向培植财源、增强造血功能转变；从无偿援助向促进广泛经贸合作转变；从单一的项目、干部援助向综合性人才、技术、管理援助转变。”这“三个转变”是湖北省援疆的终极目标，勤劳、自强的博尔塔拉人正为此不懈追求，努力奋斗。

天山巍峨，长江浩渺，山水一脉牵起鄂博手足情。湖北援疆工作，谱写了一曲边疆和湖北民族团结、共同繁荣发展的时代凯歌。

(2009年10月20日发表于《博尔塔拉报》)

爱在援疆路上

——记精河县人民医院湖北援疆医生严国胜

周振富

严国胜说：“来博州之前，向往这里；来之后，有点舍不得离开这里，因为我爱上这里的广袤天地，爱上这里的各族同事，爱上了援疆路上的点点滴滴。”

一

42岁的严国胜是鄂州市中心医院麻醉科副主任。2008年8月，严国胜作为援疆医生来到精河县人民医院工作，担任麻醉科副主任。

2009年3月5日凌晨两点，一个外伤病人被送进医院，经检查，其大肠、脾脏严重破损。麻醉、手术，经过一个晚上的抢救，第二天早晨7点病人才被抢救过来，但是仍未渡过危险期，严国胜赶紧对病人实施输液治疗，到上午10点左右，病人的生命体征才被纠正过来，这时，已经给病人输入5000毫升的血液，相当于把病人全部的血液进行了一次更换。等到病人病情完全稳定下来，并安全送到病房后，严国胜才放心地休息了。

严国胜说，在手术中，病人要输入什么液体，输血量多少，都要经过麻醉师对病人的观察作出决定，麻醉医生维持着病人的生命体征。手术有大有小，但是，麻醉不分大小，而且十分重要。

二

作为麻醉科的副主任，肩负着对科室进行必要的管理、完善科室制度、严格麻醉流程的重任。

刚来医院的时候，严国胜第一次手术时就发现了问题：一些麻醉师在进行静脉麻醉手术时不给病人加压给氧，不重视麻药可能引起病人停止呼吸的副作用。这样的事情一连发生了三次，如果不引起重视，可能出现病人窒息死亡的事件，造成严重的医疗事故。解决这个问题的方法就是给病人实施面罩给氧（加压给氧）。严国胜说：“虽然麻醉药导致呼吸停止只有几分钟，但是，这几分钟得不到重视就会造成事故，后果不堪设想。”

经过这件事情后，在麻醉科原有的规章制度的基础上，严国胜结合鄂州中心医院麻醉科各项手术流程、规章制度，建立完善了精河县人民医院麻醉科工作流程和规章制度。鄂州中心医院麻醉科医生开玩笑说：“每次严国胜回来就像间谍一样，把我们的技术成果都‘偷’走了。”严国胜笑了：“其实，我的援疆工作就是把湖北先进的医疗技术带过来。”

一年来，严国胜先后引进了五项新技术，这些技术极大地提高了精河县人民医院麻醉质量。据了解，一年里精河县人民医院共实施1000多台手术，截至2009年6月，经严国胜实施麻醉的手术就有500多台，安全处理危重疑难病例20多例。

三

来新疆是严国胜一直就有的计划，因为在他的印象里，新疆是个神圣的地方。严国胜来疆前，是家里最忙的时候，上初三的儿子正在准备中考，家里正在装修房子。由于妻子依赖性太强，严国胜突然地离开，让妻子一时间变得“六神无主”了，从四面八方来的压力让妻子不堪重负。没过多久，妻子就患上了精神分裂症，这让严国胜很着急，匆匆赶回了家。得知这一情况后，鄂州市委组织部立即派专人到严国胜家慰问，并与鄂州卫生局、医院联系，安排严国胜的妻子入院治疗。一个月后，严国胜的妻子有了好转。因为放心不下精河县人民医院的工作，严国胜又匆匆回到了精河。严国胜说：“虽然放心不下妻子，但是援疆工作也是我的责任。现在每天和妻子通话，知道她好多了，我在这也安心了很多。”

还有半年就要回去了，严国胜有些舍不得，因为援疆路上有爱，同事互助之爱，领导关怀之爱，家人理解之爱。

（2009年10月26日发表于《博尔塔拉报》）

天人合一　治身治心

——记州人民医院援疆医生谈宇梁

张新燕

离开长江之滨,来到天山脚下。54岁的谈宇梁在州人民医院中医科开展了他已一年多的援疆工作。

凡和他相处过的人都有同样的感觉:随和、淡然而又不乏幽默。凡是他的患者,都一致称赞道:谈医生很有耐心、爱心和责任心。

“天人合一”的中医理念

谈宇梁是武汉市中医医院急诊科副主任医师,有32年丰富的中医临床经验。他认为气候、地理等因素和人的健康息息相关。因此在临床上,他用“天人合一”的中医理念来为病人治疗。

2009年2月,一位42岁的庄稼汉子找到谈宇梁说,每天睡觉醒来和干完农活后,他的手会很麻。谈宇梁用手敲了敲他的颈椎,这位庄稼汉子立马疼得叫了出来。谈宇梁初步断定,这位汉子患的是颈椎病。X光片拍出来后,证实了谈宇梁的诊断。随后,经过谈宇梁的处方治疗,患者病情大为好转。

在治疗早期糖尿病人时,谈宇梁往往通过改变病人生活、饮食上的不良习惯,使其血糖恢复正常。2009年1月,一位45岁的男性早期糖尿病患者前来就诊。这位患者身高170厘米、体重90公斤,身体臃肿。针对这位患者的情况,谈宇梁给他开了处方后,又为其制定了严格的饮食和运动计划。每隔一段时间,谈宇梁都会打电话询问患者的情况。经过半年的治疗,患者的血糖恢复了正常,体重也下降到75公斤左右。这位患者抓住谈宇梁的手说:“谈医生,是您的鼓励让我坚持下来恢复了健康,谢谢您。”

短短一年时间,在谈宇梁的传、帮、教下,州医院中医科充分发挥“整体观念”这一中医特色，利用“天人合一”的中医理念，开展了针灸、足疗、多频理疗等治疗手段，治疗病种也逐渐丰富起来，包括骨科、神经、皮肤科、妇科、内科等，科室床位占有率迅速上升，较年前增加400%以上。

体贴的“心理医生”

2008年9月，一位51岁的妇女前来就诊。这位妇女刚坐下就开始滔滔不绝地讲述起自己的症状：睡醒时眼睛睁不开，像是被人压得喘不过来气；走路时头晕、眼花、全身没劲；吃饭不消化、胃冷、舌干燥……

15分钟后，谈宇梁听完这位患者的讲述后，又询问了一些问题，便开始给病人把脉。

此时，谈宇梁心里已有了初步诊断结果，眼前的这位妇女患了更年期综合征和强迫症。如何安抚病人？如果告诉实情只能加重她的心理负担，不利于治疗。谈宇梁眉头稍稍一皱，微笑着说道：“没有事，你的问题不大，有些轻微的心脾两虚。我给你开些药，回家按时锻炼身体，晚上散散步，保持好的心态，就会康复的。”听到谈宇梁这么说，患者长长地松了一口气：“我看了这么多医生，您是最有耐心的，回去后我一定按您说的做。”

时隔一年，这位患者在谈医生的精心调理和开导下，症状减轻了许多。面对这些病例，谈宇梁常对他带的徒弟说：“生老病死是很平常的事，最重要的是要端正心态。我们在面对‘特殊’病人时，一定要从心理上对他们进行暗示，从精神上给予安慰，这样会起到事半功倍的效果。”

来疆之前，谈宇梁写了六页的工作计划。在援疆的日子里，按照计划，他把每一天时间都安排得满满的，用一位医务工作者的耐心和爱心细致地照顾每一位患者。

（2009年11月3日发表于《博尔塔拉报》）

援疆路上写春秋

——记精河县人民医院湖北援疆医生柯源

周振富

每天早晨,在精河县人民医院住院部总会看到一位湖北医生带着几名年轻医生穿梭在各病房之间。每到一个病房,这位湖北医生都会热情详细询问病人情况,并耐心准确地为随行医生讲解病因及治疗方法,随行医生都尊称他为“柯老师”。他就是湖北省鄂州市中医院团委书记、脑病科副主任医师、援疆干部柯源。

充实的援疆生活

柯源告诉记者,他从事的专业主要与人的“司令部”——大脑打交道。脑损伤不是小事,需要随时掌握病人术后的情况。柯源说:“一年来,我除了做手术、讲课、查房,其他没有什么可以值得一提的大事,但是每一天我都过得很充实。”

同科室的医生护士提起柯源,都会点头称赞:“随和、幽默”“工作认真、医术精湛”“对同事很好,对病人也很负责”。

经过多年的实战,柯源在脑科方面积累了丰富的临床经验,是鄂州市有名的脑科专家。柯源说:“治疗脑梗要用小时计算;治疗脑出血要用分钟来计算;治疗脑栓塞,要用秒来计算。只要是脑部患病,都要争分夺秒地治疗,只有这样;才能降低致残率。”

2008年11月,一位病人因为下肢无力、行动困难被送进精河县人民医院。经过详细询问和头颅CT检查,接诊医生初步断定患者为脑干梗死。患者住院第二天,下肢无力症状恶化,大小便困难。再经过两天的细心观察,并根据以往的经验,柯源认为病人患的不是脑干梗死,而是腰骶部肿瘤性病变。这种病变只有经过核磁共振才能准确诊断出来,而精河县人民医院没有核磁共振设备。柯源将情况告知患者家属,希望他们尽快转院。患者到州人民医院经过核磁共振检查,确诊为腰骶部肿瘤。随后,患者被转至兰州某医院进行手术,现已康复。柯源说,如果再拖一段时间,患者下肢可能会完全瘫痪。

志在援疆多奉献

一人援疆,全家支持。柯源告诉记者,来疆前,他岳父刚去世不久,妻子仍处在悲痛之中,但很支持他来新疆。柯源的父母都70多岁了,父亲患有外伤性白内障,还有慢性肺源性心脏病,一年至少住院治疗4次。为了减轻柯源的心理负担,鄂州市中医院表示,只要柯源的父亲来看病,院方将尽可能提供服务。

来到精河,柯源就把精河县当成自己的第二个家,把自己当成一个精河人。他暗自鼓励自己:在精河的这段时间里,要做一些力所能及的事情,尽量让脑病患者恢复健康。一年多来,柯源接诊门诊病人700余人,参与科室疑难急危重病例抢救200多例,亲自抢救40多例。

来疆工作不容易,柯源和当地的同事结下了深厚的友情。当地群众热情、好客,让身在异乡的柯源倍感温暖。经过几次下乡巡诊,农牧区艰难的生活条件让柯源感叹不已。他资助了阿合其农场中学一位贫困学生,他说:"想帮助的孩子很多,但自己能力有限,只能尽上一点绵薄之力。"

"来新疆工作生活后,我更加了解和喜爱新疆,也逐渐融入了这片土地。这段特殊的援疆生活,为我平凡的人生抹上了一层亮丽的色彩。"柯源说。

(2009年11月9日发表于《博尔塔拉报》)

援疆工作让人生闪光

——记精河县人民医院湖北援疆医生危晴天

周振富

“对于一个平凡的医生来说，援疆工作不仅让我开阔了眼界，增长了见识，结交了很多朋友，更重要的是，援疆工作让我的人生更加闪光。”在采访湖北援疆医生危晴天时，他这样说道。

来新疆一年多的时间里，危晴天与精河县人民医院热情的同事们朝夕相处，与这里的患者真情相待，这里的一切给他刻上了难以磨灭的印记。

39岁的危晴天是湖北省仙桃市第一人民医院神经外科的医生，2008年8月来到精河县人民医院进行援疆工作后，主攻神经外科和脑外科。工作中，他兢兢业业，认真做好传、帮、带，生活中，他能很快地了解少数民族同胞的生活习惯和这里的风土人情，与医院的各族干部职工和谐相处。

县医院外二科主任赵庆国说，危晴天大夫不仅工作经验丰富、技术精湛，而且为人真诚热情，他是我们科室各族职工的良师，还是病人的益友。

今年4月的一天，有一位哈萨克族高血压脑出血患者被送进了医院。经过观察和诊断，这位患者还患有尿崩症，在正常情况下，一个人每天尿量约为3000毫升，但是这位病人一天的尿量达到10000毫升，由于在新疆很少见这样的病，治疗经验自然也少。医院按照常规进行治疗，病人的尿崩症没有任何变化。危晴天根据自己的经验，开出了醋酸去氨加压素的药方，但是整个博州又没有这种药物，为了救治病人，医院赶紧到乌鲁木齐市有关方面联系并买回了药。危晴天给病人服下药物的当天就见效了。

经过一段时间的治疗，这位病人康复了。出院前，病人高兴地握住危晴天的手说：“你不仅稳住了我的高血压脑出血，还解除了困扰我许久的尿崩症，太感谢您了。”

危晴天在援疆工作期间，用优良技术为患者解除痛苦的事情不胜枚举。一年多来，危晴天在精河县人民医院实施开颅手术30多例。在危晴天的带、帮、教下，医院的相关手术水平大有提高，一些外科医生可以进行小脑出血等一些广泛的脑挫裂伤手术。工作之余危晴天抓紧时间对科室的年轻人进行专业培训，讲解一些脑部手术的技术要领、注意细节。在提高科室医务人员业务技术水平的同时，危晴天还对科室的一些制度和疾病治疗流程进行了完善，使之更加合理规范。

"既然来这里开展援疆工作，那我们就要做出点什么，就我而言，就是要发挥自身的技术优势和知识储备，把我的所学、所知与这里的同事分享，与这里的各族同事共同进步。"谈到对援疆工作的理解，危晴天这样说道。

比起湖北，精河县由于人少，事故也少，工作比较轻松，但是担任科室副主任，要操心的事情还是很多的。危晴天说，到精河县工作后，感觉在这里的每一天都很开心。他开玩笑地说："这是因为不用操心家里那些琐碎的事情。"

不操心家里的事情只是危晴天对旁人说的戏言，离开家的人，有哪个不牵挂家人，不思念亲人的？由于自己进疆工作，生活和工作的压力让妻子突然不能适应，妻子心律失常病倒了。作为丈夫，在新疆工作的危晴天这时候却什么也帮不上妻子，不能为她分担病痛。妻子生病期间，危晴天便经常与妻子通电话，在电话里安慰妻子，跟妻子聊在新疆的所见所闻，给妻子解闷，逗妻子开心。

再有2个多月时间，危晴天的援疆工作就要结束了，对于这一段时间的生活和工作，危晴天是这样安排的：尽最大的努力把每一天的工作做好，有机会能到乡（镇、场）讲讲课，给乡（镇、场）的各族群众进行几次义诊。

在新疆工作生活的日子不多了，说起新疆，危晴天有点恋恋不舍。他说："来新疆一年，自己坚强了许多，朋友也多了许多。在新疆的这段工作生活经历将是他一生美好的回忆。"

（2009年11月11日发表于《博尔塔拉报》）

用精湛医术 传鄂博深情

——记湖北援疆干部、温泉县人民医院急诊科医生刘联平

曹轶广

在家人眼里,刘联平是一个好儿子、好丈夫、好父亲、顶梁柱。在单位同事、朋友眼里,他业务能力强,为人直爽,是位受人尊敬的好医生。

“人到中年,接到援疆任务时,我有些犹豫。母亲听说后对我说:‘你是党员嘛!’语气那样坚定。”刘联平在《感谢我的母亲》一文中写道。“到新疆后,我每次打电话回去,她都说家里还好,叫我不要担心。”

2008年7月,刘联平参加湖北省第四批援疆干部工作队,来到万里之外的祖国边陲新疆温泉县,任县医院急诊科主治医师。

一年多的时间内,刘联平先后在急诊科和内科住院部工作。这两个科都是人手紧缺,没有高资医师。在内科,他主动要求参与日常值班倒班。在急诊科工作期间,他共接急诊病人1000多例,参加危急重症的抢救治疗100多例,夜间出诊40余次。在内科工作期间,分管病人50多例,主持抢救3次,全院会诊2次。他还注意发挥业务专长,积极组织全科医护人员学习基础理论和实践操作,主持每月1次到2次定期业务学习,帮助科室制定管理制度和常见多发病诊治规范,主动指导青年医师,让他们尽快成长起来。

2008年9月,刘联平接诊了一位哈萨克族病人。病人送来时已经处于昏迷状态,初步诊断为急性心肌梗死。这种病温泉县医院的医生护士没有太多的救治经验,有些手忙脚乱。刚刚下夜班回到住处已经入睡的刘联平,接到电话后再次赶往医院。到了医院,刘联平了解到病人家属匆匆将病人送来,没有带足医疗费,他当即决定让病人走绿色通道,先治病后交钱。凭着他多年的临床经验,及时组织指导抢救,迅速稳定了患者的病情。和刘联平一同参与抢救的医生们说,看到刘主任来了,大家像吃了定心丸,抢救病人觉得心里踏实了

许多。病人康复出院不久，携家人一同到医院感谢刘联平等救命恩人。

今年5月，一位30多岁的女患者前来就诊。她告诉刘联平自己经常浑身抽搐，多方求医一直没有得到确诊。听说湖北来的专家在县人民医院坐诊，特地来看病，希望能找到病因。刘联平通过病人对症状的叙述和体检化验结果，初步判断患者患有甲状旁腺功能减退症，这是一种少见的疾病，没有一定的临床经验很难判断，刘联平凭借扎实的功底为患者解开了谜团。通过对症治疗，患者病情得到了控制，目前恢复得很好。之后，患者家属特意到县医院当面答谢，而刘联平却说，他只是尽了一个医生应尽的职责。

温泉县是一个以牧业为主的县，很多牧民长期住在山区，每当接到牧民的求助电话，刘联平总会随救护车一同前往现场救治病人。2008年底，温泉县山区发生了一起车祸，刘联平带着救护车冒着大雪赶往事故现场。

到目的地，车刚刚停稳，刘联平和护士赶紧去看伤者，只见伤者躺在那儿，头部有几处外伤。他立即为伤者包扎伤口，检查伤势，发现伤者有很重的脑外伤，赶紧把伤者抬进救护车进行急救。

温泉县人民医院条件相对较差，看到医院护士没有计时仪器，刘联平自掏腰包1000余元为全院近50名护士配备了专门的护士表，护士们护理病人时带上护理表可以测心率、数脉搏，用起来十分方便。

刘联平年迈的父母都有病，尤其是老父亲已多次中风，今年春节再次发病，在医院重症监护室住了十几天，全家人是在医院里过的春节。儿子今年5岁，爱人没有正式工作，他一走，妻子便扛起了生活的全部重担。刘联平说，"今年春节回家，邻居告诉他，母亲小病过几次，但她怕医院同事知道后会和我联系，让我担心，就不去我们医院看病，而是到小诊所打针看病。想起母亲和身体不好的父亲，我就会担心。俗话说'不养儿不知父母恩'，如今我已为人父，懂得了父母的艰辛和期盼。"

（2009年11月13日发表于《博尔塔拉报》）

援疆医生的边疆情怀

——记湖北省援疆干部、博乐市妇幼保健院门诊部医生薛家鹏

刘　妍

在博乐市妇幼保健站门诊部工作的援疆生活已接近尾声，薛家鹏即将返鄂。在这个经济条件还相对落后的西部小城，在这个比起湖北大医院医疗设备还相对落后的门诊部，他早已留下了自己的情怀：如果有机会，我还会来博州！

湖北十堰市太和医院普外三科是薛家鹏的工作单位，该科室又叫内分泌血管外科，主要治疗甲状腺、胰腺、乳腺等病症。来到博州后，薛家鹏很快调整了各方面的不适应，进入工作状态。在博工作期间，他充分发挥专业特长，为博乐市及乡(镇、场)妇女开展健康体检。薛家鹏还被邀请去精河县等地，为当地妇女看诊、体检、讲授健康知识。

2008年11月，一名患者专程从博乐市达勒特镇找到薛家鹏，她的右侧乳腺长了个良性肿瘤，有鸽子蛋大小，很多医院建议她手术，但手术加病理检查一共需要2400余元，这笔钱虽然不多，但是对于家境不好的她却是一个沉重的负担。薛家鹏了解情况后，征得领导的同意后，在门诊为她做了肿瘤切除手术。这次手术加上后期换药总共花费了不到五百元。术后，患者数次向薛家鹏表示感谢。

薛家鹏受邀在精河县坐诊时，有一位维吾尔族老大妈来就诊。她的颈部有肿大，四处检查都说淋巴结肿大，老大妈想再找湖北来的大夫看一下。在询问病情时，大妈叙述的一个细节引起了薛家鹏的注意，大妈说自己偶尔会出现眼前一黑的现象。薛家鹏意识到，这在医学上被称作黑蒙症状，是颈动脉瘤的临床表现，颈动脉瘤与淋巴结肿大的症状相似，而淋巴结肿大一般会伴有明显的疼痛、发烧等临床表现，老年人的淋巴结肿大则没有什么明显症状，血管造

影是分辨二者区别的主要方法，如果按照淋巴结肿大仓促做手术的话，很可能会引起大出血。薛家鹏根据诊断，老大妈患的是颈动脉瘤。

类似的事情还不止一件。今年10月的一天，时值薛家鹏在博乐市贝林哈日莫墩乡卫生院坐诊，一名男子因为腹痛不止来到乡卫生院就诊。患者早饭后在棉田里拾棉花时开始腹痛的，卫生院的医生经过检查后诊断为阑尾炎。薛家鹏很谨慎，通过询问，患者先是上腹部疼痛，后整个腹部疼痛，血常规检查显示白细胞并不高，如果是阑尾炎，白细胞应该很高，薛家鹏认为除了阑尾炎外，还可能是胃穿孔。胃穿孔患者腹部平片会显示膈下游离气体，薛家鹏建议患者做腹部平片。腹部平片效果不清晰，显示有疑似膈下游离气体，薛家鹏要求患者一小时后再做一次血常规化验，这一次的化验结果为白细胞激增，远远超过了正常水平。由此判断，患者是阑尾炎，薛家鹏马上对患者进行了手术。薛家鹏这样说，“作为一个外科医生，在患者症状不典型的情况下，考虑疾病的范围要广一些，要有较高的鉴别力。”

还是今年10月的一天，在贝林哈日莫墩乡卫生院坐诊的薛家鹏接诊了一位外伤患者。一名30多岁的妇女在玉米收割时，头发随传送带被绞入收割机中，头皮被撕扯脱落。经检查，伤者右侧颞部有8厘米至9厘米的裂口，头皮下血肿，右侧颞部活动性出血，患者生命体征正常，但由于惊吓过度，患者已经说不出话。乡卫生院以前没有接触过此类情况，而这类伤情属于脑外科范畴，拖延下去，严重的出血会危及到患者的生命，怎么办？普外科出身的薛家鹏还是沉着冷静地对伤者进行了处理，在卫生院医护人员的帮助下，对伤者头皮进行清创缝合，伤口处理完毕后，再进行消炎等后续治疗。

在薛家鹏的多次建议和联系下，博乐市妇幼保健站决定引进一台液基薄层宫颈涂片细胞学检查仪，该仪器在国际上被普遍用于宫颈癌的筛查。今年十堰市党政代表团来博时，太和医院院长当即表态，要支援疆乐市妇幼保健站购买这台仪器。

薛家鹏喜欢辽阔的新疆，认为辽阔的土地能让人的心胸都跟着开阔起来。说到边疆艰苦的条件，他则觉得年轻人在艰苦的环境中锻炼是件好事。至今未婚的他，来博州最大的牵挂就是父亲的身体健康，今年2月底，在家过完年准备返回博乐时，父亲因为心肌梗死要做冠状动脉支架手术，兄弟中只有薛家鹏是学医的,他们都希望他能留下来照顾父亲,但父亲宽容地说:“工作要紧,你不按时归队是给咱们湖北援疆工作队脸上抹黑啊!我没事,家里不用你牵挂!”这件事薛家鹏到现在也没跟同期援疆的干部们说起过。薛家鹏说:“博乐是我的新家,如果有机会,我还会回来的。”

(2009年11月16日发表于《博尔塔拉报》)

心系边疆患者健康的女医生

——记湖北援疆干部、温泉县人民医院医师敖金娥

曹轶广

作为第四批湖北援疆干部温泉医疗队中唯一的女同志，敖金娥最放心不下的是她10岁的女儿杨可依。前些时间，一位好朋友给她打电话："你不在家的日子，你女儿进步非常大，学习自觉、积极，天天自己单独睡觉、收拾东西、梳头发，真了不起。"电话挂了很长时间，敖金娥的心里一直酸酸的，泪水无法控制地流个不止……

来新疆工作后，女儿变了很多，长大了，懂事了。妈妈离开以后，女儿从最初的迷茫、无助，到成长为一个自立、坚强的小女孩。敖金娥经常在电话里对女儿说："亲爱的宝贝，这段时间妈妈失职了，没有好好尽一个母亲的责任，对不起！可是，妈妈能有幸成为一名援疆干部，能有幸在祖国的新疆贡献自己的一份力量，这是妈妈的无限荣耀与责任，妈妈只有兢兢业业工作，视新疆人民为亲人，才不辜负湖北领导的重托，不辜负新疆人民的殷切希望！我相信等你长大了，你一定能理解的。你正在用你一点一滴地成长，无声地给妈妈做了一个好的榜样。"

敖金娥在湖北荆门市第一人民医院从事病理诊断工作。病理诊断是病理医生对病变标本进行疾病诊断，准确的病理诊断，对于临床医生的诊疗工作具有指导性意义，在很多疑难病例的检查中，最后定性的是病理诊断。所以，病理医生又称为"医生的医生"。到温泉县人民医院工作后，由于人员、设备的欠缺，病理工作无法开展，患者的标本病理只能送到州人民医院做。为开展病理诊断工作，敖金娥着手制定了详细的工作制度和操作规程，医院自筹资金10万元，同时争取湖北荆门市援助资金10万元，购回了一台奥林巴斯显微镜和一台莱卡切片机。有了病理设备，2008年底，温泉县人民医院正式成立了病

理科,敖金娥当仁不让地主持起病理科的工作。目前,病理工作已经走上正轨,与临床工作紧密配合,完成病理诊断300余例。

温泉县地理位置偏僻,人口少,妇科体检的医疗检查设备欠缺,针对这种现状,她主动向医院领导申请开展一项新技术——液基薄层细胞学技术(TCT),它是目前国际公认的较为先进的筛查宫颈癌的细胞学检查技术,她希望通过这项技术,能为温泉县妇女宫颈疾病的早期诊断提供先进的检查手段。她的决定得到医院领导的大力支持,并于今年4月底正式开展工作。5月初开始,来温泉县人民医院做TCT检查的病人逐渐多起来了,到5月底,每天敖金娥做病理报告至少二十余份,多时一天接诊六十余人次。到目前,敖金娥已累计整理报告千余份,发现早期宫颈癌病人20余人,为病人早期治疗争取了宝贵的时间。在下乡义诊时,敖金娥不忘主动向群众宣传早期发现宫颈病变的重要性和必要性,并认真仔细地为当地妇女做检查和诊断。

在医院,敖金娥经常会听到询问的声音:湖北女专家在吗?哪位是湖北女医生?这时候,无论敖金娥多么忙,她都会停下来,微笑地接待病人,仔细地诊断。以往,哈日布呼镇妇女有病多是到州人民医院看病,自从敖金娥来到温泉县人民医院后,许多患者都到温泉县人民医院找她看病。

今年7月的下午,一位五十岁左右的患者来温泉县人民医院,点名要找湖北的女医生看病。敖金娥是做病理诊断的,并不是临床坐诊医生,为了不让患者失望,她热情地请患者坐下,认真地听患者介绍了病情,仔细地查看了她的化验结果,一一加以解释。直到看到患者紧锁的眉头慢慢舒展,她才松了一口气,叮嘱患者以后可以随时来找她。

目前,TCT检查技术在温泉县的反响非常好,很多单位和个人都将其作为体检的一个重要项目。

在做好业务工作的同时,敖金娥始终不忘带教任务,通过讲课、疑难病例教学和基础知识培训,大大提高了病理科医生的业务水平。

敖金娥说:“选择了援疆就选择了奉献。我将把自己有限的时间融入无限的为人民服务的工作中去,争取圆满完成自己的使命。”

(2009年11月17日发表于《博尔塔拉报》)

白衣天使的爱

——记湖北省援疆医生卢金萍

张新燕

如果说天使是降临人间传播健康和爱的使者。那么,卢金萍就是降临边陲小城的白衣天使。

2008年7月底,告别江城父老,武汉大学中南医院综合医疗副主任医师卢金萍来到了边陲小城——博乐市,到州人民医院工作,开始了她的援疆生活。

今年42岁的卢金萍开朗、健谈、幽默,看起来比实际年龄小很多。

2008年8月5日,是卢金萍来博的第一个接诊日。一位68岁的患者前来就诊,她有8年高血压病史却一直未接受正规治疗,亦没有任何病历资料。卢金萍经过询问病史、体检及相关检查后,得知这位患者患有高血压、冠心病、颈部和下肢动脉粥样硬化等慢性病。卢金萍为患者制定了一份详细的长期药物治疗方案及生活方式指导计划,并认真地写在病历上。

接过卢金萍写好的病历,患者紧紧抓住卢金萍的手说:"你真是一位有爱心的好医生,谢谢你!"接着患者又请求卢金萍为她家人看病,原来她老伴因多年的高血压病导致脑血管病而偏瘫,两个儿子均患有高血压病,大儿子41岁,一年前患心梗,小儿子39岁,半年前也发生了急性心梗。

给患者一家人诊断完后,卢金萍内心不平静起来,作为一名心血管及老年病的专业医生,她感到了肩上沉甸甸的责任。患者一家人没有任何关于高血压和冠心病方面的保健知识,更没有按时用药,甚至连一份病历资料都没有保存。从那一刻起,关于边疆地区高血压病、冠心病、血脂紊乱、糖尿病等代谢综合征(MS)的健康教育责任已牢牢地刻在卢金萍的心里。

2008年11月中旬,一位生命危在旦夕的患者转院到了内一科,病人患有多种疾病,身体情况较差,经检查确诊为亚急性感染性心内膜炎。这是一种非常严重的感染性疾病,治疗周期长、难度大、费用高。针对病情,卢金萍和内一科的医生对患者病种进行了细菌培养及药敏试验,随后根据结果对症下药,以最低的费用控制感染和心衰。病人出院时,卢金萍还为患者购买了价格较为低廉的长效药,叮嘱老人要按时服药。十几天的相处,患者已把卢金萍当成了自己的亲人,临走时还请卢医生到他家去做客。

如果说当医生有什么遗憾的话,那就是作为一名心血管医生,卢金萍不能亲自上手术台,为病人做心脏介入手术。十几年前,她为病人做手术时被射线辐射,白细胞低于正常值,到现在都没有恢复。卢金萍援疆后的最大感触是,医生的使命感在这里进一步被强化。通过近一年的坐诊,她发现代谢综合征(MS)正严重威胁着博州广大干部群众的健康与生命。MS是以胰岛素抵抗为基础,高血压、血脂代谢紊乱、空腹血糖增高和向心性肥胖等为特征的一种多种异常聚集存在状态,代表着一系列心脑血管疾病危险因子的集合,是心脑血管疾病发生的重要危险因素。

她统计了一下,2009年3月至5月,州人民医院心内科共收治新发急性心肌梗死病人26例,因严重并发症死亡7人,收治陈旧性心肌梗死并心力衰竭或心律失常17例。期内,急诊科接诊猝死病人推测死亡原因为心脑血管疾病者5人,年龄在45—75岁。

这些数据让卢金萍很担忧,她花了几个晚上做了一套课件,先后去州妇联、党校、边防站等单位做健康讲座,内容涉及健康新理念、高血压的治疗与自我保健、糖尿病饮食与家庭保健、厨房里的营养学、徒手心肺复苏等。

离博的日子不远了,卢金萍打算在全州开展高血压、冠心病卫生宣传教育和义诊工作,开办健康知识讲座。如果能得到相关部门的支持,她希望能对博州进行MS的现况调查、健康知识宣教和基层医护人员培训,真正了解MS的流行特征和致病相关因素,提出积极的有针对性的预防和治疗措施,从而降低心脑血管疾病发病率和病死率。目前,她正在完善各套课件,并针对不同的人群制作了多个版本。卢金萍要把这些课件作为离开博乐时的礼物赠送给博州各族人民。

(2009年11月18日发表于《博尔塔拉报》)

有一种真情叫奉献
——记湖北援疆干部李顺杰

刘　妍

李顺杰很忙。

案头堆积着各式项目施工方案等待审批，不时会有电话打来找他询问项目审批的情况，各项目负责人也会不请自来地找他了解进度。案头上的日程表提醒他晚上要跟一个外地赶来的项目负责人见面，第二天早10点还要参加一个博乐市城建规划汇报会议。在他这里，加班加点是正常的。看着他沉着老练地处理着这一切，很难让人相信，这是一个才参加工作4年、典型的“80后”。

今年刚满26岁的李顺杰，来自湖北省十堰市规划设计院，毕业于南京林业大学城市规划专业，是援疆干部中年纪最小的。援疆前的他主要搞设计，来到博乐市规划局技术审查科后，主要负责项目审批。刚从专攻设计到搞管理之初，李顺杰很不适应：“以往的工作我只需要专心做好设计，工作相对单纯，来疆工作后，要跟很多的人很多的单位打交道，我的性格比较内向，所以整整用了半年的时间才调整过来。”李顺杰这样说。

项目审批被李顺杰笑称是“得罪人的活”，讲原则的他也确实得罪了不少人。博乐市乌图布拉格镇某项目的设计方案报到李顺杰的案头，因为所带的相关资料不齐全，李顺杰在退回方案时，当面告诉跑项目的工作人员需要什么样的资料，可是这个方案第二次报上来时资料依然不全，李顺杰又一次退回方案。项目负责人看到第二次报送的方案又被退回生气极了，认为李顺杰是故意为难他，打电话给他“理论”。李顺杰耐心解释方案退回的原因，并把所需提供的资料目录又一次告知对方，可对方还是不依不饶。李顺杰委屈极了：“自己是来援疆的，因为讲原则得罪人还给别人和自己添堵，难道是我做错了吗？”

最终李顺杰想明白了,做事要凭自己的良心,讲原则是自己的职业道德,也是为了城市规划的长远利益,自己没有做错!

“项目审批主要看手续是否齐全,设计方案是否合理,项目的来龙去脉、立项的相关手续、方案是否符合城市规划。”李顺杰这样介绍他的工作。

博乐市达勒特镇卫生院要修建一座新的门诊楼,原本的住院楼与发热门诊呈直角,报上来的建设方案是在住院楼的正对面修建新的门诊楼,这样就形成了一个半包围的形状。方案在送交李顺杰审批时,李顺杰发现了问题,半包围的形状并不利于通风,按照报上来的方案,新建的门诊楼与旁边的一座建筑之间的防火间距只有3米,按规定,建筑物之间的防火间距最低要达到6米,而在住院楼的后方有大片的空地。李顺杰建议,将门诊楼建在这片空地上。最终施工方采纳了他的建议。

博乐市南城区要建一个汽车检测中心。中心负责人报上来的设计方案中只有一栋楼。李顺杰找到这位负责人,告诉他应当考虑全面,一个汽车检测中心不只需要一栋办公楼,随着业务的增加在不久的将来厂房面积还要扩大,如果每新建一个项目就要审批一次的话,会无端增加很多的工作量。这位负责人在李顺杰的启发下,思路豁然开朗,对自己的企业进行了远期规划后,重新做出了设计方案。

李顺杰这样说:“我们的工作其实蛮繁杂的,除了开发建房这样的大项目,百姓建房、路边广告牌的设计、埋管网,等等,都是我们规划审批的范围,我们要从城市长远发展进行最合理的规划设计。”

在博工作的一年多时间里,李顺杰最大的感受就是忙,他所在的规划局是从原来的城建局分离出来的,人手短缺,专业人才就更少了,为了弥补这个缺憾,李顺杰先后带了几个“徒弟”,但因为编制等原因,往往对工作刚刚上手,“徒弟”就考上公务员离开规划局了,说到这一点,李顺杰笑得有些无奈。

李顺杰这样总结自己的援疆工作:“这是一段对我的人生具有深远影响的经历,城市规划不是一个可以短期见到成效的工作,成就感也没有做设计那么大,我只能尽自己最大的努力做好,在祖国的大西北建设中留下我的脚印,这就是我最大的成就!”

(2009年11月19日发表于《博尔塔拉报》)

我想你了

徐金传

相隔八千里,分别已半年,我想你了。想你柔柔的长发轻拂我的脸颊;想你莺莺细语抚慰我的心伤。这么多年,我们风风雨雨,你总是默默等候,岁月的沧桑不觉中写在你的脸上,我们搀扶着走了一年又一年。

下雪的日子里,我想你了。想你陪我在雪中嬉闹,追赶远逝的童年;花开的季节,我想你了,想你陪我看那山花烂漫,寻找最美的春天;寂静的夜里,我想你了,想你陪我走在林荫小道听那树叶沙沙地响,想你陪我去看海,看那海风卷起的浪花拍打海岸,看那幸福的鱼儿自由地游荡;想让你陪我去看草原,看那骏马在草原上奔腾,看那欢乐的鸟儿高高地飞翔。

想你的夜里,我忍住眼泪却止不住悲伤,红颜易老,多想你青春常驻。没有你的日子,我忍受寂寞孤独,告诫自己坚强,分别不是永久,未来就是希望。

我蹚过博尔塔拉河,穿越艾比湖的胡杨林,走过克拉玛依的白碱滩,我想你了,想和你体会岁月的苍凉;我流连赛里木湖,漫步那拉提草原,在边防哨卡远眺异国他乡,我想你了,想和你分享让我心动的美丽。

吐鲁番的葡萄熟了,我安静地走过;达坂城的姑娘来了,我远远欣赏。你在我心中,没有人替代。

我没有你想象中那么坚强,也会在睡梦里哭泣悲伤;我没有你期望的那份细腻,常常忘记你的感受,让你失望。

我常常四处奔波,让你独守空房,为大家舍小家,你不断地鼓励我,让我安心工作在祖国边疆。

曾经对你许诺,让这份爱情如松柏常青,期待这份爱情永恒。好希望让这颗疲惫的心不再漂泊,享受属于你我的世界。你也会想着我静静地坐在家中的老椅子上,喝一杯清茶,体会一份宁静的小憩吗?

汽车奔驰在广袤的原野,感觉是在飞翔。我想带你去飞翔,带你踏遍世界的山山水水。写下这份最真情感的时候,我又开始想你了……

(2010年10月1日发表于《博尔塔拉报》)

援疆无悔　情系边疆

——记湖北援疆干部、州财政局党组成员、副局长吴尔军

陈瑞滨

自从报名参加援疆工作，他就做好了舍小家、顾大家的思想准备，坚定了努力为博州发展做贡献、为湖北人民争光的理念，他就是2008年7月从湖北省财政厅到博州财政局开展对口支援工作的州财政局党组成员、副局长吴尔军。

谈起初到博州时的情景，吴尔军感触颇深，刚到博乐的第一天，他去商店买东西。

“您是湖北来的援疆干部？”商店老板询问他。

“是啊，你怎么知道？”吴尔军说。

商店老板说：“听你的口音就知道了，感觉很亲切！这些年，湖北省为博州发展做出了很多贡献，我们很感谢援疆干部。”

听到这番话吴尔军内心久久不能平静，“多年来，随着湖北援疆工作的深入开展，两地间的交流也日益频繁，这不仅体现在湖北给予博州发展所需的资金、技术等方面的支持上，更体现在两地人才的交流上，使这里的人们对湖北人特别是湖北援疆干部印象深刻，同时也让越来越多的湖北人了解了博州。正是这种交流，加深了两地人民之间的感情，使我们能够较快地融入这种融洽的环境氛围中，更好地开展工作。”吴尔军深有体会地说。这虽然是件很小的事情，却让吴尔军感触很深，直到现在仍记忆犹新。

谈到吴尔军的工作，周围的人都用认真负责、踏实肯干来形容他。在财政局两年多的时间里，为全面提升我州财政干部队伍的整体素质，充分利用湖北省财政厅对口支持这个平台，吴尔军通过部门预算安排55.2万元资金，组织86名博州财政系统干部分2批到湖北培训学习，增长了博州财政干部，尤其是基层财政干部的见识，开阔了眼界。通过吴尔军的努力，计划安排培训资金

27.6万元,原定于2011年4月举办的第六期培训班将提前至今年10月9日至11月9日举办,再一次为博州财政干部提供了极好的学习提高的条件。

援疆两年多来,吴尔军用先进的工作理念、科学的工作方法、严谨的工作态度带动和影响了我州一批财政干部,推动了财政管理和改革工作的有序进行,为促进我州财政经济发展和社会稳定做出了积极的贡献。

吴尔军在财政局担任党总支第二支部书记职务期间,通过和支委一班人及全体党员、干部的共同努力,打开了工作新局面,取得了工作新业绩。切实为共建村办实事、办好事,投入37万元资金,帮助共建村完成了3条巷道1200米的路面砂石化任务,并改造了自来水设备;投入12万元为共建村新建了4座暖圈和2座蔬菜大棚;投入资金3000元,改善了村委会办公条件。积极组织党员干部捐赠资金3000余元,开展对共建村"三老人员"及困难群众节日慰问活动;积极组织党员干部参加集体劳动,帮助困难家庭锄草、抢收玉米,解决了群众的燃眉之急。

吴尔军在认真做好分管业务工作的同时,积极向湖北省财政厅争取援疆资金。在吴尔军同志的努力下,湖北省财政厅已累计向博州财政局无偿援助资金330万元,极大地改善了我州财政系统办公条件,优化了工作环境,提高了办事效益。吴尔军也曾多次主动到自治区财政厅汇报请示,争取到了146万元的资金支持,及时用于我州教育、科学、文化事业。

吴尔军突出的个人表现,得到了社会各界的认同,他所分管的工作先后荣获自治州党建工作支部评比总分第一名、自治区财政厅财政会计综合培训工作一等奖、全疆少儿珠心算比赛B组一等奖和C组二等奖等8项殊荣,他本人也在2009年度被评为自治州优秀公务员。

成绩的获得离不开组织的关心和培养,离不开个人辛勤的付出,更离不开家人在背后给予的默默支持。

当谈到他的家人时,吴尔军说:"离开湖北两年多的时间里,感觉对家庭亏欠得太多。"说到这里,吴尔军眼睛被泪水浸润了。

援疆前,他是家里的顶梁柱,家里家外的事情都是他一个人来操持,当他选择援疆时,孩子中考刚结束,他却无法陪伴孩子度过高中阶段,不能尽到做父亲的责任;家中母亲已经年迈,吴尔军本应留在母亲身边悉心照顾,却不得不托给弟弟妹妹照顾，没有尽到做儿子的责任；当爱人生病时，不能在身边照顾，没有尽到做丈夫的责任。

怀着对家人的愧疚，吴尔军深情地说："边疆的人民一直以来为祖国屯垦戍边，作出了巨大的贡献，相比之下，我现在援疆只是一种回报。"

援疆两年多来，吴尔军始终以对口支援工作作为重要的政治任务和神圣的历史使命，始终站在树立良好财政形象、坚定不移促进博州经济社会快速健康发展的政治高度，时时做榜样，处处做表率，认真学习，勤勉工作，用实际行动完成了党赋予的神圣使命和深切嘱托，为博州发展做出了实实在在的贡献。

吴尔军这样动情地说："在博州的时候我就是博州的湖北人，回到湖北后我就是湖北的博州人。我会永远铭记淳朴、热情的博州各族群众。"

（2010 年 10 月 14 日发表于《博尔塔拉报》）

用责任与行动诠释援疆情

——记湖北省援疆干部、温泉县党委常委秦世华

周　磊

“能够来援疆,我非常自豪,为边疆人民服务是每一个援疆干部的职责。”朴实的话语透露出一位荆楚汉子的信心和责任。他就是湖北省援疆干部、温泉县党委常委秦世华。

对于温泉,秦世华总是自豪地说,温泉的矿产资源十分丰富,有着得天独厚的旅游资源和优质的农产品资源。温泉的经济发展势头非常好,前景十分广阔!

没有经过多次调研、考察,没有对当地经济有足够的认识和了解,秦世华是不可能说出这番话。

2008年7月底,秦世华率领第四批7名援疆工作队员,肩负着湖北省委、省政府的重托和家乡人民的厚望,来温泉县开始了充满挑战的援疆工作。根据工作分工,秦世华主要负责温泉县工业经济、招商引资和安全生产工作,分管经济,主管新工办。

为了能尽快进入工作角色,来到温泉的第二天,他便率领分管部门干部翻山越岭,来到了海拔3000多米的金江矿业进行调研。为了掌握第一手资料,他带领分管部门干部步行十几里来到矿业生产现场。中午,在金江矿业调研结束后,为了不给公司添麻烦和节省时间,他就和工作人员在路边喝矿泉水啃干馕,接着又继续赶往玉友矿业。

2009年6月,秦世华和县领导一同到天亚铅锌矿施工现场了解生产进度和安全生产情况,这个季节全疆各地已是花繁叶茂,山清水秀,但在海拔4200米的矿山上,却是白雪皑皑,疾风呼啸,温度降到了零下15℃。到矿场的路蜿蜒崎岖,只能步行。秦世华带头踏着厚厚的积雪奋力前行,一不小心滑倒,左

手的4个手指被锋利的石块划破，鲜血染红了白雪，同行的工作人员为他进行了简单包扎后，又继续工作，直到深夜凌晨1点才回到县城，至今他的左手还留着明显的疤痕。

两年多来，秦世华到温泉县各个工业企业、矿业集团不下百余次，当地干部没去过的山他去过，没有下过的矿井他下过，无论是海拔4000多米的高山，还是山崖河谷，不知磨破了多少双鞋，车子爆了多少次轮胎。两年多的时间，千余次地驻足，温泉的山山水水、角角落落都留下了这位荆楚汉子的身影。

由于长期在高海拔地区工作，他的血糖、血脂较之从前一路上升。今年春节回鄂，病倒在床，治疗了一个多月时间才有所好转。

通过艰苦的实地考察，他发现，温泉县的矿产资源十分丰富，只是这里的工业基础比较薄弱，只要予以扶持和正确的引导，发展前景十分广阔。这里有优质的农副产品资源，独特的旅游资源，优越的边贸区位优势，这些都是其他省市少有的，有很好的发展空间。他决定，必须在有限的援疆时间里，引进疆内外有实力的企业在温泉投资兴业，推进温泉县新型工业化的发展，这样既可以带动第三产业的发展，增加地方财政收入，实现富民强县目标，又可以拓宽当地就业渠道。他认为，抓农业固然重要，但帮助农牧民摆脱贫困的主要途径还是要靠引进一些龙头企业落户温泉，发展工业经济。

于是，更加艰苦的工作摆在了他的面前。如何吸引大型企业来温投资兴业，怎样才能留住他们，并且起到良好的带动作用是他一直在思考的问题。

秦世华是个敢想敢干的人，他要把湖北先进的管理经验和做法带到温泉来。他结合温泉实际，牵头召集有关部门，认真研究招商引资政策和奖励办法，制定了《温泉县招商引资奖励暂行办法》《矿业项目招商指南》《旅游项目册》《招商引资项目册》等。为了强化责任，严格管理，与经济部门领导干部每年签订《温泉县重点工业项目目标管理责任书》，实行领导干部“三包”。与此同时，积极组织做好“乌洽会”“西洽会”“厦投会”“西博会”“旅游推介会”洽谈和宣传工作，主动接洽来温考察的疆内外客商，争取有意向的项目资金落地温泉。实践证明他的决策是正确的，一系列举措取得了明显效果：2009年招商引资工业新建项目9个，完成全年目标任务的115%；2010年引资项目更是喜人，一批大企业大项目落户温泉，为今后的发展打下了坚实的基础。

如今,已有7家金属矿和4家非金属矿落户温泉,6家农副产品加工企业在生产或建设中。华阳日处理1000吨铜铁选厂于9月15日竣工投产;顺凯达5000吨铜钼选厂设备安装结束,明年可投入生产;喇嘛苏5000吨铜场明年可建成;华通矿业投资2.6亿元年产120万吨氧化钙加工项目今年9月16日开工建设,是近年来湖北客商在博投资的最大项目;冷水鱼、马铃薯首次实现出口创汇;2009年全县完成工业增加值同比增长26.8%;2008年、2009年温泉县连续两年被自治州党委、政府评为"新型工业化先进集体"……这一串串不断跳动的数字,无不凝聚着秦世华同志的心血。

提起秦世华,不但领导干部交口称赞,当地的农牧民更是竖起大拇指称赞。2008年,一到温泉,他就主动结对帮扶了2名哈萨克族贫困学生,资助他们3年的学习费用,为这两个家庭解决实际困难。被他资助的哈萨克族姑娘小古丽亲切地称他"秦爸爸"。秦世华还号召温泉县援疆干部和医生每人帮扶1—2名贫困生,2年多来,有11名贫困生得到了援疆干部的资助,资助金额达1万多元。

来自昆得仑牧场的特困户赵志强提起秦世华就忍不住热泪盈眶,"没有秦常委,就没有我的今天"。赵志强因双腿静脉曲张十余年没有得到治疗造成肌肉坏死,双腿面临截肢,巨额的医疗费用对于这个特困家庭无异于天文数字,赵志强只能躺在病榻上苦熬,境地十分凄惨。秦世华得知这一消息后,当即和另2名援疆干部组织援疆医生到赵志强家中为他会诊,通过会诊决定立即送往县医院治疗。赵志强无奈地说:"我没钱治病,去医院也解决不了问题呀。"因为病情拖得太久,治疗难度加大,光医药费就需十几万元,为了解除赵志强的后顾之忧,秦世华和董方平(援疆干部)召集民政、社保、卫生等部门进行协商,并与湖北方面争取,协调解决治疗费用9.9万元,同时他还带领援疆干部每人捐款1000元,为赵志强送上了"救命钱"。目前,经治疗,赵志强的身体恢复情况良好。

两年来,秦世华为群众解决困难、办好事百余件,深受群众的好评。

(2010年10月15日发表于《博尔塔拉报》)

用爱与智慧援疆

——记湖北援疆干部、博乐市副市长雷华

曹铁广

一位是维吾尔族中学生，一位是博乐市副市长，他们因为中央对口援疆工作结下了不解之缘。提起湖北省天门市援疆干部、博乐市副市长雷华，博乐市第七中学贫困生哈里·木拉提的言语里充满了感激之情，因为短短2年时间里，雷副市长为他捐助了2500元学杂费。哈里·木拉提说，正是因为有了雷副市长的爱心帮助，自己才能上得起学。

怀着一颗对边疆人民的拳拳之心，2008年8月，雷华从湖北天门市来到博乐市，并将满腔的爱投入到这片热土中。雷华说："来新疆工作后，我与哈里·木拉提结成了帮扶对子，帮助他解决生活困难。他家是单亲家庭，母亲身体不好，除了供哈里·木拉提上学，还要供妹妹上学，生活负担重。"

为了尽快开展好工作，雷华进行了大量的调研、考察。通过深入调查了解，雷华拟定了详尽的援疆工作计划。雷华分管交通、旅游、工商、质监等部门工作外，他将更多的精力投入到加快博乐市的经济发展中去。一批教育建设项目投入使用，都饱含着他的汗水和智慧。博乐市七中学生食堂和宿舍综合楼是天门市的援建项目，援助资金180万元。这个项目2009年开始建设，当年9月投入使用。在湖北重点援疆工程华师大一附中博乐分校的建设中，雷华负责食堂项目建设，他每天都会到工地督导工程进度，并积极参加解决工程建设中的矛盾，确保工程按期保质交付使用。

近两年，博乐市公路建设力度不断加大，为了抓好S205线、西环线等大型建设项目的协调、筹备工作，作为分管领导的雷华尽心尽责，既便是节假日时间，也要到一线实地查看工程进度，协调解决问题。2009年，博乐完成重要农村公路项目33.127公里，一般农村公路115.509公里，通村油路96公里，通达

公路19公里。投资42万元对212.3公里农村公路进行了养护,这些成绩的取得无不饱含着他的心血。

今年夏粮收购前后,雷华坚持和发改委粮食部门的同志一道深入收购现场,确保粮食收购惠农政策的落实,粮农的利益得到了保障。新型农村社会养老保险作为全疆13个试点单位,雷华全力协助市长开展此项工作,试点工作启动早,宣传力度大,参保率高,政策落实到位。

虽说雷华在博乐市任职只有两年多的时间,但不论是他分管的工作,还是其他政府工作,他都能建言献策,供班子其他成员参考。例如他撰写的调查报告《打造新型边贸旅游城,大力发展第三产业》等建议都被博乐市政府采纳并以文件、批复等形式予以执行。

作为一名援疆干部,雷华既是援助方的一名工作代表,又是受援方的一名宣传员,起着联系双方的纽带作用。两年多来,天门市和博乐市的党政代表团实现了6次互访活动,有力地促进了两地之间的交往,对宣传博乐市起到了很好的作用。两年的援疆工作很快就要过去了,雷华说他经常有一种时不我待的感觉,总感觉到还有很多工作没有做完。雷华说:"新一轮的援疆工作已拉开,我对倾注了深厚感情的博乐,寄予无限的希望和祝福。相信新一轮的对口援疆工作会让博乐市发展得更好。"

(2010年10月18日发表于《博尔塔拉报》)

青春无悔　爱撒边疆

——记湖北省援疆干部、博州卫生间副局长余焱明

胡边江

2008年7月，余焱明从汉水之滨的繁华都市武汉来到西北边陲的博尔塔拉，就任博州卫生局副局长。援疆期间，他以支援新疆、建设博州为己任，勤奋工作，搭建鄂博两地卫生事业合作与交流的平台，忠实地履行了一名援疆干部的职责与使命，为博州卫生事业的快速发展，倾注了大量心血。

到博州后，余焱明立刻全身心地投入“医院管理年”“医疗百日安全”和“医疗质量万里行”等活动中，2008年10月，在他的努力下，湖北省卫生厅下发了《湖北省对口支援疆州卫生工作实施方案》，列出了三年援疆“清单”，明确了人员培训、建立对口支援疆州乡镇卫生院医疗设备援助和向博州卫生局援助资金等内容，为卫生援疆奠定了扎实基础。

在博州卫生局，余焱明主要分管医政管理、医学学会、纠风、安全生产、环保等工作，工作繁杂而责任重大，但他不怕辛劳，勇挑重担。在湖北时，余焱明先后从事过卫生管理、经营管理、经济管理、项目管理、行政管理及财务管理工作，丰富先进的管理经验和长期积累的理论基础，使他能够迅速打开援疆工作局面。2008年以来，博州“医院管理年”“医疗百日安全”“医疗质量万里行”活动扎实开展，医疗市场秩序逐步规范，医疗质量安全持续改进，确保了各族群众就医安全。在实际工作中，他坚持服从服务大局，自加压力，善于带领和团结分管科室的同志，将医学学会管理工作与医疗纠纷及医疗事故调处工作相结合，充分发挥学会组织的中立性，积极组织医疗纠纷的现场调查和医疗事故鉴定工作，有效处置和化解医患纠纷，维护了正常医疗秩序。

2009年10月，余焱明回湖北联系援疆事宜时胆囊炎复发，于是在当地医院做了胆囊摘除手术，在还没有完全痊愈的情况下，他很快返回博州继续

工作。

作为援疆卫生分队领队,余焱明加强队伍管理,随时与队员保持密切的联系,及时协调解决队员们工作、生活中遇到的困难和问题,使队员们能够安心工作,充分发挥专家的“传、帮、带”作用,卫生援疆工作取得了明显成效。工作之余,余焱明还组织带领援疆医疗人员,深入农、牧区开展义诊,为贫困农、牧民送医送药,并先后为博州困难群众及贫困学生助学捐款1700余元。

两年多来,余焱明积极做好卫生援疆协调工作,保证工作有序推进,实现了卫生援疆工作由“部门对部门”到由“系统对系统”的历史性突破。2009—2010年全州共选派140余名卫生专业技术人员和管理人员赴湖北进修培训,有效地提升了博州卫生队伍整体水平。

“能为博州的卫生事业做些事,是我感到最自豪的事!”余焱明说。自2008年以来,湖北省卫生厅已先后援疆资金500万元,是历批卫生援疆资金中最多的一次。湖北省卫生厅援助白内障复明项目顺利实施,2009年8月4名湖北眼科专家赴博州为103名贫困白内障患者免费实施了白内障复明手术;2009年湖北省卫生厅向博州3家医疗机构捐赠3辆救护车,向州蒙医院捐赠1台X光机;创造性地开展湖北15个市州卫生系统对口支援疆州19个乡镇卫生院建设项目工作,湖北省疾控中心、卫生监督局、医院、妇幼保健、血液中心、“120”急救中心等机构均与博州相关机构签订了长期对口支援协议,建立起长期对口支援关系。

为争取项目资金,促进鄂博卫生系统交流,他一趟趟在鄂博两地之间奔忙,汗水和心血换来的是更加深厚的鄂博情谊,也印证了余焱明心系边疆各族人民的款款真情。

回顾两年多来的工作,他没有为取得的成绩而自喜,而将其归功于集体领导和班子、同志的信任和支持,归功于鄂博两地各级领导对援疆工作的关怀。青春无悔,爱洒边疆。余焱明说,他相信在这片充满希望的青色草原上,鄂博两地的友谊之花将越开越美、越开越艳……

(2010年10月22日发表于《博尔塔拉报》)

谱写人生奉献之歌

——记湖北援疆干部、州中等职业技术学校教师杨文平

塔　娜

两年前他怀着满腔的热情，带着湖北援疆的使命，来到西部边陲博尔塔拉，谱写着一曲人生奉献之歌。他就是援疆干部、州技工学校教师杨文平。

杨文平老师来自湖北轻工职业技术学院，该校是中国与联邦德国汉斯—赛德尔基金会合作建立的全国唯一的一所啤酒酿造专业学校。杨文平在学校主要负责教授电工课程。

未来博乐之前，有位同事与他开玩笑说："这次援疆，上面派你去。"起初杨文平以为是同事在调侃，微笑着说道："去，当然要去。"第二天，他真的接到了援疆工作的通知。当时，杨文平70多岁的母亲还在医院住院，需要他的关心和照顾，可他并没有拒绝援疆工作，深知这是为职业教育贡献力量、实现人生价值的时刻，他欣然接受了。他说，忠孝不能两全，选择来博州，无怨无悔。

2008年7月，杨文平来到州技工学校后，正赶上自治区对博州第二职业鉴定所工作验收，他积极协助培训科将各种资料重新整理、归类，编写目录。最终学校以良好的成绩通过了自治区的检查、验收。

2006年博州技工学校申办博州中等职业技术学校（中专），而2008年正赶上两年一次的评估，由于学校师资有限，教学实践的资料不够齐全，杨老师积极投入到中专实验评估达标的工作中。他根据自己的专业特长，编写了100多个实验内容，最终学校获得了疆内同等院校第四名的好成绩。

在教学工作中，杨老师承担了6个班的电工学、电工基础、电工基础与测量等课程的实践教学工作。针对学生理论基础比较弱、实验动手能力不强的情况，他利用课余时间，义务承担了学生课外兴趣小组活动的指导工作。课外兴趣小组的活动对于学生尽快掌握理论知识，适应学习环境、完成学业有很大

的帮助。后来,学生们和杨文平成为了朋友,相互之间建立起真挚的师生情。

在工作中,他完成学校领导交办的各项培训对接任务。今年7月下旬至9月下旬,他通过和湖北轻工职业技术学院沟通与协调,促成了州中等职业技术学校3名教师参加全国重点师资培训基地的培训,并为每名教师减免了1万元的费用。他还圆满完成了电工学、电工基础、电工基础与测量3门课程的实验指导书的编写工作。

实训中心的张树军主任说:"杨老师是一名'双师型'教师,既讲理论课,又指导学生实验。他还指导年轻教师教学,组织公开课,提高了教育教学水平。他一人身兼数职,担任电工、电子工艺焊接实训室的管理员,还和大家一起出谋划策,按照企业用工需求,进行师资培训,在人事管理上提出了中肯的建议。他是一个值得称赞的优秀教师。"

杨文平老师此次援疆给学校留下了一支带不走的队伍,他传授的是来自湖北这个教育大省的教育教学理念。他与学校各民族教职工互动交流,增进了彼此间的情谊,也为学校的教学工作不遗余力地奉献了自己的经验、热情。

杨文平老师谈到在博州的日子时,直率地说道:"假如再让我干上三年我也愿意!"

(2010年10月25日发表于《博尔塔拉报》)

"援疆是我的心愿"

——记湖北援疆干部、精河县委常委项国兴

曹轶广　杨志勤

2008年7月底,带着对家人的眷恋,带着湖北各级党委、政府以及家乡父老乡亲的关心和支持,项国兴踏上了精河这片热土,开始了他的援疆之路。

项国兴家中上有老下有小,妻子没有正式工作,而且经常患病,女儿正上中学,正是需要加强教育引导的时期,就在来精河县不久,他的母亲病情复发住院治疗,家人三番五次催他回家看看。然而当时项国兴来疆还不到两个月,回去如何面对组织?如何面对新疆的乡亲、家乡的父老?他不愿自己的援疆工作半途而废,毅然选择了留下。他深知,自己是一名党员干部,作为本地的援疆工作领队,要当好标兵做好表率,树立起良好的援疆干部形象。

上任伊始,项国兴了解到全县工业经济起步较晚,当时全县企业只有20余家、工业总产值和增加值两项分别只有2.67亿元和6607万元。他深深地感到加快工业经济发展、增加产值已成为摆在自己面前的一项非常紧迫的工作。通过深入细致的调研,根据以往的工作经验,他积极向县委、县政府谏言,制定出台了《精河县关于进一步加快推进新型工业化发展的若干意见》《精河县优化投资软环境的办法》《精河县招商引资有功人员奖励暂行办法》等一批规范性文件,有效改善了全县工业经济发展环境。一系列政策的出台使精河县在重大项目引进、骨干企业培育上取得了新的突破,招商引资工作成效显著。两年多来,协助县委、县政府接洽招商项目60个,落实到位资金6.2亿元,平均年递增60%以上,使全县工业经济步入了持续快速发展的快车道。截至目前,全县各类工业企业已发展到近40家;2009年,全县工业总产值达到2.8亿元,工业增加值达到1.2亿元。

枸杞虽然是精河农业的支柱产业,但是发展潜力和空间远未发挥出来,要解决的问题还很多。项国兴深深地感到自己责任重大,他深入枸杞种植基地、交易批发市场、精深加工车间,一连两个月不停地开展细致的调研工作,形成了一份高质量的《精河县枸杞产业发展调研报告》。在他的推动下,县委、县政府出台了关于进一步推进枸杞产业发展的若干建议,调整充实了精河县枸杞产业化领导小组,成立了枸杞市场管理办公室,改选了新一届精河枸杞协会,为全县枸杞产业的发展奠定了坚实的组织保障。提出了"提升基地、搞活流通、壮大龙头、创响品牌"的枸杞产业发展思路及"用三至五年赶超宁夏"的奋斗目标。经过近两年多的努力,全县枸杞基地面积突破11万亩,新增5万余亩,枸杞产业得到了快速发展壮大。2009年,枸杞总产值达到2.8亿元,占全县农业总产值的36.5%;2010年枸杞总产值预计超过4亿元。

精河枸杞产业的发展,引起了上级党委、政府的高度关注,已将精河枸杞作为红色产业的重要品牌推广发展。就此,一些媒体多次就枸杞发展专访了项国兴,并对他为推进精河枸杞产业发展做出的贡献做了专题报道。同时,精河枸杞品质的提高,吸引了日本、文莱、新加坡、马来西亚等多个国家及中国台湾地区的客商前来考察,并建立了合作关系,精河枸杞已开始走向世界。

2009年,当项国兴了解到茫丁乡维吾尔族妇女热依汉的丈夫去世多年,她本人因患脊椎压迫神经性疾病,长期卧病在床不能参加工作和劳动,且有一个未成年的女儿,家里没有经济来源,生活一直靠国家救济的情形后,他马上带领湖北省第四批援疆工作队精河分队援疆医生,登门了解情况并开展义诊,捐助生活费5000余元,通过有效治疗,热依汉已能下地行走。作为湖北省第四批援疆工作队精河分队领队的他还表示,将继续对热依汉实施帮扶,直至完全康复。截至目前,在项国兴的带领下,共对7名贫困优秀学生和1户维吾尔族特困户结成长期帮扶对子;开展各类献爱心活动,捐款捐物近1万元,受到社会广泛好评。

开展第四批援疆工作以来,项国兴共争取各类项目资金530万元。在他的积极联系和协调下,两地组团交往不断拓展延伸,双方组团互访达20多次、200余人,精河县党政干部、专业技术人员到湖北省挂职培训56人次,完成项目建设3个，极大地改善了精河县的医疗和教育环境，两地教育、卫生、经贸、政法等系统的对接合作交流已实现常态化。

"新疆，在我心目中是一个既神秘又神奇的地方，援疆是我的心愿，能为边疆建设做一点事，是我最高兴的事，也是我最值得自豪和欣慰的事，若要我再次选择，我还会选择援疆！"这就是项国兴的不悔选择和人生追求！

（2010年10月26日发表于《博尔塔拉报》）

留住博州的每个精彩镜头

——记湖北援疆干部、州广播电视局党组成员、副局长黄海

陈瑞滨

“两年多的援疆之路是一条开阔视野、历练人生的自我提升之路”。湖北省广电总台总编室副主任黄海这样诠释自己的援疆经历。

黄海在湖北广电总台时从事一线工作，来到博州后把最新的电视传播理念带给博州广电系统的工作者。

2009年11月底，全州广电系统开设由黄海主讲的培训班。临近开课，黄海因为工作劳累，患病住院治疗。州广电局领导得知黄海身体还未康复，打算取消培训课程，让黄海好好养病，但是，黄海边吃药边准备课程，连续讲了两天课。

“这次培训的内容正中要点，正是我们工作所需要的现代传媒新观念。”接受了这次培训的博乐市电视台的工作人员鞠新军说。

两年多来，黄海先后为全州广电系统授课共计达40多课时，系统地为博州广电系统的编辑、记者、摄像师讲授了摄像、剪辑、新闻节目及专题节目制作知识。黄海说：“我每次讲课都是根据听课对象的不同，准备不同的讲授内容，让他们接受比较系统的培训，快速提高制作水平。”

在业务工作中，黄海负责策划《经济周刊》《社会聚焦》《农牧天地》三个专题栏目，对于重点选题都是他亲自改稿。2008年8月拍摄专题片《新“牧民”肯扎》是黄海首次负责策划拍摄的专题片。在拍摄这部专题片时，为了能拍摄到肯扎在太阳刚升起时采摘棉花的镜头，黄海和拍摄组成员在凌晨4点左右就到了肯扎家中。日出前的牧区气温比较低，黄海只能在院子里慢跑取暖等待日出，以求能拍到最佳镜头。拍摄结束后，拍摄组成员李刚说：“我从来没有感到过这么辛苦，真是太累了。”黄海用自己的亲身行动告诉同事，拍摄必须要负

责任,必须克服很多困难,尽自己最大的努力拍摄好每个细节。黄海说:“尽管在片中只有两三秒的镜头,但是为了给片子增色,不管遇到什么困难,都要尽自己最大的努力,做出最好效果的片子。”

2008年9月,黄海和同事远赴喀什做采访节目,去喀什要到乌鲁木齐转车,到乌鲁木齐的时候,对道路状况又不熟悉,黄海崴了脚,由于时间紧张,就在附近医院作了临时处理,便奔赴喀什投入紧张的工作当中。《抗震房》的拍摄是在伽师县和巴楚县的农村,由于道路不好,车进不去,拍摄组成员只能走着去。而崴伤脚的黄海只能在记者搀扶下行走,就这样白天走访拍摄,晚上服药,坚持完成了《抗震房》的拍摄。功夫不负有心人,《抗震房》在中国广播电视协会纪录片评比中获全国电视纪实类节目铜牌。

2009年,黄海和拍摄组用时4个多月,制作了宣传湖北第四批援疆工作成绩的专题片《援疆第一年》,全方位地介绍了援疆成果,充分展示了各条战线上援疆干部奉献边疆的风采。该片在湖北卫视播出后,获得了湖北和博州两地观众的较好评价。

来博州后,州电视台的李继伟是和黄海合作时间最长的制片人。他这样评价黄海:“他虽然是领导,但为人谦和正直,和他接触没有距离感。虽然他将要回湖北了,但在我心目中他永远都是我的恩师。以后,在业务中不管遇到什么困难我还会向他请教的。”两年多来,黄海通过积极沟通和协调,为博州广电传媒中心争取到50万元的办公设备援助项目。黄海还积极联络、协助湖北台记者在博州的采访活动,并连续在《湖北新闻联播》上播出了6条新闻宣传博州;在武汉博州农展会和博州高层领导赴鄂参加湖北援疆工作大会上,黄海积极组织、联络湖北卫视记者开展新闻采访,大力宣传博州,充分发挥了援助单位的独特优势。

“在紧张和充实中,在吸纳和传授中,在压力和关怀中,在摸索和成长中,我们这一批援疆干部为期两年半的援疆之路很快要画上句号。检查、对比进疆时制订的个人援疆计划,我可以毫无愧色地说,我已经圆满地完成了援疆任务,没有辜负湖北省委、省政府和援助单位的重托,没有辜负博州人民和受援单位对我的希望。”黄海自豪地说。

（2010年10月27日发表于《博尔塔拉报》）

带来的是真诚 留下的是真情

——记湖北援疆干部、温泉县财政局副局长王勇

周 磊

两年多的时间,已让他深深爱上了这个美丽而宁静的边陲小城。“我很自豪曾是一名援疆干部,我也很自豪曾为温泉的发展尽过一份绵薄之力。”这是湖北省荆门市援疆干部、温泉县财政局副局长王勇即将离开温泉的感言。

2008年,王勇来到温泉县,担任财政局副局长,分管经济建设、企财、投资评审等工作。

初来乍到,水土不服、饮食不习惯等诸多困难还未克服,王勇就迅速地投入到了紧张的工作当中。

财政局是一个综合职能部门,工作涉及面广,业务量大,政策性强,所承担的责任重大。王勇发现温泉县财力匮乏,经济发展相对滞后,开展工作困难重重。他主动与班子其他成员沟通,与业务科室人员交流,全方位了解了本地区经济结构、财政运行机制以及各项财政改革现状,积极做好本地区财政工作的方法。

他认真研究学习自治区关于各类资金的管理办法,参与制定了本局国债资金和预算内专项资金的管理办法。在多次深入基层财政所进行调查研究时,当他看到财政所工作基础薄弱,经验相对落后的现状后,急在心头,就与基层所干部职工一起座谈商讨,毫无保留地传授湖北的先进管理经验和科学的工作方法,帮助他们建立健全各项财政资金管理制度。

2008年年底,王勇在审核兑现抗震安居补助、退耕还林、退牧还草以及粮食直补资金的过程中,为了保证每笔资金的发放准确无误,他带领工作组成员加班加点,克服时间短、工作量大的困难,每天冒着零下十几度的寒冷,走乡访村,共走访了670余户农家,确保了此项工作不留死角,把党的惠农政策落到

实处。

真诚换来信任。他的这种兢兢业业、严谨细致的工作作风和为人亲和、忠厚正派的做人品格赢得了全局干部职工的认可。

中央新疆工作座谈会召开后，新一轮援疆工作强势展开。王勇认为加快温泉县发展的大好时机已来临，他深入基层，开始了新一轮的调查研究。从温泉县经济发展的实际情况出发，写出了全面而翔实的调查报告，为新一轮援疆工作提供可借鉴的经验。

当他听说有几位少数民族学生因家境贫寒面临辍学时，毫不犹豫地要求资助2位少数民族贫困学生，每年从工资中拿出1000元，连续资助3年。

他在积极参与温泉经济建设的同时，没有忘记当好友谊使者的重任，在促进两地之间横向联系与交流中起到了桥梁纽带作用。在他的积极争取下，荆门市财政局连续两年率团访问了温泉，并给予温泉县资金援助及专业人员培训。温泉县财政局在2009—2010年，共派出三批30名干部前往湖北省财政厅进行为期一个月的业务培训，并赴荆门市财政局考察学习。

通过这种方式的交流学习，财政干部开阔了视野，增长了才干，把学到的先进经验运用到温泉县的财政改革当中，取长补短，对促进本地经济发展起到了积极的推动作用。

两年多来，王勇写下数十篇通讯报道，真实记录了援疆干部为温泉发展做出的努力，也向荆门人民传递着该县各项事业发展过程中取得成就的信息。

王勇为第二故乡的经济及社会各项事业的发展挥洒了辛勤的汗水，为促进两地经济、文化的交流担当了友谊的“使者”。

他已深深地爱上了这个宁静的小城，爱上这里纯朴的人们。他说：“世界之大，我独与温泉有缘。虽然我将离开温泉，但是我的心却留在了这里。以后的日子里，我仍然要尽自己的绵薄之力，帮助温泉，关注温泉。”

（2010年10月28日发表于《博尔塔拉报》）

结缘职教当使者　无私援疆终不悔

——湖北援疆干部、博州中等职业技术学校党委委员、副校长袁武

胡边江

2008年7月，握别领导和同事，惜别亲朋，武汉交通职业学院电子与计算机系副主任袁武来到了博州，担任州中等职业技术学校副校长。

州中等职业技术学校能否更上一层楼？职业教育能否在促进学生就业，提升职业教育水平上有所作为？是摆在袁武面前的新课题。希望与重托，让他感到心里沉甸甸的。袁武为了尽快地熟悉掌握情况，尽快地进入角色，找到开展工作的突破口；做到稳步推进，实现良好开局，他对学校的基本情况和制约学校发展的主要问题进行了调研。

2008年9月期间，袁武在对校情大致了解的基础上，到湖北省武汉市机电工程学校、武汉市仪表电子学校、武汉市农业学校和武汉市旅游学校等多所中等职业学校进行调研。通过调研，对如何取长补短、整合资源、共同发展有了较为深刻的认识。在调查研究的基础上，又学习了自治州关于大力发展职业技术教育和职业技术培训的实施意见，结合学校的实际，初步制定了援疆工作思路。

仅仅只有两年多时间，博州中等职业技术学校的变化就让人"眼前一亮"。如今，学校已设有汽车维修实验室、电工电子实验室、电力拖动实验室、可编程控制器EDA实验室等8个专业实验室，确保了实训教学效果，完善了实训教学设施；学校进一步加强了学管队伍的制度建设，先后制定了《班主任工作量化考核管理办法》《班级目标管理量化考核办法》《学生宿舍楼管理员职责》《宿舍楼管理员目标责任书》《实习学生违纪处理办法》等一系列学生管理工作制度，这些变化无不与袁武的努力密切相关。

2009年10月27日中午，袁武在上班途中被一辆三轮车剐倒后，身体受伤

住院治疗。医生叮嘱他卧床休息20天。然而，不到一周时间，袁武带病又去上班了。两年来，通过大力推行校企合作，根据技术应用型人才培养的需要，通过“工学交替”“顶岗实习”等多种方式，充分利用企业生产设备，组织学生在企业开展实训，让学生在真实的生产环境中学习技能，实现人才培养标准与企业需求的零距离对接。

目前，在袁武的积极努力下，以校企联动、校企合作的方式，州中等职业技术学校在全疆范围内建立有州宾馆、艾比湖酒店、亚龙科技集团有限公司、乌鲁木齐市鑫鹏达汽车维修设备有限公司、博雪钙业、西部矿业、博兰水泥等8个稳定的校外实训基地，并与这些基地单位签订中长期合作协议。部分企业还选派高级技术人员到学校任教。

袁武还完善了学生服务体系，重新调整了该校资助学生工作领导成员，通过在校内设立助学金、奖学金，对贫困学生实行生活补贴等形式，努力构建多元化的学校职业教育保障机制，推动职业教育健康发展。2009年共发放国家助学金29万元，并提取学费总额的5%，共计3万元，用于学生资助、补助等方面。

在博州中等职业学校工作期间，袁武尽可能地为同事提供帮助，解决他们在工作中的困难。作为一名湖北省选派来的职业教育者，袁武积极争取、紧密联系，进一步加大湖北职业教育力量对博州中等职业教育的帮扶力度，援疆工作期间，先后组织了5次大型交流互访活动。

自援疆以来，袁武利用业余时间充分学习，提高自己的理论修养和专业管理水平。

2009年6月11日，袁武被自治区教育厅授予“2009年度新疆维吾尔自治区优秀支教教师”光荣称号。同时，还于2009年12月在自治区人社厅任职“机电专业高级工程师”。今年4月，他被学校推荐为自治区机械电子技能教育培训教研中心成员。

（2010年10月29日发表于《博尔塔拉报》）

援疆心无悔 热血写春秋

——记湖北援疆干部、精河县副县长王宏

曹轶广 朱 彦

2008年7月,王宏作为湖北省第四批援疆干部中的一员,肩负着湖北省领导和人民的重托与希望,来到了古"丝绸之路"北道重镇精河县。两年多来,他拓展援助领域,把援助工作提高到新水平,赢得了同事们的称赞。

在援疆的两年多时间里,王宏多次深入全县各家企业调查研究,了解工业生产、企业管理、项目建设等情况,并力所能及地帮助企业协调解决生产经营难题。他还经常组织相关部门开展招商引资工作,通过打电话、寄信函、发电子邮件等方式,广泛邀约各地客商前来考察。多次冒着酷暑严寒,陪同客商到艾比湖盐场、精河县石灰石产业园区及甘家湖白梭梭自然保护区等地实地考察,向客商大力推介精河的资源优势和重点发展项目,最终促成一批企业落户精河,取得了良好成效。

2008年以来,王宏多次带领县经贸委、招商局的同志参加"乌洽会""西洽会",均取得了理想效果,天风发电股份有限公司、天企集团公司、天业集团等一批投资过亿的项目相继顺利实施。通过不懈努力,仅2009年,全县共接洽招商项目60个,计划总投资3.51亿元,已到位2.52亿元,较上年同期增加4600万元。

作为一名援疆干部,王宏在增进仙桃市和精河县的深情厚谊中付出不懈努力,为两地的交流与合作积极穿针引线。2008年11月,精河县党政代表团赴湖北鄂州、仙桃等地考察访问,三地领导在对口支援项目上达成了一致意见,将对口支援工作和密切交往与合作推向高潮;2010年3月,精河县党政代表团再赴湖北鄂州、仙桃等地考察学习,再次为两地的交流合作奠定了基础。2009年10月及2010年6月,原湖北省仙桃市委书记周霁、现任湖北省仙桃市

委书记刘新池先后率党政代表团来精河访问，落实援建项目资金，受到了各族干部群众的热烈欢迎，进一步加深了两地的兄弟情谊。在过去的两年多时间里，仙桃市和精河县两地之间互访交流频繁，往来人员达400余人次，极大地增进了双方的友谊与合作。

王宏曾多次到鄂州、仙桃两市市委、市政府及组织、财政、教育、卫生等部门、援疆干部派出单位汇报工作，积极落实对口支援项目。由仙桃市援助180万元与精河合作建设的精河县第三小学综合楼已顺利完工并投入使用。

2008年以来，王宏竭力促成精河县数十名基层领导干部前往湖北交流学习和挂职锻炼，建立起了仙桃市智力援助精河县的长效机制，实现了从过去单一的资金和项目援助拓展到智力援助的大跨越。

王宏在援疆工作当中，提出了许多切实可行、便于操作的经济发展措施，为仙精两地今后的交流合作翻开了新篇章。

（2010年11月1日发表于《博尔塔拉报》）

爱洒援疆路　情系天山松

——记湖北援疆干部、博乐市委常委刘玉松

胡边江　李玉光

"援疆是一种使命、是一份责任。援疆人生路上需要坚守,坚守就要奉献。"湖北省援疆干部、博乐市委常委刘玉松道出心声。

2008年8月初,湖北省十堰市南水北调工程办公室副主任刘玉松来到博乐,担任博乐市委常委,主要分管工业经济、招商引资、交通,联系工商和税务。

刘玉松努力当好援疆任务的承担者、博乐与湖北交流的联络者、博乐发展的设计者等多重角色。

两年多来,刘玉松带领着博乐援疆分队以教育、卫生、规划人才援疆为龙头,以项目建设为重点,突出工作目标,注重实效,开拓工作局面。

拓展援建项目,这是刘玉松做的最多的事。两年来,在他的努力下,十堰援疆项目到位资金达591万元。除了援建博乐市南城区九年一贯制学校和阿热勒托海牧场学校,2010年,还新增了十堰市委组织部援助博乐市援疆办、十堰市太和医院援助博乐市妇幼保健站、十堰市人民医院援助贝林哈日莫墩乡卫生院、丹江口市援助阿热勒托海牧场集中供热站、茅箭区援助青得里街道社区服务中心等5个项目。同时,湖北汽车工业学院、郧阳医学院向博乐市划拨了5名对口招生计划。

深化交流合作,这是刘玉松做的最尽心的事。他积极联系、推动博乐与湖北十堰市、丹江口市、茅箭区的频繁互访交流。刘玉松先后多次组织博乐市分别在湖北省各地展开了经贸推介活动,扩大博乐对外影响,联系了湖北省多家企业到博乐进行项目考察。在刘玉松的努力下,武汉凯迪投资有限公司与博乐市签署了合作框架协议,于今年1月19日正式在博乐注册公司,概算投资2.8亿元的生物质能电厂,该项目地质、地震、水资源、水保及环评等已取得

批文。

扩宽人才培训，这是刘玉松做的最扎实的事。在他的积极联系、组织下，博乐市26名社区干部在茅箭区、张湾区进行挂职锻炼；组织博乐市30名医生到十堰市太和医院等单位参加了为期半年的培训；博乐市赛里木酒业酿造有限责任公司的3名技术管理人员到湖北枝江酒业股份有限公司学习；博乐市12名乡镇领导和技术业务骨干在十堰市综合行政主管部门进行了为期2至3个月的挂职学习。

两年多来，刘玉松所分管的各项工作都取得了多方面突破。在工业经济方面，他通过召开银企座谈会，搭建融资互信平台，帮助企业解决实际困难，重点协调解决了田园番茄、互益纺织、三乐乳业、屯河糖业等企业发展中的问题。2009年，博乐市工业经济增长20%；在招商引资方面，刘玉松突出招商工作重点，促进博乐科学发展。坚持把招商引资作为发展工业经济的突破口，他的许多意见建议被市委、市政府采纳并取得较好实效，2009年，博乐市招商引资项目到位资金完成自治州下达目标任务的130%。今年招商引资到位资金3.5亿元，完成博州下达的全年计划的127%。

第四批湖北援疆博乐分队共有队员12人，是湖北地市级人数最多的分队。刘玉松作为领队，围绕援疆干部“岗位作用发挥最大化，身心健康保障最大化，和谐共事友谊升华最大化”的目标，带领着博乐分队援疆干部多形式作奉献。他带领队员发挥特长，开设了专题知识讲座、上街义诊、外出坐诊查房、结对帮带、技术咨询等活动。所有队员都发扬奉献精神，自觉克服家庭和个人生活困难，不计较个人得失，全身心地投入工作。两年多来，队员们捐款14500元开展助学帮困活动。经过努力，队伍中有3人被表彰为自治区优秀支教老师，3人被表彰为州优秀援疆干部，有9人次被评为市级先进，2人职称得到晋升，2人职务得到提升。

“我要做一棵松，连着天山，系着博乐人民。”刘玉松深情地总结援疆人生时说。“援疆时光是我人生中感动最多、烙印最深的时光，是我人生最为宝贵、最为受益和最为难忘的美好岁月。”

（2010年11月3日发表于《博尔塔拉报》）

不负重托育桃李

——记湖北援疆干部、博州中等职业技术学校教师洪少华

塔　娜

两年多前，当洪少华老师的亲朋好友得知他要来博州时，都不约而同地说:“您可要考虑清楚!”洪老师的回答很简单:“我是一名教师，来博州支教是丰富自己人生阅历的好机会。”

2008年7月，年过半百的洪少华和湖北省第四批50名援疆干部一道，踏上博州这片神奇而美丽的青色草原。洪少华老师来自武汉交通职业学院，对口支援疆州中等职业技术学校。他主要负责该校电工电子组教学教研和招生工作。在工作中，他时刻牢记湖北省委关于“牢记使命、加强团结、务实创新、珍视团结、维护形象”和博州党委关于“勤于学习、勇于实践、甘于奉献”的总体要求，勤奋工作，认真履行一个援疆干部应尽的职责，努力完成了所担负的教学教研和招生就业工作。

洪老师先后完成了州中等职业技术学校3个班级的电工电子类专业课程的教学任务。结合博州实际，还制订了该校3个专业的教学计划和电工学课程大纲，协助并指导学校教学管理部门重组了专业教学组。洪老师通过深入调研后，主持申报的项目“博州职业教育发展战略”已被博州科技局批准立项，进行专题研究;撰写的论文《加快发展博州职业教育势在必行》在《博尔塔拉报》上发表。同时，洪老师协助、配合湖北职教专家完成了博州职业教育发展方向的调研工作，参与了自治州召开的博州职业教育发展方向研讨会，并以“加快博州职业教育发展步伐”为题，撰写了研讨会论文，赢得了州党委有关领导好评。该文已在2010年第4期《交通职业教育》上发表。

职业学校招生难，洪老师负责的精河地区招生工作更难。由于远有乌鲁木齐职校，近有精河职专，造成博州中等职业学校难招精河县学生。于是洪老

师带领精河招生小分队克服困难,结合实际,巧打招生“仗”。洪老师带领招生小分队早去晚归保证充足的招生时间。夏季招生时,正是精河县的高温天气。有的家长不理解,洪老师动之以情,晓之以理,以真诚的心和实实在在的事例赢得家长的信任,把孩子送到州中等职业技术学校。

援疆工作的日日夜夜,洪老师与州中等职业技术学校的老师和同学们并建立起了深厚的情谊。学校的祖姆来提老师,今年考上南疆喀什公务员,如今祖姆来提老师还常与洪少华老师联系。学校教师们也十分尊敬和爱戴这位给予他们帮助和传授教学经验的老师,当洪老师生日之时,老师一起为他过生日,一起为他祝福,这些故事都让洪老师感动不已。

学校招生办主任徐晓说:“洪少华老师是援疆干部中年龄最大的一位,但他干起工作来从不拈轻怕重。他来的这两年里承担教研教学工作,开展大量的教研活动和职业教育研究。他多次和老师下基层宣传职业教育,即便是放假休息时间他也利用起来,将招生工作写成多个专题调研报告。”

援疆以来,在鄂博两地各级党组织的关怀和指导下,身处异乡的洪少华,较好地处理了家庭、生活及工作的各类困难和矛盾,圆满完成了各项援疆工作任务,赢得了博州党委和有关媒体的充分肯定。2009年7月,他被受援单位——博州技校党组织评为优秀共产党员;2010年6月,又被自治区授予“优秀支教教师”称号。即将离开博乐之际,洪少华说,作为一名光荣的援疆干部,一名文化交流和友谊传递的使者,能为博州职业教育事业、为新疆社会的稳定和发展贡献自己的微薄之力他很荣幸,他也更加相信,“博州中等职业技术学校的明天会更好!”

(2010年11月4日发表于《博尔塔拉报》)

钟情博州　志在教育

——记湖北省援疆干部、博州教育局党委委员、副局长钟山

胡边江　吴江慧

援疆期间,全身心投入到推进博州的教育发展中,他就是博州教育局党委委员、副局长,湖北省第四批援疆干部钟山。来到博州后,钟山主要负责州教育局鄂博两地交流工作,分管教学仪器电化教育管理站,协管大中专招生工作和办公室工作。

钟山来到博州做的第一件事情就是制订教育援疆计划,深入到各中小学校,调研了解博州教育现状,拟定了《教育援疆工作计划》,制订的计划主要包括联系湖北高校定向博州招生、引进远程教育教学资源、帮助博州培训中小学校长和教师、争取资金改善机关办公条件和进一步推进鄂博两地教育对口帮扶与交流等内容。

以前,老师大多不习惯于利用远程教育网进行教学,加上缺乏技术,以至于远程教育资源利用率很低。钟山看在眼里,急在心里。2009年,通过钟山的努力,湖北省多次对我州各校校长及电教人员进行培训,为全州所有中小学校赠送并安装IP资源接收系统,成功引进湖北省自主开发的远程教育教学资源,帮助实现博州远程教育与湖北教育网台的对接。湖北省电教馆为博州开辟了专门的卫星资源传送频道,并针对新疆与湖北上课时间不一致的情况,安排专人每天向博州传送远程教育教学资源。从2009年6月开始,全州中小学师生已可以免费与湖北的中小学校一起共同享受同样的优质远程教育资源。

如何利用好现代远程教育资源?钟山起草了《博州依托湖北省现代远程教育(小学英语空中课堂)在全州小学进行英语课教学的实施方案》,并印发到各县市教育行政部门。从2009年秋季起,全州小学3年级已依托小学英语空

中课堂开始进行英语课教学，从2010年秋季开始，全州小学3—6年级可利用小学英语空中课堂实施英语教学。如今，这种现代远程教育已在全州实现全覆盖、资源下载全畅通。

“让新的教育理念扎根于博州教育”，这是钟山努力做的事情。

在他的努力下，根据博州教师培训的实际需求，2009年、2010年两年间，钟山联系湖北省教育厅先后选派31名专家到博州讲课，全州共有3300多名中小学教师参加了培训。采取“请进来”的培训模式，钟山使全州各中小学校长、书记，小学英语教师和中小学班主任都实现了全员培训，而且成为历届教育援疆培训中力度最大、规模最大的一届。

钟山努力抓好援疆教育队伍管理，自2008年7月底以来，湖北省先后共派出73名教育行政干部和教师来博工作。按照第四批援疆工作队的要求，钟山除了负责对州直6名教师进行直接管理外，作为湖北省教育厅派出的干部，还承担配合和协助其他分队长对所有援疆教师进行管理的任务，尤其是加强他们与湖北派出地教育行政部门、学校的沟通与联络工作，整个援疆教师队伍思想稳定，积极工作，受到了受援学校的好评。先后有14人次获得自治区、自治州相关部门的表彰。

两年来，湖北省教育厅、武汉市教育局、华中师大一附中、部分高校等20多个单位来博进行了考察交流，州教育局、州实验中学、博乐市教育局等也分别到湖北开展了考察交流活动，两地教育互访与交流超过200人次。在他的努力下，湖北高等院校为博州高考考生开辟定向招录“绿色通道”，两年共落实236个湖北高校定向博州招生计划。其中2009年100个，2010年136个，比2008年的定向计划数分别增加了25%和70%。该项工作共涉及到湖北省省属的20所本科院校和6所高职高专院校。

援疆期间，钟山积极参与华中师大一附中博乐分校的筹建工作，负责与湖北教育设计院进行沟通与联络，并拟定博乐分校的师资队伍配备方案，参与了与武汉市选派教师援疆的联络与洽谈工作。先后联络协调武汉市14名退休教师在博代课，博乐市高级中学27名年轻教师分别到华中师大一附中、武汉中学、武昌十四中等3所名校进行了为期半年的跟班学习。同时，联系协调武汉市选派43名高中教师来博，开始为期3年的援教工作。

钟山用自己的实际行动努力着、付出着。他的一番话道出了援疆干部的共同心声:“我怀着感恩的心来援疆,因为没有新疆人的努力,就没有我们其他省市的稳定发展。我把自己所学献给边疆,为新疆教育做出贡献。这段最美好的援疆经历是我一生最宝贵的财富。”

(2010年11月5日发表于《博尔塔拉报》)

西援新疆赴大义

——记湖北省援疆干部、州经贸委副主任王海波

张　卫

提起援疆经历，这样几个镜头深深定格于王海波的脑海。

镜头一：2008年7月21日，湖北省宜城市电影院宿舍楼。

因为即将援疆，王海波回家向父母告别。年迈的母亲眼圈红红的："儿啊，要在那么远的地方待三年，你咋生活?"父亲则蹲在一旁低头不语。王海波心里很难过。原来，他的弟媳前一年刚去世，弟弟又在外打工，留下两个年幼的女儿随父母生活，这一走，谁来照顾年近七旬的父母呢？王海波一边安慰母亲，一边极力隐忍。最后，父亲站起来说："国家需要你，就去吧。好男儿要有担当。"望着父亲佝偻的身体，王海波的眼泪夺眶而出……

镜头二：2008年8月15日，博州经贸委会议室。

州党委组织部宣布：任命王海波为州经贸委党组成员、副主任。根据他的工作经历和自身特点，组织安排他分管电力、工业园区（后调整为培训）和项目工作，重点是与湖北省的经贸合作，同时协管党建、行政执法、精神文明、综合治理等工作。

任命仪式上，他深知"责任重大，感到战战兢兢、如履薄冰"。因为他是"首次担任领导职务，而且是在人生地不熟的异地"。大学毕业后，他先在电厂干过技术工作，又进入政府部门从事电力行政管理工作多年，积累了丰富的技术、管理工作方面的经验，是一名专业型的行政管理工作者。然而，在综合经济管理部门担任领导职务，对他是一个新挑战。

一上任王海波就尽快熟悉情况，逐步进入角色。他主动与领导和同事交流、沟通，掌握了州经贸委的职能定位。深入基层调研，掌握第一手资料，很快掌握了博州经贸工作的基本情况，并撰写了《博州工业经济的初步认识》一文。

通过不懈努力,王海波很快实现了角色转换,受到单位领导和职工的肯定。“先当好学生,才可能当好先生。”回顾这一段经历王海波感慨道。

镜头三:2009年5月下旬的一天,博乐市电力调度室。

电力迎峰度夏工作检查。“这里是香班110千伏变,承担着博乐市北部地区的供电任务,地位十分重要……”王海波指着墙上的电网结构网,正在向随行人员介绍情况。

电力事业是经济社会实现可持续发展的基础性行业,鉴于州经贸委电力行政管理工作起步较晚的现状,他注重发挥自身工作经验,带领相关人员共同推进这项工作。他带领科室有关人员深入发电站、变电站调研,耐心地讲解介绍行政管理工作的主要内容,帮助他们熟悉电力行业和行政管理工作的基本情况。在他的带动下,审定限电序位表、换发“两证”、开展全州保护电力设施,等等,一项项工作有条不紊地开展起来了,有关科室人员也逐步熟悉了业务。

“目前,我州电力事业的总体规模小,电力行政管理工作的重要性还不很突出。但将来经济发展了,社会电力需求大幅度增长了,发、供、用各方的矛盾将会进一步显现,电力行政管理工作的重要性将会凸显。”王海波如是说。

镜头四:2010年5月22日,湖北省襄阳市工业区。

发挥桥梁纽带作用,推进鄂博交流合作、积极争取支持,是援疆干部的工作重点。两年多以来,王海波紧紧依托湖北经贸资源,精心安排了一系列的培训、交流活动:组织企业参加武汉食品博览会、组织纺织企业和酿酒企业人员赴鄂培训、安排州经贸系统人员多次到湖北交流学习等。

王海波说:“援疆工作的关键是依托湖北资源,扎扎实实地多做一些有益于博州发展的事情。只要博州经贸委有需要、企业有需要,我就一定要组织好、安排好。”

镜头五:2009年5月16日,星期六上午,州体育馆。

乒乓球室内球影飘飞、人声鼎沸,湖北省第四批援疆干部正在参加乒乓球比赛。

作为援疆工作队的文体活动委员,为组织文体活动、丰富援友的业余生活,王海波费尽了心思。抵博之初,为帮助大家了解新疆文化,他请来州文工团的舞蹈演员教大家跳新疆舞;组织编辑《新疆歌曲学唱》光碟,发到每个队员手中，促进大家学唱新疆歌曲；组织大家学习蒙古语、维语，受到队员的普遍欢迎。他还牵头成立了援疆干部篮球队，并邀请州党校、州财政局、州组织部的篮球队进行友谊赛，既促进了队员锻炼身体，又加深了与当地干部的感情交流。

繁忙工作之余、热闹活动之后，王海波总会情不自禁地想起遥远的家乡：父母身体还好吗？侄女上小学了吧？他们临时借住的房子会不会漏水？

三年的援疆工作即将结束，王海波说，感谢组织的信任，使他荣幸地成为一名援疆工作者，援疆经历带给他很大收获。援疆工作的经验，他会毫无保留地留给下一批援疆干部，希望今后的援疆工作能够做得更好，为新疆实现跨越式发展和长治久安做出贡献。

（2010年11月8日发表于《博尔塔拉报》）

草原的约定

——记湖北援疆干部、州交通局副局长陈先方

刘　妍

“爸爸与草原有个约定。两地相距万里，两地的人生活在截然不同的环境里，爸爸好似一根线，连接着湖北与新疆的友谊，把两地人民的心拉近，紧紧地连在一起。”这是湖北援疆干部、州交通局副局长陈方先的女儿陈瑶在一篇作文中思念父亲的表白。

2008年7月，时任湖北省高速公路实业开发有限公司总工程师的陈方先，随第四批援疆干部踏上征程，奔赴他们神往而又陌生的青色草原——新疆博尔塔拉蒙古自治州。从踏上这片土地的那一刻起的七百多个日子里，陈方先在博州交通局副局长的岗位上，时刻牢记湖北省委、省政府和全省人民的重托，与博州交通局的干部群众和谐相处，以高度的责任感和饱满的政治热情，投身于博州的发展和建设中。

在湖北高发公司工作时，陈方先考虑的是如何投好标，承接好业务，如何实施好项目，把好质量关，让业主满意，把好廉政关，保持队伍稳定；到博州交通局任职后，为了适应新的环境，完成好角色的转换，经常要面对的是如何保安全、保畅通，如何加快博州公路建设发展，如何平衡好建、管、养、运的关系，如何完善运输网络更好地实现“三个服务”。完成这样的角色转换和思维方式的转变，需要时间来验证，他在心里暗暗叮咛自己：“我可以在援疆工作的三年中没有英雄壮举，但我不能碌碌无为。”

陈方先思路清晰、工作能力强、敢于负责，工作中哪里有困难或是出现了问题，哪里就有他的身影。根据交通局党组分工，陈方先分管一般农村公路建设、路政管理、普法、治理公路“三乱”、公路学会等工作，在工作中，他努力做到大事主动汇报、小事注意征求意见，较好地完成了各项工作任务。

初到博州交通局，陈方先就深入基层一线，几乎对每个公路项目都进行了认真调研，在逐步了解博州交通情况的基础上，形成了清晰和完善的工作思路。在公路建设中，他始终把工程质量作为一件头等大事来抓，参与和负责了2009年博州一般农村公路建设的立项、外业审查、方案评审及招投标等工作。陈方先是一个原则性很强的人。在检查精河县和平路施工工地时，陈方先发现该工程施工质量不达标，无论是平整度还是外观质量都很差，于是就同领导及相关部门协商后，要求施工单位返工。在陈方先的坚持下，施工方对该段公路投入了30万元重新进行了2.5厘米的罩面处理。2009年，博州一般农村公路96公里贷款油路和73.6公里通达路全部于年内建设完成，并且工程质量有明显提高，工程造价控制在合同之内。

作为技术型干部，陈方先在交通项目建设及路政管理中充分借鉴湖北经验，结合博州交通建设及路政管理工作实际，制定的工程变更集体协商会审和路政执法监督检查表格化等管理办法和措施，对控制工程造价严格履行合同管理，使执法工作做到有据可查，对培养博州交通工程技术和管理人才起到了积极的推动作用。

援疆期间，陈方先有四篇文章在疆内媒体发表，完成调研报告2个，负责了《博尔塔拉蒙古自治州交通“十二五”发展规划》编制工作，同时牵头制订了《博州交通系统开展工程建设领域突出问题专项治理工作方案》等多个工作方案。

博州地处祖国边远地区，交通人才相对短缺，为了解决博州交通发展人才短缺现象，他利用回乡探亲的机会，利用便利的人脉关系，积极协调，促成了湖北交通职业学院每年向博州定向招收5名大学生的名额。这些学有所长的大学学子经过4年专业的学习，毕业后将回到博州，投身博州交通事业的发展。

2009年8月，博州交通局代表团参观访问了湖北交通运输局，陈方先积极牵线搭桥，促成湖北交通运输厅第四批援疆实施援助项目，分别为公路养护设备援助项目和博州交通局办公自动化系统项目，目前85万多元的资金已经到账。

“如同老边疆、老军垦一样，我深深地眷恋上西北边陲这片热土，我们既已融入博尔塔拉这片青色草原,就让忠诚凝聚成永恒,让爱留心间。”陈方先在随笔《陪你一起看草原》中这样写着。他说,自己心中有一个永恒的期盼:愿鄂博两地人民生活永远幸福安康。

(2010年11月9日发表于《博尔塔拉报》)

施勤的“戍边”情节

——记湖北援疆干部、州劳动人事和社会保障局党组成员、副局长施勤

张　卫

44岁的年龄要“远征”。得知这个消息,12岁的女儿悄悄躲在卫生间里啜泣,听到哭声,施勤走了过去,女儿泪眼婆娑地说:“爸爸,你能不能不去?你走了,谁来辅导我功课?谁来关心我和妈妈呢?”施勤紧紧抱住女儿:“女儿呀,我在部队当了21年兵,可没打过仗,没守过边防,这次让我去边疆吧,这是最后的机会了,这样我才对得起脱下的军装啊!”知道了爸爸的心愿,懂事的女儿搂住爸爸的脖子认真地点点头。

告别了荆楚大地,2008年7月29日,这位敦实汉子带着满腔的热血随湖北省第四批援疆工作队踏上了博州这片热土。因为有在湖北省劳动保障厅养老保险处工作的丰富经验,组织安排他任州劳动人事和社会保障局党组成员、副局长,分管社会保险、劳动人事争议仲裁等工作。

部队上雷厉风行的作风、吃苦耐劳的精神被施勤发挥得淋漓尽致。任职时,他给领导表态说:我到边疆来,第一当学生,向边疆的各族人民、干部群众学习;第二当公仆,为边疆人民踏踏实实做实事;第三当使者,博州和湖北省人事厅有感情基础,因为第一批援疆干部领队邵汉生就是现湖北省人事厅厅长。

社会保险涉及养老、工伤、医疗、生育等方面,施勤深感责任重大。2009年,自治区确定我州为城镇居民基本医疗保险第三批试点地区后,劳保局及时成立了以施勤为组长的工作领导小组,进行了深入调研、精细测算,制定出台了《博尔塔拉蒙古自治州城镇居民基本医疗保险实施办法》和《博尔塔拉蒙古自治州城镇居民基本医疗保险实施办法实施细则》。为加快工作进展,切实把好事办好,施勤带领相关人员深入到全州每个社区和部分乡镇、牧场认真抓落实,当年全州的城镇居民基本医疗保险参保率就达到了61.3%,在全疆第三批

试点地区率先完成年度任务。截至2010年7月,城镇居民医保参保人数达到79407人,参保率93%,,超额完成自治区下达的85%的参保目标任务。城镇居民基本医疗保险在全疆第三批试点地区率先完成任务,得到自治区领导的充分肯定,并在全疆介绍经验。

2009年、2010年,博乐市、温泉县先后启动了新型农村养老保险试点。施勤坚持要让每一位农民都享受上党的好政策。为了让农村16岁到59岁的参保对象明白政策、意识到位、打消顾虑、主动参保,他一遍又一遍深入村队住户家里,不厌其烦地讲解养老保险的好处,很多农民不愿掏每年100元的保费,他遭到拒绝是家常便饭。博乐市新型农村养老保险参保率达到88%,在全疆位列第二,施勤在全疆系统会议上亲自作了经验介绍。2009年,施勤在州直机关事业单位积极探索建立了补充医疗保险制度,提高了保障水平。同时,他还积极推进五七工和城镇未参保集体工参保工作,切实保障困难群体基本生活。

"社会保险要实现全覆盖,"施勤说。两年多来,博州社会保险基金共支付基本养老金2.9亿元、城镇职工基本医疗费2.05亿元、失业保险0.14亿元,生育保险0.09亿元、工伤保险0.07亿元,企业退休人员月基本养老金由820元提高到1174元。确保了各项社会保险待遇按时足额发放,没有发生拖欠。

近几年,《中华人民共和国劳动合同法》《中华人民共和国劳动争议调解仲裁法》《中华人民共和国劳动合同法实施条例》等法律条文相继颁布实施,劳动者的维权意识不断增强。施勤和相关人员认真分析研究新形势下劳动争议的新情况、新特点,既坚持"公正、公平、依法、及时"的工作准则,又通过实施柔性执法,最大限度化解矛盾,促进社会和谐稳定。博乐某地的王某,20多岁的儿子因工伤丧失了劳动能力,经州劳动人事和社会保障局鉴定为工伤8级。公司在支付了最初的医疗费之后已经和他解除雇佣关系了,双方经过劳动仲裁已经结案。王某不服仲裁结果,又上诉到法院,王某仍多次来到州劳动人事和社会保障局希望讨个说法。按规定凡涉法、涉诉的案件,州劳动人事和社会保障局可以不接待、不受理,但施勤意识到虽然劳动仲裁结果无误,但要尽量避免矛盾激化,王某一次又一次地来,施勤就一次又一次地认真接待,并个人资助帮他渡过难关,日子久了,王某竟然和施勤成了无话不谈的朋友。

在博工作期间，施勤从没因为家事、私事向单位提过要求，上下班从来不坐单位公车，常常工作太晚了就在单位休息，第二天起来接着上班。作为援疆干部，遇到重大节日他都主动要求值班。经他处理的363起案件，尤其是重案、关系个人利益的，他都认真对待、妥善解决。办公室主任说：“记得施局长刚到博乐时，当天就要求下乡熟悉工作。短短两个月，全州两县一市的各个街道、社区及相关单位他都跑到了。他的工作思路清晰，理念先进，考虑问题全面，把单位当作自己家来看，我们都很佩服他。”

提起家人，施勤满心歉疚：爱人几年前下了岗，在家专门照顾老人、孩子。去年妻子肝上长瘤需要做手术，施勤在手术前一天才匆匆赶回家，术后，他只照顾了两天就又匆匆赶回了博州，“年底了，单位工作忙，我实在抽不开身啊，你自己保重啊。”与妻子告别时，施勤充满了内疚。

“我不做惊天动地的大事，只做实实在在的小事，我就知足了！”施勤说。

（2010年11月10日发表于《博尔塔拉报》）

以全新的理念服务博州新闻事业

——记湖北援疆干部、博尔塔拉报社副社长、副总编王凌云

刘 妍

2009年12月31日上午，辞旧迎新的特殊时刻，博州的湖北援疆干部纷纷接到万里之外的家乡领导、亲人、朋友们的电话，“今天的《湖北日报》一版刊登了反映你们事迹的长篇通讯《大爱无疆》，真感人，你们辛苦了，一定要注意身体。”整整一天，电话响个不停，来自遥远家乡的温暖问候让湖北援疆干部们感动不已。大家纷纷向王凌云表示感谢，是他的生花妙笔，让这群承担特殊使命的游子通过大众媒介走入家乡人民心中，让独具特色的援疆生活得到家乡人民的充分了解、高度认同。

西出阳关 青春做伴

2008年7月的一天，王凌云接到湖北日报传媒集团人事部门的电话，集团准备派他去援疆，征询他的意见。“援疆”对当时的王凌云而言，是个完全陌生的字眼；就是新疆博尔塔拉蒙古自治州，他也从没听说过。在去集团人事部详谈前，王凌云在地图上找到了博州的详细地理位置，那是一个万里之外的边境小城。他的心中，当即浮现了黄沙漫漫、驼铃声声的景象。

组织的重托就是信任。在集团领导面前，王凌云坚定表态，一定不辜负领导期望，坚决按照中央要求，做好充分准备，全面完成援疆任务。

可在下班回家的车上，王凌云心里却开始沉甸甸起来。是啊，一去三年，孩子刚刚8岁，父母身体也不好，家里的一切事情得丢给妻子，这对哪个家庭而言都是一件大事。这一年，王凌云刚刚34岁，身兼湖北日报传媒集团北京办事处主任、广告总公司副总经理两职。当晚，王凌云与妻子几乎一夜无眠，两人仔细商量今后的生活安排，在网上查资料，了解新疆博州的风土人情、风

俗习惯。

融入博州　岗位建功

与武汉相比，博州是一座十分安静的城市。学文学的王凌云说，这座城骨子里就像沈从文所描绘的湘西边城风貌。

从温暖湿润的南方而来的王凌云在生活中面临着诸多不适应。干燥的气候、迥然不同的饮食习惯，一直在影响着他的身体。进疆两年来，王凌云的头发愈来愈稀少，血脂、血糖等多项指标开始趋于不正常，有一次还病倒在医院的病床上；家里也遇到了许多事情，妻子一个人强撑，情绪极其不稳定。在这样的情况下，王凌云不停地对自己说，“苦难是强者进步的阶梯”，要有持续的勇气，既然选择了援疆，就要无悔地坚持。

各种各样的困难，并没影响王凌云对援疆工作的专注。肩负湖北省领导和全省人民的重托，王凌云深知自己责任重大，使命光荣。进疆后，他牢固树立“政治家办报”的意识，结合新疆、博州的实际情况，按照科学发展观的要求，制定切实可行的工作计划。

在博尔塔拉报社，王凌云具体分管汉编室工作，主抓博尔塔拉报汉文版的采编工作。王凌云曾经当过近十年的一线记者，他是湖北最有影响的《楚天都市报》的创刊元老之一，有着丰富的新闻采编及现代媒体运营经验。进疆以后，王凌云和汉编室的全体采编人员一起，按照“三贴近”原则，坚持正确的舆论导向，紧紧围绕博州党委、政府的中心工作，以“创新理念、办好党报、服务大局”的工作理念，认认真真办好博尔塔拉报汉文版。

两年来，在博尔塔拉报社党委的领导下，王凌云紧紧依靠汉编室全体采编人员，认真组织好中华人民共和国成立60周年、积极应对全球金融危机冲击、第三届环赛里木湖自行车赛、博乐机场奠基、湖北援疆十周年等这些重大报道任务，为广大读者提供了众多鲜活、生动的新闻产品，为博州的经济社会发展发挥了积极的舆论引导作用。

2009年6月，博尔塔拉报成功实现了彩色印刷，圆了博州几代新闻人之梦。为了充分发挥彩色印刷的效果，体现版面形式和内容的完美统一，给读者更强的视觉冲击力，王凌云借鉴湖北报纸的版面形式，与博尔塔拉报的同志们一起,重新设计了博尔塔拉报汉文版的版式与色彩,力求简洁与明快,同时更趋现代化,受到了读者的广泛好评。

王凌云是湖北日报传媒集团派至博尔塔拉报的第三位援疆干部。进疆以来,在湖北日报传媒集团的大力支持下,本轮援疆工作进展顺利,双方继续保持良好的友谊。2008年10月,博尔塔拉报由一位副总编辑带队,派出十位采编人员赴鄂培训交流。2009年4月,博尔塔拉报社新任党委书记、社长赵德强带队赴鄂,双方的传统友谊得到了更进一步的加深;2009年9月,湖北日报传媒集团副巡视员涂正华一行来到博尔塔拉报社交流,商谈援疆工作,并带来援助资金10万元,体现了湖北日报传媒集团对博尔塔拉报的关怀。

生花妙笔　讴歌援疆

每个月,湖北与博州相关单位的领导都会收到一期《湖北援疆通讯》及几期《援疆简讯》。这些信息资料里记录了湖北援疆干部在博州工作、生活的点点滴滴,还有许多援疆干部写的散文随笔、理论探讨文章。《湖北援疆通讯》及《援疆简讯》深受好评,大家都认真阅读并仔细收藏。2009年初,新疆石河子大学图书馆杨刚老师在一次偶然的场合看到了一期《湖北援疆通讯》,他很是新奇,为这些远在博乐的湖北干部的奉献精神而感动,当即主动联系湖北省第四批援疆工作队,要求馆藏《湖北援疆通讯》。

进疆以来,王凌云担任湖北省第四批援疆工作队宣传组组长职务,负责编辑《援疆简讯》《湖北援疆通讯》等内部刊物,并承担工作队所有对内对外宣传、文字秘书等任务,工作琐碎而繁重。在湖北省第四批援疆工作队领队张家胜同志的领导下,在全体湖北援疆干部的支持与配合下,王凌云利用业余时间认真谋划,精心组织,每月都要撰写大量的文字材料。截至目前,王凌云已编辑《援疆简讯》44期、《湖北援疆通讯》17期,总计50余万字。《援疆简讯》《湖北援疆通讯》便于鄂博两地领导及援疆干部的派出单位、受援单位了解湖北援疆工作开展情况,了解援疆干部的思想生活状况,同时搭建了援疆干部之间交流思想的平台。王凌云说,援疆工作是一份很特殊的工作,援疆干部组织也是一个特殊的组织,通过《湖北援疆通讯》这些媒介,为各方搭起了相互了解的桥梁。平时不熟悉的人和事,在文字中立即变得鲜活、生动起来。

2009年5月29日，湖北的《楚天都市报》刊登了一篇别有情趣的新闻《援疆干部蒙古包里过端午》，让家乡人民对远在万里之外的湖北援疆干部多了一份了解。为湖北省援疆工作搞好对外宣传，王凌云日常工作的一个重要部分。多年的新闻工作经历，让王凌云养成了动笔的好习惯。进疆以来，他不定期地将湖北省第四批援疆工作队的工作写成通讯稿件，寄至《湖北日报》《新疆日报》《博尔塔拉报》发表；2009年9月以来，王凌云在《博尔塔拉报》上策划了"湖北援疆干部风采"系列报道，对即将轮换的湖北援疆医生、水产专家、规划专家进行专访，陆续刊出后受到了博州各界广泛关注。

在日常生活中，王凌云也利用自己的摄影专长，拍摄了大量湖北省援疆工作队活动及湖北援疆干部的生活照片。每有湖北省领导来新疆视察调研，王凌云总是拎着照相机跑前跑后，将一些珍贵画面及时拍摄下来。王凌云说，援疆工作结束后，他将编辑一本画册，通过影像记录描绘100余位第四批湖北援疆干部在边疆的生活，为大家留下永远的纪念、永恒的怀念。

（2010年11月11日发表于《博尔塔拉报》）

“让湖北人民放心，让博州人民满意”

——州党委副书记、湖北省第四批援疆工作队领队张家胜答记者问

张　平

按照新疆与湖北两地的统一安排，明天，湖北省第四批援疆干部将结束本轮援疆任务启程回鄂。临行前，本报记者就本轮援疆工作的有关情况，专访了自治州党委副书记、湖北省第四批援疆工作队领队张家胜。

记者：张副书记，请您介绍一下湖北省第四批援疆工作的总体情况。

张家胜：湖北省第四批援疆工作队于2008年7月来到博州，先后共有队员126人，是全国各省、直辖市援疆工作队中人数最多的一支队伍。两年多来，全体湖北援疆干部以“让湖北人民放心，让博州人民满意”为努力方向，围绕工作队确定的“对口支援争创特色、经贸合作争取突破、队伍建设争创一流”的工作目标团结奋斗，目前已圆满完成了各项工作任务。

就对口支援的资金项目而言，目前已经到位湖北对口援助资金总额8800万元，完成目标任务8200万元的107.3%，是上一轮资金额6335.9万元的138.9%，是前三轮总和8837.9万元的99.6%。其中，落实重点对口支援项目13个，共到位援助资金6210万元。特别是湖北省第四批重点援建项目——华中师大一附中博乐分校已于2009年9月1日正式投入使用。该项目的顺利实施，改变了博州高中阶段优质教育资源紧缺的现状，博州也以该项目为依托，进一步调整优化教育布局，整合教育资源，有力促进了博州教育事业的发展。

记者：张副书记，你们是如何努力打造湖北援疆特色品牌的?

张家胜：我们十分注重发挥湖北科教大省的优势，大力推动教育、卫生援疆及人员培训工作，探索形成了全方位教育援疆的湖北模式，努力打造了湖北援疆的特色品牌。一是派出大批教师、医生与其他专业技术人员援疆。本轮先后共有105位医生、教师、水产专家、规划专家等专业技术干部在博州承担

对口支援任务。二是充分利用湖北优势人才培训资源，积极组织博州人员赴鄂参加各方面的学习培训。进疆以来，我们已在鄂为博州培训各类人才900人次；在博州培训当地人员3000余人次，特别是首次在州法院系统试点探索菜单式培训，省高院按博州方面所定专题选派10多位专家来博讲课，受到热烈欢迎。此外，2009年以来我们重点推动了专业性的定向挂职培训。通过组织财政干部、教师、医生、民警、社区干部以及旅游相关人员、养鸡专业人员赴湖北进行定向培训，迅速提高了博州人员的专业水平。三是启动“短期专家”项目，让更多的湖北智力资源以“短平快”的方式服务博州。2009年9月，湖北省卫生厅组织4名眼科专家来博州免费为102位贫困白内障患者实施了复明手术；湖北省教育厅先后组织34位全国知名的湖北教育专家来博州“传经授道”，培训博州教师3000多人次。此外，湖北省电教馆免费对博州全面开放远程教育资源，让博州的老师和学生享受和湖北同样的优质教育资源；2009年与2010年，湖北高校为博州高考考生提供定向招生指标共236名。

记者：张副书记，本轮援疆在深化鄂博经贸合作上有何进展？

张家胜：鄂博经济合作是援疆工作的重中之重，也是难中之难。湖北省第四批援疆干部不畏难、不避难，在进疆之初就统一思想、形成共识，把推进鄂博经贸合作作为湖北援疆工作由“输血型”向“造血型”转变的关键所在，克难奋进、力求突破。在两地党委、政府的大力支持下，通过援疆干部的艰苦努力，鄂博经贸合作的坚冰已经打破，目前已有30家企业来博考察寻求合作。其中，由湖北浠水客商投资2.6亿元的温泉华通矿业项目已于9月16日开工；东方神马、中铁重工有限公司等已与博州签订了项目投资意向书，前期工作已经展开；武钢、枝江大曲酒业等企业从技术与管理方面对口支援疆州企业，帮助博州企业提高管理水平、攻克技术难关，并组织博州企业管理人员到鄂培训2批7人次，取得了较好效果。

记者：张副书记，本轮援疆在支援模式上有何创新？在援疆领域上有何拓展？

张家胜：两年多来，通过采取高层推动、组团互访、友好结对、对口帮扶等多种形式，加强博州与湖北各方面的交流与沟通，积极探索“一对一”“多对一”等对口支援新模式，不断拓宽援疆工作领域。湖北对博州的对口支援已从原有的省对州、六市对一市两县、部门对部门逐步拓展到县市对乡镇、企业对企业、学校对学校、医院对医院等领域;从承担援疆工作任务的部门与地市拓展到其他部门与地市。特别是湖北省卫生厅启动实施的三年卫生援疆项目,采取全省15个地市卫生局对口支援疆州19个乡镇卫生院的援助形式,将援疆工作从以往单纯的部门对部门发展为系统支持系统。

在项目援助方式上,我们积极探索采用软硬结合的组合型援助模式(既援建硬件,又援助人才与管理),力求援助效益最大化。湖北省委,省政府为把华师一附中博乐分校打造成为一流中学,在援助建设资金的同时,又选派48名湖北优秀教师到校支教,特别是派出5人管理团队担任校长等关键职务,有效提升了学校综合教育教学水平,取得非常好的效果,受到中央领导及湖北省、自治区两地领导的高度肯定,得到了博州各界的高度赞扬,这种被中央领导同志概括为全方位教育援疆的湖北模式,正在向全国其他对口支援省市推广。

记者:张副书记,本轮援疆干部在推动交流互访上做了哪些工作?

张家胜:进疆以来,我们积极牵线搭桥,鄂博两地交流互访呈现出规格高、规模大、双向性、领域广的特点,交流频繁活跃。两年多来,博州方面组织了78个团组到湖北访问,湖北方面共组织82个团组来博州考察访问,罗清泉、李鸿忠以及杨松等共8位湖北省领导亲率高规格的代表团先后4次来博考察调研援疆工作,与博州共商援疆工作大计。借新一轮对口支援启动之机,州党委书记和州长率博州代表团访问湖北,首次实现了双方主要领导的互访。这些频繁交流互访活动增进了鄂博两地的相互了解,有效推动了湖北援疆工作的顺利开展。

记者:张副书记,请您谈谈对湖北省第四批援疆干部的总体评价和体会。

张家胜:两年多来,湖北省第四批全体援疆干部牢记党中央,湖北省委、省政府和湖北人民的重托,在两地党委、政府的坚强领导、亲切关怀和博州各族干部群众的大力支持下,立足岗位,恪尽职守;多方争取,提前超额完成了对口支援任务;大力促进交流,巩固加深两地友谊;克难奋进,突破经贸合作难点;严格自律,树立维护良好形象,圆满完成了组织交给的任务。两年多的援疆工作,使我们更加加深了对国情的了解,增强了全局意识,增进了对边疆各族人民的感情。同时,我们在边疆艰苦、复杂的环境中经受了锻炼,磨炼了意志,增长了才干，积累了经验，在思想觉悟、知识水平、工作能力、领导艺术等综合素质方面都有了明显提高，实现了“让湖北人民放心，让博州人民满意”的目标。我们会永远牢记新疆与博州党委、政府的关心厚爱，永远牢记博州各族干部群众的深情厚谊，以更加饱满的热情，更加昂扬的干劲，投入今后的工作中去，为湖北与博州两地的发展与友谊作出新的更大的贡献。在此，我代表全体湖北第四批援疆干部，祝愿博州各族干部群众生活幸福安康，祝愿博州的明天更美好。

（2010年11月24日发表于《博尔塔拉报》）

宋杰的援疆情怀

赵国鹏　宁桂香

“宋医生在手术室呢,还要做完两台手术才出来,你们等一会儿吧!”

“不好意思,宋医生正在上手术。”

…………

未见湖北援疆医生宋杰其人,却已经使人感受到了他那种忘我工作的精神。

考虑到宋医生工作比较忙,笔者提前与他约定了采访时间,但在精河县人民医院内,笔者还是等了近一小时才见到他。“对不起,对不起,又有手术,让你们久等了。”一袭白色长褂,头上手术时戴的帽子还没来得及摘下,一见面他就连声道歉。

“精河是个好地方。来新疆前通过培训我就对精河从民族风情到风景地貌有了些了解,那时候我就迫不及待地想来了。”提起援疆情缘,宋杰笑着说。

今年38岁的宋杰从小生长在一个医生之家,之前是湖北省荆门钟祥市人民医院的一名麻醉师,已有十几年的从医经历。在宋杰来疆之前,年迈的父亲因重病尚躺在病床上,母亲患有高血压,孩子才上三年级,妻子是一名妇产科医生,加班时孩子只能借宿亲戚家。就这样,宋杰还是克服种种困难毅然踏上了援疆的征程。“能援疆我的家人很支持我,也实现了我的夙愿。来之前,家人再三叮嘱我要好好工作。”说起援疆之路,宋杰眼神里透露出对家人的牵挂。

麻醉师的职责,是保证病人在无痛、安全的前提下协助手术医师完成手术,是病人手术过程中的“生命保护神”。精河县人民医院每周大约要做十几台大大小小的手术,有时一天就有三四台手术要做。从麻醉到手术完毕,宋杰都要一直在手术室里协助手术,确保患者生命安全。精河县人民医院手麻科医生李俊是宋杰手把手教出来的学生。他说:“从开始跟宋老师学习麻醉技术时，他就教我多动手、多观察、多思考，从无菌观念的培养到硬膜外麻醉技术，他都细心指导。他经常说作为医生不能犯错，否则就是拿生命开玩笑。”现在李俊已经能在医院里独当一面了。

精河县对援疆干部非常重视，在政治上充分信任，工作上放手使用，生活上关心照顾，使援疆干部能最大限度地发挥作用。谈起在精河工作、生活的感受，宋杰说：“我在精河生活得很好，各级领导也非常关心我们。我们已经适应了这里的生活，融入了精河。”

（2011年5月24日发表于《博尔塔拉报》）

湖北教师宋秋芬的援疆生活

李芳芳

人物简介:宋秋芬,女,湖北省黄冈市对口支援农五师八十三中心团场教师,2010年9月14日到八十三中心团场支教。周一至周五,正常上下班,星期六在家大扫除,星期天去团部农贸市场赶集,这是宋秋芬自援疆以来每个星期的生活写照。"这种平淡的生活,其实就是一种幸福。这里的同事特别真诚,职工特别热情,孩子特别好学,让我觉得自己在这里特别有价值。"宋秋芬说。

2010年9月19日,宋秋芬独自一人逛农贸市场,她走进一家粮油店去买挂面。

"您是湖北来的援疆老师吧?""你怎么知道啊?"老板娘的问话让宋秋芬很吃惊。"我儿子曹家豪是您的学生,他经常提起您。"宋秋芬这才明白原来遇到了学生家长。那天,宋秋芬和这位老板娘聊了很多:关于老板娘儿子的,关于他们此次支教援疆的……而老板娘说得最多的是"援疆好,支教好",这也让宋秋芬对援疆有了更深刻的认识。

2010年10月初的一个星期天,宋秋芬因为备课耽误了赶集时间。当她赶到农贸市场时,发现整个农贸市场里的大葱都卖完了。于是她遗憾地说:"没有大葱,菜都炒不香了。"话音刚落,一辆摩托车突然停在了她身边,坐在车后座的女人直接从自己的菜兜里拿出了一把大葱塞到了宋秋芬的手上。望着已经走远了的摩托车,宋秋芬惊愕不已,因为她根本不认识那个人。

宋秋芬带的是七年级三班英语课。在课堂上,她鲜活生动的授课方式深受学生喜欢。2011年,在学校举办的元旦联欢晚会上,她以一首流利的英文歌曲征服了学生的心。"宋老师是最好的老师",这是学生给宋秋芬的评价。

2011年元旦过后,气温骤降至-30℃,虽然宋秋芬每次出门都把自己裹得像粽子一样,却仍然抵挡不了瑟瑟寒风。一天,为了吃到新鲜蔬菜,她硬着头皮顶着寒风往集市走。“宋老师!”在集市门口,宋秋芬听到有人喊她,一扭头,发现是她班上的学生杨雅娟。

“老师,我陪你逛市场吧。”杨雅娟蹦蹦跳跳地来到宋秋芬的身边,搂着她的肩膀说。

“好!”那天,因为有杨雅娟陪着,宋秋芬觉得天似乎不那么冷了。

“援疆支教的经历是我教师生涯中最浓墨重彩的一笔,因为我在这里收获了太多。”这是宋秋芬日记中的一段话。

(2011年6月3日发表于《博尔塔拉报》)

西出阳关　爱洒边陲

——记湖北援疆干部、温泉县委副书记杨栋三

刘华明

“为什么我的眼里常含泪水？因为我对这土地爱得深沉……”这是作家艾青笔下的诗句。从长江之滨来到天山脚下，湖北援疆干部、温泉县委副书记杨栋三正是满怀对温泉深沉博大的爱投身到温泉县的经济和社会发展事业之中，赢得了全县各族干部群众的尊敬和爱戴。

2011年1月13日，新春佳节前夕。杨栋三向援温队员们倡议并带头捐款，来到敬老院看望孤寡老人，送去价值2000多元的面粉、大米、清油等生活物资。同时，深入扎勒木特、博格达尔、昆得仑等乡(镇、场)，走访了10户困难农牧民；了解生产生活情况和面临的困难，送去队员们捐献的慰问金3000元。敬老院老人和困难农牧民深情地说：“非常感谢湖北人民对我们的无私援助，你们的帮助我们将永远记在心中！”“带着感情来援疆”成为他进疆后的一句口头禅，他是这样说的，更是这样做的。

3月11日，杨栋三起了个早，赶到州人民银行为福鑫粮油加工厂协调贷款的问题。在行驶的汽车上，他突然接到母亲不幸去世的消息。司机小张知道情况后，建议他立即启程返鄂，重新约定时间与银行负责人洽谈。俗话说：自古忠孝难两全。杨栋三想到好不容易才促成了双方见面，企业又急等资金，只好强忍悲痛，与家人商议推迟老人出殡日期，决定按原计划进行。推迟殡期，这在农村可是犯忌的事！可杨栋三管不了这么多。州人民银行领导得知这一事情后，非常感动，为福鑫粮油加工厂提供了最优贷款方案。直到贷款事宜办妥后，杨栋三才乘飞机匆忙赶回家中。想到离家时病重在床的母亲反复叮咛的话语，还有那不舍的眼神，杨栋三跪在母亲的灵位前，流下了愧疚的泪水。

在办理完母亲的丧事后，杨栋三顾不上休息，又赶往秭归县和兴山县，到

屈姑公司和兴发集团联系农产品加工合作项目。

2月，杨栋三回到湖北宜昌过春节。别人都在与家人、亲友团聚，可他却多次赶往宜都市与土老憨集团陈世贵董事长商议进疆投资事宜。春节刚过，他又来到兴山昭君酒业总经理的家中“拜年”，邀请其进疆考察。

6月20日，湖北土老憨生态农业集团两名总经理再次到温泉考察，杨栋三全程陪同了三天，这已是他第四次陪同土老憨集团工作人员现场考察。

只要是企业来温泉考察，杨栋三都会全程陪同、亲自接待。正是因为他的这份热情、执着与真诚，打动了一批又一批企业决策者们，纷纷来温泉考察项目、谋求合作。一年来，他共联系9家企业进疆现场考察，其中有合作意向的5家，年内落户的2家。

通过杨栋三等援疆干部的辛苦奔波和积极争取，诸多援建项目得到落实——宜昌市援建的温泉县集镇农贸市场，已完成工程建设，即将投入使用，到位资金500万元；咸宁市援建的棚户区改造安置小区主体工程已基本完工，到位资金250万元；湖北省援资700万元兴建的百户牧民定居工程于2011年7月投入使用；湖北土老憨牛羊肉精深加工项目、昭君白酒生产线于今年9月在博乐市南城边境经济合作区奠基，正式开工建设；咸宁市地质四大队在温泉县钻探地热资源，其中两个钻井已出热水；湖北兴发集团拟在温泉投资兴业的同时，捐资100万元支持温泉教育事业发展；宜昌市4名水利专家进驻温泉大库斯台和阿尔夏提两座水库建设现场，负责技术和质量监管；宜昌、咸宁两市的各5个县（市、区）对口支援温泉县所辖5个乡（镇、场），确定“每年办一件实事”的援助计划，积极推进“双层全覆盖”向基层延伸；宜昌市教育局援资20万元，支援温泉县建设2个计算机教室。

截至目前，宜昌、咸宁两市共为温泉援建和支持项目8个，援建到位资金770万元。

数名援温干部、医生和教师在他的感召下，立足岗位，忠于职守，兢兢业业，默默奉献。

（2011年10月14日发表于《博尔塔拉报》）

坚守岗位不言悔

——记湖北援疆干部、温泉县人民医院医生李焱

彭　兆　刘华明

李焱是湖北省咸宁市嘉鱼县人民医院病理科的一名医生。2010年10月，李焱接到援疆通知后提前了婚期。12月15日，他告别了新婚的妻子，毅然踏上了地处祖国西北边境县——温泉县。

温泉县海拔较高，气候干燥。李焱刚来几天就出现了不适反应，鼻腔干燥，流了一个星期鼻血。2011年1月，是近十年来新疆最寒冷的冬天，气温达零下38℃，在下乡巡回义诊时，李焱大腿冻伤，皮肤出现瘙痒，身上挠出一道道伤痕。同事帮他开了药，劝他注意休息。他却笑着说："到了一个新环境，总会有些不适应，工作总得有人做，既然来了，就要做得更好！"

李焱被安排在温泉县人民医院病理科工作，他很快以良好的精神状态投入到工作中。科室基本设备不齐全，致使一些技术工作只能靠手工操作完成。李焱向院领导建议配置有关设备，并让同事增强自我保护意识。在病理科业务诊断工作上，他耐心地给同事讲解病例的诊断依据和新理念，为每一位患者详细解释病情治疗及防护措施。

6月中旬，温泉县妇幼保健站组织全县妇女进行妇科病筛查，在县卫生局的协调下，由李焱协助检查项目技术方面工作。他每天在县医院工作8小时，下班后还坚持去妇幼保健站阅片，共同探讨病例，耐心解答病情咨询。

2011年过完春节回疆后，李焱像变了个人似的，沉默寡言。原来，他的妻子因为妊娠反应强烈，影响到工作业务量，公司不公正对待，妻子思想情绪波动比较大。队友们建议他请假回去一趟，把事情处理好。李焱却说："现在我们科室的另外两位同事，一个在外进修，一个休产假，我若再请假，肯定会影响工作……"就这样，他一边通过电话安慰妻子，一边坚守在工作岗位上。

6月16日晚，妻子顺利产下一个8斤重的“千金”。喜悦过后，他转而哽咽，在感激家人对援疆工作的理解和支持后，更多的是对妻子的内疚和歉意。大家又催促他赶紧请假回去探亲，他说：“我们来到这儿，肩负着湖北人民、各级领导和组织上的信任和重托，纵然有再多的愧疚与遗憾，都得把工作做好。”他没有请假回家，依然坚守在工作岗位上。

（2011年10月17日发表于《博尔塔拉报》）

援疆路任重道远　民族情地久天长

——记博州蒙医院湖北援疆专家吴云华

陈瑞滨　王丽薇

在博州蒙医院，一提到湖北援疆专家吴云华，无论是医务人员还是患者都赞誉有加。

在来博州的10个月里，他为博州的医务人员开办学术班，举办讲座，传授医疗技术知识，为各族患者义诊，将浓浓的援疆深情在博尔塔拉大地传递。

带着责任与义务来援疆

2010年12月15日，吴云华随湖北省第五批援疆干部乘专机途经乌鲁木齐来到博州蒙医院，开始为期一年半的援疆之旅。

在援疆干部欢迎会上，吴云华了解到湖北省从1999年开始，按照中央的统一部署开始三年一批的对口援疆工作，已经先后选派了四批援疆干部到博州工作。一批批援疆干部们牢记肩负的使命和组织的重托，求真务实，开拓创新，用自己的智慧、知识和技术，真心实意为博州各族人民谋利益，为博州经济和社会各项事业的发展做出了积极贡献。作为第五批援疆干部的吴云华动情地说："每每想到这些，我都备受鼓舞，也深感肩上责任重大。"

吴云华，今年47岁，湖北省随州人，在武汉大学中南医院普外科工作，副教授，副主任医师，从医23年之久。2010年来博，现在受援单位博州蒙医院普外肛肠科任职。吴云华说："虽然这所医院的肛肠科在全疆都颇有影响力，但在一些复杂的手术和新的手术方式上仍有发展空间。由于医疗条件的限制，开展这类手术需要承担一定的风险。"

"随风潜入夜，润物细无声"，吴云华通过举办讲座、带教、术前讨论等多种方式让普外科和肛肠科同行掌握了更多更广泛的专业知识。他住在医院内，手机24小时开机，遇到急诊和急需处理的问题，都随叫随到，很快就融入了医院的生活和工作中，与身边的同事结下了深厚的友谊。他说："院领导和同事们给了我很多帮助，为我开展工作提供了很大的便利，他们对我的尊重让我充满了自信。"

援疆结下诚挚友情

3月4日上午12点，在州蒙医院四楼手术室内，无影灯下，一台手术正在有条不紊地进行着。三个多小时后，从患者腹部取出一个硬硬的肿块，主刀医生擦擦额头上的汗，如释重负地长出一口气。

这是州蒙医院建院以来第一例直肠肿瘤根治术，主刀医生便是吴云华。他和同事们完成的这例手术，本报汉语版和蒙语版都进行了报道。

在手术之前，该患者已经在蒙医院住院几天，等着在武汉过春节的吴云华回来为自己的手术主刀。吴云华回到博州蒙医院后，检查了患者的病情，决定立即手术。全院上下积极行动，以最快的速度做好术前准备。3月4日，吴云华主刀，手术过程仅用了3个多小时，手术非常成功。

接受手术治疗的病人是一位蒙古族教师。她说："知道是湖北专家给我做手术，我就吃了定心丸，手术很成功，非常感谢吴大夫！"

从此，她们一家和吴云华成了很好的朋友。吴云华说："我非常高兴，不仅为患者解除了痛苦，还能和她们成为朋友，她们献给我的哈达我一直珍藏着，这是我们友谊的见证。"

留下永不走的医疗队

"受人以鱼，不如授之以渔。"为了给医院建设一支带不走的医疗队，达到"输血"和"造血"的有机结合，吴云华因人施教，因材施教，在该院开展了首例痔上黏膜环形切除缝合术（PPH术），州蒙医院肛肠科技术力量雄厚，病源充足，为PPH的长期开展提供了广阔的空间。吴云华至今已成功完成了23例手术（其中一例为哈萨克斯坦共和国人），并取得了良好的疗效。该技术填补了博州在该领域的空白。并培训该院两名医生熟练掌握了该项技术，让这项技术永远留在了博州蒙医院。

9月20日,吴云华还为该院开展了新疆首例低位直肠癌柱状经腹会阴切除术(柱状APR)。手术后,患者病情得到了有效控制,身体恢复良好。

据吴云华介绍,低位直肠癌柱状经腹会阴切除术自2008年在我国开展以来,目前只在北京、湖北、山东、江苏等地开展过。博州蒙医院此例手术的开展填补了新疆在该领域的空白,为全疆开展此例手术奠定了基础,也标志着博州蒙医院肛肠科治疗水平又上了一个新台阶。

吴云华到州蒙医院工作了10个月,共完成手术78台、专题讲座13场,培训460人次。制定了普外科疾病的诊治规范,为其规范化治疗提供理论依据。定期专家门诊、专家查房、疑难危重病例讨论、手术示教,保证医疗安全,控制医疗质量,防止了医疗差错或医疗事故的出现。在开展新业务的同时,因地制宜,遵循医疗安全重于泰山的原则,坚持"服务好、质量好、医德好、群众满意"的服务理念,有序地开展工作。还单独写作医学论文1篇,并指导州蒙医院医生书写医学论文1篇。

救死扶伤是医生的天职,吴云华已经把行医当成了自己生活的一部分,他说:"在这里最大的快乐就是找我看病的人能够达到预期的疗效,病人的满意是对我们工作最大的肯定。"

(2011年10月20日发表于《博尔塔拉报》)

情系边疆乐奉献

——湖北援疆干部、精河县教育局副局长刘明春小记

叶红梅　库来西

2010年12月，湖北援疆干部、精河县教育局副局长刘明春从湖北襄阳来到精河，恰好赶上了最冷的天气。但是他顾不上克服水土不服、饮食不习惯等诸多困难，迅速投入到紧张的工作之中。下乡调研、查阅资料、走访、座谈……一个月下来，刘明春的脸冻伤了，老毛病胃溃疡犯了，但他仍然坚守岗位，走遍了全县6个乡（镇、场）的所有学校，基本摸清了全县的教育现状，掌握了大量第一手资料，为援疆工作找到了切入点和结合点。

刘明春分管精河县教育局德育、远程信息基础教育、青少年活动中心等工作。一年来，他根据精河县教师、学生的特点，先后组织举办了教师师德演讲赛、精河县首届班主任德育工作技能大赛、法制讲座进校园、民族团结主题班会等丰富多彩的活动，丰富了学校德育工作的内容。

今年春节，刘明春在襄阳与家人团聚时，还惦记着精河的教育工作。没休息几天，他便联系襄阳市援疆办领导和教育界领导，带着反映精河教育特色和发展现状的材料，和他们见面，一场教育界的帮扶结对之旅从此萌生了。为了取得襄阳方面最大的支持，今年7月，刘明春积极促成了襄阳市教育代表团来精河县考察，签署了《湖北省襄阳市教育局与新疆精河县教育局工作交流合作协议书》，双方就两地互访、教师互派、干部挂职、共享教学信息资源及教育科研等事项达成了共识，加强了交流，取得了良好效果。日前，精河县高级中学与襄阳市第四中学结成帮扶对子，襄阳、荆门两地投资面积为4650平方米的高级中学综合楼工程也已动工。经刘明春沟通联系，今年8月，精河县5名美术教师和10名初中英语教师，分别到襄阳、荆门两地进行了为期12天的培训。

“刘局长做事很细心，很有创意，对于实现我校与襄阳市第四中学的资源

共享,也提出了很多可行的建议。”精河县高级中学党支部书记、副校长苏万忠这样说。

“学校想要办出特色,就要在保证办好素质教育的基础上,打造艺术校园、书香校园、和谐校园等亮点。”这是刘明春深入思考精河县教育工作现状后提出的理念。对此,精河县高级中学也做了尝试,举办了高级中学第一届艺术节,出台了老师一年考一次高考试题、优秀教师对外交流培训等激励措施。

节假日里,刘明春多次组织援疆教师利用节假日,前往精河县福利院看望孤寡老人,送去慰问金和生活用品。截至目前,他们送去的慰问金超过7000元。同时,他还积极参与援疆医生下乡义诊活动,动员援疆干部每人出资200元,为八家户农场困难群众送去了必要的医药品。“我只想把自己能做的做好,这没什么。”刘明春如是说。定期看望援疆教师、组织召开座谈会聊心得,一年来,他不忘关心同来援疆的干部,更不忘了解援疆取得的实效,并从中取经。

捧着一颗心来,不带半根草去。刘明春用实际行动诠释了一位教育工作者的责任,诠释了一位援疆干部的奉献精神。

(2011年12月2日发表于《博尔塔拉报》)

援疆，让他有了第二故乡

——记援疆干部、农五师电视台副总编辑黄华安

吴　诗

“援疆工作为我丰富人生阅历、积累经验提供了舞台。我付出的是艰辛，收获的是财富……”近日，在谈到自己的援疆工作和生活时，湖北省援疆干部、农五师电视台副总编辑黄华安动情地说。

2010年12月，作为湖北广播电视台的一名援疆干部，黄华安带着组织的重托、带着对援疆工作的憧憬，从“江城”武汉来到了“边城”博州。一年多的时间，他在这方热土上，倾注了大量精力和心血，为农五师广播电视事业的发展做出了贡献。

“政治上信任、工作上放手、生活上关心。”看到各级党委、政府对援疆干部采取这样的管理办法，刚到农五师的黄华安感到亲切和鼓舞。他暗下决心，要珍惜在农五师电视台挂职的机会，扎实做好工作，不辜负大家的信任与期待。

抵达农五师一个星期之后，黄华安就联系到了中央电视台《新疆行》栏目组记者到农五师采访报道。冒着严寒，黄华安带领中央电视台记者来到阿拉山口口岸中学，拍摄老师、学生生活和工作的场景。他们在“风口第一哨”拍摄画面时，天寒地冻，为了完成拍摄任务，他们只能轮流拍摄，拍摄结束的时候，手指都被冻僵了。

像这样深入基层的采访，一年多来黄华安和同事们都已经记不清有多少次了。在一次次深入基层的采访中，黄华安被兵团人无私奉献的精神所感动，他切身体会到了“屯垦戍边”的深刻内涵。他觉得作为一名援疆干部，有责任、有义务主动宣传兵团和兵团精神，让更多的人了解兵团、理解兵团、支持兵团。

2011年春节前夕，黄华安冒着严寒，深入各团场、受援单位采访报道湖北援疆干部人才的实际工作，这次采访报道在湖北卫视《新闻联播》中播出，得到

了湖北省援疆办的肯定。

黄华安在最短的时间内,详细了解了农五师电视台的技术系统和技术管理现状。针对播出设备老化,播出效果不理想等问题,向上级提出了购进数字高标清播出系统的建议,得到了农五师师部有关领导的大力支持。

在农五师电视台工作期间,黄华安还将自己多年采访报道的经验传授给现场的记者编辑,针对电视新闻采访活动中镜头不规范、构图不饱满、标题不简短醒目、新闻点不突出等问题进行讲解,帮助记者、编辑提升业务水平。

黄华安说:"到了农五师,就要融入农五师,为农五师的发展做出自己的贡献。"他是这样说的,也是这样做的。为了向湖北广播电视台要项目、要资金,黄华安多次奔走湖北。在他的努力下,2011年9月,湖北广播电视台派人来农五师进行考察,实现了湖北广播电视台与农五师广播电视台的工作对接,并敲定了当年的培训计划,提出了2012—2016年湖北省广播电视总台援建农五师电视台方案。

回首一年多的援疆工作,黄华安首先想到的是"感谢"。"我感谢这一年多给我关心和帮助的领导和同事。"在采访快结束时,黄华安欣慰地说。他告诉笔者,是援疆给了他这份光荣,农五师也将永远是他第二个故乡。

（2012年7月27日发表于《博尔塔拉报》）

爱心援疆 播洒忠诚

——记援疆中医陈年朝事迹

程玉芳

每天早上8点钟，83团场第二医院门诊大厅，就已经有患者排队候诊了。这么早来排队，为的是早点让湖北黄冈市援疆专家——副主任医师陈年朝给自己看病。

年近六旬的陈年朝是今年到该医院援疆的中医大夫。

“一剂中药治好了我的病”

68岁的李富英是83团退休女职工。从半年前开始，她每天中午都发低烧，体温37.5—38.5℃，有时手脚不听使唤。去过多家医院，做了多项检查，总是找不到病因。老人背着儿女不知流了多少眼泪。经人介绍，老人抱着试试看的态度，找到了陈年朝大夫。

陈年朝按中医理论分析，诊断出老人得的是阴虚发热，他一边耐心安慰老人，一边认真地辨证施治，并给老人开了5剂中药。谁知，第一剂药喝完后，老人以前那种全身酸痛、浑身无力、坐立不宁的感觉立刻就消失了。5剂药吃完，老人生活已经能够自理，她又可以找自己的老伙伴们聊天、散步了。老人家逢人就说：“一剂中药治好了我的病，神医啊！”

“良好医德鼓励我驱除病痛”

张舰是83团18连连队党支部书记。5月3日清晨他一觉醒来，感觉自己右侧头皮发麻、疼痛，走到镜子前一看，他愣住了：镜子里的自己右嘴角歪向一侧，面目狰狞，这是怎么回事？他对着镜子不停地揉搓自己的头和脸，都无济于事。“难道这就是人们常说的面瘫吗？”发病初期，张舰右眼闭合功能受损，喝水稍微不注意就会引起呛咳,吞咽功能受到了影响,每天出门都要戴口罩,生怕碰到熟人,话也比平时少了。当他听说第二医院来了位医术高超的援疆中医后,满怀希望地来到了医院。陈年朝诊断他得的是面神经麻痹。经过一个月的悉心治疗,现在张舰的右眼睛可以闭上了,如果不开口说话,他的面部两侧基本上一样了,病情从急性期进入了恢复期。

有一段时间,因为扎针太疼,张舰越来越怕治疗。陈大夫对他说,治疗不能间断,现在是关键时期,完全复原还需要一个过程。

有一次陈大夫要出远门,但他心里还记挂着张舰的治疗。早上7点多,他就打电话把张舰叫到治疗室,给他做完康复治疗后才乘车远行。

张舰告诉笔者:"面瘫了,我很难受,多亏陈大夫不断地鼓舞着我,帮我祛除病痛,增强了我对治疗的信心。"

发挥中医特色为边陲乡亲服务

今年57岁的陈年朝是湖北援疆专家中年龄最大的医生。虽然83团风沙大、蚊子多、气候干燥、环境恶劣,第二医院医疗设施简陋,但是陈年朝却说,人生短暂,他很珍惜这次援疆的机会。

援疆以来,陈大夫每天要接诊近30名患者,他常常一进诊室,就忙个不停,为慕名前来的病人把脉、针灸、开药,有时他连喝口水的功夫都没有。对待病人,他根据情况,先诊治离家较远的患者,再按先来后到的顺序依次诊治。时常过了下班时间,陈大夫还在为患者做理疗。他开展的针灸、按摩、拔罐等多种中医技术,填补了该医院多年没有中医的空白。他还先后到83团第一医院、90团医院为医务人员讲课,把自己30多年来积累的临床知识和经验毫无保留地传授给大家。

过去,83团第二医院无中医医生和康复理疗师,陈年朝大夫在该院既当医生,又当理疗师。由于每天超负荷工作,原本不胖的他两个月体重就下降了三公斤多。瞅着日渐消瘦的他,第二医院的干部、职工看在眼里,疼在心里:陈大夫,您太辛苦了!面对大家的好意,陈医生却总是精神饱满地说:"我既然来了,就不能辜负家乡父老的信任,我要发挥自身特长,为新疆西北边陲父老乡亲服务。"

(2012年8月3日发表于《博尔塔拉报》)

真情温暖草原牧民心

——施真强一行救助遇险牧民纪实

王　飞　段梦茹

那天，被大雪覆盖的博罗科努山上没有一丝阳光，然而滞留在赛里木湖草场上的两位蒙古族兄弟却感受到了来自湖北亲人的温暖。

27日，州党委副书记、湖北省援疆工作前方指挥部总指挥施真强一行到农五师87团和88团调研，到牧民定居点了解牧民生产生活情况，途经赛里木湖返回博乐市。由于多日降雪环湖公路上到处是积雪，尤其是在湖南侧的一些背阴处，积雪厚度达50多公分，车队在积雪里艰难地前行着。

当车队沿着环湖公路行驶至一处背阴路段时，不远处出现的一辆皮卡车吸引了所有人的目光。

"冰天雪地的，天都要黑了，这车停这里干啥？"施真强随口说了句。但随即他发现皮卡车深陷在雪窝里，两个牧民正在车下垫石头，想把车弄出来。

施真强让车停下来，他问："老乡！老乡！你们怎么了？"

"车陷这里快1个小时了，到现在还没出来。"一个小伙子钻出来说。

施真强跑到两个牧民身边，询问了情况。原来，这两人是温泉县安格里格乡厄然哈尔根村的牧民，因为急着赶到伊犁去帮一名牧民搬家，所以选择了这条冬季少有人走的近路，车子被陷住了。两人忙了半天，鼻子、耳朵、手都冻得通红，但车还是纹丝不动。

施真强召集随行的人想办法，看怎么样帮着把车弄出来。一行人来到车后，踩在厚厚的积雪里，帮助牧民推车，但使了半天劲，皮卡车总是在紧要关头滑了回来。

"这样搞不行啊！有没有绳子，用我们的车把你的车拉出来，看行不行。"施真强说。

一群人找了半天,只在皮卡车里找了两根用过的拴牛绳,农五师副师长、湖北省援疆工作前方指挥部副总指挥吴锦指挥着两名牧民将绳子绑好。

“小刘,你开车,我们到后边去推,看能不能推出来。”施真强指挥着司机。

在大家的努力下,车一点一点地挪动着,眼看就要拉出来了,“啪嗒”一声,绳子断了,皮卡车又回到了原位。看着眼前的情景,大家刚刚燃起的希望又熄灭了。有人提议要不我们原路返回,找人带工具上来帮他们。

“这哪能行呢,这么冷的天,再说天都要黑了,他们的手机还没有电,咱们这一来一回得多长时间,他们两个能受得了吗!”施真强立马否决了这个提议。

一行人就这样在车边站着,商量着还有没有其他办法。“大家都想想,办法总比困难多嘛,人还能被这点问题吓倒!”施真强鼓励大家。

这时,施真强的司机魏建平说:“农五师那个车上有绞盘,我以前开过那种车。”冰冷的心又被突然出现的转机激活了。

然而就在大家想打开绞盘时,才发现由于绞盘长期不使用被钢丝卡住了,突然出现的难题让大家有些沮丧。

“我来看看!”施真强顾不上天气的寒冷,钻到车下边查看情况。“只要把这两个卡扣打掉钢丝绳就可以出来了。”施真强说。

随即,施真强拿起手边的钢管敲打了起来,经过近半个小时的努力,绞盘终于打开了,卡住的钢丝绳也取出来了,人群里一片雀跃。

这时,天已经擦黑了,近两个小时里,施真强没有一次说过放弃,没有一次提议去车里暖和一会,这让每一个在场的人心都感觉到喜忧参半,担心会冻坏这位热心的总指挥。

牧民将钢丝绳绑在皮卡车上,在车的拉动下,皮卡车一点一点地挪动了位置,但就在紧要关头,皮卡车滑了一下又回到了雪窝里。

“小伙子,开车时间不长吧! 来,车给我,我给你开出来。”说着话,施真强拉开车门钻进了皮卡车。其他人都到车后使劲推着车,皮卡车终于开了出来。

“前边这段路雪还是比较厚,我帮你开过去吧!”道路一边就是赛里木湖,由于积雪已经看不清路的轮廓,只见施真强一摇一晃地开着皮卡车往前走,大家都紧随其后,直到看着前边比较好了,施真强才把车交给两名牧民。

两名牧民激动地握住施真强的手久久不肯松开。

当车队即将到达赛里木湖隧道口时，走在车队前面的皮卡车又一次地陷进了雪里，大半个车身都看不见了。施真强赶紧指挥司机将车靠上去走到皮卡车前，将车周围的雪刮开，开始了又一次救援，寒风萧萧，大雪弥漫，有了上次的经验这次车很容易就被拉出来了。

看了看前边的地形，施真强说“这样实在太耽误事了，这样好了，我们在前面给你们带路，你们顺着我们碾出的车痕跟上来。”就这样，施真强一行人一直将两名牧民带上高速路。

到博乐市时，已经晚上9点多了，看着手上的油垢，施真强说：“大家今天表现都不错，早点回去休息吧！”施真强拖着疲惫的身体回到了驻地。

（2012年11月30日发表于《博尔塔拉报》）

一位援疆教师的心灵之约

——记五师86团二中英语教师曾芹

张　卫　李云清

1月7日,州人民医院内二科209室病房内。

"医生,让我回去吧,马上要期末考试了,孩子们的英语课没人上,还要复习!"病人请求道。

"不行,尿蛋白这么高,病拖的时间太长,你不要命了?"医生"怒斥","其他人都赶紧出去,病人需要休息!"

在医生的再三驱逐下,湖北省援疆工作前方指挥部的领导忍不住再次嘱托,单位同事、援友们依依不舍地退出病房。病人是谁?缘何受到这么多人的关心?

英语老师来了

2011年8月21日,华中师范大学英语系毕业、从教30年的曾芹从湖北省十堰市16中来到五师86团援教。听说是位女教师,86团领导特别照顾,安排曾芹在教学和居住环境相对较好的一中任教,还为她安排好了宿舍和食堂。

可当曾芹刚下车,86团二中校长杨启英就抢过行李:"我们二中18个班只有4名英语教师。有一个英语老师快生小孩了,两个班的孩子没人代课……"没有犹豫,曾芹坐上了开往86团二中学校的汽车!

86团二中是九年一贯制学校。学校安排曾芹任年级教研主任,每周上12节课,还要组织老师开展教研活动。

"生本教育"在经济和教育发达地区盛行多年,教学效果良好,而曾芹就是这种教学模式的践行者。如何让这种高效先进的教育理念在边城开花?曾芹动起了脑筋。

曾芹把班里的学生按好、中、差成绩搭配分组，上课时，她给每组学生布置任务，通过荣誉激励来促进小组成员间的竞争、合作，使学生主动获得新知识。她让学生讲英语故事、背英语诗歌、办英语手抄报，鼓励和激发学生学习英语的欲望。她还让学生自己排练课本剧，表演过程中提炼出关键的单词和句型作为本单元需要掌握的内容，学生的学习热情和学习效率空前高涨。

“特别喜欢曾老师的课，边学边玩，不累！”八年级一班学生李玉凤说。

“经过一年多的努力，英语考试学生的年级平均分大幅提高。”英语教师张爱萍对学校英语教学发生的变化感到惊喜，“过去，学生很排斥英语课，因为要死记硬背单词；现在，学生比着学，都是受曾老师‘生本教育’的影响。”

民小班的“汉族妈妈”

每当上完自己班的课时，曾芹总忍不住向对门的班级多看两眼——那是一个由5个哈萨克族孩子组成的民小班！

曾芹从学校了解到，这是四年级双语班的孩子。学校给他们单独开的班。

上课时，孩子们读书的声音低沉而单薄；课间活动时，四个女孩跳皮筋，唯一一个男孩子只能站在一旁呆呆地看。5个小小的身影在其他班的热闹下衬得有些孤独。

“我来教这个班的英语和汉语课吧！”曾老师主动请缨。

“你本来就超了课时，能行吗？”

“反正我下课后也没什么事干，这些孩子都住校，不碍事的！”

就这样，曾芹走进了这个班！

“How are you!（你好）”当曾芹主动跟孩子们打招呼时，她明显感觉到了孩子们眼里的陌生和好奇。

5个孩子都是牧民子女，寄宿在学校，一周回家一次。最大的男孩子阿克焦力12岁，其他4名女孩都还不足10岁。

阿克派勒的家人都在山上放羊，双休日也很难回家。曾芹就把她带回宿舍洗澡，还买来清真食物给她吃。努沙古丽感冒发烧，曾芹把她接到宿舍，给她喂药，直到病情好转……

不知从什么时候起，大家在心里把曾芹当“妈妈”了。直到有一天阿克派勒随口喊了声“曾妈妈”,孩子们也开始自然地叫她“曾妈妈”了。

“曾妈妈给我们教英语太有意思了,一边学一边玩。我们都会用英语唱《牛仔很忙》这首歌!”阿克派勒起了个头,几个孩子一起大声唱了起来,自信和开心写满了孩子们红红的脸蛋。

阿依达娜的书包里有一本《小学生分类作文》。这本书装在书包里一年了,还保护得很好——“这是我唯一一本课外书,是‘曾妈妈’送给我的!”

走进孩子们不足三十平方米、只有三张课桌的教室里,正中的黑板上方端端正正贴着这个班的第一面奖状:奖给民小班,在2012年学校举办的庆“六一童心向党”文艺会演中荣获优秀奖。

“我们跳的舞蹈《故乡》获奖了。快上台时我们紧张死了,那是我们第一次上舞台,怕其他班的孩子笑话我们。‘曾妈妈’摸着我们的头,让我们别紧张,好好演! 我们不能让‘曾妈妈’失望!”害羞的阿依达娜提起上台表演时仍很兴奋。

4个女孩子都留着长长的头发,这是她们共同的秘密。“我最喜欢曾老师给我们扎头发了,像妈妈给我梳头一样!”努尔莎告诉记者。

与新疆割舍不下的情怀

2011年11月15日晚9点,仍在办公室加班的曾芹突然感到身体不适,一阵呕吐后,她的眼前一黑,失去了知觉。等她醒来时,她倒在地上,全身无力。她摸索着打了个电话给学校教务主任李海涛。不一会儿,李海涛和教研主任刘旗赶来把又陷入昏迷状态的曾芹送到了医院。

经过医院诊断,曾芹为恶性食物中毒,呕吐严重导致毛细血管破裂。经过一夜输液救治,曾芹恢复了知觉。

得知她住院,学校领导、同事买来了水果、牛奶看望她,可她仅在医院待了两天就要求出院。

这一次脱险,让曾芹感受到了亲人般的温暖:宿舍被打扫得干干净净,每天回家门卫会打着手电把她送到宿舍门口,总有本地同事主动叫她到家里吃饭。“领导和同事对我像亲人一样。”曾芹说。

2012年7月,家中打来电话:得脑溢血、瘫痪在床的父亲病情不断加重,已经完全不能走路；中风多年的母亲生活只能半自理；在广州上学的孩子没有人关心，希望她早日回去……

一边是自己骨肉相连的家人，一边是才刚刚建立自信的孩子，曾芹很难受，没有办法选择："我走了，这里的孩子怎么办？"

"还是留下来吧，父母拜托姐妹们多照顾，这些孩子我要送他们上初中！"

就这样，已经完成援疆任务的曾芹硬是主动要求继续援疆！

头发干枯了，舍不得焗油；脸上的红血丝重了，舍不得抹护肤霜；一部手机用了多年都舍不得换新的，但却自己掏钱给孩子们买书包、篮球、图书，是什么使这位50岁的援疆老师这样做？"我要让这些孩子从物质到精神都不贫乏，要让他们都成才！"曾芹说。

2012年平安夜那天，民小班的孩子们早早就悄悄把苹果放在了课桌抽屉里，想给曾老师一个惊喜，可曾老师却没有来！孩子们哪里知道，他们的"曾妈妈"已经住进了医院。

"那天曾老师连上了两节课，还有10分钟下课时，曾老师捂着头来到我办公室请假，说她头痛。曾老师走了没多久，团医院就打来电话让学校去一个人送曾老师转院，我们这才意识到曾老师可能病得不轻！'长期积劳成疾引发的肾炎，再拖就成肾衰竭了。'在州医院一检查，专家这样说。当时曾老师很虚弱，她打完吊瓶就准备回学校继续上课，医生不让回，曾老师都急哭了！"86团二中书记付云平回忆道。

得知曾老师住院的消息，湖北省援疆工作前方指挥部总指挥、副总指挥来了，州卫生局长来了，同事们来了，援友来了……于是，就发生了文章开头的一幕！一肩挑着家庭与亲情，一肩挑着使命与约定，曾芹在援疆的道路上走得艰辛，但她无怨无悔："我是老师，应该这么做，我还是孩子们的妈妈，我更要这么做！"

因为要继续治疗，正值放寒假，曾芹回湖北了，但她的心还留在了这里："开学时，我要带两箱子书来，给孩子们办个图书角！我要让他们都长大成才，建设家乡！"

（2013年1月30日发表于《博尔塔拉报》）

援疆,我人生中闪亮的部分

——记湖北援疆医疗专家陈吉相

熊娅楠　李云清

5月18日,在欢送陈吉相教授的小型餐会上,湖北省援疆工作前方指挥部党组成员、自治州党委组织部副部长徐小兵深情地握着陈吉相的手说:“干部人才援疆就是要留下带不走的人才,技术援疆就是要留下技术。你用自己的无私奉献践行了这一理念。”

他从医三十年,没有发生一起医疗纠纷,没有产生一次医患矛盾。

他从医三十年,斑白的发丝印证了他对患者倾注的心血。他援疆一年半,带出了一批专业强、素质高的医护队伍。

他援疆一年半,留下了人人竖起大拇指的称赞。

2012年3月,州人民医院内二科出现了一个瘦瘦高高的湖北援疆医生。他就是来自湖北武汉协和医院的援疆医生陈吉相。

“患者的认可就是对我的肯定”

“我上学比较早,16岁就高中毕业上大学了。填考大学志愿的时候,我觉得教师和医生是特别崇高的职业,前者是人类灵魂的工程师,后者是救死扶伤的白衣天使,所以就报了这两个专业。后来,我被医学院录取,从此走上了从医的道路。”陈吉相说。

从医三十年,从一个初出茅庐的医生到经验丰富的教授,在医患纠纷频频发生的当下,能保持医患矛盾为零、医疗纠纷为零的成绩,陈吉相总结了自己的心得。

“与患者保持良好的关系其实很简单,就是三个词——认真、细心、负责。”陈吉相说,“认真,就是对患者诉说的症状要认真记录,这是对病情分析的重要依据；细心，就是要仔细观察患者病痛部位，以及有可能引起这些病症的部位和症状；负责，就是要深入了解患者的病症，不能随意判断患者病情，很多病人就是因为医生马虎诊断而误诊导致病情严重甚至死亡。”

高超的诊断治疗医术和对患者认真负责的态度，使陈吉相很快成为了小有名气的医生。曾经有一名西藏的患者，患癫痫病4年之久，陆陆续续治疗后，效果一直不好。得知陈吉相是这方面的专家，这名患者千里迢迢来到武汉求医。经过陈吉相精心诊断和治疗，3个月后，这名患者的病情有了明显的好转。出院后，这名患者把陈吉相的治疗方案带回西藏继续治疗。

“老百姓的认可是对我最大的肯定，也是激励我更好工作的动力。每次让病重患者恢复健康，将他们从死亡线上拉回来，我都有一种满足感，觉得自己没有辜负患者的期望。”陈吉相说。

浓浓援疆情

2012年3月，陈吉相接到医院援疆的指示，心情特别激动。“新疆一直是我向往的地方，神秘的西域一直吸引着我。所以接到援疆指示，我毫不犹豫地答应了。我的家人也非常支持我，更坚定了我援疆的信心。”

来到新疆，热情好客的群众、浓郁淳朴的民风，将陈吉相路途奔波的疲惫一扫而光。顾不得游山玩水，到博乐的第二天，他就投入工作中。熟悉医院情况、科室情况、病患情况，每星期给全院讲一次课、给科室讲一次课，每星期进行两次业务查房和一次教学查房……忙碌的工作让陈吉相的生活非常充实。

说起初到新疆遇到的最大困难时，陈吉相表示，跟少数民族患者沟通比较困难。有的少数民族患者汉语说不好，不能正确地表达自己的意思，对治疗产生阻碍。“刚开始，科室少数民族同事帮我翻译，但我发现这并不是长久之计，于是我开始学习一些简单的维吾尔语。现在，我跟维吾尔族患者进行简单的交流，已经没什么问题了。”

前不久，一名维吾尔族小伙子找陈吉相看病。经过了解，这名患者是医院的常客了。患者讲述了自己的症状和就医情况。陈吉相发现，这是一例结节性硬化症，但一直被误诊为一般癫痫病，所以常年治疗也没多大效果。“这里的医疗设备、医疗技术和医生素质跟其他省市比还是有很大差距的。因为医疗水平有限,很多病症不能及时准确被发现,所以耽误了患者的治疗时间。我利用休息时间做了学术课件授课,还经常组织科室同事开展会诊,以此提高科室医护人员医疗水平。”陈吉相说。

新疆饮食多以肉食为主,并且口味大多偏咸,导致脑血管病发病率较高。陈吉相根据本地情况,申报了一个自治区级关于脑梗的课题,并得到批准。

把技术留在博州

一年半的援疆工作结束了,陈吉相就要离开博乐回武汉了。对这个不是家乡胜似家乡的地方,陈吉相依依不舍。

“虽然在新疆仅仅工作了一年半,但是从来到新疆的第一天起,我就把这里当成了自己的第二故乡,把自己当成州人民医院的一分子而不仅仅是一名援疆医生。”陈吉相说。经过援疆医生和当地医生的共同努力,州人民医院的软件实力和硬件实力都得到很大提高,患者信任感增强,最明显的转变就是从当初转院患者多到现在患者多、床位紧张。

目前,州人民医院正在积极申报三甲级医院。陈吉相有个小小的心愿,希望州人民医院申报三甲级医院成功的那天,能再来到这个曾经奋斗过的地方。

援疆时间是有限的,援助工作却是无限的。援疆医生都有一个共同的心愿,就是变“输血”为“造血”,留下一批带不走的医疗队伍。陈吉相说:“援疆这一年半,必定会成为我人生中闪亮的一部分。我可以骄傲地说,我为祖国西部奉献过。虽然我的援疆任务结束了,但我的技术留下了,这就达到了我们援疆的目的。”

(2013年5月23日发表于《博尔塔拉报》)

情系边疆　心系教育

——记湖北援疆教师、博乐市第一中学副校长程端斌

陈瑞滨　菊新军

“父母在不远游。我母亲已经80多岁了，重病卧床，我的孩子马上要参加中考。考虑再三，我选择了放弃。”武汉市党委组织部第一次和程端斌谈话，选派他援疆时，他拒绝了。

根据对口支援学校博乐市第一中学的要求，在考察完武汉市培英中学推荐的援疆教师之后，武汉市党委组织部又一次找到程端斌谈话。

这一次，程端斌没有犹豫，“组织部门再次找我谈话，是对我信任，也是我的荣誉。我没有理由拒绝。”

2011年8月，程端斌来到博乐市第一中学支教，担任副校长，分管教学教研工作。作为管理层的他却主动要求带课，深入教学一线。

“这里的教育环境和基础与湖北不同，如果不在教学一线，不了解课堂，不了解学校教师和学生的情况，就很难将新的理念带入课堂，让学生们接受。”程端斌说，“要和同事以及学生们多沟通，才能更快地熟悉环境，才能将先进的教学理念融入教学实践中。”

程端斌在家访过程中，了解到自己的学生孜拉兰、娜扎开提家庭贫困时，他决定长期资助这两名贫困生。

对学校教学、教研工作有了充分了解后，程端斌结合学校实际，加强教学常规管理，规范教学行为，推进课改教研。

“程校长通过自身的示范教学，把湖北先进的教学理念毫无保留地带给了我们，使我们学校的教研工作有了很大的起色。”博乐市第一中学教务主任罗元飞说，“程校长来我们学校以后，制定了教育教学例会制度，使学校各项工作有检查、有评比、有反馈、有整改、有跟踪，加强了工作的及时性；提高了工作的

针对性。”

2011年10月,博乐市第一中学校长张帆要去上海学习一个多月。经校领导班子研究,决定由程端斌代理张帆负责学校各项工作。

这让程端斌深受感动,也深感责任重大。每项工作开展前,他都要深入调研,特别是在事关学校发展和教师切身利益的重大问题上更是慎之又慎。

正当程端斌全身心地投入学校教学工作时,突然接到家里的电话:“母亲病危,处于昏迷状态。”程端斌安排好学校工作,准备订机票回老家时,家里来电话:“母亲状况好转。”得知母亲病情好转后,放不下学校工作的程端斌没有回家,又一头扎进了工作里。

2011年11月,家里又来了紧急电话:“母亲出现长时间昏迷症状,生命垂危。”程端斌匆忙赶回家中。但是,他母亲已经昏迷不醒,任凭程端斌撕心裂肺地呼唤,母亲已经听不到了。11月15日,程端斌的母亲去世了。

“没有听到母亲最后的嘱托,这是我最大的遗憾……”提起母亲,程端斌的眼眶溢满泪水。

屋漏又逢连夜雨。料理完母亲后事,程端斌的妻子在上班时出现意外,脚部受伤,躺在床上不能行动。

还有一个多月就要放寒假了,回不回博乐?程端斌很犹豫:妻子需要照顾,孩子今年正在读高中,家里需要我留下来。

经过复杂的思想斗争,程端斌还是决定以援疆工作大局为重,舍小家顾大家,回到了博乐继续援疆工作。

付出就有收获。2012年6月,自治州举办教学能手大赛。博乐市第一中学民汉教师积极参赛。为此,程端斌就每一节课的教案、教法、说课稿等内容和参赛老师们进行反复研究。他们字斟句酌,一遍遍地推敲试讲。在程端斌的指导下,参赛老师获得数学、汉语科目一等奖,语文科目二等奖,数学科目三等奖。

这是博乐第一中学多年以来取得的最好成绩。

为了改善博乐市第一中学的办学条件,程端斌积极向武汉市江岸区教育局反映情况,争取支持。首批价值2万多元的援助器材——电子白板已经到位并安装,后续的援助还在商谈之中。“虽然援疆只有短短3年时间,但我争取让武汉名校和博乐市一中建立结对帮扶机制，让两地教师互相交流学习。我希望通过我的努力能够将博乐市第一中学的优秀学生带到武汉读初中班，接受更好的教育。”程端斌说。

（2013年6月9日发表于《博尔塔拉报》）

编外援疆不言悔

——记湖北省城市规划设计研究院博州分院院长解孝成

张 卫 李云清

他有三间办公室,分别位于湖北省城市规划设计研究院、博州住房和城乡建设局、湖北省城市规划设计研究院博州分院(以下简称博州分院);他有两个家,一个是湖北省武汉市的家,博州分院办公室兼宿舍是他的另一个家;他身兼数职:湖北省城市规划设计研究院副院长,博州分院院长、技术员、业务员……足迹遍及大江南北、业务范围横贯神州东西的他,最让他感到自豪的是身为编外援疆干部。

他就是解孝成。

"老婆,我要去援疆"

1982年南京大学经济地理专业毕业的解孝成,是系里的高材生。这位祖籍山东的汉子,因"设计精准、业务精湛"被分配到了湖北省城市规划设计研究院。其间,武汉大学和厦门大学等曾向他伸出"橄榄枝",但他"就想干自己喜欢的规划设计,不去"。

1995年,逐渐成长起来的解孝成升职为副主任,2000年任湖北省规划院业务所所长,同年入了党。因"协调能力,业务素质过硬",解孝成常常作为开辟业务根据地的主力军,被院里派往上海、深圳、江西、云南等各地开拓业务,并取得了非常好的成果。

新一轮援疆大幕开启后,州住房和城乡建设局领导专程多次去湖北省住房与城乡建设厅及湖北省城市规划设计研究院拜访,诚意提出需要该院技术和人才支持。几经考虑,湖北省城市规划设计研究院领导找到已年近五旬的解孝成:"新疆有需要,我们必须支持!只有你去最合适。"

“事业有成，家庭幸福，这么大年龄了还去干什么？何况又不是援疆指挥部硬性规定必须去的。”解孝成在犹豫。

“别忘了，你是共产党员！你先去建立‘根据地’，后面再找合适的人替你！”领导的一席话，让解孝成下了决心。

“老婆，我要去援疆！”“不行，这个年纪了还去干什么？”

“我是党员，新疆需要我！”

“我原则上不同意，但也不能拖你后腿。好吧！”

就这样，解孝成拎着一个小包，只身来到了博州。没有鲜花，没有掌声，没有送行的队伍——因为，他是一名编外援疆干部！

“在博州做项目，不好意思谈钱”

2011年5月下旬，解孝成“蹭”进了援疆楼。简单筹备后，5月26日，博州分院挂牌成立。

“博州分院成立半年就我一个‘光杆司令’。谈项目，实地考察，做规划……只有我一个人。”提起初到博州，解孝成没有一丝怨言。他办公室兼起居室内的一张张图纸、一个个项目本、一份份规划稿，默默诉说着他工作的艰辛。

博州分院成立之初，解孝成组织人员为我州部分乡镇场做规划。“单枪匹马一个人牵头，给6个乡镇场做了规划，费了很多脑筋。现场调研时，自然、经济、人文、特产等要详细了解，还要现场分析、现场探勘，结合本地发展规划跟领导座谈，最后，整理综合评价，落实到图纸上。各个环节工作思路要清晰。一个规划做下来，从发调查表、实地勘察到基本材料汇总，形成规划，相当于扒了一层皮。”解孝成回忆他的工作时这样描述。

博州分院成立之初的半年，只有解孝成一个人撑着。工作中，他要自己当司机，开车去实地勘测；回到宿舍兼办公室，他要做设计，做汇报材料，还要做饭。

“在博州很多项目都是先做，不签合同，不好意思谈收费！我们是来援疆的，在博州设立分院不是为了挣钱。事实上，我们不但不赚钱，有时还要赔钱。通常做一个乡镇场规模的规划，我们收费15万元，要是在湖北，我们至少收费30万元。”解孝成坦言。

因业务多、人手少,到博州才半年,解孝成的头发白了许多,还掉得厉害!因常常开车实地勘探,或彻夜伏案工作,解孝成腰椎间盘突出常常痛得睡不着觉。“能在边疆体现价值,虽说是编外援疆,但我无怨无悔!”在租住的简陋的临时办公室内,解孝成说。

“解院长是我们的主心骨”

州建筑规划设计院仅有一名刚毕业分来的规划人员,一般规划项目很难承担。如何“短平快”地留下一支带不走的队伍?解孝成一直在思索。

从2011年10月开始,我州本地设计人员开始跟着博州分院做设计。一些小的规划项目,解孝成就让州建筑规划设计院同志跟着做。他还主动联系沟通,让州建筑规划设计院派人去湖北省城市规划设计研究院跟班学习。通过项目带技术,目前,州建筑规划设计院也能独立完成一些比较复杂的规划设计项目了。

解孝成在州住房和城乡建设局有专门的办公室,作为专家,他在这里无偿工作,提供咨询服务。尽管没有人给他发工资,但他总会按时来报到。

2012年5月,解孝成答应妻子回程的时间到了。但考虑到工作的衔接性,湖北省城市规划设计研究院领导对他说:“你还是再撑一段时间吧!”解孝成一口答应了。2013年春节时,湖北省城市规划设计研究院领导又说:“你在新疆工作开展成熟了,再找接班人不好找!”“我还是不吭声,继续留在新疆,不过,给老婆没法交代。”解孝成笑着说,言语里透着山东人特有的豪爽。

“我最近在做2011年至2030年博州州域城镇体系规划(纲要)。乡镇总体布局,居民点、基础设施等布局……哪里要设铁路、航空管道……考虑城市主要用水总平衡……资源保护……这个项目从2011年底就开始做,2012年7月完成初稿,2012年11月底报自治区……”谈起这个规划,解孝成滔滔不绝。因为,这个项目花费了他太多的心血。

“从来博州到现在,只回了三趟家。长辈们都在山东老家也照顾不了。2013年春节跟老婆说回去过年也没回成。这里的工作实在脱不开身啊!”提起家里人,解孝成满脸愧疚。

“解院长就是我们的主心骨!我们来援疆,工资收入一年一个人损失十多万元。但有解院长给我们做榜样,我们感觉来援疆很值!”跟了解孝成多年的州建筑规划设计院援疆干部何佳提起自己的领导,言语里充满了敬佩。

两年来,在解孝成的主持下,博州分院共组织承接了60多项规划设计项目,上到区域规划,下至修建性详细规划及施工图设计,大的有州域体系规划,小的有村庄规划及局部地区的施工设计等。两年来,解孝成一直参与我州各类规划设计项目的咨询活动,积极出谋献策,业务上覆盖了包括各类总体规划、修规、可研报告等的评审会、论证会及技术咨询等。

解孝成的办公室内挂着一面博乐市乌图布拉格镇党委政府送来的锦旗:“技术精湛,运斤成风。支边援疆,不求回报!”

(2013年11月11日发表于《博尔塔拉报》)

援疆路上情似火

——记援疆干部、博尔塔拉报社新闻总监李云清

张　卫　蔡志疆

用火一般的热情,去从事自己钟情的事业,去奉献自己的才智和激情。他没有这样表白,却实实在在地这样做着。

“热情似火暖人心,高端大气上档次!”这是博尔塔拉新老同事们对他为人为文的评价!

文如其人,其人高尚!他,就是湖北援疆干部、博尔塔拉报社新闻总监李云清。

十年圆一梦

李云清,法学硕士、高级编辑。援疆之前任职《湖北日报》理论部主编、《湖北日报》评论员,同时还是湖北工业大学兼职教授。

10年前,就职于《湖北日报》的李云清,就提出过援疆的申请,但因种种原因,未能如愿。

2012年7月,新一轮干部人才援疆工作启动,已接近“知天命”之年的李云清,再次提出援疆申请,获得组织批准,来到博尔塔拉报社,任新闻总监。

2013年3月,李云清又被任命为湖北省援疆工作前方指挥部综合信息处副处长,负责指挥部援疆通讯及外宣工作。

倾尽所学培养人才

“活到老,学到老!”这是李云清经常挂在嘴边的一句话。一手端着茶杯,一手查看资料、翻阅报纸,是他的经典动作。

在博尔塔拉报社担任新闻总监以来,李云清为受援单位领导及各族采编

人员带来了清新超前的办报理念，受到博尔塔拉报社干部职工的欢迎。他上“接天线”、下“接地气”，努力提高自身的政策理论水平。他的3篇理论文章在《湖北日报》《新疆日报》《新疆经济报》等报刊发表后，受到读者好评。

在援疆的500多天里，生活上，他不向组织提要求；业务上，他悉心指导各族新老同事；工作中，他以认真负责的态度，树立了党的新闻工作者的良好形象。他将自己的行为概括为“用激情燃烧自己，以理性奉献边关”。

2013年春节后，李云清参与策划、指导修改的3篇本报新春评论《收心聚力 惜时发展》《人勤春早 提神干事》《乘势而上 鼓劲奋进》，于农历新年上班的头三天，在《博尔塔拉报》头版头条连续刊发，将州党委“攻坚之年跑步走”努力实现“三年翻一番、五年大变样”的精神贯穿其中，在舆论上打气鼓劲，受到读者的好评。

作为《博尔塔拉报》汉文版报纸阅评组组长，李云清坚持带领组员开展评报工作，并对每期报纸的每篇新闻及专副刊稿件进行剖析，对每个版面的设计布局“评头论足”。同时，还坚持做到对报社编辑、记者进行业务培训，促使博尔塔拉报社形成了良好的钻研、探讨业务的学风。

利用新闻阅评这个平台，李云清每周一上午对报纸中存在的问题进行点评和指导，从采访技巧、标题制作、导语撰写、文字规范、编辑规范、报纸出版流程等方面，全方位地向汉文编辑室采编人员进行讲解。

“李总像大哥一样领我们入门，鞭策我们进步，使我从一个新闻采写的门外汉，快速成长为能写头条稿件的合格记者，我十分感谢他！”博尔塔拉报社汉编室年轻记者熊娅楠如是说

在一年半的援疆时间里，李云清还走出办公室，为县市通讯员队伍的培训倾心尽力：

2013年1月8日，他为精河县100余名县直机关及乡镇场干部作了题为《怎样成为一名优秀通讯员》的专题讲座。

2013年3月12日和3月15日，博尔塔拉报社考察组来到塔城日报社和阿勒泰日报社，他应邀作了题为《新闻评论写作的理论、实践与感悟》的专题讲座。

2013年4月1日，他为全州100多名骨干通讯员作了题为《新闻视角选择

及新闻写作中应注意的问题》的专题讲座。

2013年4月16日，他为精河县大河沿子镇60多名基层通讯员讲课。

2013年4月20日，他为博乐市120多名通讯员讲课。

2013年5月8日，他为博乐市青得里乡通讯员讲解新闻采写的“干事与说事”。

“李总讲述的这些新闻业务课，既满腔热情，又深入浅出；既说理清晰，又结合实际课堂生动活泼。”听讲座的博乐市青得里乡信息办主任谢艳红这样评价。

“双结双促”奉献爱心

“双结双促”是湖北援疆工作的一项创举，对增进两地人民感情、促进各民族团结融合，都具有重要意义。李云清在报道这方面新闻的同时，也用实际行动，践行这一活动的重要性。

2012年11月，在五师86团采访援疆干部曾芹老师时，他被深深感动，当时掏出身上仅有的200元现金，为民族班小班的孩子们买了学习用品。

2012年12月，他专程前往荆州，代表湖北援疆前指干部职工，慰问长江救人英雄“好巴郎”麦热达尼·如孜，并和小英雄结成亲戚，向其资助1000元。

2013年，他接过曾芹老师的爱心棒，两次来到五师86团，分别给陈双权同学和民族班小班4名女孩每人送去500元助学金，《兵团日报》曾以《援疆干部李云清采访路上献爱心》为题进行报道。

2013年5月10日，他同博尔塔拉报社党委第二党支部党员，为博乐市达勒特镇阿德格浩西村贫困户夏小海家送去慰问金1260元。

讴歌时代　赞美典型

作为挂职干部，李云清从不把自己当客人，而是积极主动地参与受援单位的各项工作，带领报社记者深入一线，走基层、转作风、改文风，讴歌时代，赞美典型。他采写的援疆干部系列通讯及新疆“好巴郎”在湖北系列报道，不仅在博州反响良好，作品还被《湖北日报》《新疆日报》《新疆经济报》《荆州日报》《十堰日报》等省市媒体刊发，为博州的外宣工作做出了贡献。

在做好受援单位工作的同时，李云清还在湖北援疆前方指挥部承担了大量的外宣工作。他采写的《把歌声留在青色草原》《跨越万里的心灵之约》，以及湖北省委领导与我州少数民族群众结亲戚的“双结双促”的新闻稿件，被评为《新疆日报》好稿件。《“好巴郎”爱洒荆楚大地》，获新疆对外宣传新闻好稿件三等奖。

2013年4月，由李云清采写的中共中央政治局委员、自治区党委书记张春贤在博州调研指导湖北援疆工作的要闻专报，及其在《湖北日报》头版头条刊发的《张春贤专程考察湖北援疆工作我省援疆14年成效显著》稿件，被湖北省委书记李鸿忠、省长王国生等主要领导指示，作为推动湖北援疆工作深入开展的重要精神力量。

2012年底，李云清被组织评为优秀援疆干部、2012年度先进工作者、2012年度援疆新闻宣传先进工作者，受到博州党委和湖北援疆前方指挥部的表彰。在即将结束援疆任务时，他还被自治区评为援疆先进个人。

“衷心感谢组织，令我到天边，天边有真爱。衷心感谢博尔塔拉，博尔塔拉之行磨砺意志，强壮筋骨，开阔视野，升华灵魂。美丽富饶的博尔塔拉，梦幻般的青色草原，我深爱着你我的第二故乡！”

这是李云清的援疆感言。似火的情怀中，流露的是感恩之心和赤子之情！

（2014年1月7日发表于《博尔塔拉报》）

播种阳光 捧起未来

——记援疆干部、博乐市第八中学副校长刘荣辉

葛慧慧

全疆首个参加全国阳光教育论坛年会的学校;全州率先在校内发行《德育周报》;全疆首个实施"阳光德育"理念,教师以"立德树人"为教育目标,学生人人争做"阳光少年"的学校;学校先后涌现出"见义勇为英雄"李元君、拾金不昧好少年乃吉甫、王斌和马尔兰……

这些荣誉,都属于一所成立不到5年的年轻学校——博乐市第八中学。这所学校能取得这些荣誉,与一个人有着直接关系——援疆干部、德育副校长刘荣辉。

"我就是一个'教书匠',一个因为关心学生而爱动脑筋的'教书匠'。"刘荣辉这样评价自己。

援疆前,刘荣辉是武汉市河街学校德育副校长。

提起刘荣辉,就不得不提他曾经在武汉市第二十五中学工作时参与探索创立的"阳光教育"理念。

2001年,作为武汉市第二十五中学业务骨干、武汉市教育规划自筹重点课题执行组长,刘荣辉组织课题组成员开始研究新课程改革。2012年8月,刘荣辉兼任首批全国新课程改革实验学校年级组组长,倡导"在家做个好孩子、在学校做个好学生、在社会做个好公民"的三星三维评价机制,多次实践后,推出系统的"阳光教育"理念中的阳光德育评价体系。

当年,湖北省教育厅就出台文件取消"三好学生"中考、高考加分机制。武汉市将"阳光教育"中的申报制度及三维评价制度吸收至"新三好学生"评价机制,并在全市各中小学校推广。

2004年,《楚天都市报》刊发了一篇以"阳光教育"理念为报道对象的题为

《"阳光少年"取代"三好学生"》的新闻报道，引起公众关注。中央电视台、《中国青年报》等主流媒体也相继对其进行报道，"阳光教育"理念随即在全国教育界引起轰动。

2011年8月，作为武汉市教育系统首批援疆干部，刘荣辉来到博乐市担任第八中学副校长，主管学校德育工作。

"刘校长敢想敢做，他推行的'阳光教育'理念犹如一根红线，将德育工作、校园文化建设、教学工作等串联起来，让我们学校焕然一新。我们会持续深入推行这一理念，让阳光教育在博州生根发芽。"博乐市第八中学党支部书记孙美荣说。

结合第八中学原来实施的"一比一课堂教学模式"与刘荣辉的"阳光教育"理念，学校确定了以"实施一比一高效课堂，打造阳光教育品牌"为主题的教研节。通过评选"阳光教师""阳光班主任""阳光班集体""阳光寝室""阳光少年"等系列"阳光"活动，营造"做阳光教师、育阳光少年、创阳光校园"氛围。

自2013年3月起，刘荣辉又在博乐市第八中学推行"日行一善、争做阳光少年"长期系列活动。通过"日行一善、践行雷锋精神""文明礼仪伴我行""日行一善见行动"主题班会等活动，让善行潜移默化地融入学生的日常学习和生活中。

而刘荣辉研究与实施的"阳光合育"课题，更是受到博乐市教育界人士的广泛认同。"阳光合育"指有针对性地对全校各班实施班级小组合作，凸显班级"行政小组""学习小组"合作的特点，使德育活动更加科学化。

在研究和推广各类德育活动的同时，刘荣辉还不忘建立一支"带不走"的骨干教师队伍。

2012年3月中旬，刘荣辉指导的曾燕教师参加州、市中学政治学科教师素养大赛均获第一名，并以全州唯一名额参加自治区政治素养大赛并获得二等奖。在刘荣辉任职德育副校长的近3年时间里，他培养指导的2名教师先后被组织委派为其他两所学校德育副校长。

看到贫困学生，刘荣辉总是第一时间伸出援手。他一次性向华中师大一附中博乐分校特困学生捐助2000余元，并向第八中学贫困学生募捐2万余元。2012年，在他的呼吁下，湖北省武昌区教育局组织全区10万余名学生捐出零花钱,共为第八中学68名品学兼优的贫困生筹集到9万余元捐款。

“我最希望的事就是博州各民族学生都能够分享到‘阳光教育’的甘甜雨露,让学生们健康茁壮成长。”刘荣辉道出自己最大的心愿。

由于表现突出,刘荣辉先后获得自治区教育厅授予的“优秀援疆教师”称号、“自治区优秀指导教师”称号,湖北省援疆前方总指挥部授予的“优秀援疆干部人才”称号,博乐市委、市政府授予的“优秀援疆干部”称号。

(2014年6月19日发表于《博尔塔拉报》)

援疆，人生难忘的经历

宁桂香　覃小敏

今年，我从湖北襄阳来到了千里之外的祖国边疆小城精河县，成为湖北省第六批援疆干部人才的一员。这一年对我来说，将是难忘的一年。

2月20日，我们从襄阳荆门出发，先后在湖北省委党校、博州党委党校进行援疆前的相关培训。3月5日，我们到达精河县，开始了援疆工作。

我是湖北襄阳中心医院妇产科的一名男主治医生，到精河县人民医院妇产科后，绝大多数患者能接受我的治疗，但也有少数患者一开始不太愿意。

记得刚来医院不久的一天，一位患者需要做宫腔镜手术，临时换成我做。当我走进手术室时，这位患者已躺在了手术床上，看到我，她吓了一跳，赶紧坐了起来，立即表示当天手术不做了。为了稳定她的情绪，我告诉她我是一名湖北医生，在其他省市很多地方医院妇产科都有男医生，看病不应该存在性别问题。在我的劝说下，最终，这位患者同意做手术。手术进行得很顺利，几分钟的时间就做完了。第二天，我去病房查房，她向我道歉，还说了许多感谢的话。

精河县人民医院作为一家县级医院，有很多业务开展得不错。由于妇产科的腹腔镜手术比较复杂，需要多人共同合作，有一定风险，医院于几年前引进了先进设备，但妇产科一直没有开展这项业务。患者患上子宫肌瘤、卵巢肿瘤、宫外孕等疾病，到医院只能选择开刀，如果想做出血少、创伤小、痛苦少、恢复快的微创手术，只能去州人民医院或乌鲁木齐的医院。

为开展好这项业务，我早早地就把手术器械检查了几遍，并做好手术前各项准备工作。4月，一位患者到医院咨询是否可以做子宫肌瘤微创手术，在进行术前危险评估后，我决定为她做。那次的手术进行了一个多小时，从她的子宫内剥离出了三个鸡蛋大的肌瘤。患者手术后两个多小时就下地走路了，她非常高兴。这是医院妇产科的第一例微创手术，尽管术前我做好了各种突发情况的准备工作,在没有娴熟助手的帮助下要完成这个手术,当时心理压力还是非常大。术后,看到患者的微笑,我觉得自己之前做的努力值得。

到现在,我已经在医院开展了10多例妇产科微创手术。为使科里其他医生能早日独立完成这项手术,手术后,我都会向大家讲解一些方法和注意事项。待她们掌握了这项手术,我会把手术尽量交给她们,自己作助手。

虽然新疆离家远,但医院对我们援疆医生都很关心,让我们感受到了大家庭的温暖。来医院不久,我与同事夏米西努尔结成了对子,有了一位特别好的维吾尔族朋友。无论工作上,还是生活中遇到困难,我们都相互帮助。她还经常邀请我去她家吃饭。在精河县,我们真实地感受到了新疆人的热情、大方、善良。

作为一名援疆医生,我会充分发挥自身业务技术水平,努力在技术、工作方法思维理念上帮助精河县人民医院提高医疗水平。

在精河的每一天都很充实,能加入湖北援疆队伍,为新疆民族团结和社会稳定作出一点贡献,我觉得这一年特别有意义。

(2014年11月26日发表于《博尔塔拉报》)

"我对援疆医生一百个放心"

——温泉县援疆医疗的工作侧记

梁　晶

"我们想好好利用这3年的时间,把理念和技术留在温泉县,让各族同胞在家门口把病看好。"17日,温泉县人民医院副院长、援疆专家陈如意说。

17日下午,陈如意带领妇产科医生和护士成功完成微创黏膜下子宫肌瘤摘除术,结束了该院需要开腹才能完成该手术的历史。

陈如意带领的湖北援疆医疗队共有6名成员,3月份一到温泉县,就分别承担起儿科、妇产科、内科、ICU重症医学科等医院重点和薄弱科室的工作重任。

医院没有专门的儿科,自从来了援疆医生周国栋和祁海滨,儿科才与内科"分家",有了新生儿抢救的专业医生。没有相关医疗器械,祁海滨抓紧时间,研制了用于新生儿抢救的简易吸痰管、洗肠器和洗胃器。儿童药品不全,他们就积极沟通建议,完善儿童药品的购进,规范用药制度。通过他们的精心管理,儿科有了明显变化,"刚开设门诊的时候,每天两三人就诊,现在一天有十六七个孩子就诊。"周国栋笑着说。

像这样的事例还有很多,ICU重症医学科,将10余名病人从死亡边缘救回;援疆医生舒承福带领医生成功开展经食管心脏调搏术、冠心病溶栓治疗;陈如意自制药膏让患者药到病除……

"我对援疆医生一百个放心。"这是温泉县患者对援疆医生的评价。

每周安排2天专家查房、专家授课;通过集体和一对一指导帮助及手把手操作讲解,为132名温泉本土人才传授先进理念、专业知识、管理经验;协调县医院派出2名骨干医师到湖北省咸宁三家医院进行学术交流;多次参加下乡、进社区等义诊活动。

援疆医生们在为各族患者解除病痛、培养人才的同时,也拉近了与各族群众的距离。一批批不远万里而来的援疆医生,把温泉当成了故乡,淳朴的基层群众,更是把援疆医生视为亲人。

援疆医生王晓璐同时兼顾县医院和妇幼保健院的病理检验,还积极要求下乡进行农牧区妇女宫颈癌普查工作,白天采集样本,晚上加班检测到凌晨两三点都是"家常便饭"。"为什么要承担那么多额外的工作?"面对别人的疑问,他说:"我早已把自己当成温泉人了,哪里有需要我就到哪里去。"

"双结双促"活动,让援疆医生与当地的医护工作者真正成了亲人。托合提·阿加洪是陈如意的维吾尔族哥哥,哥哥为她起了美丽的维吾尔族名字:牡丹古丽;王晓璐提前学习少数民族风俗习惯,到哈萨克"姐姐"阿曼古丽·伊玛木家过了一个难忘的"肉孜节"……

湖北医生的援疆情像一缕春风吹暖各族人民的心,他们用精湛的技艺和真挚的感情浇灌,一颗颗民族团结的种子正在生根发芽。

(2014年12月24日发表于《博尔塔拉报》)

把爱心留下
——温泉县援疆教师小记

梁　晶

2014年12月25日下午课间，温泉县初级中学七年级二班的10余名学生把援疆教师施海军团团围住，争着让施海军讲讲自己的试卷。

湖北省咸宁市嘉鱼县城北中学教师施海军已有29年教龄，来到县初级中学后，探索实施“高效课堂”教学模式，通过学生自学、集体讨论、老师解疑，并结合本地特色和学生兴趣点制作教学幻灯片的方式，让学生们爱学习、会学习、主动学习。

从教20余年的援疆老师郑华，秉承“先交朋友，再教知识”的理念，和学生一起参加各类活动。他不断探索班主任管理方法：均衡任用各民族班干部、打造班级文化墙、加强感恩教育，让班级文化延展到学习、团结的各个领域。他成了温泉县高级中学最受欢迎的老师。

“郑老师和我们一起扫雪、打雪仗，‘一家亲’合影活动上，大家都抢着和郑老师合影。他不仅是老师，更像是朋友。”高一年级学生胡玛然·依力江说。

援疆教师余成勇放弃休息时间，免费为学生们补习物理课；援疆教师李连洪在开班级家长会时让家长领奖，让家长全面了解学生情况，加强了学校与农牧区家庭的联系……

像这样默默奋战在温泉县教育一线的援疆教师共有8名。他们不仅把事业“驻扎”在边疆，更是把心留在了温泉、把家安在了温泉。

“我曾经援藏2年，对边疆教育人才的匮乏感触特别深刻。所以没有和家人商量，就下定决心来援疆。”施海军说话时神情坚定，但想起不能照顾年近七旬的父母和妻儿，却是说不出的愧疚。

“我是举家来援疆，感觉很有意义。”援疆教师汤晓琳每天忙完学校的工作,还要到幼儿园接女儿回家。来新疆的生活条件比想象中好很多,很快就适应了这里的生活。现在,女儿喜欢和小伙伴们一起玩耍、滑冰,也比从前开朗了许多,汤晓琳很是欣慰。把自己的家安在一个完全陌生的环境中,或许有很多困难,可是汤晓琳却不这么认为,她说:“这里的空气清新、景色优美、民风淳朴,我们已经深深地爱上了温泉。”

正是因为这一份爱,援疆老师们把学生当孩子,像兄弟姐妹一样与各族教师共同努力,坚持传帮带,努力传授新理念、新思想、新方法。

哈萨克族教师库木斯汗·阿西巴依是施海军在“双结双促”活动中的结对亲戚,在他们的共同努力下,库木斯汗老师在全县优质课比赛中获得二等奖。古尔邦节之际,援疆教师们纷纷到少数民族“亲戚”家过节,丰盛的家宴、热情的“亲戚”,不仅让援疆教师们体验了浓郁的民族风俗,更建立了深厚的感情。李连洪说:“是各族老师们的帮助和支持让我有信心承担起高一年级组长的担子。”

今年以来,湖北温泉两地积极协调温泉县12名骨干教师到湖北跟岗学习培训,启动宜昌咸宁两市援建示范性学校建设工作,推动两地签订《2014—2016年度对口支援协议》。温泉县初级中学校长蔡振明说:“感谢援疆教师们,在边疆的教育事业上,他们不仅在‘输血’,更是在‘造血’。”

(2015年1月5日发表于《博尔塔拉报》)

披星戴月　无怨无悔

——记武汉职业技术学院博州分院副院长冉新成

尹群燕　张爱虎

“披星戴月，无怨无悔”是冉新成一年前在《新疆画报》杂志上发表的援疆感言。

4月8日，记者问及援疆感受时，冉新成感慨：“三年的援疆生活，有欣慰、有感动、有遗憾，但无怨无悔。”

一千多个日夜的坚守，兢兢业业地工作，不求回报的付出，让冉新成在援疆工作中表现突出。

参与完成国家项目课题研究；有效提升武汉职业技术学院博州分院教育教学质量；落实湖北教育援疆部署，创新专业对口支持机制、人才对口支持机制，真正变“输血”为“造血”；创新招生就业思路，连续两年实现招生比上年翻三番。

作为冉新成的结对对象，学院培训科科长巴依尔这样评价冉新成：“他一直严格要求自己，面对困难身先士卒、以身作则，牺牲节假日、双休日，甚至寒暑假，带领大家做招收宣传、搞课程项目重构、搞示范校建设。他的牺牲和付出，我们都看在眼里，我为能有这样一位好校长感到骄傲！”

欣慰，开创博州职业教育新局面

2012年8月22日，冉新成到达武汉职业技术学院博州分院时，正值我州7所中等职业技术学校重组整合后最艰难的时期。当时，学院专业设置少、师资结构不合理、教学质量不高、招生困难……学院遇到了发展瓶颈。冉新成在认真调研了学校的基本情况和我州经济社会发展状况后，提出了一套大胆的改革思路：创新办学模式，更新办学理念；对准市场设专业，对准岗位设课程……

明确了思路就要抓落实,他和学院领导班子一起通宵达旦、废寝忘食地做规划、搞调研、建规章、想办法。

2013年暑假,援疆楼里的27名教师都回湖北探亲了。当时,学院正面临招生危机。

"我来负责今年的招生!"校委会上,冉新成的话语掷地有声。那年暑假,冉新成主动放弃回湖北探亲的机会,主动到县市各学校做动员,他的言传身教让学院教职工备受鼓舞,齐心协力创造了招生人数较上年翻三番的好成绩。

"招来学生,就要对得起学生和家长!"本着这样的理念,冉新成把工作重心放在了推动教育教学改革,提升教学质量上。

"要提高职业教育教学质量,就必须遵循职业教育规律,打破传统的学科体系,做好专业与产业对接、教学过程与企业生产过程对接、教学内容与国家职业标准对接、毕业证书和国家职业等级证书对接,重构基于工作过程的课程体系。"教职工大会上,冉新成这样要求。

话音刚落,教职工们立刻议论起来。不少老教师当即表示,对重构课程体系的不满。

改革必然有阵痛,冉新成理解教师们的不适应。为了让教师们接受新理念,他邀请湖北专家来做报告,让湖北援疆教师带头示范,积极联系武汉职业技术学院、武汉交通职业学院等湖北示范性职业院校,把我州的教师送出去学习培训,先后培训学院教师1000多人次。长期的努力,让教师们的观念在潜移默化中转变。

除此之外,冉新成着手指导教师们做调研、做分析。和教务科一起研发《课程开发手册》,制定课程重构标准。

"新课程体系的实施,提升了学生的综合职业能力。去年,学院旅游专业学生参加湖北省职业院校技能大赛,获湖北省高职院校职业技能大赛三等奖。学院学生参加自治区、自治州护理专业、旅游专业职业技能大赛,多次获奖。毕业生在我州各工矿企业、医院、旅行社、汽修厂顺利就业。这都是重构课程体系后的结果。"学院教务科科长唐晓春如是说。

如今的武汉职业技术学院博州分院,是自治区重点中等职业学校。共有来自我州、伊犁、塔城、克拉玛依等地的学生1500多人,成功申报了"自治区示范性中等职业学校建设项目”“国家中等职业教育改革发展示范校建设项目”、3门自治区级精品课程，2个自治区精品专业建设项目，1个国家项目研究课题。

成绩的取得，让冉新成倍感欣慰。可成就的背后有冉新成太多的付出和牺牲。3年中的5个假期，冉新成只回家3次。为了专心干事业，他动员妻子放弃武汉的事业，来博照顾他的生活起居。

冉新成经常加班，他的办公室总是最后熄灯；学院为加班的教师设置了节假日加班课时补助表，冉新成从来没填过自己的加班课时；他婉拒学校给他配备的新电脑，要求把新电脑配备给一线教师。

对此，冉新成笑着说：“来援疆就要不辱使命，我做的都是本职工作，应该的。”

遗憾，不能在父亲临终时尽孝

三年前，年近50的冉新成决定援疆时，他的父亲已经80多岁，生活不能自理。每到寒暑假，冉新成总想着要回去看看父亲，可好几次都是来去匆匆。2013年寒假，因为学校信息化建设方案，冉新成急匆匆从武汉赶回博州；2013年暑假，冉新成忙招生宣传，没能回湖北；2014年寒假，学院从老校区搬入新校区，冉新成负责学校示范校建设，匆忙看了父亲，就赶回博乐。

2014年1月，冉新成的第一轮援疆服务期满了，本想好好照顾父亲，但因学院工作需要，他果断回到博州，继续第二轮援疆。“那时，父亲已经卧床不起了，他经常念我的名字。每次父亲念我的名字时，哥哥就给我打电话，拨通电话后放到父亲耳边，让我和父亲对话。我喊父亲，父亲就流泪，好几次我都难过得说不出话……”冉新成声音颤抖地说。

2014年6月16日，冉新成接到电话，说父亲病危。他匆忙回到武汉。“当我赶到父亲身边时，他已经神志不清了，听到我回来的消息，一个小时后他就去世了，我知道他在等我，等我回家。”冉新成掩饰不住内心的难过，红着眼睛说。

“我对不起父亲，在他需要照顾的时候，我一天也没有照顾他。我只有努力做好工作，不负湖北人民的嘱托，以告慰父亲在天之灵。”冉新成说。

（2015年4月15日发表于《博尔塔拉报》）

情系患者

——记温泉县人民医院医生舒承福

符艳平

不同寻常的夜晚

2014年12月7日零时左右,天空飘着雪花,边城温泉县居民已进入梦乡,县城显得安静而祥和。突然,温泉县人民医院援疆楼一间宿舍内响起了急促的手机铃声,听到急救铃声,湖北援疆医生舒承福立刻从睡梦中惊醒。

"快到急诊科会诊,有重病人需要抢救。"不等舒承福询问情况,对方已挂断电话,舒承福意识到情况紧急,他立刻抓起衣服冲出宿舍,又是一个不同寻常的夜晚。

外面虽然天黑路滑,从接到电话到跑到急诊科,舒承福用了不到6分钟,自从做了医生,他已记不清这是第几次与死神赛跑了。

没来得及穿工作服,他直接冲进抢救室。看到内科主任李小龙和急诊科大夫周良军正在给一名50岁左右的男性患者进行心外按压,心电监护显示心跳直线一条,触摸股动脉,波动消失,心跳停止。

看到这种情况,舒承福一边快速下口头遗嘱,一边迅速拿起除颤仪。

"紧急电除颤,所有工作人员远离病床,电除颤1次,同时给予人工气囊加压给氧。"

第一次除颤,心跳未恢复;第二次电除颤,心跳恢复了。

检测生命体征:血压为0,血氧饱和度50%,开通静脉通道、人工气囊加压给氧、升压等处理有条不紊地进行着……

满头是汗的舒承福紧紧盯着心电监护显示,3分钟,4分钟,5分钟……

"不好!"舒承福禁不住喊了起来,患者心脏再一次面临停跳!他紧急进行电复律，心跳恢复窦性心律……

经过40多分钟的紧急抢救、3个多小时的持续抢救，患者各项生命体征终于稳定。经与患者家属沟通，决定转重症监护病房进行下一步治疗。

此时，重症监护病房主任、湖北援疆医师李星赶来。不凑巧的是，医院唯一的一台呼吸机出了故障，为了病人的安全，舒承福与李星商议连夜将患者转至州人民医院。

从温泉县到博乐市开车最快也要50多分钟，担心患者在路上出现意外情况，舒承福和李星又一次踏上护送患者的急救之路。

等他们把患者安置妥当，返回援疆楼宿舍，已是凌晨6时许。疲惫不堪的舒承福怎么也睡不着，内心充满喜悦和欣慰。

舒承福说："一个生命又一次在我和同事们不懈努力下得到延续，我们挽救的不仅仅是一个生命，更是一个家庭。我们也算不辱使命，为博州的亲人做了点力所能及的事。"

湖北专家医术高

舒承福是三峡大学第二人民医院内科副主任医师，现在温泉县人民医院内科任职。

这个被舒承福从生死线上救回来的患者叫浦声防，是温泉县博格达尔镇居民。想起那晚的经历，浦声防的爱人宋以茹仍心有余悸。

"虽然我也是医生，但是眼看着自己的亲人倒下去，我一下子就蒙了，只知道哭。当时幸亏有湖北专家在，让我丈夫从'鬼门关'闯过来了。"宋以茹后来才知道，那些天她丈夫心脏时常不舒服，怕家人为他担心，就一直没说，实在疼得难以忍受了，才把情况告诉家人，朋友紧急把他送到温泉县人民医院。

"到医院时还好好的，本来开点药就行了，没想到他突然就栽倒在桌子上，休克了。"宋以茹回忆说，"当时，爱人病情危急，多亏湖北专家医术高超，抢救及时，真是太感谢他们了。"

这样的急救，舒承福经历过不是一两次，而是常态。自去年3月5日援疆以来，舒承福救治危重患者50余例，其中开展冠心病急性心肌梗死溶栓治疗5例，成功抢救心脏骤停患者2例。此外，舒承福还指导开展食管心脏调搏术。

目前已顺利开展5例。

见缝插针传帮带

在患者心中,舒承福是生命守护神。

温泉县查干屯格乡二牧场牧民孜娜是舒承福的“老病号”,她身体不舒服就直接来找舒承福。听说舒承福过几个月就要回湖北了,她很忧心地说:“湖北专家走了,我们这里的病人怎么办啊?”

病人的担忧,也是舒承福的担忧。湖北援疆医生的到来能暂时缓解当地医疗人才短缺问题,但并不能解决根本问题。他在坐诊、手术、值班之余,做得最多的就是培养当地的医护人员。

“舒老师无时无刻不在教我新知识,无论在查房、讨论病例、休息聊天、开展活动,甚至是在聚会时,他都不忘教我知识。特别是查房时,他边查边讲,通过这种实践性学习,我觉得自己进步很快,能做舒老师的学生,太幸运了。”兵同古鲁克说。在他心中,舒承福是知识渊博的医学导师。

温泉县人民医院副院长梁衍赞叹说:“舒承福医生医术精湛,还毫无保留地把医术传授给年轻医生,传播新技术、新项目,为我院的医疗技术提升起到很大促进作用。”

(2015年4月21日发表于《博尔塔拉报》)

援疆岁月　情暖精河

——记精河县人民医院援疆医生张正艳

彭　莹

“多亏了张医生一再催促我妈妈做手术，不然后果不堪设想。”20日，患者高秀英的家属感慨地对记者说。

去年8月2日，高秀英因为鼻子不通气到精河县人民医院耳鼻喉科就诊，张正艳检查后发现她鼻腔内有肿物，建议她做手术活检。因为肿物较小，患者不愿住院治疗，且家属也没有足够重视，在检查后就匆匆离开了医院。高秀英走后，张正艳心里一直惦记着这件事，以她多年的经验，这个肿块可能情况不好。她越想越着急，赶忙给高秀英打电话，几经劝说，高秀英终于答应进行手术。

去年8月4日，张正艳亲自为高秀英做手术，结果显示是鼻腔恶性黑色素瘤。诊断结果把高秀英的家属吓了一跳，他们不敢相信一个小小的鼻部肿块竟然是恶性肿瘤，高秀英的女儿害怕得当场哭了起来。张医生见状安慰说：“你们放心，手术很成功，肿瘤虽然是恶性的，但是我切除得很干净，后期只需要积极配合治疗就可以了。”

张正艳的话像一剂良药抚平了患者和家属的担忧。在后期治疗中，高秀英十分配合，她说：“精河县医院有了湖北医生，我们也不用去外地看病了，本地就能做这么专业的手术，真是太好了。”

去年3月，张正艳和其他100余名援疆干部来到新疆，张正艳被分配到精河县人民医院耳鼻喉科就职。她刚到岗位做的第一件事就是熟悉业务工作，当她了解到耳鼻喉科医务人员不足、设备短缺，一些常规的手术都要转诊外地时，一股强烈的责任感和使命感在她心中油然而生。“我是一名援疆干部，我所做的事必须要对得起这个身份。”她心里暗暗想着，并给自己制订了计划。她从提高医务人员的业务知识和技能入手,组织科室每周开展一次学习活动,她把自己的专业知识、多年来的临床经验毫无保留地传授给同事们。同时,她还主动找院领导申请诊疗设备、器械及病房床位。在张正艳和科室成员的共同努力下,声带息肉、会厌囊肿耳周肿瘤等一些常规手术已能开展,服务和技术水平得到患者的好评。

到精河县人民医院就职没多久,很多人就慕名来找她就诊。高婷婷是一位漂亮姑娘,但是因为鼻子受了伤必须要做清创缝合手术。在准备手术时,张正艳说:“小姑娘年轻漂亮,如果做清创缝合手术会留下疤痕,要做微创手术。”但是主刀的医生说:“原来没有做过,不会啊!”张正艳说:“我会。”于是,她在精河县人民医院做了第一例鼻腔微创手术。

张正艳的到来,使耳鼻喉科的医疗水平得到提升,但在这背后,却是她艰辛的付出。张正艳是耳鼻喉科医生,却无法照料家中患了鼻咽癌的父亲。她毅然决然地奔赴新疆,只能托付家乡的同事定期为父亲问诊买药。每想起此事,她就忍不住潸然泪下。

丈夫的支持、女儿的理解是她在援疆路上坚定的后盾,“我在新疆最牵挂的就是我的父亲和女儿,父亲年龄大了我不能在身边尽孝,女儿正在上初中,正是需要妈妈关怀的时候,而我却不能陪伴他们。我知道,我做的是一份神圣的工作,我必须舍小家为大家。”张正艳说。

如今,张正艳的援疆生活即将结束,一年多朝夕相处的同事、治疗过的病患和其家属都让她难舍难分。她总是说:“援疆不是我来帮助患者,而是患者帮助了我,他们给了我亲如一家的温暖,这是我一辈子的宝贵财富。”(文中患者姓名均为化名)

(2015年4月23日发表于《博尔塔拉报》)

再留一年

——记湖北援疆医生伍艳红

熊娅楠

“血压90、140，是正常范围的临界点了，还是要注意。你先去化验血液，然后再做心电图，结果出来后拿给我。”20日，在阿拉山口市人民医院，湖北援疆医生伍艳红一边给病人交代要做的检查，一边在本子上记录。

忙碌了一上午，伍艳红终于腾出时间接受记者采访。

“平时都这么忙吗？”记者问。

“上午比较忙，下午患者一般都去打针、治疗，我们就去看看住院的病人，跟他们聊聊治疗的情况。”伍艳红说，“现在患者比我们刚来时多了很多。”

去年3月，伍艳红来到阿拉山口市人民医院，开始为期一年半的援疆生活。

“在来之前，我在网上查过资料，对阿拉山口的基本情况略有了解。印象最深的是10级以上的大风，让我既期待又畏惧。”伍艳红说。

来到阿拉山口市，伍艳红顾不上欣赏美景、品尝美食，而是经过两天的调整，就投入到工作中。阿拉山口市人民医院的医疗条件有限，医护人员少，所以一直没有分科室，门诊、急诊、住院部通用，存在一定的医疗隐患。

了解到这一情况后，援疆医生和医院经过协商，决定先细化科室。医院将现有医生根据所学专业和特长分到不同科室，以各司其职，提高效率。

伍艳红被安排分管内科和儿科。“在这工作一年，我发现受气候影响，这里的居民容易患呼吸系统和心血管系统疾病。”伍艳红说，“尤其是心梗患者较多。”

去年4月的一天晚11时，伍艳红接到电话，说医院送来一名急性心肌梗死的病人，情况很严重。伍艳红立刻穿上衣服出门，“我们住在阿拉山口市公租房内,步行至医院约15分钟。那天刮大风,路上没车,走路感觉很吃力。但是想到,我能早点到医院,就能快点医治病人,这是和病魔在争夺时间。”伍艳红说。

到了医院,伍艳红先给病人用药,缓解病人疼痛,后建议病人转院,病人最终脱离危险。

“这样的情况,这一年发生过很多次。作为一名医生,救人是职责,我做的都是应该的。”伍艳红说。

阿拉山口市人民医院的医护人员比较年轻,工作经验相对较少,对很多病症无法正确诊断。有一次,一名20岁的女孩来到医院,说自己发烧7天没退,在诊所打了5天针,还是没退烧。医生检查后没发现异常,建议留院观察。伍艳红检查病人后发现,她脾脏大,但心肺正常,怀疑是布鲁氏菌感染。“我询问这名患者家里是否养了宠物,她说养了猫,我就确定她感染了。但由于我们医院的设备有限,建议她去州疾病预防控制中心检查,结果确定就是布鲁氏菌感染。”伍艳红说。查找到病因,治疗就有了方向,打了两天针后,女孩痊愈出院了。

伍艳红初到阿拉山口市人民医院时,发现来看病的人很少,大家都选择去外地看病。经过几次义诊、讲座,大家就不愿舍近求远看病了。

伍艳红说:“能在这安心工作,要感谢我的家人。爱人是一名护士,她平时工作很忙,得知我要来援疆时,她却一口就答应了。今年7月,我援疆时间就到了,但是舍不得离开这里。我已经申请再留一年,想给阿拉山口市的人民做一点事情。”

(2015年4月27日发表于《博尔塔拉报》)

三尺讲台挥洒人生精彩

——记华中师大一附中博乐分校援疆教师梁继鲁

尹群燕　罗　丽

援疆6个年头，梁继鲁早已习惯说“我们新疆”，他喜欢《美丽的博尔塔拉》这首歌，有机会便会深情地高歌。他总说博乐是他的第二故乡。

“6年的援疆生活，我深深地爱上了新疆，爱上了博尔塔拉，第二故乡已不足以表达我对这片热土的留恋与不舍。我的人生因为援疆而更加充实、丰富和精彩！”17日，记者见到58岁的梁继鲁时，他感慨地说。

毅然来疆

1957年出生的梁继鲁在接到新一轮援疆号召时，已经52岁了。他1996年就被聘为武汉市第三中学高级教师，时任武汉物理教学基地负责人，也是武汉汉阳区物理学科带头人。这位德高望重、业务精湛的高级教师在武汉备受青睐，家长、学生和其他教师都对他评价很高。

新一轮援疆大幕开启，梁继鲁主动申请援疆。说起援疆的原因，梁继鲁说，受时代教育的影响，觉得自己要去祖国需要的地方发光发热。就在梁继鲁报名不久，梁继鲁的援疆计划遭到兄弟姐妹、亲朋好友的反对。

2009年8月，梁继鲁坐上了飞往乌鲁木齐的飞机。“坐上飞机的那一刻，我也忐忑不安。但援疆是责任，是使命，我要在退休之前，为祖国边疆教育振兴做出自己的贡献。”梁继鲁感慨地说。

甘愿付出但求无悔

梁继鲁来到华中师大一附中博乐分校时，正值学校搬迁、扩招。学校面临教师紧缺、缺少管理经验的困境，梁继鲁迅速投入教学，并主动承担起学科的教研任务。

第一堂课,梁继鲁发现很多学生听不懂他的湖北方言。为了让学生能听清听懂,他把学习普通话作为备课内容之一,每次讲课前都要演练好几遍。他的普通话讲得越来越标准,所教班级的物理成绩也有了显著提升。

为了激发学生学习物理的兴趣,梁继鲁将物理实验作为突破点。他想尽一切办法为学生创造物理实验条件。学校搬迁,物理仪器不全,梁继鲁一箱一箱地整理、归类。遇到学校没有的实验器材,他就自己做。实在不行,他就委托朋友从湖北寄。

梁继鲁认为,物理体系的建构,需要由感性认识上升到理性认识。实验是建构感性认识的第一步,做好实验对于学生理解原理、掌握解题技巧有着非常重要的作用。

2010年暑假过完,梁继鲁从湖北回到新疆,同行的援疆教师纷纷展示为学校教师、学生带来的土特产,只有他一言不发。大家好奇,问他大包小包装的什么?他笑笑不说话。到了学校,他打开包大家才知道,包里全是物理实验器材。

6年,梁继鲁编写了两本校本课程,《物理与家用电器》《物理与实用电子技术基础》。他教授的五届学生都掌握了一些维修家用电器的基本知识。

为了将枯燥难懂的物理知识讲得深入浅出,梁继鲁不仅通过实验向同学们展示理论上不易理解的知识,还把原理用形象生动的例子进行比喻。2010届高三(7)班学生曹云成清楚地记得:"梁老师讲到氢原子发光原理,他把电子比喻成蓝精灵掉进井里,需要能量,你要给它合适的能量,他就能爬上来。他还现场给我们唱《蓝精灵》主题曲,逗得全班同学大笑不止。"

梁继鲁经常下班时间仍守候在办公室等学生来问题。高二(7)班班长王丽娜说:"每天晚上,梁老师都会守在办公室里,让几名学生背公式或者检查听课效果。同学遇到不懂的题,他就耐心讲解。每次物理晨读时间,梁老师都守在班里陪大家一起晨读。"

用爱撑起一片天

"梁老师一直很关心学生的生活,常年给贫困家庭的学生伙食补贴。6年来，从没间断过。”和梁继鲁同一办公室的物理教师周豫东告诉记者。

问及捐款，梁继鲁笑着说：“没有什么，就觉得是自己应该做的。”

2010年，梁继鲁去精河县托托乡家访。他看到学生家境贫寒，很有感触，回来便开始捐资助学。他每月都会给家里贫困的学生发伙食补贴。他的一个小黄本上整齐地记录了从2010年起，所有捐资过的学生姓名、金额。“每次发钱时，我都会叫学生来签个名。这么做是害怕有时候我忘记发了，学生不好意思问我要，让他们签名可以提醒我。”

到目前为止，梁继鲁共捐助过20名学生，捐款数额近万元。他说：“虽然几百元起不了什么大作用，但就是想通过自己的行为告诉学生，有很多人在关注他们，让他们乐观地面对生活。”

关心学生的同时，梁继鲁也不忘发挥好传帮带作用。

王红艳是梁继鲁的帮扶教师，说起梁老师的帮助，王红艳很感激：“梁老师很负责，从构建物理知识体系，到突破教学重难点，到讲课技巧和方法，他总是不厌其烦，毫无保留地传授给我。”

梁继鲁的付出，让学生对他产生了深厚的感情。2014年8月20日，他收到一封全班学生的联名信，请求梁继鲁在援疆期满后能继续留下来教学，直到该届学生毕业。

“我很享受在新疆度过的每分每秒。在这片热土，曾留下我的足迹。我喜欢把美好的瞬间用相机留住，若干年后，看着我在新疆拍的照片，我依然会为6年前的选择感到骄傲。”梁继鲁感慨道。

（2015年4月28日发表于《博尔塔拉报》）

天山脚下支教路

——记湖北省援疆教师施海军

刘素针

他站在讲台上,娴熟地操纵着多媒体设备。

轻轻一点,欢快悠扬的英文歌曲响起来,几十双眼睛紧紧盯着屏幕。跟着视频,学生们尽情游览了欧洲风光。"上地理课,就是'坐在家里周游世界'。"他笑着说。

他个子不高,脸庞白净,笑起来眼睛弯弯的。跟人说话时,语调温软,一如江南和煦的暖风。举手投足间,斯文儒雅。

这就是那个十年前远赴青藏高原支教、差点丢命也没有退缩的铁骨汉子吗?

这就是那个年过五旬仍不惧艰险、万里迢迢来到天山脚下援疆的无畏志士吗?

他叫施海军,来自湖北省嘉鱼县城北中学。

"再苦能比耕田苦?"

50岁的他坐在领导面前,平静地说:"我要去援疆!"

领导不敢相信:"你不要命啦?你已经不是年轻人了,边疆苦你不知道?"

他笑了:"再苦能比耕田苦?我是庄稼人出身,不怕苦。"

是的,他不怕苦。在西藏支教两年中,住在低矮的土块房里,他没喊苦;整日吃着煮成糊的面条,他没喊苦;寻找学生昏厥在半山腰上,他没喊苦;感冒引发肺气肿,差点没命,他也没喊苦。

报名是瞒着家人的。直到出发前一天,才告诉70多岁的老父亲。他买了一张中国地图,指着博州所在的地方给父亲看。父亲沉默了一阵说,想去,你就去吧。

来到新疆温泉县，他大吃一惊：群山环抱，云雾缭绕；空气清新，气候宜人。援疆楼舒适整洁，家电齐全。来之前最发愁自己不会洗衣服，没想到一进房子就看见洗衣机端放在卫生间里。

他说，这里的条件跟他在西藏比，就是天堂。他又说，这里的人对援疆干部这么好，不努力工作，良心都过不去。

“他和别人不一样！”

他在温泉县初级中学支教，带七年级3个班的地理课。一个星期，年过半百的他，记住了3个班的学生姓名。

学生说，他和别人不一样！

每堂课，他都使用课件。做课件是个很花时间的活儿，从选图、做视频，到知识点提炼、配乐，每一项他都要求尽善尽美。常常因为在电脑前坐得太久，眼睛都花了。

学校实行集体备课，老师们都用统一的电子版教案打印出来，省时省力。

他却偏要手写。

教案本上字迹工工整整、密密麻麻，还用不同颜色的笔做了批注。

他说，亲手写一遍，思路会更清晰。

一节课，40分钟。从写教案，到制作课件，他要用4个小时去准备。

他的课，图文并茂，有声有色，学生都喜欢。

七年级(1)班的学生丽扎·阿曼可利德是个哈萨克族女孩。她说，施老师和别人不一样，他的课很有趣，也很轻松，不费什么劲儿，我们就学会了。

这学期，丽扎的地理成绩从70分提升到95分。

他从不批评学生，每天都笑眯眯的。

班里最调皮捣蛋的学生，他不放在后面，反而调到最中间。下课后他总爱待在教室，跟学生聊聊天。孩子们便黏上来，摇着他的胳膊撒娇。

4月，学校植树。班主任出差，他主动要求去带队。春天风沙大，他满身是土，却和学生一起挖坑、栽树，干得起劲。一到休息时，便掏出手机给学生拍照。

一个调皮的孩子把手机抢过去，要玩游戏，却发现相册里，全是他的学生照片。

同事说,他和别人不一样!

一个下雪天,下班路上他不小心滑倒,摔得很重。

五十多岁的人了,同事们很担心。他却说:“没事,我在西藏就经常摔跤,早摔出了钢铁筋骨。”同事们都笑了,却没人知道他是怎样忍着疼一步步挪回家。援疆楼就在学校对面,不过两三百米,他走得满头是汗。

第二天,他竟然一瘸一拐地来上班了,直到放学才去医院。个把月后恢复好,而他没有落过一节课。

学校经常派老师出去学习,少则一两个星期,多则几个月。每当有了空缺,兼职“替补”的基本都是他。他是英语专业,但语文、数学、地理……样样都能拿得起。

在同事们的心里,他就是个“全才”。而他这个“全才”,却没有一丝傲气。

身为援疆干部、年级组长、办公室里年龄最大的长者,他没有端一点架子,反而经常帮大家打开水;谁来找他谈事情,他都起身让座;做好了课件,主动发给同事共享;谁家里有事不能看学生上晚自习,一个电话,他就来了。

他是大家的贴心人。

“我都有点嫉妒了!”

他的对门,住的是一起来援疆的张祖平老师。

一个周末,张祖平的门被敲响了。打开一看,外面站了好几个学生,个个怀里抱着一盆花。张祖平心里一阵激动,却没料想,是孩子敲错了门。

张祖平说:“这花儿是我们学校的老师亲自帮他种的,还竟然让学生送到家里来。哎呀,我都有点嫉妒了!”

他听了还是自顾地笑。

有一天,夜晚12时许了。一个学生敲开了他的门,手里捧着一碗粥。学生说,老师,今天是我们的诺鲁孜节,这碗粥您一定要吃啊!

这孩子以前成绩较差,他没有冷落,反而总让其帮忙管理电脑、放课件等,孩子觉得自己在班里有用,高兴得很。在自己最盛大的民族节日里,为他献上一碗寓意吉祥的饭,便是孩子心里最好的答谢。

寒假回家前，他的结对"亲戚"吐尔逊古丽·娜孜精心准备了一顿丰盛的晚餐，给他和其他几位湖北援疆同事践行。

抓饭、煮肉、饺子、炒菜……她说，她恨不得把自己会做的，全部做出来给他们吃，还生怕他们吃不惯。

吐尔逊古丽的孩子前段时间成绩下滑，上次考试只考了50分，让她心如火燎。他知道了，主动利用休息时间给孩子辅导功课，批改练习册，精心讲解。

这次的月考，孩子的成绩从50分提高到70多分。

一顿践行饭，又怎能完全表达一位母亲的感激？

"施爸爸，我们想您了！"

5月16日，他的QQ空间里有条新留言：施爸爸，我们想您了！

这是他在湖北的学生。

其实他又何尝不想那些孩子们？可是，他觉得边疆的孩子更需要他。

他的QQ空间里，除了大量和学生、同事们的合影，没有只言片语。他说，一个人离家那么远，也想家。会想念70多岁的老父亲，思念独自在家的妻子，挂念一双刚步入社会、各自在外打拼的儿女。

他不写日志，是怕他的思念会一不小心就从文字里泄露。他怕家人读到会伤心，他把大量满面笑容的合影堆在空间里，是为了让万里之外的亲人看到，他不孤单。

床头的抽屉里，有一张14寸的全家福，边缘磨得有点变色了。

晚上，躺在床上睡不着的时候，他就拿出来看。

细细端详，老父亲的白发，妻子眼角的皱纹，女儿含笑的眉眼，儿子刚毅的表情……

一遍又一遍。

但白天，回到教室里，面对学生那一双双清澈的眼睛，看着学生搂住他撒娇时，他的眼睛又笑弯了。

他说，如果有机会，我还想再留三年。

君子如玉，外柔内韧、温润泽仁，大抵就是形容他这样的人。

（2015年6月25日发表于《博尔塔拉报》）

脚步书写新闻　传播边疆美好

——记湖北援疆干部、博尔塔拉报社副总编辑、新闻总监张爱虎

尹群燕

他蹲在地上，一边帮杞农将枸杞平铺在大竹篮中，一边询问杞农今年的种植情况。

“目前，枸杞的收购价格比去年高2—3元，今年枸杞的亩产量预测比去年高。”杞农回答时，他眼睛瞟过一起下乡采访的年轻记者们，看谁在用心地记录和思考。

“老乡，今年的天气比去年热，对枸杞的成熟有什么影响？枸杞的采摘、晾晒、加工有什么变化没？”他一边干着活，一边继续问。

问清楚情况后，他转过身，对年轻的记者说，记者就是要能和基层群众交朋友，要深切感受他们的发展变化。

他，就是湖北援疆干部、博尔塔拉报社副总编辑、新闻总监张爱虎。

读万卷书，行万里路

“我要去援疆，行万里路中不能少了新疆这段路。”他向组织提申请时这样说。

“新疆这两年的情况你知道，你的孩子还小，这事还是和妻子好好商量一下吧！”领导劝他。

“大地震时去汶川我都不怕，还怕去新疆吗？我希望领导能批准。”他坚持。

2008年汶川地震，他克服万难，跟随湖北第二批救援队到达汶川地震灾区，用相机和笔记录着所见所闻的点点滴滴。

几天的时间，他走烂了两双运动鞋。越是危险，他越要亲赴现场。

在湖北日报社当记者，他一年最少160天在外采访，下乡住村是平常不过的事。在女儿眼中，爸爸能陪她过周末就是最幸福的事。

张爱虎提出援疆申请，获得组织批准，他成为第六批援疆干部中的一员。临行前收拾行李，他发现自己没有一双好鞋：要么鞋底坏了，要么鞋面破了，他已经不记得临行前扔掉的是今年淘汰的第几双鞋了。后来说起这段历史，他笑称："这是记者的骄傲。"

身为湖北日报社经济部资深记者，张爱虎发表过很多优秀的采访报道：《洪湖非法捕捞屡禁不止的背后》《人工养殖鳝鱼是不是吃了避孕药？》《千湖新记》系列报道等。

这些优秀采访报道的发表，离不开他爱读书的习惯。

"记者是个活到老学到老的职业，职业特点决定你必须是杂家，要广涉猎、勤阅读。"张爱虎说。

硕士研究生，多次获得湖北日报传媒集团新闻奖，足以证明他阅读的广度和深度。

"跟我一起下基层"

"记者一定要沉下去，要多往基层跑。我去基层采访，谁要一起去？"近几个月来，常会听到张爱虎这样邀请记者跟他一起下基层。

在援疆期满结束前带出一支常下基层的记者队伍是他给自己定的目标。

于是，他带着年轻记者去阿拉山口采访边防官兵、去深山老林采访护林员、去枸杞交易市场和加工企业采访枸杞产业发展……

他边采访边叮嘱年轻记者："记者一定要善于发现不同，找到特点，深入了解哪里不同，会带来什么结果。"

"问问题时不要太刻板，要让群众愿意和你交流。"

博尔塔拉报社记者符艳平这样评价他的导师张爱虎："张总编很会问问题，能在不经意间询问出事情的本质。他善于抓住细节，思维敏捷，知识丰富，是我学习的榜样。"

一批记者在他的指导下迅速成长，每次修改完记者的稿件，他总会嘱咐一句："不许署我的名字，你们写作的进步就是对我最好的报答。"

“记者要有责任有担当有使命感。”

“记者的使命是什么？是善于发现问题,用通俗易懂的语言呈现给读者,我们不能总是‘唱赞歌’,还要担当起监督、建议的职责。”张爱虎教育记者时说,“记者牢固树立为人民服务的意识,要架起党和百姓之间的桥梁,要更好地为社会经济发展、人民生活幸福服务。”

为博尔塔拉报社发展出力

张爱虎大力开展业务培训的建议得到报社党委采纳,多次协调组织报社记者编辑共21人次赴湖北日报社培训学习,全年博尔塔拉报社外出学习交流人员达68人次。

他带头采写援疆稿件,在《新疆日报》《湖北日报》等媒体刊发报道20余篇。其中《援疆干部人才精彩亮相博州》《湖北援疆医生集体下村义诊》《突出就业教育人才新一轮援疆工作全面展开》《援疆前指集中学习中央精神》等报道,以内容精彩、结构清晰、语言精湛,受到读者好评。

张爱虎在博尔塔拉报社期间狠抓新闻业务,利用评报、看版的机会,加强对新闻采编人员的指导,努力提升办报质量。他多次为博尔塔拉报社采编人员做专题讲座,讲述自己采访的经验和心得。截至目前,他指导博尔塔拉报社记者采写刊发援疆稿件100余篇。

基层采访,他总会被采访对象感动,总是不忘献上爱心。

在援疆的400多天里,生活上,他不向组织提要求;业务上,他悉心指导各族新老同事;工作中,他带头写稿,以认真负责的态度,树立了党的新闻工作者的形象。

“衷心感谢组织,衷心感谢博尔塔拉。博尔塔拉之行磨砺意志,强壮筋骨,开阔视野,升华灵魂。美丽富饶的博尔塔拉,梦幻般的青色草原,我深爱着你——我的第二故乡!”

这是张爱虎的援疆感言。似火的情怀中,流露的是感恩之心和赤子之情!

(2015年7月7日发表于《博尔塔拉报》)

夫妻双双来援疆

谢晓研　宋　佳　宁桂香

李仙，湖北省荆门市沙洋县后港中学教务处副主任，与妻子杨晓凤是同校教师。2014年，二人背起行囊，双双踏上援疆路，来到精河县高级中学，开始他们的援疆生涯。他们的工作、生活如何？15日，记者采访了这对夫妇、他们的学生以及同事，记录他们在精河县的点滴。

援疆突如其来

杨晓凤：说实话，以前，我没想过援疆这件事，感觉离我很遥远。2013年8月的一天，校领导突然找我，说要选派英语和数学2名老师去援疆，让我考虑一下。当时就有预感，我来的概率比较大。

李仙：我从电视上看到，新疆教育水平低，我曾有远赴新疆支教的理想，就算当一名志愿者，我也愿意。有这样援疆的机会，我很爽快地答应了。再说，同事们真的各有各的困难，有的孩子小，有的孩子正在考学……趁老父亲身体还硬朗，孩子正在上大学，我们去，也可以为同事们分担困难。

人到哪，家到哪

杨晓凤：说家里没有困难那是假的。我的弟妹都不在省内生活，父母60多岁了，没有人照顾。当时确实经过了慎重的考虑，但是组织已经决定选派我到这里来了，那我就教好我的学生，在教学上发挥作用。来到精河县，我每天都给父母打一个电话，还请我的一个同学隔三差五地去看望老人。

马远胜(同事、援疆教师)：夫妻一起来援疆比较罕见，他们能放下一切来，勇气和精神可嘉。

到哪都是干工作

李仙:我学习了第二次中央新疆工作座谈会精神,领会了援疆工作的重要性,为自己能参与到这项重大战略中来而自豪。我很振奋:我要去援疆,去发挥我的作用,体现我的价值,我要为新疆做一些贡献!反正到哪里都是干工作。

教学面临转变

杨晓凤:刚接触这边的学生时,我用在湖北的教学方法,结果发现行不通。课上讲的语法知识,再遇到就不会,屡学屡忘。我急,急得我不知如何是好。后来我放慢速度,注重抓基础,扩大词汇量,还要求他们记笔记,反复叮嘱学生养成复习的习惯。

李仙:我和妻子来到精河县的第一件事,就是在书店里买了一套本地试卷,研究琢磨这里的考试题目,以及难易程度。我们常常在一起琢磨教学问题。经过一段时间的实践,我们发现,这边的学生基础和学习能力较弱。之后,我们转变方法,从基础开始。我总结了一条小经验,那就是低起点、小步子、多反复。

“搀着走”

阿尔娜(高三9班学生,英语课代表):为了让每一学生能跟上教学节奏,杨老师上课都是“慢节奏”。遇到一个词,她会教音标、用法,每一个细节都不放过。一篇阅读理解的文章,常常能花一节课,老师带着我们逐字逐句地翻译,直到弄懂每个词的含义。我从看不懂题目到能读懂全篇内容,这个进步离不开老师“搀着走”的努力。

“啰嗦妈妈”

阿尔乃(高三9班学生):为了提高我们的英语成绩,从去年11月开始,杨老师每周六花两个小时,为我们无偿补习英语。我的英语成绩提高了20多分。课堂上,杨老师特别有耐心,每讲完一道题,她就问:孩子们,听懂了没有?

一节课要问好几遍，同学们私下里都叫她“啰嗦妈妈”。

爱找学生的李老师

陈玲（高三1班学生）：在课间，李老师经常到班里找同学当面批作业。找到同学，铺开作业本，告诉他（她），哪里错了，然后在旁边用红笔书写一遍，一丝不苟。对于个别同学的错误，他找同学一一讲解。如果是大家都没有掌握好的知识，他会在课堂上重新讲解，一遍又一遍，不厌其烦。老师讲那么多遍，再不会，自己都不好意思了。

帮孩子摘“桃子”

陈进（副校长）：李老师常说，要结合本地学生实际，过难或者不考的题型不要强求学生会做，要求学生摘天上的月亮，倒不如帮他摘一个桃子。既摒弃了高要求，又让孩子们树立学习的信心。

李玉华（同事）：李仙老师能够在很短的时间内了解学生状况，转变教学方法，这给了我很大启发：教师不能光会教教材，而且要学会用教材，根据学生的特点因材施教，学会取舍、适度把握。

学生淳朴可爱

李仙：教育的真谛是爱。如果把学生当成自己的孩子，那就会有耐心帮他解决学习上的难题，不管讲几遍、十几遍，甚至几十遍，都不会厌烦。

每天多做两道题

董紫阳（高二1班学生）：以前，我挺贪玩，在学习上下功夫少，成绩不好不坏。去年，李仙老师来学校不久后，去我家家访。在我妈妈面前夸我很聪明，基础也不错，如果家长能督促下，成绩肯定会大有起色。我妈妈感动地说，说老师能来家访，就是对我的支持和关爱，让我一定发奋学习，考个好大学。后来，我确实用功了，并在期中考试时考了年级第一。老师对我比较严格，经常问我，有没有不会做的题，并要求我每天比别人多做两道数学题。我坚持了下来，成绩提高很快。

杨老师眼睛好犀利

阿尔娜(高三9班学生,英语课代表):我坐在班级第一排,也是挨老师“骂”最多的。只要上课思想“抛锚”,杨老师一眼就看到了,叫我回答问题,如果回答不上来,她就会批评我,她眼睛好犀利。现在,我在课堂上都能做到全神贯注。

亦师亦友

杨晓凤:这些孩子就像我自己的孩子一样,我们是师生,也是朋友。有一次课间,我在班里,学生马福海走过来,递给我一串葡萄说,老师,这是我家种的,您尝尝;走在路上,学生看见了会说,老师,我给你几颗糖;还有学生看我讲课口干舌燥,说老师你累了,我给你买水去……

李仙:这边的孩子素质都比较高,他们在公交车上会主动给需要的人让座。有一次,我们年级500多人去郊游,离开时,地上没留下任何垃圾;个个儿能歌善舞,交际能力也很强。

(2015年10月27日发表于《博尔塔拉报》)

万里援疆师徒情

李玉麟　罗　峰　熊娅楠

10月28日上午，“楚天名医大讲堂”首次走进博州人民医院。刚获得“2015中国消除贫困感动奖”的湖北麻醉学界领军人物、武汉协和医院副院长姚尚龙在此演讲。

快人快语的姚尚龙在演讲前宣布：赠给博州人民医院价值5万元的可视化喉镜及由其编撰的两套学术书籍。

现场顿时响起了雷鸣般的掌声和羡慕的惊叹声。

讲台上，姚尚龙亲切地呼唤：“巴德木，上来。”

一名40多岁壮硕的蒙古族汉子，笑得像孩子一样小跑上台，接过捐赠牌。

“这是我的徒弟。”姚尚龙一脸自豪。

“在边疆培养拿得出去的学术带头人”

2008年，博州人民医院麻醉科一周内接连发生了两起因麻醉造成的医疗事故，致死两人。“当时街头巷尾都在议论，我们在外面都抬不起头来。”巴德木说。

带着定要学有所获的雄心，巴德木作为新疆交流人才，来到武汉协和医院。

姚尚龙回忆：“2005年，一群从新疆来的小伙子中，我一眼就看中了巴德木的精明能干。当时他已经是博州人民医院的麻醉科主任。我把刚从国外带回来的可视化喉镜给他看，他大开眼界。”

“病人全麻以后，嘴巴有时很难打开，插喉管全凭医生经验。有了这个可视化喉镜，病人喉咙里的情形清清楚楚地显示在屏幕上，大大降低了手术难度。”巴德木解释。

见识到山外有山、人外有人的巴德木,虚心地跟随姚尚龙在协和医院学习了3个月,又被安排到知名教授张诗海门下学习了3年。

然而,姚尚龙有一个更宏大的目标——他要亲手在边疆培育一批留得下来、拿得出去的学术带头人。

“帮扶要帮到实处,需要什么,就给什么”

学成返疆的巴德木,与老师姚尚龙一直保持联系。姚尚龙每年都要来新疆两三次,每次都带来新的设备、新的理念。更重要的是,姚尚龙心里有一整套长期帮扶方案:

凡是武汉协和医院组织的大型学术会议,姚尚龙都邀请巴德木参加;只要到新疆讲课,姚尚龙都会让巴德木去听;凡是姚尚龙参与编写的学术书籍,都会赠一套给博州人民医院……

在姚尚龙的指领下,巴德木每天坚持读国内国际的学术书籍。他不仅自己读,还要求整个科室的医护人员也读。

姚尚龙还定期在博州人民医院开展远程门诊,大大提升该院的医疗实力。

2011年,在姚尚龙的推荐和支持下,全疆麻醉年会在博州人民医院成功举办——创该年会在地州召开之先河。

为了在全疆乃至全国打响名号,在姚尚龙的策划选题下,巴德木申请到“贝朗麻醉科学研究基金”。这个基金就连其他省市大型三甲医院也未必能申请到。巴德木的项目重点是研究少数民族地区用药及药效的差异性。这也是“精准化医疗”的发展趋势。

“专家帮扶要接地气。在北京、上海能做的项目,在边疆未必能做。要把当地的特色和前沿研究相结合。帮扶要帮到实处,这才是精准帮扶:他需要什么,你就给什么。”姚尚龙说。

“我们的责任是打造一支带不走的队伍”

在博州人民医院麻醉科室,记者看见姚尚龙赠送的书籍摆满了一铁柜,柜子上贴着“姚尚龙教授捐书”的纸条。

博州人民医院麻醉科有17人,其中11人都有在武汉协和医院交流学习的经历。“我们交流医生是不设期限的，是带着任务课题去学习。什么时候把问题搞清楚了，什么时候回来。”巴德木介绍，现在博州人民医院麻醉科的全套管理模式和质量控制模式，都是借鉴的武汉协和医院。

原先，博州人民医院的麻醉医师都是临近手术才介入。现在，他们在手术前一天就介入。把病人的身体指标全部提前看一遍，评估手术风险。一旦发现高风险手术，立刻申报上级。

通过姚尚龙，巴德木还结识了许多北京、上海的顶级专家。有这样的顶级专家库，巴德木在博州遇到任何医学难题都处变不惊。

巴德木说，以前做腿部的手术，就要下半身全麻。现在借助各种先进仪器，不仅可以精确到腿，甚至可以精确到腿的局部。“以前，因为我们麻醉技术不过关，不得不把患者转到其他医院。原本在我们这里5000元可以完成的手术，转到乌鲁木齐可能就得花费上万元。现在我们麻醉技术在全疆数一数二，不仅本地病人不用转走，还帮助别的医院的病人进行麻醉工作。”

“援疆不是任务，而是责任。因为任务会变成应付，只有责任才会义无反顾。”姚尚龙说，“我们的责任就是打造一支带不走的队伍。如果博州医疗界每个专业有一个‘巴德木’，我相信博州的医疗技术一定能得到全方位提升。”

如今，巴德木的徒弟在第五师医院担任麻醉科主任。巴德木不仅像姚尚龙希望的那样，成为在边疆落地生根的学术带头人，并且正在开枝散叶、桃李天下。

（2015年11月24日发表于《博尔塔拉报》）

产科病房“零”突破

——武汉市妇女儿童医疗保健中心专家小分队援疆小记

丁泉燕

“长江天山一脉牵,鄂博手足情相连。”博乐市妇幼保健院是博乐市重点建设的医疗机构。上年10月,武汉市妇女儿童医疗保健中心博乐分中心在该院正式挂牌。

武汉市妇女儿童医疗保健中心对口援助博乐市妇幼保健院。11月10日,武汉市妇女儿童医疗保健中心派出由侯俐、游丽萍、刘欣3人组成的专家小分队,来到博乐市妇幼保健院开展援疆工作。

最初,博乐市妇幼保健院没有产科病房、分娩室和手术室,只能开展一些常规性的计生指导工作和简单的计生手术等。专家小分队来到博乐后,首先把妇产科病房建立起来,从“零”做起,设立分娩室,开始实施顺产、剖宫产等手术。

在专家小分队来博之前,博乐市妇幼保健院陆续派出医生前往武汉,进行为期18天至半年的学习。与此同时,武汉市妇女儿童医疗保健中心和博乐市妇幼保健院订立了援助计划,不间断地把医护技术、管理及临床经验带到博乐。用侯俐的话说:“博乐缺哪一项,我们补哪一项;博乐缺哪个环节,我们补哪个环节。”

去年11月16日,博乐市妇幼保健院实施第一例产科手术,采用的是新技术自由体位分娩。产妇顺产,孩子体重3公斤,一切指征正常。就此,该院掀开了新的一页,告别了不能做产科手术的历史。

同月23日,博乐市妇幼保健院接收一位过期妊娠孕妇,当时孕妇已经出现宫内窘迫、脐带绕颈的症状。侯俐综合评估孕妇情况,认为孕妇子宫是疤痕性子宫,胎儿体重偏大,因此决定实施剖宫产手术。

侯俐、游丽萍、刘欣带着博乐市妇幼保健院的医生们实施手术，3.78公斤的女婴顺利出生，母亲平安。侯俐笑了，她说："每一名产科医生最愿意听到的，就是母子平安的消息，这是最好的临床效果。"

仅一个月时间，该院实施产科手术就达19例。

产科手术十分重要的一个环节就是麻醉。年轻的麻醉医生刘欣工作起来沉着冷静，根据不同人用不同的麻醉方法和剂量。博乐市妇幼保健院麻醉医生米勒与刘欣是共建对子，为了让米勒顺利"出师"，刘欣可是下了一番功夫。在实际手术中耐心讲解，把自己多年来撰写的笔记与其分享，还找来各种案例让米勒学习。如今，手术时，米勒已可以独立操作。

专家小分队带来的新理念、新技术，让博乐市妇幼保健院的医生护士耳目一新。助产士杨巧英说："2013年我就到妇幼保健院工作了，当时进修学习了4个月的助产，今年我还到武汉集训了20天，主要学习助产接生。在游丽萍助产士的带领下，我接触、学习、掌握了新技术，觉得十分幸运。"

（2016年1月13日发表于《博尔塔拉报》）

我们永远是“亲人”

——记湖北援温干部与叶尔哈力一家的故事

向昌碧

11日,一场期待许久的大雪悄然降落温泉这个边境小城,让即将援疆期满而准备返回湖北的王军觉得有些喜出望外,这也许是他在新疆见的最后一场雪了。

踏着积雪,王军前往温泉县天泉小区96号楼,他要在临走之际再一次看望自己的“亲人”——叶尔哈力·达列力汗家的三胞胎,这是他3年援疆期间最大的挂念之一。

王军的三胞胎“亲人”,是温泉县昆得仑牧场牧民叶尔哈力·达列力汗和妻子吉力米拉·托合塔尔于2014年8月在博州顺利产下三胞胎儿子,为更好地照顾孩子们,他们一家从昆得仑牧场搬到县城。

当快到天泉小区96号楼时,王军远远地就见三胞胎的爷爷达列力汗站在楼下,他在等着“一辈子的恩人”,“恩人”是三胞胎家人对以王军为代表的援疆干部共同的称呼。紧握双手,再来一个拥抱,达列力汗连忙招呼着王军一行:“快进屋,快进屋,屋里暖和着呢!”

三胞胎过去住在爷爷家,在政府的帮助下刚刚搬进96号楼,50平方米的廉租房每月租金38元,房子装修得很简单,也显得有些拥挤,但勤劳的三胞胎的妈妈古丽米拉收拾得干干净净、整整齐齐。自2015年三胞胎半岁时,湖北援温干部与他们一家结成了“亲戚”,上门开展健康体检、帮助叶尔哈力找工作、动员朋友捐款捐物……三兄弟点点滴滴的成长时刻牵动着大家的心。

进门落座后,三胞胎中的老三主动伸出自己胖乎乎的手,而老二却趴在王军怀中不走了,逗得大家笑声一片。三胞胎的身体最近怎么样?孩子的爸爸有工作了吗?古丽米拉的白癜风有没有得到好转……有亲人般的关心,有家人般的问候，也有朋友般的鼓励，大家围绕着三胞胎一家人的改变，当听说叶尔哈力·达列力汗依靠自己的努力，12月成为一名正式的边防巡控队员后，王军抑制不住高兴对古丽米拉说：“相信你们的日子一定会越过越好的，因为你们勤劳、善良、团结。”

古丽米拉告诉王军，自己真是一个幸运的妈妈，在最困难的时候遇到了湖北“亲人”的帮助，给孩子买奶粉，联系援疆医生给孩子上门做检查，逢年过节看望孩子那更是不在少数……想起3年来的帮助，她决定一定要培养孩子好好读书，长大了到湖北去看望给过他们帮助的人。王军笑着对古丽米拉说：“我援疆期满就要回湖北了，今天带着又一名亲人来看望他们三兄弟，来看看你们，我们将把这份感情一直延续下去，永远做三胞胎的亲人。”话未说完，古丽米拉就止不住流下了眼泪。

刚到温泉接替王军担任湖北援温工作队长的梅卫民立即拿出手机，主动给古丽米拉留下了自己的电话号码，并告诉她将和所有援疆干部一样，将三胞胎当成自己的孩子，民族团结一家亲，努力帮助他们成长成才。

这边在拉着家常，厨房里有“亲戚”在准备饭菜。王军立即对达列力汗说，我们来照一张合影吧，留我一份念想和思念。“咔嚓”一声，时光永远停留在那一刻。面对三胞胎家人的挽留，王军委婉拒绝并告诉他们，自己将在湖北默默地祝福三胞胎健康快乐成长，自己再有机会或朋友来新疆一定来看望三胞胎，因为我们是亲人。

（2016年12月14日发表于《博尔塔拉报》）

冰心一片留天山

——记湖北省援疆干部傅洪波

刘素针

冬天的夜,来得有点早。

晚上八点半,天山脚下的边塞小城已坠入沉沉的黑暗。大雪过后,一天冷过一天。

博尔塔拉报社办公楼大部分灯已经熄了,二楼一间办公室依旧灯光明亮。报社党委委员、副总编辑、新闻总监傅洪波,正伏案埋头看大样,不时在纸上圈画着什么。

日光灯默默散发光芒,映着他苍白瘦削的脸庞。透过厚厚的眼镜片,是一双布满血丝的眼睛。

桌上的日历翻到12月22日。一年半的援疆期,仅剩两周了。傅洪波仍然坚守在一线。

他说,我得站好最后一班岗。

“来了,就要做点事”

2015年8月,湖北日报新闻编辑中心副主任傅洪波经组织选拔,作为第六批援疆干部人才,飞越千山万水,奔赴博尔塔拉报社。

“八千里路云和月”,当飞机降落在博乐机场,他一眼便喜欢上了这座干净灵秀的城市。

报到后的第二周,傅洪波便担任汉文报执行总编,投入到紧张的工作中。执行总编是报纸最后把关人,加班到深夜是常有的事,但同事们从未听到他有半句怨言。

抗战胜利70周年,天安门广场举行盛大阅兵。他发挥优势,大胆创新,策划了八个版的纪念特刊。不仅确定了整体版式,还设计了一至八版的主要内容和主标题,版面形式新颖,气势磅礴,得到了同事和读者的广泛认可,该策划还获得全国地市报好新闻奖。

鉴于报纸在内容和版式设计等方面仍有很大提升空间,2015年12月,傅洪波主持《博尔塔拉报》全面改版,带领编辑们加班加点,整整忙碌了一个月:下基层调研,跑遍各县市,广泛征求意见;做改版方案,几易其稿,一熬就是通宵;设计版式,不放过一个细节,精确到线条运用……

傅洪波提出"新闻立报、深度立报、思想立报"的办报思路,大刀阔斧进行报纸版面改革:细分并增加新闻版面,使报纸成为真正的新闻纸;增设深度报道版"视点",把重大主题、重大新闻做深做透;增设"丝路新语"等时评栏目,用观点铸造报纸的灵魂。

改版后的报纸,面目一新。从报头设计到内容设置,从色彩定位到版式风格全部进行了重新设计,新闻性更强,版式时尚大气,受到各方好评。

今年10月,湖北省委常委、省委宣传部部长梁伟年在报社考察援疆工作时,对《博尔塔拉报》版式设计及印刷质量给予高度赞扬,并要求带几份回去做纪念。

得到如此肯定,大家心里像吃了蜜一样甜。

重大报道,对于新闻媒体来说都是一场战役。遇自治州两会、环赛里木湖公路自行车赛、那达慕大会等重点报道,他总是冲在前面,亲自指挥作战,周密策划,让新闻出彩。

今年元月自治州两会期间,正好是傅洪波值班看版,第一天下班回去已近凌晨两点。宿舍楼大门紧闭,他拍着门喊了很久,人都快冻僵了。进去时,还略带歉意地跟门卫说,最近可能经常这么晚,麻烦给留一下门。

他做的一切大家都看在眼里,同事们纷纷表示敬佩。他却说,这有什么哩?来了,就是要做点事。

"你们有收获,我就满足了"

博尔塔拉报社采编队伍,年轻人较多,经验相对不足。傅洪波除了悉心指导编辑做版外,有空就带记者出去采访,力求打造一支带不走的采编队伍。

今年七八月份,他分批带领记者走遍两县两市,深入一线采访。从列采访提纲,到现场交流,稿件构思,甚至标题制作,后期修改,一一悉心指导。

记者谢晓研说,傅总修改我们的稿件总是画龙点睛,制作标题一针见血,专业素养极高,是我们的好老师!

有感于大美博州的风土人情,傅洪波策划开辟"博州地理"专栏,首次对博州的人文地理、自然风光、民族风俗进行全面系统的梳理与报道。

8月底至10月,他带领"博州地理"采访小组成员踏足博州山山水水,走访民间艺人,探寻文物古迹。

提起博州的风土人情,他竟然比本地土生土长的记者们都了解得多。问及缘由,他一口气列举了一长串史籍书名,"晚上没事我就看点书",这份好学钻研的精神,令大家自觉惭愧。

户外采访,常常风餐露宿。饿了,啃一块干馕,就几口咸菜;渴了,喝几口矿泉水;累了,幕天席地,就地一卧。

两个月,本就形销骨立的他又瘦了几斤,白皙的皮肤也晒黑了好多。前来探亲的妻子,一见面就惊呆了,怎么变成这个鬼样?我差点认不出!

国庆节,已半年没回武汉了,宝贝女儿扭伤了脚,在家养伤,他多想回去看看!可是,采访时间紧、任务重,采访组的小家伙们太年轻,他不放心。

他说,以后待在武汉的时间多得是,但在博州的日子不多了,还是抓紧时间多做点事吧。

付出总有收获。"博州地理"采访小组共采写稿件30余篇,从10月中旬开栏,至今已刊发稿件16篇。稿件陆续见报、并在微信平台推送后,受到广泛关注与好评,社会反响良好。

其中开篇之作《冬都精:英雄归隐的云中秘境》,在微信平台推送后第二天,便被《新疆人文地理》杂志约稿,并在12月刊发。其他系列稿件,也陆续被《新疆人文地理》《博尔塔拉文艺》选发。

博州史志办主任马彦春说,"博州地理"系列稿件填补了博州一些地方风土人情、历史文化的空白,颇具参考借鉴价值,我们将收纳为史志材料。

州文联原主席张子才对"博州地理"栏目给予密切关注和高度评价,他时常在微信平台留言,并建议将此系列稿件汇编成书。

傅洪波指导的记者们都受益良多，每每提及，大家感激之情溢于言表。他总是笑，你们有收获，我就满足了。

“亦师亦友留心间”

提到傅洪波，大家说得最多的是“低调、谦逊、随和、大家风范”。

身为湖北日报编辑中心副主任、高级编辑，他丝毫不摆架子。处处待人彬彬有礼，笑脸相迎，举手投足间温文尔雅。

与人打交道，总是“请”字当头，“谢谢”结尾，体现出极高的个人修养；指导采编人员工作时，他总是用商讨的语气，提出建议，给年轻人充分尊重和信任；带队出去采访，会帮大家提包，拎重物，俨然一副兄长模样。

“博州地理”采访中遇到很多困难。人生地不熟，常常走半天也找不到地方，走一天也不见一个人影。记者们筋疲力尽、垂头丧气时，他总是在身后加油鼓劲并竭力相助的那一个。

户外奔波采访非常耗费体力，回到城里后，他经常自掏腰包请大家吃大餐解馋。

记者张红是“博州地理”采访组一员。在这次采访中，她遇到很多前所未有的困难，常常对自己失去信心，“是傅总一直不断地鼓励，让我坚持下去。他既是我们的老师，更是我们的朋友”。

为了让这些年轻的朋友们快速成长，傅洪波积极协调，向湖北日报传媒集团争取名额及援助政策，加大培训力度，先后分4批共选派16名采编人员前往湖北日报社，进行1—3个月的跟班学习，极大地提高了他们的新闻业务水平。

同时，他还积极发挥桥梁纽带作用，不断推动湖北日报传媒集团和博尔塔拉报社双方的友谊向前发展。

只叹时光短暂。傅洪波有点遗憾，还有很多事来不及做，还有很多策划来不及实现。

短短一年半，他的足迹，留在博州的山山水水；他的教诲，刻在博尔塔拉报社采编人员的脑海；他的笑容，留在博尔塔拉报社每个人心间。

（2016年12月29日发表于《博尔塔拉报》）

有一种分别,叫再见

——记湖北援疆医生陈号一

冯红艳

2016年12月23日,记者在州蒙医院见到了从湖北省中医院赴疆支援全民免费健康体检的医生陈号一。33岁的陈号一中等个头,有些清瘦,穿着洁白的工作服。皮肤很白,五官小巧,脸上一直带着微笑,性格沉静,看起来比实际年龄要年轻许多。

当天是州蒙医院为博乐市公安干警体检的日子。陈号一和搭档、超声心电科主任阿尔同吐亚承担了大部分的B超检查任务。陈号一在接受记者采访时也没有停下手上的工作,她俩搭配非常默契,检查的速度异常迅速。陈号一负责操作检查,阿尔同吐亚负责打印检查结果和诊断。

趁着体检者比较少,陈号一向记者讲述了她不寻常的援疆事儿。

2016年10月8日,自治区全民免费健康体检工作全面开始。时间紧,任务重,我州部分医院面临专业技术人员缺少的困境。作为援助省份,湖北省决定,从全省各医院抽调技术过硬的医生援助我州。

陈号一所在的湖北省中医院领导在微信群里发布了援疆的通知,鼓励大家踊跃报名。看到微信的陈号一十分高兴,去新疆一直是她的梦想。但她又有些犹豫,去援疆,家里还有儿子和公婆要照顾,不去援疆,自己又觉得失去了一个完成梦想的机会,当天回家她把自己的想法告诉了丈夫。

“让我惊喜的是,丈夫听了我的想法,不仅同意我去新疆,还说他会照顾家里。”丈夫的支持让陈号一心里有了底,也坚定了援疆的决心。第二天,包括陈号一在内的4名医生报了名,但只有陈号一是有孩子的。

陈号一其实并不在派往援疆人选的考虑范围内,她主动请缨,和领导几次沟通,表明自己援疆的决心,并保证一定圆满完成任务。最终,她的愿望实现了。就在陈号一对遥远的新疆无限遐想，对援疆工作充满期待时，她还是不知道如何向公婆开口，不知道怎么给刚懂事的儿子解释妈妈的远行。出发前两天吃饭时，陈号一假装不经意说出了自己和丈夫的“秘密”。

“妈妈，我后天要出发去新疆博州，辛苦妈妈这段时间帮我照顾一下孩子。”陈号一说完又有些后悔，虽然婆婆嘴上说“可以”，但眼神分明从惊讶变成了紧张，一时间婆婆沉默了。即使这样，她还是告诉自己不能动摇去新疆的决心。

临行前一天，陈号一身患肺癌的公公因脑梗死突然住院，婆婆也因为过度紧张晕倒住院，家里瞬间乱作一团。“如果我不说要援疆，公婆可能不会住院。”内疚让陈号一怀疑自己的决定是否正确。

她先给远在广西的妈妈打了求救电话，希望妈妈来替她照顾住院的公婆，又与丈夫做了进一步的沟通。“我妈妈接到电话后同意到武汉来帮我一把，并立即坐了5小时的动车到达武汉。”妈妈的支持让她感觉到了力量。丈夫也希望陈号一克服困难准时赴疆：“毕竟已经答应了领导，因为自己的原因临时调整，会影响大局。”

就这样，2016年10月22日，陈号一在担心中登上了来疆的飞机。

第二天，陈号一到州蒙医院超声心电科报到后，就立即投入到紧张的工作中。州蒙医院的B超室在地下负一层，房间不大。体检人数最多的时候每天达到了近500人，长时间在封闭的检查室里，陈号一出现了缺氧的情况。加上气候、饮食等差异，水土不服让陈号一的身体出现了内分泌失调，但她从不和领导、同事抱怨，不搞特殊，不提要求，跟所有的医护人员一起加班，未曾有过周末。

2016年12月12日，原本是陈号一和一起援疆的38名医护人员返鄂的日子，但蒙医院体检任务重，还有群众没有参加体检。“我来的任务就是帮助完成体检工作，现在工作还没结束，怎么可以走呢？”陈号一二话没说主动向领导请求：再留一段时间。

陈号一每天早晨体检，为住院的病人做检查；下午也没闲着，为医护人员传授专业的医学知识，耐心讲解大家的疑惑。陈号一凭借人格魅力和精湛的技术，获得了同事、领导的一致好评。

“在我心里,她是‘陈一号’,不仅为我们分担体检重任,而且她讲的课也让每个医护人员都收获满满。这样的讲课,以前得出去学习时才有机会听到,现在在医院就可以学到了,这是非常宝贵的财富。”蒙医院院长、党委副书记帕瓦这样评价陈号一。

“其实我的这点付出根本不算什么,那么多援疆干部都克服了种种困难支援边疆。我不求能有多大贡献,只希望尽我所能为边疆做一点事情,希望以后有机会还能再来博州,再为博州人民尽一份力。”陈号一说。

(2017年1月5日发表于《博尔塔拉报》)

不辞长作兵团人

——记扎根边疆的湖北援疆教师尹才华

赵良英　张新燕

9月初，新疆生产建设兵团第五师八十八团中学迎来新学年。46岁的尹才华再次承担初三毕业班语文教学任务，带领30多名各族学生向中考冲刺。

尹才华原是潜江市园林一中语文教师，2012年响应援疆号召到八十八团中学任教，一干就是三年半。2015年9月，他毅然决定落户兵团、终身援疆，成为通过援疆而调入新疆工作的湖北第一人、兵团第一人。

两度援疆，落户兵团

2012年3月，41岁的尹才华作为潜江市首批援疆教师，告别风光秀丽的江汉平原，来到戈壁深处的八十八团中学，从事初中语文教学。

八十八团驻地博尔塔拉蒙古自治州温泉县，位于祖国西北边陲、中哈边境，有汉族、蒙古族、维吾尔族、哈萨克族等24个民族，孩子们汉语功底多数不扎实，优秀语文教师更是奇缺。

在这里，尹才华很快找到了施展才华的舞台。面对学校提升教学水平的期盼和孩子们对知识的渴望，尹才华争分夺秒，不舍昼夜，全身心投入工作，将在湖北探索的教学方法和创新理念，一股脑儿引进课堂，和老师们分享，在学校掀起一股“湖北风”。

时光荏苒，原定半年的援疆期很快就到了，学校舍不得尹才华离开，恳请他再留三年。眼见教学刚有起色，尹才华不愿半途而废，决定留下来。

冬去春来，尹才华一干又是三年。常言道：三年援疆路，一生援疆情。三年来，尹才华与全校师生结下了深厚情谊，兵团人“献了青春献终身、献了终身献子孙”的无私奉献精神更是深深地感染着他。多少个夜晚，边境团场各族孩子的淳朴笑脸和渴求知识的眼神,常常萦绕在他的梦里,一种崇高的责任感和神圣的使命感在他的心中激荡。

2015年6月,尹才华第二次援疆三年期满,学校还是舍不得他走。尹才华陷入沉思:“像我这样的老师,内地很多。但边疆地区师资力量不足,我留下来,或许能够发挥更大的作用。”一个想法在他心中萌发:“这里的孩子需要我,我要把余生奉献给兵团这片热土。”

回到潜江后,尹才华把这一想法告诉了妻子刘尚姣。起初,妻子很吃惊。毕竟,离别家乡父老,去一个人生地不熟的地方重新开始,有太多的不确定性。尹才华耐心做工作。看到丈夫坚定的眼神,特别是QQ空间里孩子们与尹才华依依惜别的场景和情真意切的留言,刘尚姣决定支持丈夫的选择,同意带着13岁的儿子到新疆安家。

获得家人的支持后,尹才华正式提交了申请。2015年9月2日,尹才华接到通知:他调入新疆兵团安家的申请获得批准。尹才华十分高兴,立即收拾行李,迁移户口,带着妻子和孩子赶往新疆。

“选择适合自己的事情,坚持做下去,这才是精彩的人生。”回想当初落户兵团的决定,尹才华感慨地说,“我要像胡杨一样扎根边疆,为这里的教育事业贡献自己的力量。”

传授经验,毫无保留

正式调入八十八团中学后,尹才华被推选为语文教研组组长。他身体力行,积极推介先进教学理念和教学模式,组织教师参加兵团“能力生根计划”课题研究,带领大家在教学实践中总结教改经验,学校教师在兵团和五师组织的讲课比赛中多次获奖。

在八十八团学校工作5年来,尹才华以身作则勇挑教学重担,三次担任毕业班教学任务。他积极推动课堂教学改革,创设智慧课堂和语文生态课堂,引导学生合作学习,教学实、活、趣,课堂氛围浓厚,学生的语文素养和语文能力得到快速提升。

文言文是孩子们学习中的“硬骨头”,尹才华通过讲故事加课堂表演的方式与学生互动,帮助大家理解,再逐字逐句解答疑惑。一篇《桃花源记》,他边描述边表演，现场活灵活现，同学们听得津津有味。

“尹老师的课很生动，听课根本顾不上开小差。”哈萨克族学生阿迪娜说，她以前对汉语不感兴趣，特别是语文，听得懂、读不懂，说得出、写不出。尹老师教了一年多，她进步很快，如今已经能说一口流利的汉语，语文成绩也进入班级前列。

学校发现尹才华的课堂很有特点，经常安排他开设公开课，举办教研讲座。借此机会，尹才华把自己的经验毫无保留地传授给当地教师。刚开始，是语文老师听，后来其他任课老师也来听，学习他调节课堂气氛的技巧，学习他讲解知识要点的方法。

为了帮助年轻老师迅速成长，尹才华坚持每周听课、评课近10节。青年教师马静进校后，尹才华主动与她“师徒结对”。马静讲课时，尹才华经常搬个小板凳，静静地坐在教室一角，边听边记。课后，尹才华及时同马静交流探讨，大到教学模式，小到授课语言，不厌其烦。在师傅的指点下，马静很快成长为教学骨干。

“尹老师的到来，为八十八团中学引来一股活水，形成爱岗敬业、比学赶超的良好氛围，语文由薄弱学科逐渐变为优势学科。”校长张家保介绍，2015年中考，该校语文单科成绩由全师倒数几名上升到第二位，这是建校以来最好成绩。今年中考，八十八团中学的毕业生平均分在全师12所学校中名列第一，三分之二的学生升入重点高中。

感恩关怀，融入边疆

尹才华调到八十八团后，兵团各级领导和学校对他十分关心。

按照相关政策，八十八团给尹才华提供了一次性10万元安家费，帮助他以11万元的优惠价格购买了一套99平方米的三室两厅住房，还给刘尚姣安排了工作，在学校当保管员。2016年9月，尹才华的孩子也顺利考上了黄冈中学五师分校。

“虽然远离家乡，但尹本华一点也不孤独。同事们都很热情，但凡有什么好吃的，都会给我们送来一些。”尹才华说，家乡亲人寄来湖北特产，他也会拿出来与大家分享。时间久了，尹才华与老师们亲如一家人。

扎根边疆后，尹才华有了更多机会与团场职工和少数民族同胞打交道。他经常深入连队、牧区进行家访，主动为那些忙于屯垦戍边的家庭分忧。在自治区开展的“民族团结一家亲”活动中，他与哈萨克族牧民沙依达洪结成“亲戚”。

沙依达洪夫妇长年在山区辗转放牧，一年要搬好几次家。女儿得尼拜尔跟随外婆住在温泉县城，在八十八团中学就读。得尼拜尔汉语基础较差，尹才华就“开小灶”，帮她和班另外几名少数民族孩子专题辅导。一年下来，得尼拜尔进步很快，语文成绩进入班上前几名，性格也变得活泼开朗。空闲时，尹才华和妻子还会到得尼拜尔住的地方，与老人拉家常，或者带着得尼拜尔到山上看望父母。

“既然落户新疆，就是新疆人，就要爱这里的山山水水，爱这里的一草一木，爱这里的人们。”尹才华说。

校长张家保说，由于学校地处偏远，前几年，青年教师流失较多，每到新学期，排课成了最头疼的事。尹才华调来后，许多教师被他的精神所感动。这两年，学校不仅没有教师外流，还吸引了5名湖北教师前来支教。

今年8月下旬，潜江市浩口三小英语教师胡忠胜和熊日学区语文教师康忠发，不约而同慕名来到八十八团学校援教。今年54岁的胡忠胜坦言：“尽管我早已过了追‘星’的年龄，但这次援疆，就是追着尹才华这颗‘星’而来的。昨日，兵团儿女坚韧不拔无私奉献戍边关，今天，我们要继续把这种精神发扬光大！”

（2017年9月12日发表于《博尔塔拉报》）

为博州交通事业注入新活力

——湖北交通系统技术人才援疆工作记

张新燕　王亚萍

白天迎着风沙在各交通项目工地来回奔波，夜晚归来已是繁星点点。10月25日，湖北省交通运输厅鄂西管理处养护站桥梁工程师郑超，从精阿高速公路工地返回博乐市已是晚上10时多，和他同行的还有湖北省交通系统的多名援疆技术人才。

今年5月24日，郑超一行10人受派来博。放下行李，湖北省交通运输厅京珠管理处综合管理员杨伟带领武汉、咸宁、襄阳、荆门等地市交通系统援疆技术人才走进了州交通运输局办公室，加班加点协助工作人员梳理重大项目基础建设相关数据统计报表，一直工作到次日凌晨2点。5月至10月是我州建设工程施工的“黄金期”，交通人分秒必争。

从春末到深秋，一名名援疆干部参与建设交通项目，他们的到来，为我州交通事业发展注入了一股新活力。

补齐技术人才短板

今年2月底，湖北省鄂西高速公路管理处副处长陈骞臻，作为第七批援疆干部人才来到我州，任州交通运输局党组成员、副局长。

怀着满腔热情，他很快融入我州交通事业中，积极发挥参谋助手作用，借鉴湖北交通建设的经验和做法，细化交通项目前期、融资及PPP项目洽谈、征地拆迁协调、工程建设管理等工作，有力推动了我州交通建设步伐。

“‘十三五’期间，博州铁路、公路、民航、邮政物流等将实现跨越式发展，构建起‘124’的立体交通体系，实现博州交通外通内连。尤其是在公路网建设方面，明确了‘两大网络、五大系统’‘四横三纵四通道一环’的公路网主骨架，将实现以博乐市为中心、辐射互联互通各县市、各乡（镇场）的干支相连、四通八达的公路网络。”这一摘自博州交通运输局“十三五”发展规划里的内容,也倾注了陈骞臻等援疆干部的大量心血。

今年,我州计划开工建设交通项目156项,总里程2971公里,总投资260亿元,当年计划完成投资100亿元。

目标任务前所未有,考验前所未有,机遇前所未有。如何解决发展难题?如何破解专业技术人员匮乏的困境?

陈骞臻与州交通运输局党组书记、副局长张梦帆一起,积极联络湖北省交通运输系统,经多方对接和反复沟通,克服各种困难,采用“柔性引才”和“组团式服务”的方式,引进专业技术人才,开展交通建设援助工作。

在人才选派上,湖北方面认真分析当前我州交通建设管理和技术人才需求,优先选派具有交通建设项目指挥部工作经历、熟悉交通基础设施建设项目管理流程、精通合同管理及质量控制的技术人才,切实发挥技术优势,补齐短板,助力我州交通项目建设。

“湖北省交通技术援疆,带来了新的设计理念和先进技术,大大提高了我州交通技术人员的专业水平,培养了一批技术骨干,为我州交通跨越式发展注入了蓬勃的生机。”张梦帆说。

撬动交通建设大发展杠杆

近半年来,援疆团队最引以为傲的工作业绩,是州公路质量监督总站的成立。

“在我们来之前,博州没有建立公路质量监督总站,可以说我们开创了一个从无到有的历史。”湖北省黄石市交通局质量监督处干部张博伦说。

今年6月初,自治区交通运输厅及自治区公路工程质量监督局要求,强化交通项目建设质量管控,统筹建立州公路质量监督总站。湖北援疆团队及早筹划、分工协作,前期报编工作与实体化建设同步进行。主导促成与具有公路工程综合乙级资质的“乐青市正和公路工程试验检测有限公司”合作,组建州交通项目中心试验室。6月22日,州公路质量监督总站正式揭牌成立,高效的工作得到了新疆交通运输厅的高度评价。

州公路质量监督总站成立以来,对全州在建项目已累计开展27次综合督查。在7月10日、9月10日自治区交通运输厅季度考核中,受检相关附表内容获得24.3分(总分25分)的好成绩,为州交通运输局获得两次三等奖,一次专项奖，奖金总额2300万元。同时，强化与项目甲方代表联络，督促施工，实现质量安全全过程、全方位、全链条监管，为博州本年度大规模公路交通建设质量保驾护航。

根据自治区关于加快成立地方交通基础设施建设投资公司的要求，湖北援疆团队着眼全局，积极谋划建立博运公司实体化企业。同时，采用市场化运作模式，积极对接湖北省业务能力强的企业进驻我州市场，提升我州交通建设项目管理能力。此外，抢抓时间节点，加快PPP项目进程，组织专业技术人员启动程序履行和SPV公司组建工作。

“我州交通发生的历史性变化，与湖北援疆干部讲政治、谈奉献、求攻坚、务实干密不可分。”张梦帆说。

留下一批带不走的人才

援疆为什么？来疆干什么？离疆留什么？这是所有援疆干部到达受援地后思考的问题。

在州公路质量监督总站，放着一本厚厚的《博州公路工程质量监督制度汇编》。“半年过得很快，眼看援疆工作就要结束了，我们想走后要留下一些带不走的财富，让质监总站后来的同事能够更好地工作。”湖北省宜昌市公路管理局农管科科长、高级工程师雷富宏说。

湖北援疆团队针对州交通技术基础工作的薄弱点，组织质监总站人员编写各项制度及岗位职责、制定工作流程及人员分工等，形成系统化制度汇编。先后编写《博州公路工程质量监督制度汇编》《质量监督工作实施细则》等22个文件；代拟制定《关于进一步加强农村公路建设施工质量控制工作的通知》《博尔塔拉蒙古自治州农村公路工程质量安全监督管理办法(试行)》等8个文件，各部门业务、职能、流程、管理的过程进一步细化和完善，全领域制度框架基本形成。

“每当我看到博州的交通越来越好、道路越来越宽、人民群众都能够方便出行的时候；每当我听到领导肯定、同事、群众赞美的时候，还有什么比这更重要？在今后的援疆工作中，我要充分发挥自己联系湖北与博州的纽带作用，当好参谋助手，进一步做好各项工作。”陈骞臻说。

（2017年11月8日发表于《博尔塔拉报》）

李俊:不忘育人初心　牢记援疆使命

袁　玉

当得知学院要派一名长期援疆的教师时,李俊主动请缨。他说,一滴水只有融入大海才不会干涸,一名党员只有投身于伟大事业中才能发挥最大作用,实现自己的理想和价值。

三尺讲台,播种希望的种子

李俊是武汉职业技术学院旅游学院副院长、副教授。2017年2月底,作为湖北省第七批援疆干部人才,他来到博尔塔拉职业技术学院,担任旅游与经济管理系主任。

在新的岗位上,李俊主动承担了模拟导游和导游基础知识两门课程的教学任务,一周12节课。作为武汉职业技术学院"最受学生喜爱的教师",课堂教学对李俊来说本该是轻车熟路、信手拈来的。但是,面对学生知识面的差异,他丝毫不敢马虎。他主动跟本地教师了解学生的学习习惯,有的放矢、认真备课,利用课余时间跟学生交流,了解学生对课程学习效果的反馈,以便做好课程、教学调整。

在教学过程中,李俊使用先进的教学理念和方法,利用"微课堂""翻转课堂""在线学习"等方式,激发学生学习兴趣,提高课堂质量。认真对待每一节课、用心对待每一名学生,是件很操心的事,但听到学生们说"最想上'俊哥'的课时",他觉得一切付出都是值得的。

传帮带,构建自主发展机制

援疆不仅是承担具体的工作任务,更重要的是发挥"传帮带"作用,将湖北先进的理念、技术和成熟的经验带到当地,帮助受援单位构建自主发展机制。李俊工作的旅游与经济管理系,是学校规模小、资源乏的系部。上任伊始,他就暗下决心,要为系部扩大招生规模,培育师资队伍,改善办学条件,初步构建自主、良性发展机制。

生源规模不足是阻碍发展的“拦路虎”。李俊跑企业问需求,走院校学经验,广泛调研,充分论证,多次主持召开专题会议研究部署招生工作。在入校宣讲的基础上,采取广泛宣传、校友带动、全员参与等招生方式,还自掏腰包作为招生经费。2017年,系部实际报到学生157人,是2016年的4倍,招生规模一跃位居全校前列,为系部下一步发展打下了坚实基础。

结对认亲,促进民族团结

李俊结识的第一个“亲戚”,是温泉县安格里格镇厄然哈尔根村的16岁蒙古族少年滕格斯。滕格斯跟着伯父一起生活,家庭特别困难。为了帮助滕格斯,让他在思想、生活和学习上不掉队,李俊每月至少去家访一次,除了物质上的资助外,李俊还会经常通过电话、微信跟滕格斯交流。滕格斯的学习成绩不好,曾一度辍学在家。李俊得知后,多次和他交流谈心,并为其规划好“初中—高中—大学”的求学之路,经过多次劝说,滕格斯终于同意继续上学,并承诺要靠自己的知识和能力改变生活。

除了滕格斯,李俊还主动与南疆一名维吾尔族贫困生、博州本地一名家庭困难学生结为“亲戚”,从物质、思想等方面帮助他们进步。看着孩子们在自己的关爱下快乐生活、健康成长,李俊觉得来到新疆很有意义。

漫漫援疆路,不悔援疆情

由于长期熬夜伏案工作,李俊患有严重的腰椎间盘突出,经常疼得无法弯腰。即便这样,一到上班时间,李俊就忘了疼痛,全身心地投入工作,加班更是常态。

工作的压力、生活的不适,对李俊来说都不是问题,但无法照顾父母、妻儿,他满怀愧疚。李俊进疆工作后,妻子一人照顾年幼孩子和体弱多病母亲。家人的理解和支持,让李俊感动不已,更加坚定了做好援疆工作的信心和决心。

对于接下来的援疆路,李俊表示,会更加勤勉工作,坚决把党中央治疆方略和党的十九大、全国两会精神落实落细,不辱使命,永葆初心!

(2018年5月17日发表于《博尔塔拉报》)

助力边疆振兴

——记湖北省第七批援疆干部李炎

欧　登

14日一大早,来自武汉经济技术开发区管委会的援疆干部、五台工业园区(湖北工业园)经济发展局副局长李炎,带着企业相关资料赶往园区企业,开始一天的工作。

来园区工作已有1年多时间,李炎在办公室没待过几天,他的足迹遍布园区各企业,不是在跑项目,就是在企业指导帮扶。“企业发展了,园区才能强大,这是我们援疆工作的使命。”李炎说。

李炎今年40岁,是家里的独生子,女儿还不到5岁。接到援疆通知时,李炎对家里人感到愧疚,但妻子给了他很大的鼓励和肯定,让他感到十分欣慰。

援疆,就要做点实事。李炎和同事们在全面调研摸底后,提出了工作思路:帮助园区加快改革创新、促进产业升级,加强对企业帮扶和指导……一年多来,李炎把博州当成第二故乡,他不敢停歇,努力将制定的目标逐一落实完成。

五台工业园区(湖北工业园)是以石灰石资源为主导的传统工业园区,如何转型升级是园区面临的首要任务。“当时,园区正在申报高新技术开发区,我的想法是要引导园区经济向现代精细高端、绿色环保建材两大主导产业发展。”李炎说。

去年11月,好消息传来,五台工业园区(湖北工业园)正式获批自治区级高新技术产业开发区,园区经济发展踏上了新征程,时间紧、任务重,李炎比以前更忙碌了。

“最忙的时候,晚上就在办公室的沙发上休息两三个小时,虽然很辛苦,好在圆满完成了任务,成就感十足。”李炎说。

在李炎和同事们的努力下，园区为企业争取到各级预算内资金200多万元，成功推进国正科技“UV竹木氟碳装饰板”、东兴建材“新型防水建材”、爱康慧诚“云计算数据中心”等一批创新型项目建设；去年，全年实现园区规模以上工业经济增速近40%，统计服务工作获得自治区先进集体称号；园区成功获批自治区中小企业公共服务示范平台、自治区级科技企业孵化器和加工贸易梯度转移平台；借助“电力用户和发电企业直接交易试点”政策，为园区耗电大户降低电力成本近千万元；从项目策划到报告编制，全方位辅导园区企业参与“创新创业大赛”，永奇节水、国正环保等企业科技项目获博州赛区二等奖……

李炎用实际行动，向园区交上了一份满意的答卷。

对李炎来说，这一年多来，除了工作上的收获，他还结识了一位维吾尔族“弟弟”——米吉提·热西提。米吉提原是园区精昆水泥有限公司员工，家住精河县大河沿子镇呼和哈夏南村。去年8月9日，精河县发生地震后，李炎当天就赶到米吉提家，及时协调解决他家在灾后重建中面临的问题和需求，帮助他申报安居富民房，为他家及10户邻里更换节能灯泡，为孩子提供了明亮的学习环境……一系列贴心的举动，让他们成为相亲相爱的一家人，米吉提逢人便夸自己有个好“哥哥”。

如今，看着园区发展得越来越好，他对博州这片土地的感情越发深厚。李炎庆幸，在他人生的岁月中有一段援疆的日子，能够让他播撒希望，助力边疆振兴。

（2018年6月19日发表于《博尔塔拉报》）

宅心仁术谱真情

——记湖北援疆医生、精河县人民医院妇产科副主任李俊

李明星　安晓龙

50岁的湖北援疆医生李俊有一个外号——“铿锵玫瑰”。铿锵意为自信、独立、坚强；玫瑰意为美丽、感性、温柔。铿锵玫瑰两者完美的结合，代表着追求独立、奋发向上、尊重使命的时代精神，而这正是李俊最真实的写照。

在精河工作近一年半的时间里，来自湖北省襄阳市第一人民医院妇产科的医生李俊，不仅给精河县人民医院送去了医疗技术，提升了妇产科诊疗水平，还将自己的仁心大爱传递给精河县的各族患者。

6月12日，记者见到李俊时，她正在给同事讲解目前最新的妇产科诊疗技术和典型案例分析。作为援疆医生，她每天工作十几个小时，除了春节休假回襄阳外，从未间断过。她说，这里的病人和医护人员特别热情、淳朴，她很享受在这里工作的每一天。

2017年2月26日，李俊作为湖北省第七批卫生援疆干部人才医疗队的一员，告别亲朋好友，来到精河县人民医院任妇产科副主任医师、副主任。一到医院，她就立即投入工作，在发现该科室人员结构参差不齐，缺乏骨干力量，诊疗方法不规范等问题后，她暗下决心，要为这里留下一支带不走的医疗队。

针对工作中发现的薄弱环节，李俊积极开展教学查房，建立了科学有效的查房规范，并充分践行“一对一”传帮带，耐心细致地为临床医护人员传授新理念、新技术、新方法。在临床工作中，向医护人员详细讲解每个病例的病因、病理、临床症状等基础知识，并手把手进行示范，告知观察重点，病情发作的危险因素及每种疾病的诊疗规范，帮助年轻医护人员迅速成长。她定期组织科室人员进行业务学习，并举办专题讲座，提高了科室整体诊疗水平。

李俊说：“援疆一定要留下痕迹，要确保‘水流走了，石头还在’。我要倾尽

自己所学传授给受援医院的医护人员，发挥好传帮带作用。”

一个好医生要有一颗关爱病人的心。每台手术，李俊都会认真了解病情、熟悉病历、重温手术注意事项，确保患者得到最合理的治疗。手术结束，她和护士一起把患者抬上车，送回病房；患者醒来时，她总是第一时间出现在其床边，查看术后情况。

今年3月初，李俊刚结束春节休假回到精河，就接到医院的急诊电话，一位孕妇宫内孕同时宫外孕，造成破裂失血性休克，经初诊其腹腔内出血4000多毫升，患者随时都有生命危险，但医院血库存量和新鲜血仅有800毫升。李俊不顾旅途疲惫，立即赶往医院，并在途中用电话实时指导救治。急诊医生建议转至州人民医院，但李俊认为转至上级医院耗时太长，加之患者处于休克状态不适合转院。赶到医院后，李俊立即手术止血，并就近寻求血源供应，经过一个半小时的手术，患者终于脱离生命危险。

李俊说，这种罕见病例，是她从医二十余年来第一次遇到，也是县人民医院头一次做此类手术。面对这类手术，专业而果决的诊断是关键，每分每秒对于抢救来说都非常珍贵。手术虽然结束了，但由于病例罕见，李俊一刻也不敢松懈，一直在旁观察，直到患者各项指数趋于稳定，她才回去休息。

一年半的时间里，哪里有需要，哪里就有李俊忙碌的身影。不论何时，科室只要有疑难、危重病人，李俊都能随叫随到，确保患者第一时间接受治疗。目前，她已为患者实施各类手术200余例，手术伤口裂开二期缝合11例，危重病人抢救8例。

“援疆工作责任重于泰山。帮助受援地开展好各项工作，是我们每个援疆人的使命。援疆，永远是我人生最珍贵的记忆。精河，永远是我心中最美丽的风景！”李俊说。

（2018年6月20日发表于《博尔塔拉报》）

带着真情来援疆

——记州环保局援疆干部朱重宁

王亚萍

“接到援疆任务的时候,我兴奋极了,也担忧极了。兴奋源于组织的信任,担忧则是怕辜负这份信任。”12日,说起援疆最初的感受,州环保局援疆干部朱重宁对记者说。

今年46岁的朱重宁,是湖北省环境科学研究院环境经济研究中心高级工程师。2017年2月27日,他作为第七批援疆干部,从素有“九省通衢”的长江经济带核心城市武汉来到西北边陲,成为州环保局生态保护监管科的一名干部。

刚到博州的时候,朱重宁感觉整个世界都是银白色的,他一边感受着边疆“千里冰封,万里雪飘”的壮观景象,一边思考,作为一名环保系统的援疆干部,能为博州做点什么?

为了解博州的生态状况,朱重宁经常深入各县市、乡镇场进行调研。2017年4月的一天,他来到精河县阿合其农场农二队胜利社区,被田间地头、灌木树丛、电线杆上“迎风招展”的各类残膜牵绊了目光。残膜在风的助力下或成团、或成条“呼呼啦啦”地响着。“这么美的乡村怎能让这些垃圾‘毁了容’。”朱重宁心想。回到办公室,经过一番思虑,他决定写一篇《精河县阿合其农场棉田残膜调研报告》。

通过多方调研、多次修改,成稿后,这篇调研报告被推荐给自治区,并作为深入推进生态环保领域改革落实大讨论中的一个议题得到大家重视。他还提出了合并艾比湖湿地国家级自然保护区、甘家湖梭梭林国家级自然保护区和木特塔尔国家沙漠公园,组建“新疆艾比湖国家公园”的大胆设想,为新疆环保事业发展提供了“博州方案”。

来博工作半年后，朱重宁深切地感受到，资金缺乏给部门工作带来的困难。于是，他向研究中心申请，成功为州环保局争取了50万元的援疆资金。“50万元不多，但也是我们的心意。”朱重宁说。同时，朱重宁还通过多方努力，争取并落实智力援疆项目。在研究中心的支持下，我州环保部门组织开展了专业技术人员赴湖北培训，提升专业技能。“教会他人工作方法，比帮助他人完成这项工作更重要，这才是援疆的真正目的。”朱重宁说。

朱重宁告诉记者，在博州工作一年半，他多了份牵挂。让朱重宁牵挂的就是他的结对“亲戚”乌热孜汗·阿才塔尔别克一家。乌热孜汗身体不好，大儿子工作没有着落，小儿子正在上大学，全家人的开支都靠当保安的丈夫支撑，日子过得捉襟见肘。2017年，朱重宁代表援建单位为乌热孜汗的小儿子捐赠了2000元助学金。每逢佳节，朱重宁都会带上礼品去乌热孜汗家看望。“‘结亲周’时，我在大姐家一住就是好几天，我们同吃同住同劳动同学习，在这里，我真切地感受到了民族团结一家亲的浓厚氛围。”朱重宁说。

（2018年6月21日发表于《博尔塔拉报》）

吴伟民:为宣传大美博州贡献媒体力量

李 艺

"敬业""操心""认真""有想法"是同事们对他的评价,而对于自己的工作,他只说:"这是我的责任,我要用媒体的力量,宣传大美博州。"他就是来自湖北省广播电视台的援疆干部、博尔塔拉广播电视台副台长——吴伟民。

10日,见到吴伟民时,他正顶着烈日组织拍摄《逛吃逛吃》栏目所需的外景画面,每一个拍摄角度、每一句出镜措辞,他都严格把关,他说:"我要尽己所能,将好的节目制作和拍摄技巧带给本地节目,将好经验传授给本地电视媒体人,让更多本土节目受到观众喜爱。"

2016年12月,吴伟民主动报名成为第七批援疆干部。吴伟民称自己一直有援疆意愿,但苦于没有机会一展抱负。他听闻不少援疆干部的援疆见闻后,更加向往能一览博州风貌,发挥媒体人的力量,为宣传推介博州贡献力量。

吴伟民将此决定告诉妻子后,得到了她的大力支持,这让他倍感欣慰。"家里83岁患病的父亲和孩子都需要照料,她一人承担起照顾家人的责任,并嘱咐我安心援疆,多做贡献。"吴伟民说。

援疆前,吴伟民是湖北省广播电视台电视经济频道《经视直播》与《直播大事件》栏目制片人。2017年2月,到达博州后,吴伟民迅速进入工作状态,在充分了解工作现状后,他意识到,缺乏吸引人的栏目是本土电视台的短板。为此,他决定根据地方特点策划一档新栏目。

他创办新栏目的想法和构思得到台里的充分肯定。随即,他与湖北省广播电视台积极对接,2017年7月,组织台里的同事前去考察交流学习。

在这次交流中,新栏目在吴伟民脑中应运而生。他说:"湖北有一档美食栏目叫《好吃佬》,节目的知名度和社会影响力很高,我觉得此栏目内容及形式非常适合我们参考借鉴。在美食的基础上融入本地旅游资源,这样不仅能丰富节目形式,还能更好地宣传博州的全域旅游。”

节目策划案、框架、形式、组织者都已就位,就差节目团队。吴伟民观察发现,台里的记者拍摄技术还须加强,就组织台里的2名摄影业务骨干赴《好吃佬》栏目组进行深入学习。学成归来后,吴伟民向新栏目制片人及栏目组成员毫无保留地传授了栏目组建、节目制作、宣传等专业经验。

前期策划、拍摄,后期剪辑、合成,每一项工作吴伟民都亲力亲为。经过一年多筹备,今年5月,博尔塔拉广播电视台首档美食旅游栏目《逛吃逛吃》如期与观众见面,首次播出就受到观众广泛好评。

工作上的收获让吴伟民十分欣慰,但最让他感到温暖的是结识了哈萨克族“大哥”特尼斯别克。

今年61岁的特尼斯别克是博乐市青得里镇顾里木图村村民,儿女在外成家立业后,他和老伴独自居住。家里养了50只羊,生活还算殷实。平日里,吴伟民一有空闲,就会到“大哥”家里帮忙打扫羊圈、准备饲料。看到他如此勤劳,“大哥”直向人夸赞自己有了个好弟弟。吴伟民以心换心的举动感动了老两口,他们常来常往,结下了亲人般的情谊。

“援疆工作不仅留下了我的足迹,还让我收获了美好的回忆,更留下了一份难以割舍的援疆情。”吴伟民说。

（2018年6月22日发表于《博尔塔拉报》）

援疆不仅是奉献,更是责任

——记博尔塔拉职业技术学院援疆教师张燕

李　强

“米娅塞尔,你这个皮肤消毒的操作方法不对,进入医院实习一定不能有操作失误,我再给你示范一遍,你要牢记这些操作要领。护士工作是患者健康的第一道保障,每个环节都要认真仔细……”

20日下午,博尔塔拉职业技术学院教室里,援疆教师张燕正在为护理专业的学生上护理技能操作课。

7月初,张燕就将结束为期一年半的援疆工作返回湖北襄阳,她舍不得离开博乐这座美丽小城,还有可爱的学生们。“我的学生里,除汉族外,还有蒙古族、维吾尔族、哈萨克族等,部分少数民族同学在语言理解上存在一些困难。但我会耐心教导,尽己所能地将知识都传授给他们,希望他们在工作岗位上个个发挥出色。”张燕说。

今年37岁的张燕,援疆前任湖北襄阳职业技术学院中专部护理专业主任,毕业于石河子大学的她对新疆有着一份特殊情感,这里就是她的第二故乡。2016年年底,张燕欣然接受援疆任务。2017年2月,她告别年迈的父母和年幼的孩子,满怀着为祖国边疆教育事业作奉献的坚定信念和热忱,来到博尔塔拉职业技术学院。

在学院,张燕是护理学基础和内科护理学两门课程的任课教师。其中,护理学基础这门课程的学习对于护理专业的学生非常重要,课时也较多。2017年3月初,专业内的其他两位老师带队参加自治区中职护理技能大赛,为让参赛学生和老师有充分的时间备赛,张燕主动承担了2016级3个专业班的教学课程,并出色完成任务。

教学过程中,长时间超负荷工作让张燕患上了腰肌劳损和腰椎间盘突出,同事劝她去医院治疗，但怕耽误授课任务，她无暇就医，坚持上课，实在疼得受不了就服止痛片，第二天接着投入紧张工作。在医生强烈要求下，她才走下讲台配合治疗。治疗期间，张燕病情稍有好转，就抓紧时间投入到教学工作中。

张燕说："护理专业的几个班里，有部分少数民族同学，对实操课程的接受程度稍微慢一点，所以课后要及时为他们加强实习训练，若不及时消化学到的知识，后期又要从头再来，不仅耽误时间，也会消耗学生的学习兴趣。"

张燕常与学院教研组的同事互相学习交流，探讨教学过程中遇到的问题。每次交流，她都会认真倾听并做记录，利用课余时间收集资料，为大家解疑释惑。

工作之余，张燕还积极与襄阳职业技术学院联系，结合本地教学实际，引进专业建设资源，因地制宜进行指导，改进教学方法，提升人才培养质量。在张燕的电脑里，几十万字的各种学习调研资料成为她撰写教学内容的坚实后盾，已经成型的《护理专业人才培养方案》内容翔实，精确至每节课的教学效果。目前，张燕还在积极与教研组沟通，为学院医疗卫生教学部助产专业的设立撰写资料和培养方案。

在做好教学扶持的同时，张燕还充分发挥自身专业优势，承担了州人民医院护理人员培训、学生技能竞赛辅导、护士执业资格考试辅导、学生第二课堂教学、校外学生本科函授教学辅导等工作。2018年，在她及教研组共同努力下，学院护理专业的学生在自治区护理技能大赛中荣获团体三等奖，个人二等奖、三等奖的好成绩。

"援疆不仅是奉献，更是责任，作为一名援疆教师，我没有豪言壮言，有的是一份信念、一种精神，回去之后，我会和学院密切联系交流，争取早日完成助产专业设立，为博州培养更多的医护专业人才。"张燕说。

（2018年6月25日发表于《博尔塔拉报》）

用建筑作品记录援疆时光

——记州建筑规划设计院副院长、援疆干部王延该

欧　登

“图纸这几处还需要修改。”16日,州建筑规划设计院副院长、援疆干部王延该在办公室审核设计图纸时,对身边的技术人员说。为确保工程质量和安全,3年来,设计院结构所的每一份图纸都要经过他严格审核。

今年53岁的王延该,是湖北省城市建设职业技术学院校企合作处处长。2015年8月,他来到州建筑规划设计院任副院长。

“援疆不仅是一份责任,也是一份使命,更是一份情怀。”王延该始终用这句话激励自己,并在工作中践行承诺。

到了新环境,如何转变角色,如何在技术上真正援助博州,是王延该每天都会思考的问题。

王延该非常注重设计人员的基本功、项目实践经验和服务意识。他常带队到工地现场解决施工中遇到的设计问题。通过现场讲解,提高工程技术人员解决问题的能力。

3年来,王延该的足迹遍布全州各地,前后解决工程问题30余个,参加工程地基验收、主体验收20余次。王延该常说:“设计人员不仅要努力把业主意图转化为设计蓝图,还要在设计蓝图转化为工程实体的过程中,及时监督工程质量、进度。一位优秀的设计工程师,必须经常深入工地,现场查看并解决问题,这样才能不断提升自己的设计水平和分析问题、解决问题的能力。”

2017年,王延该圆满完成了第一个援疆任期,但他却放弃了回武汉和家人团聚的机会。当时,王延该被抽调至州全民健身中心、文化艺术中心建设工作小组,“两个中心”建设还未竣工,成了他的牵挂。

“做事要有始有终,这样一项惠民利民的重大工程,如果未完成就离开,对

不起党和政府的培养，也对不起博州人民，更对不起这份职业。”王延该毅然选择延长援疆任期。

这3年，王延该除春节假期外，很少回家探亲。他将所有热情和精力倾注在建筑设计上，用建筑作品记录援疆时光。“好的建筑和人一样都有生命力。作为设计人员，就要通过创造更多更美的建筑让这座城市更具活力，让全州人民更能体会到美的享受，感受党和国家的温暖和关怀。”王延该说。

解决了“来疆为什么、在疆干什么”的问题，王延该一直在思考“离疆留什么”。他积极促成湖北省城市建设职业技术学院、广东天衡建设工程咨询监理有限公司与州建筑规划设计院的交流合作，组织开展技术交流。结合我州经济社会和住建领域业务发展需要，深化校政合作，在技术支持、人才培养、资金援助等多领域开展交流合作。

2016年12月，王延该被自治区表彰为“第八批省市优秀援疆干部人才”，并记功一次；2016年、2017年，他两度被湖北省援疆工作前方指挥部评为“优秀援疆干部人才”。

（2018年6月27日发表于《博尔塔拉报》）

第二次“握手”

——记博乐市高级中学华中师大一附中博乐分校副校长赵飞马

琴德玛

2009年7月至2012年7月,他是武汉市首批援疆教师团队的一员。

2015年8月至2018年7月,他再次成为援疆教师团队的一员。

2009年7月,作为武汉市第一批援疆专业技术人才,赵飞马怀着对边疆人民的深情厚谊,来到了博乐这片热土,开始为期3年的援疆支教工作。

从气候湿润的武汉来到西北边陲小城,面对饮食、时差、气候等方面的差异,在校领导、同事的关心支持下,赵飞马很快适应了援疆生活。

当年9月的一天,学校搬迁至新校址。阳光照射下的“华中师大一附中博乐分校”熠熠生辉,让在场的43名援疆教师感慨万分,赵飞马感受到肩上沉甸甸的责任和使命。

2012年高考,全校392人考上一本线,成为对赵飞马等援疆教师最好的嘉奖。

首次援疆结束,回到原校华中师大一附中后,赵飞马仍心系新疆分校的师生们。校领导的关心关怀,学生们渴求的眼神,令他倍加思念第二故乡。总结初次援疆经验,赵飞马认为自己在任教的基础上应探索适合博乐本地的教育教学工作方法,并使之发挥成效,援疆的热情让他产生了再次到博乐去的念头。

2015年8月,赵飞马再次来到博乐,任博乐分校副校长。

到校任职后,赵飞马立即投入工作。已有多年高中教育教学经验的他,来校首堂课是观摩本地教师上课。他欣慰地发现,学校的教学质量比以往有了很大提高。但他同时也感到肩上的担子更重了:要向大家传播湖北更先进的教学理念。

“小步慢走，精讲精练”，是赵飞马上课秉持的理念。由于本地学生学习基础与湖北学生相比存在一定差距，赵飞马决定减缓上课的进度，采取“周周清”小测试逐步提高学生的学习水平。

“这里的学生很聪明，只要耐心教导，就一定能提高他们的学业水平。”赵飞马说。

赵飞马常常跟一起援疆的同事说：“援疆教师的任务不仅是带好每一位学生，更重要的是要带出一批教学能力强、理论功底深的教师，即便我们结束援疆，他们也能担起教学重任，不辜负当地群众对学校的信任。”

“我平时会去周边的中学旁听本地教师授课，发现他们上课存在缺乏和学生互动的问题。”赵飞马说，“教学应该以学生为中心，学生的积极性调动不起来，学习的效果就会大打折扣。”

赵飞马听课时会特别留意观察学生的参与情况、教师提问次数，查看教师的教学课件。他还积极帮助本地教师总结教学经验，受到大家欢迎。

2016年4月，由赵飞马指导参赛的青年教师晋金凤在自治区物理课大赛中荣获二等奖，这也更加坚定了赵飞马潜心钻研传播先进教学理念的信心。

赵飞马还经常被本地其他学校邀请去演讲，比如《有效沟通助孩子健康成长》《浅谈教与学的关系》《做一个智慧型教师》《迈好高中第一步》，等等，这些演讲都是座无虚席。

此外，他还参与学校高三年级毕业班的管理工作，面对新疆新的高考模式，他认真研读课程标准、考试说明，制订切实可行的复习计划，开发了“微主题教育”“小课题研究”“动态排课”等教学模式，极大地推动了课程与教学管理创新和教学质量提升。2017年，他先后获得“博乐市最美援疆教师”“优秀援疆干部人才”等荣誉称号。

在援疆的这些年里，赵飞马不仅在学习上帮助学生、教学上帮助教师，更在生活中关爱学生。2015年，赵飞马主动和高一(1)班的一位学生开展“双学双促”活动。父母离异给这位年仅15岁的学生造成了很大影响，赵飞马经常鼓励她、开导她，帮助她走出阴影。

“虽然我只是一名教师，但我始终带着使命感来援疆，从不敢懈怠。援疆使我提升了思想境界，增加了成就感，自身价值也得到了充分体现。”赵飞马说。

不忘初心、牢记使命。赵飞马在博乐用教师的理想成就孩子们的梦想，他为第二故乡各族群众奉献了一片真情，挥洒了辛勤的汗水，为促进鄂博两地教育交流贡献了力量。

(2018年6月28日发表于《博尔塔拉报》)

一次援疆行　一生新疆情

——记博乐市公安局视频侦查大队副队长、援疆干部杨宇欢

张晓敏　柳　磊

“操作无人机时，一定要注意操作流程，每一步都要认真。”6月16日，记者来到博乐市公安局视频侦查大队，副大队长、援疆干部杨宇欢正在给同事们教授无人机操作技巧。

今年35岁的杨宇欢是武汉市公安局视频侦查支队十三大队的民警。他中等个头，别看讲课时严肃认真，私下里却是个性格开朗的人。开展援疆工作一年多来，他和同事们相处得十分融洽。

既然来援疆，就一定要做实事。秉承着这样的初心，杨宇欢充分发挥自己在视频侦查技术上的优势，配合视频侦查大队的领导同事，不断提升视频侦查水平和能力。同时，他还帮助大家提升破案打击能力，规范工作流程，提升视频服务侦查破案的实战效能。

杨宇欢说：“来这援疆前，我以为这里的设备相对落后，但是了解后才知道，不仅设备先进，而且民警们还很有干劲，和他们在一起工作，我感觉自己充满激情。”

“既能破大案，也能破小案，还要做到案前分析、案中会商、案后总结。”这是杨宇欢经常和同事们交流经验时提到的，杨宇欢感慨地说：“这次援疆，我最大的收获就是拥有了像家人一样的同事，并且从他们身上学到了奉献精神。”

如何使汉博两地公安信息互通、数据共享，加强两地公安机关在视频技术合作上的沟通协调是杨宇欢援疆以来一直思考的问题。在他的建议下，武汉市公安局视频侦查支队组织相关专家两次来博开展视频智能化应用指导。去年12月，两地签订视频警务交流合作协议，开展警务合作。武汉市公安局视频侦查支队还向博乐市公安局捐助警用无人机4架、移动视频侦查仓2套和价

值40余万元的视频智能化应用装备,进一步提升当地视频应用的智能化水平。

杨宇欢说:“充分发挥援疆的桥梁、纽带作用,使汉博两地公安的信息互通和数据共享,是我应该做的事情。”

即将结束援疆工作,杨宇欢却还时刻关注两地联合共建重点援疆项目的完善、优化。他还努力推进“人脸识别系统”“博乐市智慧时空应急快反指挥系统”及“无人机真三维图像系统”建设等工作。

去年4月,博乐市青得里镇昂崩那巴格村村委会大院的乒乓球台上,摆满了写有祝福文字的精美卡片和文化体育用品。博乐市公安局驻该村“访惠聚”工作队队员和村里的儿十名小朋友们,正在欣喜地分享着这一份跨越了八千里路的爱心礼物。

原来,这是杨宇欢在去年2月,跟随博乐市公安局驻村工作队的同事们开展工作时,将自己在村里的生活情况和结对“亲戚”一家的合影照发在了武汉同事们的微信群里。大家看到照片后,注意到了村里孩子们的生活环境,远在武汉的同事们也想表达自己的一份心意。

没过多久,杨宇欢就带着同事们的心意来到村里和小朋友们一同分享。“当武汉同事的孩子们看到这里孩子们的照片后,主动和父母说,要亲手制作贺卡,再买些学习用品和小礼物寄给远在博乐的小朋友们。这让我很惊喜,为孩子们纯洁的友谊而感动。虽然两地的孩子们相互不认识,但这种浓浓的民族团结情却洋溢在大家心中。”杨宇欢说。

面对即将结束援疆生活,杨宇欢说:“我很荣幸成为博乐战友中的一员。我在这里的时间很短,而他们却常年在岗,工作在城市乡村、戈壁荒漠,我为和他们一起奋斗过而感到骄傲和自豪。”

“一次援疆行,一生新疆情。这是我的体会,也是我的情感表达,我会一生珍藏。我将终生情系新疆、情系博乐。”杨宇欢说。

(2018年7月4日发表于《博尔塔拉报》)

廖晖:“援疆是我一段充实美好的经历”

李　艺

6月19日上午,湖北省武汉市同济医院援疆医生、博州人民医院骨科副主任廖晖来到办公室,拿起病历,准备带教查房。廖晖说:“我想尽量把我掌握的医疗知识留在这里。”

廖晖,今年44岁,是湖北省武汉市同济医院骨科主任医师。去年3月,他从武汉来到我州,在州人民医院挂职骨科副主任,开始了为期一年半的援疆工作。“援疆,是一件光荣的事情,作为一名党培养的医生,理应到最需要我的地方去。”廖晖说。

来到博乐,热情的同事,美丽的风景,将廖晖路途奔波的疲惫一扫而光。走上工作岗位后,廖晖立即忙着熟悉医院、科室和病患情况。每周,业务查房、教学查房、手术、讲课、门诊排得满满当当,忙碌的工作让廖晖的援疆生活非常充实。

从事脊柱外科专业的廖晖,经过一段时间的工作后发现,博州脊柱外科类疾病的发病率比其他省市要低,脊柱外科类疾病也成了州人民医院骨科的短板。他说:“州人民医院骨科的年轻医生较多,病例又少,所以这方面就比较薄弱。”

由于病例少,就连脊柱外科手术室的手术设备也相对陈旧。发现问题后,廖晖回到同济医院,经申请协调将先进的脊柱外科手术设备带到州人民医院。为了让骨科的医生们能够更加直观地感受和学习脊柱外科手术,在他的建议下,州人民医院骨科购买了一些脊柱模型,并组织了一场脊柱外科专业的技能培训。廖晖说:“有了脊柱模型,培训时,医生们不仅能学习到书本上的知识,还能在模型上模拟手术操作过程,这对他们今后开展工作有很大帮助。”

一年多的工作成果,让廖晖感到很欣慰:“为这里培养相关专业的技术人才,达到了不光要‘输血’还要‘造血’的目的。”

援疆生活即将结束,廖晖充满了不舍:“我在这里工作生活了这么长时间,已经对博州产生了很深的感情,这里也成了我的第二故乡。”

廖晖不舍的还有他的“亲戚”——博乐市青得里镇顾力木图三村村民阿布都西库尔。因为阿布都西库尔的年龄比廖晖小一些,二人就一直以“兄弟”相称。自从去年他们结为“亲戚”后,廖晖经常去阿布都西库尔家看望,每次去廖晖都会给孩子们辅导功课,有时还发挥专长,为他们做健康检查。阿布都西库尔做收购畜牧产品生意,有时收购羊皮时,廖晖也会在一旁帮助他。廖晖说:“我们是一辈子的‘亲戚’,不会因为我回武汉而有任何改变,我们都有彼此的联系方式,以后一定常联系,有机会我还会来博州。”

“虽然我这次的援疆工作即将结束,但是以后任何一个来新疆交流的机会我都不会落下,这里有太多让我留恋的人和事,援疆是我一生中一段充实美好的经历。”廖晖说。

(2018年7月5日发表于《博尔塔拉报》)

无悔援疆路

——记温泉县人民医院湖北省援疆医生柳先

琴德玛

走进温泉县人民医院大院，门前左侧橱窗里10名第七批湖北省援疆专家的简介格外醒目，其中就有咸宁市崇阳县人民医院影像科主治医师柳先的名字。1982年出生的他，是这一批湖北援疆医生中年龄较小的。

2017年春节后，柳先作为第七批湖北省援疆医疗队的一员，从湖北省来到温泉县人民医院，开展为期一年半的医疗援疆工作。从湖北到天山脚下，援疆期间，柳先克服了水土不服、时差温差、饮食习惯等困难，把先进医疗技术和经验送到了温泉县这个西部小城，加深了鄂博两地的援疆情。

牢记援疆使命认真做好援疆工作

说起当时为何会主动请缨来援疆时，柳先说，上学时，课文里有关新疆风土人情的描写让他对这片土地充满好奇，再加上从一些同事口中得知，这里的医疗水平和硬件设施相对落后，急需医疗人才后，他毫不犹豫报了名。

带着责任与嘱托，柳先因地制宜，紧紧抓住临床医疗这一主线，到影像科后迅速开展调研，掌握第一手资料，并结合当地实际及个人专长，创造性地开展工作，得到了群众和医务人员的一致好评。

在开展日常工作时，柳先还坚持早晨主持召开科室疑难病例讨论会，并参加院内病例讨论及会诊。

锻炼一支带不走的“医疗团队”

由于在受援地驻留的时间有限，所以在送新技术的同时，柳先还争分夺秒进行“传帮带”，加强了对影像科人才的培养。

赵国静是温泉县人民医院的一名年轻医生,跟随柳先在影像科学习。科室和她一样的年轻医生还有几名,在平时的工作中,柳先耐心指导他们,很快他们便能独立完成日常扫描造影检查工作了。

援疆工作开展初期,了解了医院人员结构及医疗业务开展等基本情况后,柳先向医院领导提议注重对年轻医生的培养。在他的推荐和鼓励下,影像科的3名年轻医生先后赴自治区各大医院进行进修。

柳先在科室讨论会上经常要求大家主动发言,帮助年轻医生理顺诊断思路。此外,他还对大家提出的各种问题,耐心讲解。

以情援疆　留下温暖和牵挂

援疆期间,柳先在为当地群众诊疗过程中,也与当地群众结下了深厚情谊。柳先不仅做好日常工作,还积极要求下乡开展义诊活动。他先后10余次去往温泉县扎勒木特乡卫生院和昆得仑牧场卫生院等进行义务会诊,得到当地群众的好评。

采访最后,记者翻开柳先的记事本,里面写着这样一段话:“这一段援疆路,我走得无怨无悔。虽然援疆工作即将结束,但是我仍将努力做好分内的工作,贡献我的力量。”

(2018年7月9日发表于《博尔塔拉报》)

邓志坚:“援疆是一种责任”

王亚萍　王乐乐

“援疆是一种责任!”7月11日,记者初见邓志坚时,他用这句话概括自己的援疆工作。

邓志坚今年34岁,是湖北省宏泰国有资本投资运营集团有限公司战略投资部部长助理。来援疆后,他任博州国有资产投资经营有限责任公司副总经理。

2017年3月,接到援疆任务的邓志坚来到博州国有资产投资经营有限责任公司,分管投资运营工作。那时,投资部的所有人都在为组建农银腾飞基金而忙碌。博州国有资产投资经营有限责任公司为博州机场大道和博温赛快速通道建设提供资金保障的大项目,无疑是当时最难啃的“硬骨头”。

“那时我刚来,对工作不熟悉,又赶上这么大的一个项目,真的是两眼一抹黑,有种有力没地方使的感觉。”邓志坚回忆说。为了谈合作,邓志坚晚上搜集资料,熟悉农银腾飞基金的整体情况;白天,他和同事积极沟通,多次前往有关单位协调。2017年5月22日,农银腾飞基金募集完毕并顺利放款,当资金投放到施工企业的那一刻,邓志坚长长地舒了一口气。

工作的重担一个接一个。2017年,博州国有资产投资经营有限责任公司与其他公司共同出资组建了博信基金管理公司。注册公司、银行开户、社保税务登记……邓志坚将工作梳理得井井有条,但公司在中国证券投资基金协会审核备案这个环节让他犯了难。“当时,我们信心满满,但在审核环节,资料还是被退回来6次。”面对被退回的资料,邓志坚和部门同事都铆着劲,拼尽全力投入到资料修改工作中。功夫不负有心人,最终,博信基金管理公司于今年4月13日顺利通过中国证券投资基金协会备案,成为我州首家注册并备案通过的基金管理公司。

对援疆工作的尽职尽责，让邓志坚倍感充实。“援疆不仅拓宽了我的视野，还让我收获了真情。”援疆一年多来，邓志坚也和他的哈萨克族“亲戚”木拉提·托合木哈买提结下了深厚的情谊。对于生活，邓志坚一直有个期待，那就是和家人朋友坐在一起，吃着美食聊着天，弹着琴唱着歌，这种他所向往的生活在结对“亲戚”木拉提那里全实现了。“‘亲戚’经常邀请我去家里做客，做好吃的那仁、烤肉，再弹起冬不拉，唱着具有民族风情的歌谣，我们的感情也在相互走动、交往中越来越深。”邓志坚说，工作之余，他也会去木拉提家开的小卖部帮忙。“左邻右舍都知道，我有一个家在湖北的‘亲戚’，我们的感情特别好。”木拉提笑容满面地说。

即将结束援疆工作，邓志坚有高兴也有不舍。援疆前，邓志坚的妻子朱文娟已怀孕6个月。妻子生产后，不能照顾妻儿是他心里一直的愧疚。如今，援疆任务即将完成，他也可以回家尽到儿子、丈夫、父亲的责任。但是，想到自己还有很多工作没有做，邓志坚对这里的同事、朋友、结对“亲戚”又充满了不舍。

“虽然我即将结束援疆工作，但是一有机会我还是会回博州看看，这里是我的第二故乡。”邓志坚说。

（2018年7月19日发表于《博尔塔拉报》）

将真情留在青色草原

——记博尔塔拉报社副总编辑、新闻总监赵良英

张新燕

7月14日夜晚，边陲小城温泉县已安然入睡，博尔塔拉报社副总编辑、新闻总监赵良英所住酒店房间的灯却依然亮着：他正逐字逐句审读博州零距离、博尔塔拉报微信公众号当日刊发的稿件。

当日，中国新疆第十二届环赛里木湖公路自行车赛在博开赛，赵良英担任前方报道组组长，忙完报纸和新媒体全部稿件的监审工作，已是次日凌晨。第二天一早，他又准时出现在比赛现场。连续3天赛程，他每天带领记者在采访一线奔波，在《博尔塔拉报》及其新媒体上通过文图、视频、直播等不同形式合计发稿80余篇（幅），广受点赞和转载。

倾尽全力，无私奉献；精益求精，只为更好。援疆一年半来，赵良英始终牢记责任和使命，认真贯彻落实党中央治疆方略，紧紧围绕新疆工作总目标，一心扑在工作上，把自身所学毫无保留地传授给博尔塔拉报社青年采编人员，把美好的年华奉献给火热的边疆事业。

倾力培养党报人才

2017年2月27日，38岁的赵良英作为湖北省第七批援疆干部人才中的一员，告别妻子和年仅5个多月的幼子，从武汉奔赴博州。克服时差、温差、饮食等诸多不适，赵良英迅速转变角色，全力投入工作，主动挑起新闻采编策划、记者队伍培养、网络新媒体建设、援疆前方报道等重任。

近年来，根据发展的需要，博尔塔拉报社招录了一大批青年采编人员。初上岗位，他们的政治素养、业务能力亟待提升。赵良英上任伊始就结合实际，起草了《博尔塔拉报社记者室工作规范》，从8个方面对新闻业务工作作出具

体要求,并制订记者分战线采访制度,明确划分每名记者采访的对口部门,鼓励他们主动对接,深入钻研。与此同时,推动完善每周例会制度,开展每周一课业务活动,组织大家学习重要会议和文件精神,评报总结一周报道得失,推荐赏析获奖新闻作品,讲授采编技巧,精心策划选题。

青年记者王亚萍被分到农业组后,在赵良英的指导下深耕自己的"一亩三分地",采写了许多可读性、思辨性强的"三农"新闻稿件,深受读者好评。"经过一年多的锻炼,我对全州农业有了更深的了解,写出的稿件贴近农民,接了地气,对我的成长很有帮助。"王亚萍深有感触地说。

脚沾泥土有芬芳。为了推动年轻记者到基层挖掘鲜活新闻,赵良英以身作则,经常带领记者深入农村和边远牧区采访,手把手教他们写稿改稿,积累采写经验。记者于苏甫·艾尼回忆说:"每次跟赵总出去采访,他总会和我一起确定报道视角,列出采访提纲,商量采访方法,让我受益匪浅。一年多来,每当我在新闻业务上遇到困惑时,总喜欢找他交流、探讨。"

哪里有重大事情发生,哪里就有赵良英的身影。2017年8月9日清晨,精河县突发6.6级地震,赵良英第一时间带领记者奔赴受灾严重的托里镇叶里斯南也肯村和乌兰旦达盖村,冒着余震危险,夜以继日采访报道,组织采写的大批稿件在《博尔塔拉报》、《新疆日报》、《湖北日报》及新媒体刊发,全面反映抗震救灾情况,正确引导社会舆论。报道结束后,赵良英又主持召开业务交流会,和大家一起总结突发事件采访报道经验。

一年多来,赵良英还积极联系对接后方,组织博尔塔拉报社8名采编人员赴武汉参加湖北日报新闻培训班,推荐他们到相关采编部门参加为期1—2个月的跟班学习,帮助他们进一步提升业务水平。

亦师亦友亦知己。在赵良英的倾力帮助下,记者室20余名青年采编人员的业务能力迅速提升。2017年,他们除为本报提供稿件外,还在中央和自治区媒体刊发稿件168篇(幅)。

致力媒体融合发展

博尔塔拉报社网编室负责网络新媒体(博尔塔拉新闻网、博州零距离微信公众号、博尔塔拉报微信公众号、博尔塔拉报微博)的内容发布、网络技术维护和信息安全管理等工作。作为分管领导，赵良英和同事们齐心协力，强化内容把关，创新报道形式，确保网络安全。

为把好内容发布关，赵良英指导网编室修订了工作规范，完善了编辑流程，严格落实“三审三校”制度。一年多来，赵良英坚持每天审读每篇微信稿件，即使在外地出差也不例外。每条稿件，他都字斟句酌，确保政治导向正确，内容积极向上，报道生动活泼。

为充分发挥新媒体的渠道优势，赵良英积极倡导媒体融合，推动建立报纸记者为新媒体供稿激励机制，有效调动记者的积极性，自觉学习成长为多面手。与此同时，大力倡导利用新媒体平台加强主题宣传，形成舆论强势。党的十九大、“访惠聚”、民族团结一家亲等重大主题报道中，他带领记者提前策划，多角度、立体式做好宣传报道。

在学习宣传贯彻党的十九大精神报道中，赵良英和网编室同事积极策划，通过《砥砺奋进的五年》《青色草原看变化》《晒晒改革获得感》等栏目，集中唱响主旋律、传播正能量；在自治州两会报道中，通过图表、H5、直播、视频、专题等多种形式，全方位开展报道，受到网友点赞；在环湖赛、春节等重大节庆活动期间，他积极策划选题，创新报道形式。维吾尔族哥哥为汉族弟弟办婚礼、赛里木湖冰泡奇观和蓝冰之眸、赛湖冰雪节等一批新闻报道稿件在微信公众平台上刊发后，获20万余人次阅读量。

赵良英还带领网编室同事精心设计栏目、策划活动，《小编探店》《博报便民》《印象博州》《结亲故事》《援疆进行时》等微信栏目受到网友好评。网编室坚持定期举办与微友的互动活动，如春节、元宵节和中秋国庆双节开展线上游戏赢奖品，组织微友外出赏花采风、摘草莓、踏访冷水鱼基地等，联合企业举办党的十九大知识竞赛……进一步扩大了博尔塔拉报的传播力与影响力。

截至目前，博州零距离微信公众号关注人数7.6万余人，博尔塔拉报微信公众号关注人数4.3万余人，博尔塔拉报微博粉丝7.3万余人。为进一步扩大网络传播范围，赵良英还积极倡议开通了博尔塔拉新闻网手机端网页版，并先后在今日头条和一点资讯客户端，注册了博尔塔拉报头条号和一点号。

真情融入“第二故乡”

来疆为什么？在疆干什么？离疆留什么？在博尔塔拉工作生活的每一天，这些问题始终在赵良英的脑海中萦绕。他在日记中这样写道：“援疆不是镀金、享受，而是锤炼、磨砺。我要不忘初心、牢记使命，向边疆人民学习，艰苦奋斗，开拓拼搏，为‘第二故乡’奉献年华和力量。”

在赵良英的眼里，援疆，既是宝贵的工作经历，更是难得的学习机遇。为此，他抓紧一切机会，向书本学习，向实践学习。为了准确把握新时代党中央治疆方略，熟悉不同民族文化习俗，他找来大量书籍和纪录片认真学习；为了感受牧民转场艰辛，他赶着羊群一路辗转采访；为了体验基层群众生活，他来到巴扎与商贩交流。数九寒天，他顶风冒雪采访赛里木湖冬捕；春耕时节，他深入田间地头了解枸杞、棉花种植情况；炎炎夏日，他走访边防连队采写报道……

实践出真知。融入基层，贴近群众，赵良英进一步开阔了视野，增长了见识，了解了区情和州情。一年多来，他撰写了6万余字的边疆日记，并利用业余时间，顺利完成博士后课题研究，撰写出版专著1部。

民族团结是各族人民的生命线，也是对口援疆的重要内容。来博工作后，赵良英积极响应湖北省“双结双促”和自治区“民族团结一家亲”活动号召，积极参与民族团结“结亲周”和民族团结联谊活动。2017年3月，他与博乐市达勒特镇依肯浩希村维吾尔族村民阿布都热合曼结为“亲戚”后，积极制订帮扶计划，经常性上门走访。逢年过节看望慰问，回武汉出差也不忘给“亲戚”的小孙子带回玩具、书籍等礼物。

情到深处是挂牵。去年5月的一天，赵良英从微信朋友圈了解到，和田地区墨玉县扎瓦镇地处偏远，人多地少，一些群众家徒四壁，脱贫任务艰巨。赵良英当即和妻子商量，寄去衣服和文具，并写信鼓励他们坚定信心，战胜困难，创造美好生活。

“作为湖北日报传媒集团选派的优秀专业技术人才，赵良英情系边疆群众，默默无闻奉献。他低调、谦逊、细致、严谨，富有爱心，永远保持昂扬向上的斗志和干事创业的激情，这深深感染着报社的每一名职工。”博尔塔拉报社党委书记、社长林萃凤这样评价。

光阴似箭，日月如梭。转眼间，一年半的援疆服务期即将结束，但赵良英的心却永远留在了这片青色草原。

“任期有限，情怀无期。新疆博州，永远是我魂牵梦绕的地方。在这里工作生活收获的宝贵精神财富，将伴随我终身，激励我奋斗。无论何时何地，我都会珍惜这段宝贵的岁月，并尽己所能不懈努力，为建设大美博州贡献力量，为湖北援疆事业添砖加瓦！”豪迈的话语背后，是赵良英那如火的赤子情怀。

（2018年7月26日发表于《博尔塔拉报》）

医者仁心 清润边疆

——记援疆干部、州人民医院呼吸内科代理副主任陈宏斌

张新燕

“阿姨,昨晚咳嗽减轻了吗?今天感觉怎么样?”8月1日清晨,湖北援疆干部、州人民医院呼吸内科代理副主任陈宏斌带着科室医生来到病房查看患者术后恢复情况,并叮嘱患者术后的注意事项。

援疆工作即将结束,陈宏斌的脚步更加匆忙了。作为一名医者,援疆一年半来,陈宏斌抢救垂危患者,抚平伤者病痛,毫无保留地把毕生所学传授给当地医生,开展了我州首例肺动脉CTA指导下肺栓塞的rt-PA溶栓术,参与了前沿医疗技术项目课题研究……他用一份医者仁心守护着患者的身体健康。

责任——援疆就要发挥自身最大优势

2017年2月27日,43岁的武汉大学人民医院呼吸内科副主任医师陈宏斌作为湖北省第七批援疆干部人才中的一员,从汉水之滨来到天山脚下,踏上博尔塔拉这片热土。他被分配到州人民医院重症医学科担任代理主任一职,并迅速投入到紧张的工作当中。

3月初的一天,重症监护室送来一位病人,其产后半个月高烧不退。经检查,患者肺部已变白。陈宏斌查看了病人的情况、翻看病历,立即和ICU的医生们进行会诊,初步诊断患者为重症肺炎。此时,病人出现了呼吸衰竭的症状,陈宏斌立即实施抢救,在和其他医生的默契配合下,2小时后成功将病人从死神手中抢了回来。

援疆期间,陈宏斌积极推进呼吸重症监护室的发展,主动向医护人员传授先进医疗技术,参与抢救急危重症病人800余人次,组织临床带教教学查房80余次,负责协办博州呼吸内科、感染科、重症医学科及药学部学习班各1次,通

过学术讲座的形式培训学员500余人，切实把本专业的新思想、新理论及新技术传授给我州医护人员。

使命——留下一支带不走的医疗团队

援疆的日子里，陈宏斌在日记本中这样写道：一定要发挥自身最大潜能，为博州打造一支带不走的呼吸专科优秀医疗团队。

他在重症医学科主持工作6个月后，又来到医院呼吸内科任代理副主任。呼吸内科的6名医生平均年龄只有29岁，陈宏斌从手把手地教他们操作支气管镜开始，到耐心细致地把武汉大学人民医院先进的治疗理念和技术传授给这些年轻的医生。

从理论学习到临床指导，州人民医院呼吸内科的年轻医生们成长很快。1年时间，科室里的6名医生都可以熟练掌握支气管镜下的相关检查与治疗，从而提高了州人民医院呼吸专业的整体诊治水平。

州人民医院呼吸内科医生殷萌深有感触地说："陈老师不仅教我们治病的理念，还传授给我们医者仁心的医德，这对我触动很大。"

陈宏斌还利用休息时间，带领州人民医院呼吸内科的医生到县市医院和牧区义诊。去年年底，他前往精河县人民医院呼吸内科查房、讲课，指导当地医护人员肺部CT的阅片、病例分析及机械通气的相关内容，并取得良好效果。他还参加义诊9次，接诊农牧民约400人次，把先进的医疗技术与知识送到基层的群众中去，在一定程度上缓解他们看病难的问题。

担当——援疆是一种奉献

"政治过硬，业务精湛、用一颗医者仁爱之心解除患者病痛，用一腔赤子情怀奉献边疆医疗事业。"同事们这样评价陈宏斌。

陈宏斌常常感叹时光过得太快，自己还有很多援疆工作没有做完。今年年初，他参与博州地区基层胸痛中心建设，填补地区医疗技术项目，指导年轻医生学会临床与科研的思维能力，指导他们完成核心论文1篇，指导申报州科研项目2项。

陈宏斌还积极参加了兵团第五师医院呼吸内科的学科建设。他利用休息时间每周去指导查房一次，帮助其为疑难危重患者进行诊断与治疗，举办学术讲座2次，参加第五师团场巡回医疗3次。

“新疆是个好地方，今后我还会来这里，一生有一次援疆经历，很值得！”陈宏斌说。

（2018年8月6日发表于《博尔塔拉报》）

李继林:无悔援疆路

罗　丹　朱　青

“援疆是一种向往,更是一种神圣的责任。”6月2日,华中师大一附中博乐分校援疆教师李继林与同事聊天时说。

2018年8月,肩负着第七批教育援疆的使命,李继林和妻子张怡从武汉来到博乐,为新疆的教育发展献出自己的一份力量。

作为华中师大一附中博乐分校高二华师班数学教师,李继林教学严谨但不失生动。在课堂上,他注重给学生充分的自我发现和探索空间,引导学生积极参与深度、高效课堂学习,深受学生喜爱,教学成绩突出。

李继林不满足于打造好自己的课堂,也不止步于引领自己所在的教研组。如何优化学校教学管理、提升教育教学水平、创建华师一附中教育援疆品牌,为博乐打造一支带不走的教师队伍,把智力援疆落到实处,是李继林担任教研室主任以来思考最多的问题。

不到半年时间里,李继林着手带领各教研组对学校集体备课制定明确目标,拟定具体模板流程,将集体备课落到实处;举办首届习题课大赛、首届说题比赛,为教师专业化发展搭建平台,促进教师专业水平提升,深受该校教师好评。

同时,李继林毫不保留地发挥好传帮带作用。在他的悉心指导下,年轻教师敏莉在2018年自治区高中数学青年教师优秀课评比活动中荣获一等奖。

在学校繁重的教学教研管理工作之外,李继林还是该校33位援疆教师的服务者。同为援疆教师,他深切理解远离家乡的艰辛。李继林及时传达上级领导的各项指示和关爱,及时反映并尽力解决援疆教师工作生活中的各种困难。冬季供暖时,他拎着扳手为教师公寓暖气片放气保证供暖;组织大家业余时间打羽毛球锻炼身体;大雪纷飞的寒冬,到没有签到且联系不上的老师家里探视……李继林始终以一颗真诚的心为教师们做好服务。

“这是一种从未有过的体验,在援疆过程中产生的使命感也是前所未有的。援疆是一场持久的接力,我们要沿着前人走过的路更好地走下去。”李继林说,选择援疆,就选择了吃苦和奉献,他会把援疆工作当成自己的事业,努力为祖国培育更多有理想、高素质的人才。

(2019年6月5日发表于《博尔塔拉报》)

医者仁心洒草原

——部分湖北援疆医生掠影

王亚萍

州人民医院规培楼五楼有这样一间办公室，34平方米，中间的一张桌子上摆放着患者的病例，四周放了十多把椅子，简洁而紧凑，这是州人民医院为湖北援疆医生安排的集中办公室。7月23日，记者在这里采访了几名援疆医生。

乌剑利：带着真情来援疆

接受记者采访时，乌剑利已经连续工作了12小时，但却看不出丝毫倦意。他说“忙惯了，12小时不算什么。”作为湖北同济医院妇产科医生，忙是乌剑利的工作常态，并且从湖北“忙”到了博州。

2018年8月，乌剑利作为援疆医生，来到州人民医院任妇产科副主任。说起对援疆工作的理解，乌剑利说：“这是一种无私的医疗支援，更是一笔难得的人生财富，值得我为之努力”。

初到博州，乌剑利深切地感受到，博州的妇产科缺人才，少技术，医护人员和患者对援疆医生充满信任和依赖。“有一次，一位病人听说我来自湖北，便点名让我来为她医治，这是多大的信任啊！”乌剑利说。当然，乌剑利也没有辜负患者，他用精湛的医术予以回报。

在援疆的日子里，除了治病救人外，乌剑利还担负着“传帮带”的任务。他定期组织科室业务学习或专题讲座，传授新知识、新理论，更新州人民医院医生的知识结构、规范疾病的诊治方法。通过手把手的帮教，努力提高医生的临床操作水平。经努力，他所带的妇产科医生都有了理论和技术的提高，并掌握了部分新技术的操作方法。

胡波:集市上的援疆专家

7月初,在第五师81团集市义诊现场,“第五师(双河市)卫生系统援疆专家巡回义诊活动”的横幅刚挂好,桌椅板凳还没摆好,集市上的群众就纷纷围过来,一时间,义诊现场成了集市中最热闹的地方。

义诊期间,34岁的援疆专家、第五师医院超声影像科副主任胡波忙得不可开交,他说:“援疆专家义诊活动能够受‘追捧’,作为其中一分子,我感到非常自豪。”

胡波向记者讲述了自己在义诊期间遇到的一件事。有次,他和同事在温泉县查干屯格乡义诊,一位80岁的蒙古族老人引起了胡波的关注。老人双手浮肿、神情焦虑地比画着,胡波心疼地拉着老人的手轻声安慰道:“奶奶,您不要着急,慢慢说。”老人急得面红耳赤,依然表达不清楚意思。原来,老人听不懂国家通用语言,不知道该给胡波怎么叙述病情,了解到这一情况后,胡波找到一位年轻的蒙古族妇女帮忙翻译,得知老人患有高血压、糖尿病、冠心病。胡波耐心地从饮食起居、药物使用等方面一一解释,临别时,胡波还为老人留下了自己联系方式,叮嘱其有问题及时和他联系。

舒承福:援疆是一段刻骨铭心的记忆

7月初,曾经在博州援疆的湖北省宜昌市第二人民医院的心血管专家舒承福正和家人一起看电视。当镜头跳出“新疆温泉北鲵人工繁育数量将突破100尾”的字幕时,舒承福的家人喊道:“承福,快看,那不是你援疆的温泉县吗?”

2014年,作为湖北省宜昌市第二人民医院援疆专家之一,舒承福来到温泉县人民医院,开启了让他铭记一生的援疆生活。

初到温泉县,他切身体会到当地医疗水平和宜昌差距之大:技术落后、人才缺乏、能收治病人非常有限……援疆医生的任务就是帮助温泉医务工作者提高医疗水平,把先进技术和理念带到受援地。

援疆期间,舒承福成功完成冠心病急性心肌梗死溶栓治疗5例,中心静脉置管术3例,经食管心脏调搏术5例,成功抢救心脏骤停患者2人。

(2019年8月8日发表于《博尔塔拉报》)

真情奉献为边关

——记湖北省援疆干部、阿拉山口市广播电视台副台长李名强

张晓敏　道　谢

援疆感悟：来疆工作近一年时间，从工作生活及亲身感受中，收获很多。来疆工作内心的自豪感无比强烈，悠久的历史，灿烂的民族文化，繁荣和谐的多民族团结相处氛围，到处是朝气蓬勃之气，社会经济繁荣，人民安居乐业，所以当我每周一站在国旗下看着国旗升起，我特别感到作为一名中华儿女的自豪。

“援疆让我丰富了人生阅历、积累了经验。”7月25日，谈到援疆，湖北省黄石市援疆干部、阿拉山口市广播电视台副台长李名强动情地说。

2018年8月，李名强带着组织的重托和对援疆事业的憧憬，来到阿拉山口市。一年来，他在这座边境小城，锤炼了党性、磨炼了意志，为阿拉山口市电视事业的发展倾注了心血。

初来阿拉山口市广播电视台时，李名强就被这家“年轻”的单位震惊了，他说：“我了解到2015年10月，广播电视台的自办节目正式开播，最开始只有8名工作人员，我来到这里时增加到13名。除了台长外，年龄最大的也不超过30岁。这样年轻的队伍和单位，在面临人员少、设备缺的情况下，依旧能做3档广播和2档电视节目，我十分钦佩。”

援疆前，李名强负责黄石市广电中心的技术和安全播出、机房维护维修等业务。为了尽快熟悉这里的情况，他详细了解了技术系统和技术管理的现状与问题，积极参与到各项工作中。

“当时的机房是由以前一间办公室改造的，由于缺乏专业技术人员指导，许多线路杂乱无序，设备老旧或者有故障的。我当时就想，利用自己的技术，

把机房重新整理规划。”李名强说。

有了想法并且得到领导的大力支持，李名强结合自己33年的工作经验，负责天线四工器和双工器的采购、安装、调试工作，带领工作人员修复有故障的电视发射机5台，修复调频发射机2台，解决了8个电视频道，6个频点的调频信号源问题。

经过近半年的努力，崭新的机房内，一台台摆放有序的机器，一根根清晰可分辨的信号线路，一张张备注信息的贴纸和制作好的指示牌，让李名强觉得，他的工作十分有意义。

李名强说：“有时加班到很晚，但似乎一点也不累，单位年轻同事踏实好学、勤劳肯干的精神也影响着我，仿佛自己又回到了刚参加工作的状态。当通过自己的努力修复好一台机器时，那种喜悦比什么都珍贵，我想这样的援疆才真的是做实事。”

面对电视行业日新月异的发展，李名强深知提高人员技术水平的重要性。为解决电视台发展的技术瓶颈问题，他制定了电视发射机房设备运行及设备巡视管理制度，使电视发射机房所有无线覆盖设备正常播出。

由于专业技术人员匮乏，以往遇到广播信号中断、电视信号不稳定等技术问题，工作人员需要四处打电话询问，由于距离远问题也不能及时得到处理。这样的情况在李名强来之后有了改善。该台的工作人员唐鹏说：“有一天夜里我值班时，机房里突然传出警报声，广播的信号出现了故障，我立即给李名强副台长打电话说明情况，他及时来到单位，解决了技术故障问题，并告诉我，是哪里出现了问题，下次遇到这种情况要如何解决的办法。”

为了使“传帮带”工作落到实处，李名强在每周二会带领同事学习业务知识，他说：“学技术不是一两天就可以的，技术员除了要有耐心还要有耐力。”

“虽然术业有专攻，但是特殊情况要特殊对待。”该台工作人员纪菊花在电视台成立初期就来到了这里，承担着后期剪辑的工作，每天除了正常的新闻制作外，她还要参与机房设备检查巡视，保障设备故障处理及播出保障等工作。她说：“李名强副台长经常会告诉我们技多不压身，让我们尽可能多学各方面的技能和知识。”

李名强除了将自己的专业技术知识教给同事，也不断促进黄石与阿拉山口两地媒体相互交往交流交融。2018年底至今，他先后协调单位4名员工赴黄石电视台参加技术业务培训工作。

说起援疆的感想，李名强首先想到的是“感谢”。李名强说：“在这里的每一天都非常有意义，刚来时的那种兴奋和激动的心情一直持续到现在，尽管援疆工作还剩半年时间，我依旧会保持这样的心态，踏实干好工作，奉献我的力量。”

（2019年8月8日发表于《博尔塔拉报》）

心系水利　汗洒边城

——记湖北援疆技术人才、温泉县水利局工程师刘琴

王乐乐

援疆感悟：作为一名援疆技术人员和党员队伍中的一员，“援疆工作者”不仅是一个称号，它代表着无论何时何地何种情况，援疆工作人员的党性不能忘、纪律不能忘、职责不能忘、使命不能忘。一年来，我在温泉县工作，既是援疆，也是戍边。怀着深深的家国情怀，在有限的能力范围内，倾情奉献，牢牢进行“技术援疆”，本着水利人的职业操守，在“生态水利美丽中国”行动中用“建章立制、规范管理”指导工作，希望在离别之时能留下好的工作理念、好的方式方法和有章可循、追责有据的规章制度。今后，我愿尽己所能在援疆路上更加努力，也愿我的人生因援疆而更加精彩。

“既然来了，我就一定要为温泉县做点什么、留下点什么。”7月25日，温泉县水利局工程师刘琴说。

刘琴是湖北省宜昌市当阳市水利工程规划与质量安全监督管理站的工程师。2018年8月，44岁的刘琴来到温泉县开展援疆工作，担任温泉县水利局工程师，分管项目质量监督与技术指导工作。

来到新环境，刘琴沉下心全力以赴工作。她说：“到温泉县的第一天，就去了大库斯台水库和阿尔夏提水库检查工作，在现场，我接到第一份工作——按规定完成两座水库的竣工验收工作。这是对我工作能力的考验，我有信心完成工作。”刘琴说。

大库斯台水库和阿尔夏提水库建成后因种种原因一直没有按规定程序完成验收。刘琴先从杂乱无章的资料中理出问题清单，然后针对问题逐一攻破。2019年4月14日，刘琴终于完成了两座水库的验收工作。

“所有问题中，水库的环境影响评价是最棘手的问题，我用了4个月时间才拿上环评资格证。”刘琴回忆道，“此前我从未接触过环评工作，不知道环评的标准有哪些，只能通过多种渠道寻找有环评资质的企业，经过州、县环保局协调，请环评专家来水库进行实地察看，通过与专家们交流和沟通，我初步了解了水库环评所需资质材料，再按照环评标准逐一完成手续。”

敬畏国家标准、敬畏规章制度、敬畏法律法规、敬畏职业操守，在日常工作中刘琴这样说，也是这样做的。作为一名水利专家，她在技术上能做到不猜测，通过查找学习规范、标准等理论依据，在工作中树立了科学的质量控制理念和先进工作理念。

“切割机要先冷却下来，再进行切割，不然会造成聚乙烯(PE)给水管变形。”当日，刘琴在检查温泉北线3个乡镇场饮水安全巩固提升工程时对施工队员说，北线水利工程覆盖温泉县3个乡镇场17个村2个生活区，共3246户，10253人，是一项重点惠民水利工程，“我们要用规范管质量，尽全力推行规范管理，控制好关键部位和关键工序的质量，实行最严格质量监管制度，做到精益求精，在规定时间内，高质量完成本项水利工程。”刘琴说。

为了严把技术关，做到有章可循，刘琴在接手北线水利工程之前，就通过网络、书籍自学了聚乙烯(PE)给水管的各项知识，并将重点知识记在纸上，装订成册，随时带在身边，以便学习和借鉴。

“援疆为什么？在疆干什么？离疆留什么？”赴疆前，刘琴一直在思考这些问题，如今，她找到了答案：“我从千里之外来这里，做实做好水利工程固然重要，但更重要的是要帮助完善水利方面规章制度、建立健全的水库管理考核机制，使先进的水利技术在温泉县生根发芽。”

刘琴为了能提高温泉县水利局业务管理水平，她大力宣传和狠抓建章立制工作，按照实际情况，对温泉现有的防汛责任制、水库管理责任制、项目建设五制进行完善，并将湖北先进的百分制考核制度引进县水利局，把责任落实到看得见，理得清，真正达到问责有据，追责有人。

了解到温泉县对水利人才培训的需求，刘琴在工作之余还积极当好一名水利专业老师，传播先进的水利管理理念和知识。今年以来，刘琴在县委党校授课8节，通过生动的PPT课件，宣传国家“生态水利美丽中国”新思想新理念,并对当前最为关心关注涉及民生工程的“河(湖)长制”进行全方位宣传讲解。

此外,刘琴还注重“传帮带”,主动帮助单位同事完善汛前排查表,新增温泉县河长制乡级、村级河流责任人名单表,新增温泉县重点山洪沟、重点工程等。同事齐胜霞说:“刘琴就像我的姐姐,在工作中给予我指导和帮助,让我的工作能力得到提高。”

一年的时间如白驹过隙,当她再次回首援疆工作时感慨颇多,从初时的陌生、不适到迅速转变角色,全力投入工作,主动挑起温泉县水利项目的质量监督与技术指导、“传帮带”的技术传授等重任,不只形式上多了个“家”,更在内心对温泉县添了份挂念。

(2019年8月15日发表于《博尔塔拉报》)

勇当健康守护者

——记湖北援疆干部、精河县人民医院麻醉科主治医生曾文

李翔楠

援疆感悟：一年半的援疆时间是短暂的，个人能力和作用也是有限的，只有做好传帮带工作，教一批人，留下良好技术，才能让精河群众的健康得到更好保障。希望等我援疆结束时，精河县人民医院麻醉科的医生们，能在业务上有进一步提高。

“到了精河县，记得给我报个平安，家里你就不用操心了，一定要把先进的医疗技术倾囊相授给边疆医务工作者！”曾文永远都记得2018年8月23日从湖北省武汉天河机场乘飞机前往博州的那天，爱人语气中的笃定，是他对援疆之地最强大的支持。

今年35岁的曾文是湖北省荆门市第二人民医院麻醉科主治医师。从医11年，他经验丰富、工作认真，得到同科室医生一致好评。一路走来，他总觉得好像少了点儿什么，援疆工作填充了他职业生涯中的“少”。

在得知要选人援疆时，曾文毫不犹豫地报了名。他说：“因为爱人也是医务工作者，就算我报名参加援疆的事情不提前打招呼，她也一定会理解并支持我。”曾文的想法在妻子张晶晶那里得到了印证，就连刚刚四岁半的孩子也对即将远行的父亲说：“爸爸，祝你一路顺风，我长大了也要像你一样去援疆！”孩子稚嫩的声音，让曾文更加坚定援疆的决心，“我带着爱人和孩子的期盼，所以一定要做好边疆人民健康的守护者”。

2018年9月1日，曾文做了到精河县人民医院后的第一台手术。“我大腿疼得厉害，医生你快帮我看看！”2018年8月的一天，一位70岁的老人在检查后确诊为股骨头坏死，定好手术时间后，曾文立即与患者进行术前沟通：“叔，

您年龄大、血压较高，心肺功能相对年轻人来说弱一些，不过您放心，术中我会严格关注您的健康。”曾文的话让老人减少了对手术的顾虑。

手术进行到40分钟时，老人出现血压偏低状况，曾文镇定地对另一名医生说：“把术前准备的血管活性药物拿过来注射，帮助升压。”注射药物几分钟之后，老人血压恢复正常。整场手术进行了1小时30分，术后，患者家属握着曾文的手说：“曾医生，谢谢您！”曾文回答：“这是我的职责！”

一场手术让曾文了解到，精河县人民医院在麻醉药品使用、术后苏醒等方面存在的问题，他暗下决心，一定将自己所学倾囊相授。

2019年5月，曾文做了精河县人民医院的第一例无痛分娩手术。该手术在麻醉用药上与普通手术无差别，但使用对象是孕妇，所以精准度要求相当高。当记者问他，是否因为手术是当地第一例而感到紧张时，曾文果断摇头说：“我来这里，就是普及更先进的医疗技术，我坚信一定会带出一支优秀的麻醉师团队。”

（2019年8月15日发表于《博尔塔拉报》）

撒下一片绿　收获一城春

——记博乐市园林绿化管理局工程科副科长(工程师)李良正

张培丽

援疆感悟:在这一年的时间里,我作为援疆技术人才和一名普通党员,始终牢记援疆使命,牢记援疆工作代表的是党和国家的形象,立足本职、不负重托、甘于奉献,诚心践行援疆工作。“只有奋斗的人生才称得上幸福的人生”。我将用青春和热血谱写爱的颂歌,书写不悔的人生之路。能为博州的社会稳定和长治久安贡献力量倍感荣耀。

今年29岁的李良正,是武汉市园林建筑规划设计院工程师。2018年8月,凭着对边疆的向往,对绿色的眷恋,毅然报名加入援疆队伍,分配至博乐市园林绿化管理局,任工程科副科长。

2018年8月,初到博乐市的李良正,还没来得及适应时差、气候和饮食,就接到了S205线、东方红大道、博乐机场出入路口和机场大道立交互通等重要道路与节点的景观绿化施工任务。从实地勘察、制订方案、出具详细图纸、现场对技术人员进行指导培训,他都亲力亲为。背着一个装着笔、本、图纸、盒尺的挎包,李良正走遍了每一处景观绿化带。

博乐市园林绿化管理局技术科科长古丽米娜说:“李良正这个90后小伙儿,太能吃苦了,早上8点就来到施工现场,指导园林工人施工,来时皮肤白白的,没多久就晒得黑黑的。”

李良正在资金紧张、人员不足、资料缺乏的情况下,勇挑重担圆满完成了重要道路与节点约80公顷景观绿化带施工任务。

2018年10月,李良正又投身到博乐市2018年园林绿化的秋季植树计划和实施任务中。工作中他严格要求自己,并积极发挥传帮带作用。

“每到一处他都停下来，在图纸上画出大致轮廓；绕着绿化带，一块一块数路缘石的数量，一点点算出绿化带的面积，算出预计植树数量，并认真与技术人员沟通，规范工作细节，将园林建设的新理念灌输给大家。”李良正在秋季植树工作上的付出，博乐市园林绿化管理局副局长艾勒木别克都看在眼里。

在2018年园林绿化的秋季植树工作中，李良正协调博乐市各单位共计完成了4.1万株乔木的栽植任务，为博乐市多项重点园林绿化建设工程打下良好基础，并带出了一支配合默契、施工规范、工作高效的技术队伍。

为做好博乐市“国家园林城市”复验工作，2018年底，博乐市成立复验整改专班，逐一对《国家园林城市标准》的57项内容进行整改，其中“园林科研项目成果需应用推广”一项为硬性标准，李良正提出，将“川硬皮肿腿蜂”生物防治手段列为科研项目。

“之所以选择这个科研项目，是因为我在工作中了解到，近些年博乐市发生的蛀干型虫害——白蜡窄吉丁与武汉市的蛀干型虫害天牛，属同科型虫害。我便与武汉园林科研所的病虫害专家取得联系，在武汉专家的技术支持下，提出引用‘川硬皮肿腿蜂’生物防治手段防治白蜡树窄吉丁虫。”

李良正根据白蜡窄吉丁虫害发生规律和季节时间，对白蜡窄吉丁幼虫和成虫制订了复合型防治计划，试验白蜡窄吉丁防治的新型药剂，并对“川硬皮肿腿蜂”生物防治效果进行跟踪记录，为博乐市城市景观树病虫害治理积累了宝贵经验。

“李良正发挥聪明才智，参与制定了27项指标的整改方案和整改进度监督等工作，为迎接2019年9月博乐市‘国家园林城市’复验工作提供了强有力的技术支持。”艾勒木别克说。

李良正表示：“将博乐市打造成如诗如画的园林城市是我奋斗的方向。明年春天我援疆就结束了，届时，满城春色是对我援疆工作最美的答卷。”

(2019年8月22日发表于《博尔塔拉报》)

沃野显身手　真心铸真情

——记湖北援疆干部、精河县枸杞产业发展局技术员曾德斌

李明星　纪荣朵

援疆感悟：选择了援疆，就要暂时放弃原本舒适安逸的生活，但是比起那些“献了青春献终身，献了终身献子孙”的戍边人，比起几十年如一日在新疆艰苦奋斗的边疆干部，我的付出显得那么微不足道，反而在这里收获得更多。这一年多时间里，我收获了友谊、磨炼了意志、开阔了视野、实现了人生的价值。在接下来“收官”的日子里，希望自己能在平凡的岗位上做出更大的贡献，更希望精河能在一批又一批援疆人的努力下快速发展。

在精河县杞农眼中，湖北援疆干部、精河县枸杞产业发展局技术员曾德斌，在平凡中绽放着自己的精彩，用真心真情让枸杞产业更加辉煌。

13日，记者见到曾德斌时，他正在精河县托里镇吾夏克巴依村的枸杞育苗基地，为杞农讲解枸杞植株品种提纯技术。“枸杞苗在栽培过程中，容易发生自然变异，要根据枸杞苗的株叶形态差异进行品种提纯…… ”曾德斌讲得详细，种植户听得认真。

曾德斌是湖北省荆门市农业农村局高级农艺师，从事种子质量监测和农作物品种管理近30年，有丰富的农作物种植管理经验。2018年8月，55岁的曾德斌主动申请援疆，来到精河县工作。

问起援疆缘由，曾德斌坚定地说：“援疆一直是我的心愿，能够为博州群众的幸福生活添一把力、出一点儿汗、做一点儿事，我感到使命光荣，责任重大。”

曾德斌在精河县枸杞产业发展局担任技术员一职，主要负责枸杞的种植管理和品质提升。对于枸杞，出生于南方的曾德斌既熟悉又陌生，相比较他研究了30余年的玉米、水稻、棉花等常见作物，负责研究枸杞种植管理是一项全

新的挑战。

到精河县工作第一天,曾德斌顾不上调整时差和状态,便立即投入到枸杞的研究工作中。他苦读枸杞相关书籍、资料,以学习者的姿态虚心向单位领导同事及枸杞种植大户学习,补齐枸杞种植管理的"第一门课"。

"作为农业技术员,农田才是办公室。"曾德斌常说。2018年8月至10月,正是秋枸杞开花结果期,3个月的时间里,曾德斌几乎每天都奔波在精河县各乡镇场的枸杞地里,采样、做实验、质量检测、记录评估,每一项工作曾德斌都亲力亲为。为了能深入了解精河县枸杞产业发展现状,他深入枸杞批发市场、枸杞加工厂等地开展调查研究,与杞农同吃、同住、同劳动,全面了解掌握最真实有效的信息。

曾德斌立足实践并结合工作经验,发现了精河枸杞产业发展的短板。他说:"精河县虽然拥有得天独厚的枸杞种植地缘优势,但几十年来枸杞种植管理粗放,造成枸杞品质参差不齐,高品质枸杞产品率低,是制约精河枸杞产业发展的重要因素之一。要突破发展瓶颈,必须坚持质量兴杞、绿色兴杞。"

今年年初,曾德斌利用自己的专业知识,结合精河县实际情况,与同事们共同编写了《精河县绿色枸杞栽培技术规程》,建议打造高标准示范园,发挥引领示范作用,大力倡导枸杞集约化、规范化、绿色化种植,从源头上把好枸杞质量关。该建议得到了各级党委、政府和杞农的认可。目前,精河县共打造8个枸杞示范园,种植面积7000亩。

在枸杞示范园建立初期,曾德斌从示范园选址、苗木选种、定植等方面全程指导参与;在春季剪枝期,他深入各枸杞基地,为杞农传授科学剪枝方法;在枸杞病虫害防治方面,他带头筛选出适合当地气候条件符合绿色标准的生物肥、生物药剂,在全县进行推广使用。

"曾师傅不仅专业技术高超,而且眼光独到,手把手传授给我们许多种植技术,既帮助我们增收,又增长了见识,大伙儿都发自内心地感谢他。"精河县精杞园农民种植专业合作社负责人杨震说。

面对大家的夸赞,曾德斌说:"人生在于奋斗、在于创造、在于奉献,个人苦点累点没有关系,只要能帮到大家,我很欣慰。"

精河县枸杞产业发展局成立时间短、人才匮乏、技术落后,曾德斌利用自己的所学所能建立了枸杞产品质量检测监测体系，按照农业科技专业实验室要求，帮助单位及5家枸杞加工企业建立了标准化实验室。同时，曾德斌还积极发挥传帮带作用，帮助新进技术员快速成长。曾德斌说："援疆一定要留下痕迹，要确保'水流走了，石头还在'。"

一年半的援疆工作接近尾声，曾德斌既兴奋又不舍。他说："援疆的日子，过得很忙碌，也很充实，精河县将会成为一生的牵挂和思念。"

（2019年8月22日发表于《博尔塔拉报》）

情洒天山路　一生援疆情

——记湖北省援疆干部、阿拉山口市住建局副局长杨延超

张晓敏　徐　桦

援疆感悟：转眼间，我在阿拉山口市已经工作、学习、生活了2年多时间。在这里，我作为一名城市建设者，用辛勤的汗水为阿拉山口市发展建设做出了贡献。在这里，我深切感受到边疆干部不畏艰难、吃苦耐劳的高贵品质，感受到大家为边疆稳定和发展所做的辛勤付出。在这里，我结识许多可亲可敬的朋友，与善良友好的民族亲戚结下了深厚情谊，他们的陪伴和支持给予了我莫大的帮助。感恩援疆经历过的所有人和事，这一切都将成我终身受益的宝贵财富，伴我成长。情洒天山路，一生援疆情。祝愿湖北对口援疆工作再上新台阶，祝愿鄂博两地人民情谊永存。

“援疆，让我深刻体会到责任和担当，让我学会了奉献与坚守。”25日，湖北省援疆干部、阿拉山口市住建局党组成员、副局长杨延超说。

如果不来新疆，不到阿拉山口市，作为湖北省十堰市规划设计院工程咨询室主任的杨延超，应该会过着和往常一样平静而舒适的生活，而这种平静和舒适被他的援疆之行打破了。

“单位还有许多工作要持续推进，家里还有两个孩子，大儿子正在上小学，小儿子还在襁褓中，我们夫妻双方的父母年龄都大了，我要去援疆了，妻子一个人能否忙得过来？”2017年初，接到组织选派他去援疆的那一刻，杨延超心里犯起了嘀咕。

在与家人说明情况后，全家人对他去援疆都表示支持。父母还鼓励他：“你去援疆是为国家做贡献，我们都感到很骄傲。不要惦记家里，我们都能照顾好。”

舍小家，为大家。2017年2月，41岁的杨延超从湖北来到阿拉山口市，告别繁华都市，告别双亲和妻小，他将满腔热情洒在阿拉山口这片土地上。他说："援疆工作离不开家人的支持，援疆干部看似是一个人在援疆，实际上是全家人在援疆。我庆幸自己有一个无条件支持我的家庭，感谢他们对我工作的支持。"

杨延超认为，援疆生活增加了他人生的厚度，他的人生因为援疆而充实。2017年，是阿拉山口市的城市基础设施、城市环境建设的攻坚发力之年。杨延超克服种种困难和不适应等情况，迅速调整状态投身工作中。

杨延超说："参与到阿拉山口市的规划建设工作中，我发现，阿拉山口市虽然偏远，但基础设施和城市规划都非常合理，很多设计也是根据大风天气多而设计的，非常人性化，这些设计也让我学到不少知识。"

"建设者只有到现场才能将工作做扎实"这是杨延超经常说的话。长时间在室外办公，杨延超的皮肤变得黝黑。

今年，杨延超所在的单位工作人员紧缺、工作量大，杨延超主动要求参与到阿拉山口市十八家巷、友好商贸城违章建筑拆除工作中。他说："那段时间，我天天在现场，身上、头发上都是灰尘，我带着城建工作人员和20名环卫工人一起打扫卫生，清运各类垃圾十余车。这次经历，让我明白基层工作者的辛苦与不易。"

杨延超的同事刘鸿说："在拆除违建之前，杨副局长每晚加班研究法律法规，积极上门与拆迁户一对一沟通协调，帮他们解决后顾之忧；遇到不理解的群众，他也是耐心地做疏导工作，反复多次地上门服务，群众都被他的诚心诚意感动了。这次经历，让我对他做事务实、认真负责的工作态度深感敬佩。"

近年来，阿拉山口市人口增多、企业增多，导致阿拉山口市排水系统超负荷运转。为解决排水系统压力，今年夏天，杨延超带领工作人员多次进入50米深地下水监测井、地磅及排水沟施工工地开展工作。

刘鸿说："杨副局长带领我们检修全市下水道、检查井疏通工作，我们对每条排水管道认真检查。检查完，他结合自己给水排水设计的特长，提出了可行性方案，目前这些工作都在有序进行中。"

“在阿拉山口市工作的日子里,我理解了基层工作的辛苦,和大家一起,攻克一个个难关,对我来说,都是宝贵的经验。我已将自己融入这片热土,为这片土地多贡献力量,这是责任,也是担当。”杨延超说。

(2019年8月29日发表于《博尔塔拉报》)

无悔援疆路

——记湖北援疆医生、州人民医院五官科副主任刘嘉锋

甘　禹　于　群

援疆感悟：医疗是关乎民生的大事，虽然博州的医疗基础设施较为薄弱，医务人员的技术水平也需要提高，但欣慰的是，通过自己的努力，能为博州的各族群众解除病痛、带来美丽。在此基础上，也培养出一批技术过硬的本地技术骨干，希望在我们离开新疆的时候，能够为本地留下一支带不走的优秀医疗队伍。没有天山的巍峨挺立，哪有东湖的碧波荡漾。想到这里，我就充满力量，积极为促进新疆社会稳定和长治久安、各民族的团结贡献力量。

7月29日，记者在州人民医院见到刘嘉锋时，他正在为患者库里森木汗复查身体。

“感谢援疆医生，手术做完后，大家都说我年轻了10岁，出门我也自信多了！”库里森木汗激动地说。

库里森木汗所说的援疆医生，是湖北省武汉市华中科技大学同济医学院附属协和医院整形外科医生刘嘉锋。今年44岁的刘嘉锋，在州人民医院任五官科副主任，援疆近一年，已为患者实施各类整形手术近300例。他认为，能为博州百姓做些实事，很值得。

2018年8月，刘嘉锋参加援疆工作，谈及为何会选择主动援疆时，他说，在来之前他就了解到，由于新疆紫外线辐射较强，皮肤肿瘤的发病率较高，当地急缺相关医疗人才，他便毫不犹豫地报了名。带着真情和真心，他迅速融入博州，在医疗、科研、教学上给予我州患者悉心治疗，给予身边同事无私指导。

刘嘉锋来博前，州人民医院没有专业的整形外科医生，只有一位乌鲁木齐的老专家每月定期来坐诊几天，患者就诊十分不便。由于本地技术力量不足，

不少难度较大的面神经手术,都转至上级医院接受治疗。他的到来,使这一情况得到了根本改变。他带来了一流的技术和经验,使病患不出博州就能享受湖北一流的医疗服务。

2018年11月,刘嘉锋完成了博州历史上首例全耳再造手术,让9岁的患者穆斯丽曼·努尔比沙有了完整的右耳。

作为援疆医生,刘嘉锋深感肩负的责任重大,于是他运用精湛的医术,帮患者成功实施手术,重拾信心。“刘叔叔不仅技术好,还特别温和,做手术时我一点也不害怕。”穆斯丽曼说。

来博援疆后,他先后做过10例腮腺肿瘤手术。他还很关注患者的术后康复情况,对很多患者的病情了如指掌。每当有患者前来复诊,他总能高效率地给予专业和实用的指导,给出良好的治疗建议。

援疆时间有限,如何为当地留下一支带不走的医疗队伍,是他思索最多的问题。

工作中,刘嘉锋充分践行一对一“传帮带”的理念,倾尽自己近20年丰富的医疗经验和扎实的专业知识,手把手地教科室里的年轻医生如何开展查房,规范查房行为、进行辅助检查、询问病情,并详细传授了无菌技术操作、清创缝合术、美容缝合术等,带来了不同于常规的新技术,进一步提高了科室的整体诊疗水平。

张明是州人民医院五官科一名年轻医生,跟随刘嘉锋学习工作。“刘医生心很细,对工作要求高,每次他的指导都能给大家以启发。”在州人民医院进修的医生王昕瑶跟刘嘉锋医生学习给病人复诊。她说:“刘医生在整形切口的美观设计上经验丰富,设计个性化,思考的范围广。他身上值得我们学习的地方太多了!”

援疆期间,刘嘉锋不仅做好日常工作,还积极参与各类义诊活动。为村民和护边员们送医送药。

尽管家里的孩子才2岁,思念家乡、思念孩子的情愫常常涌上心头,但他克服种种困难,把援疆的工作和责任摆在第一位。“能够为博州的各族群众解除病痛,培养一批技术过硬的本地技术骨干,这段援疆路,我感到无怨无悔!”刘嘉锋说。

(2019年9月5日发表于《博尔塔拉报》)

真情援疆显担当

——记湖北援疆干部、精河县人民医院妇产科医生雷珉

李翔楠

援疆感悟:援疆,就是要围绕中心,服务大局。我们援疆的背后,是家人的付出,是朋友的支持。我们代表的是襄阳、湖北,受援群众对我们印象如何,直接关系到对援疆省市干部人才的感知。新疆很多思想理念、思路举措、方式方法也值得我们学习借鉴。援疆的经历是我一生的财富,尽管远离家乡、亲人,但我结识了新的朋友,我将继续认真工作,在新疆展现湖北医务工作者的风采。

“因为来援疆,我把精河当作我的第二故乡,援疆即将结束,我有太多的不舍。”近日,湖北援疆医生雷珉说。

雷珉是湖北省枣阳市中医医院妇产科医生,“舍家千里,真情援疆,我们援疆医生,就要承担起医务工作者的热忱与期望”。在精河县人民医院工作的诸多场景,雷珉都记忆犹新。

深入一线　言传身教

雷珉在精河县人民医院做的第一台手术是腹腔镜输卵管妊娠手术。雷珉回忆:“从患者血常规化验报告单上可以看出,患者已怀孕40余天,但B超检查却未在宫腔内见到孕囊,我初步诊断后,就立刻组织科室人员召开研讨会,大家一致认为是宫外孕。”

雷珉深知,对于任何一位女性来说,都无法舍弃自己的孩子,她与患者进行深入交流,讲清宫外孕的后果和影响,患者最终同意进行手术。“那天的手术相当顺利,不会影响患者日后的孕产。”雷珉自豪地说。

也正是在这台手术中,雷珉发现,精河县人民医院在术后镇痛方面业务技能较薄弱,在处理妇科疑难病时存在不精准问题。为此,她有针对性地开展教学查房指导举办专题业务讲座,定期组织科室医务人员进行专项技能培训,开展疑难病病例讨论,进一步提高科室医务工作者的技术水平。

今年6月1日9时,雷珉刚到医院就接到妇产科医生刁梦丽的汇报:“老师,巨大胎儿产妇好像要生了。”

雷珉对这位孕妇的身体情况十分了解,立即赶到产房,再次对产妇做产前检查。检查过程中,雷珉发现产妇情绪波动较大,心跳过快,十分紧张。

雷珉一手拉着产妇的手,一手轻轻地抚摸着产妇的肚子,温和地说:“不要紧张,我在这陪你,你现在放松,跟着我说的节奏呼吸,来,深吸气;好,缓缓呼气……”雷珉的语气和动作很快安抚了产妇心情。

12时37分,在雷珉娴熟的手术后,婴儿呱呱坠地。这时却遇到另一个困难,产妇被胎儿撑大的子宫一时无法正常收缩,这样下去产妇很有可能会大出血。“老师,要不要准备输血?”首次遇到子宫无法收缩的情况,刁梦丽紧张地问。

雷珉沉着冷静,有条不紊地为产妇按摩、热敷,注射缩宫素,没一会儿,产妇子宫开始正常收缩,手术顺利结束,大家都松了一口气。产后5天,产妇和胎儿健康出院。

“雷医生的付出,我们有目共睹。她善于观察细节,帮我指出了工作中的很多不足,使我提高了技术水平。我要向雷医生学习,争取成为产妇最信赖的医生。”刁梦丽说。

真情援疆　甘于奉献

雷珉来援疆,家人是她的软肋,聊到她的家庭时,她突然眼眶红了。接到援疆任务时,她的女儿正值孕期,在女儿成长如此特殊阶段无法陪伴、照料,令她十分愧疚,但还是毅然踏上了援疆路。

“我们援疆医生的工作作风、能力水平、道德素养,不仅仅代表个人,而是代表湖北省对新疆各族人民的深厚感情,所以我们做任何工作,都要做到无盲区、无空白、无死角、无缝隙。”雷珉说。

2018年10月15日，雷珉和精河县精河镇广厦小区居民阿里旦·克里木结成了“亲戚”，从精准扶贫到拓宽致富门路，从互帮互助，到成为“一家人”，雷珉用实际行动诠释了民族团结之情。

阿里旦总是在雷珉进家门之前，就熬好了喷香的奶茶。他说：“雷医生每次来我家，都为我测量血压，帮我纠正了许多饮食上的不良习惯。在她的叮嘱下，我的饮食逐渐变得清淡，血压降下来后身体越来越好，特别感谢我的‘亲戚’。”

雷珉对阿里旦做的醇香奶茶赞不绝口，为了能在援疆结束后还能喝到奶茶，她特意向阿里旦请教了奶茶熬制的方法。“茶叶和牛奶的用量都有讲究，难怪会这么好喝！”雷珉说。

截至目前，雷珉在精河县人民医院累计接诊3000余人次，主持、参加各类手术40余例，抢救急危重病人5名，提出建设性建议10余条。

“援疆经历，是我一生的财富。我将继续全身心投入医疗工作中，踏实工作，在边疆展现援疆医务工作者的风采。”雷珉说。

（2019年9月5日发表于《博尔塔拉报》）

黄大鹏:支教边关心无悔

陈　丹

援疆感悟:援疆两年来,我感受很深。边疆干部群众长期扎根边疆、为国戍边的奉献精神,抓铁留痕的实干精神深深感染了我。有幸能与大家一起工作是我最大的荣幸,也是我今生最大的精神财富。

“既然来了,就不能碌碌无为,要用真情实意干出一番事业。”9日,48岁的阿拉山口市中学副校长黄大鹏感慨地说。

2017年8月,湖北省黄石市第九中学副校长黄大鹏带着对新疆的向往和教育事业的热爱,从风景秀丽的黄石市来到地处祖国西北边陲的阿拉山口市,开启了3年的援疆之路。

“我是自愿报名参加援疆工作的,我想为边疆地区的发展尽绵薄之力。”黄大鹏说。

刚到阿拉山口市,黄大鹏最大的感受就是这里的风特别大,气候干燥、昼夜温差大,和黄石市的自然条件相比,称得上是天壤之别。

援疆第一年,黄大鹏分管学校的德育工作,每周还要为初中学生上道德与法治课,没想到第一个月就碰上了难题。为尽快适应环境、进入角色,黄大鹏抓紧时间查阅相关资料,熟悉工作职责,虚心向领导和同事请教,了解学校情况。

“自然环境可以慢慢适应,但最头疼的是教学工作上的不适应。”黄大鹏说,“这里的教学水平、教育基础与湖北还有一定差距,再加上学生知识基础比较薄弱,学习的主动性、积极性和自律性不够,教学工作存在一定的困难。”

后来,黄大鹏逐渐发现学生习惯了教师在讲台上授课、学生在台下听课的教学模式,大家很少一起探讨,缺乏交流。他便对症下药,调整教师教学方式,促使教师对学生加强主动性引导。课堂上，他则更多地注重让学生表达想法，将课堂真正还给学生，让他们在质疑问难和讨论交流中获取知识，提升学习能力。

曾和黄大鹏搭班教学的初中部年级组长王娟对他十分敬佩，“听他的课，很受启发。黄老师在课堂上注重激发学生学习兴趣，鼓励他们探讨交流问题寻找答案，提高学生的自信心，让学生从‘接受学习’转变为‘自主学习’。”

2018年4月，黄大鹏分管教学管理，他从制度建设及管理方面入手，广泛收集听取教职工意见，起草制定了《阿拉山口市中学岗位设置工作方案》《阿拉山口市中学绩效工资实施方案》等一系列管理制度，这些制度实施后，极大地调动了教职工的积极性，扭转了学校管理状况。黄大鹏还对学校教学质量管理方面进行改革。鉴于阿拉山口市只有一所中学，缺乏交流与竞争，他主动与温泉县初级中学、温泉县城镇小学协商，开展联考和教学质量检测工作，并以联考为平台建立了教学交流机制。

“我们在开展联考之后，通过对比、总结经验、找到差距、提出对策，不仅可以借鉴兄弟学校好的教学经验和做法，而且还促进了我校教育教学质量的稳步提升。最重要的是对教师的工作也有了相对客观的评价，促使他们反思，提高自身教学水平。”黄大鹏说。

黄大鹏还借助教育援疆力量，发挥黄石市和阿拉山口市两地教育部门的桥梁作用，为两地教育交流合作出谋划策。

为了将阿拉山口市中学打造成博州名校，黄大鹏创新黄石“名师送教团”的工作模式，由原来的黄石市教师授课改为两地老师“同课异构”，让两地教师在同上一节课的差异中产生碰撞和感悟；改进“劲牌阳光班”学生的选拔方式，将学生日常行为纳入选拔标准，有力发挥了激励作用。根据阿拉山口市中学和黄石市中小学实际，推进“五校结对”工作。

援疆以来，除做好本职工作外，黄大鹏还积极做好“传帮带”工作，每周组织一次教师业务培训，平时，他还常听学校教师讲课，针对课堂情况指出不足并提出修改方案，帮助教师提升教学水平。

向他请教过业务工作的教务处主任张金桂对此深有感触：“去年10月，我试讲英语课时，黄老师给我评课，他提出了很多专业的、中肯的意见建议，使我受益良多,真不愧是资历深厚的老教师啊。"

面对同事的赞扬,黄大鹏谦虚地说:"作为一名援疆教师,不仅要融入受援地干部群众当中,更重要的是发挥自己的专业特长,为阿拉山口市的教育发展作出应有的贡献,这才是一名援疆教师最大的价值。"

(2019年9月24日发表于《博尔塔拉报》)

任奇:一心筑好援疆梦

王　飞

援疆感悟:援疆经历是人生非同寻常的一段经历,远离家乡,只身在外,能否经受住考验,能否在一个全新的环境中开展好工作并做出成绩,关键要能经得起考验,顶得住风浪,不忘初心、牢记使命,践行援疆初衷。援疆后,我看到了许多真正热爱这片土地的好干部,如果说我们是新援疆干部,那么他们就是老援疆干部。他们大都政治观念强,个人素质高,具有很强的奉献精神,是我们学习的榜样。作为一名建设工程质量监督工程师,我将在岗位上履行好职责,为各族群众办好事、办实事,把好工程质量监督关,样才不负援疆之行。

蓝色衬衫,灰色西裤,一身干净利落的打扮,总是奔波在各建筑工地之间;完善工作流程,建立工程档案,让工程追根溯源不再是难题;以身作则,转变干部观念,把好每项工程质量监督关口。这就是湖北援疆干部、温泉县住建局建设工程质量监督站站长任奇。

今年37岁的任奇援疆前,是湖北省咸宁市住建局建设工程质量监督站工程师。2018年9月,任奇来到温泉县住建局后,迅速进入工作状态,凭借精湛的业务技能,很快赢得了大家认可。

来到单位不久,任奇发现温泉县住建局没有独立设档案室,历年的工程档案存放毫无规律,想要查找一份往年的工程资料,需耗费大量时间,影响工作效率。他主动找到局领导,申请了一批档案柜,利用空闲时间,整理单位的工程档案。一个月后,那些杂乱的档案被装进了全新的档案盒,按照年份、项目名称整齐排列在档案柜内,真正做到"一工程一档"。

2018年10月,任奇被任命为县建设工程质量监督站站长。于是,他对内建立档案管理及内审机制,规范执法过程;对外规范手续办理程序,严格落实各参建主体责任。此外,他还积极推广“数字化工地”与扬尘治理工作,提升了工作效率、改善了工作环境。

“工程质量监督工作来不得半点马虎,不仅要有认真负责的工作态度,还需要有一套严谨的工作流程,只有这样,才能真正把好质量安全关。”任奇说。

随着工程质量执法检查力度的不断加大,任奇严厉查处各违规项目,并通过行政处罚程序实施处罚。仅今年上半年,建设工程质量监督站就对3个项目进行了立案调查,此举给各施工单位敲响了警钟,提升了全县工程质量安全整体水平。

任奇不仅自己挑起工作重担,还积极发挥“传帮带”作用,以身作则;帮助单位年轻同事提高业务能力,将自己多年得来的工作经验,倾囊相授。

“年轻人充满活力和激情,他们所缺乏的是工作经验和正确的引导。我们要带头做好示范,给他们树立良好的榜样,传授经验、指导学习,帮助他们快速成长。”任奇说。

开展指导工作时,任其注重因材施教。他常说,大家都是从年轻的时候过来的,没有谁能立即成为多面手,只要愿意学,肯下功夫去学,就具备了成才的先决条件。

徐丹珠在工程质量监督站已工作4年,她说:“任站长上任后,我们的工作出现了许多变化。例如帮助老同事发现解决工作中存在的问题;整理历年档案为年轻人畅通系统学习的渠道,让他们能够快速进入工作状态。在任站长的帮助和鼓励下,大家的积极性都被调动起来,工作效率也得到了很大提高。”

2018年,工程质量监督站在任奇的带领下,成功完成1400余栋安居富民房检查工作,并组织第三方机构对房屋完成了抽查验收。

任奇认为,安居富民房建设是一项关乎群众切身利益的民生工程,一点都容不得马虎。在检查过程中,他组织工作人员为每栋安居富民房建好档案,工作虽然烦琐了,但为保证工程质量又增加了一道保险。

转眼间,任奇援疆时间已过去了一年,通过相处,他和同事建立了深厚友谊,并用自己的实际行动得到了各族群众认可。2018年,任奇被局党委授予

"优秀党员"称号。

面对荣誉,任奇始终保持谦虚,不忘援疆初衷。目前,任奇计划将温泉县赛马场项目,打造成为州级文明施工项目,现已完成施工现场防尘、数字化管控等工作。相信在不久之后,温泉县将增加一个建筑行业标杆。

(2019年9月24日发表于《博尔塔拉报》)

“节日,我们都在岗”

——“十一”期间坚守岗位的援疆干部特写

陈　丹

“十一”期间,有些人选择踏上旅途,有些人选择在家陪伴父母与孩子,但援疆干部选择默默坚守岗位,用自己的“辛苦指数”换取群众的“满意指数”,守护着心中的那份责任与担当。

熊杨爽:支教路上不停歇

9月29日上午11时,精河县高级中学物理教师、“襄阳班”班主任熊杨爽,正在为当日的物理教研活动做准备。

今年57岁的熊杨爽在援疆伊始就担任了该校首届“襄阳班”班主任。他既是学校年龄最大的班主任,也是工作最拼命的班主任。熊杨爽带的“襄阳班”有43名学生,担任班主任后,他深入了解学生掌握的基础知识情况,主动要求学校加课,并开设早晚自习,希望能通过增加课时改变学生基础较差的现状。

作为班主任,熊杨爽坚持因材施教;作为援疆教师,他发挥传帮带作用,定期开设物理专题讲座、组织座谈交流,传授教学经验。

虽然学生们均已放假,但熊杨爽仍在积极备课。“学生放假回来,我还要给他们紧一紧‘螺丝’,讲讲考试形势和升学压力,帮助他们尽快回归学习状态。”熊杨爽说。

刘琴:严守质量底线

“‘十一’期间,我不能闲下来,因为工地上还有很多事需要做。单位负责的工程正处在试运行阶段,我每天都要去施工现场检查设施。”9月29日,湖北援疆干部、温泉县水利局工程师刘琴提及假期如何安排时对记者说。

刘琴所说的工程是温泉县3个乡镇场饮水安全巩固提升工程,自今年5月起,她就和同事一直奔波在工地上。

"从工程起点的温泉县自来水厂到终点的查干屯格乡闹哈浩秀村,每天都要去检查运行过程中是否存在问题,若有问题则反馈给施工单位。"刘琴说。

刘琴日常检查细致入微,一次,她发现工程一标段在试运行过程中,存在水流速度过慢、未达到设计要求的问题,当即要求施工单位对出现问题的管道进行排查整改,确保水流畅通。

"在岗一分钟,尽责60秒"是刘琴认真工作的写照。为了确保工程质量,让群众早日喝上放心水,节日里,她和同事们一刻不懈怠,忘我奋战在一线岗位上。

"从来没考虑过请假休息,时时刻刻都在操心这些工程。刘琴说,现在的工作状态就是随时在岗。

"很荣幸担任这项民生工程的质量监督员,这项工程对我来说意义重大,完成好工程不仅是为祖国母亲献礼,也是对群众的尊重和自己职业生涯的尊重。"刘琴说。

魏芬:守护群众健康

"过节和平时没什么区别,甚至有时可能比平日还要繁忙些。"湖北援疆医生、州人民医院心血管内科主治医师魏芬说。

对于节日期间仍坚守在一线的魏芬来说,节日从不意味着亲友团聚。为了守护群众健康,她始终坚守岗位,甚至已经习惯了这种"节日在诊室中度过"的状态。

9月30日早上10时,魏芬开始了日常诊疗,诊室里围满了前来就诊的患者,走廊里还有不少患者排队等待就诊。

"医生,我最近头疼胸闷,有时心跳速度突然变得很快,感觉要跳到嗓子眼了。""头疼胸闷每次发作多长时间?"魏芬一边为患者测量血压一边询问病情,得知患者在全民健康体检中已查出患有心肌缺血的疾病,但一直未进行复查后,她叮嘱患者,要早干预才能早治疗,不能等到身体不舒服了才到医院检查。

短短半个小时，魏芬已经接诊了4名患者。她告诉记者，下午还去住院部查房，了解患者病情变化、与患者家属谈话。“病房里患者多，病情比较复杂，节假日期间我们更不能松懈。”

魏芬表示，坚守一线的医护人员还有很多，自己只是无数假期坚守岗位的医护人员中普通的一员，尽心尽责为边疆建设贡献自己的一份力量，就是为中华人民共和国成立70周年送上最深情的祝福。

（2019年10月3日发表于《博尔塔拉报》）

九年援疆　桃李芬芳

——记湖北援疆干部华中师范大学第一附属中学博乐分校教师梁继鲁

宋雅文

湛蓝的湖泊、广阔的草原和浓郁的民族风情，让离开博尔塔拉蒙古自治州已1年多的梁继鲁仍无法忘怀。

梁继鲁是武汉市第三中学高级物理教师，2009年来到华中师范大学第一附属中学博乐分校执教后，他的心就从未离开这里的孩子。看着援疆时的照片，他感慨地说："9年援疆生活是我人生中最难忘的时光，博乐有我的学生、我的亲人，是我的第二故乡。"

如愿以偿踏上援疆路

2009年8月，华中师范大学第一附属中学博乐分校成立，52岁的梁继鲁报名援疆，但由于年龄超过上限，不符合援疆的要求。梁继鲁多次找校领导沟通，最终登上了飞往新疆的飞机。

博乐市气候干热，对于习惯了江南气候的梁继鲁来说，干燥的天气成了他要面对的敌人。他说："刚开始很不适应，每天早上嗓子都是干干的，鼻子也经常流血。"梁继鲁患有高血压，干燥的天气让病情愈发严重，为了能好好上课，他每次都是吃了降压药再上讲台。

陌生的环境，远离家人和朋友，梁继鲁的心里一直空空的，"休息时一个人窝在宿舍里，更思念遥远的家人。"梁继鲁回忆道。

即使这样，梁继鲁从没想过退缩。他全身心地投入学校的教学工作中。他说："既然来了这里，就要做好本职工作，为边疆教育做出自己的贡献。"

寓教于乐提高学生学习兴趣

梁继鲁刚到学校,就发现不少学生对物理这门课不感兴趣,基础也比较弱,他决定将物理实验作为突破点。梁继鲁想尽一切办法为学生创造物理实验条件,遇到学校没有的实验器材,他就自己制作或者花钱购买。

无意间,梁继鲁发现学生们有不少不亮的台灯,不能用也不舍得扔。他拿过来几番倒腾就修好了,让学生们钦佩不已。时间长了,不少学生把发生故障的计算器、电子表送到梁老师的办公桌上,老师家的电吹风、电水壶、电饭煲坏了,也找上门请他修理。

就这样,梁继鲁的办公桌成了学生和老师们的"修理铺",他经常带着学生一起动手修理,边修边讲。"物理知识不只是考卷上的题目,还能用于生活之中。让学生动手操作,可以提高他们学习物理的兴趣。"梁继鲁说。

此外,梁继鲁还编写了校本课程物理与实用电子技术基础,开设以动手为主题的选修课,成立物理与使用电子技术兴趣小组,带着学生拆装收音机、修理各种小电器,在"玩"的过程中,学生对物理课的兴趣日益浓厚。

"我虽然回来了,但有不少学生已经掌握了一些维修家用电器的基本知识,'修理铺'还在营业。"梁继鲁笑着说。

新疆情怀难以割舍

"老师,我已经拿到了西南民族大学的录取通知书!"8月20日,梁继鲁收到学生巴合提亚尔·吐尔洪的微信。跟以前一样,巴合提亚尔有什么事情就会第一时间告诉梁继鲁,在他的眼中,梁继鲁不仅仅是老师,更像父亲一样。

"巴合提亚尔的家庭条件不太好,但是很懂事,学习很勤奋。不论是学习还是生活上的问题他都会告诉我,我也会尽力帮助他。他能考上好大学,我真的为他感到高兴。"梁继鲁的言语间流露出几分骄傲。梁继鲁非常关心学生,常利用课余时间给学生们"开小灶",还为生活困难的学生提供生活补助,供他们读完高中。

如今,已经回到武汉的梁继鲁经常翻阅学生们给他写的信,看着一张张折成"♡"形的信纸,他眼前又浮现出一张张纯真又熟悉的笑脸。

梁继鲁告诉记者,从援疆中他得到了很多。“援疆对于我的意义非凡,一方面是我对边疆教育做出自己的贡献,另一方面,我在各方面都得到了锻炼和提升。新疆有很多我割舍不下的人,我一定会再回去的。”梁继鲁说。

（2019年10月14日发表于《博尔塔拉报》）

一片赤诚洒边关

——记最美支边人物、湖北援疆教师郭贵方

尚 升

“提升新疆教育水平,需要大家携手努力,像盖房子一样添砖加瓦。”来自湖北黄冈中学的援疆教师郭贵方,2017年结束3年援疆后,再次从美丽富饶的长江江畔来到西北边陲,至今耕耘不辍。

“热烈响应祖国召唤,荆楚儿女奔赴边疆……”像这首《援疆教师之歌》中唱的那样,2014年,54岁的郭贵方来到新疆生产建设兵团第五师双河市,担任第五师高级中学(黄冈中学第五师分校)校长。援疆5年,郭贵方倾注满腔心血,推动青年骨干教师培养、教育教学方式等改革,为学校发展铺开了一幅充满希望的新画卷。

第五师距黄冈万里之遥,气候迥异,生活习惯差异很大。为了支持丈夫支教,郭贵方的妻子主动辞掉在老家收入丰厚的工作,来新疆当起丈夫的“全职保姆”,每天洗衣做饭,照料起居。

没了后顾之忧的郭贵方带领援疆团队积极开展教科研攻坚,推进援疆教师和校内骨干帮扶结对,把黄冈先进理念和教学方法“嫁接”推广到第五师。“刚来的时候学校高水平师资不足。”郭贵方回忆,5年来,广大援疆教师通过“传帮带”,提升了年轻教师教学能力和科研水平。

“援疆教师不仅要教学生,还要为受援地培养一支带不走的师资团队。”在“双结双促”中,郭贵方与维吾尔族学生哈沙娜·哈木拉提一家结为亲戚,与中层干部彭定进结为对子,通过跟踪培养,哈沙娜·哈木拉提以优异成绩考入理想学府。

除了每年选送青年教师赴湖北省、黄冈市省级示范高中及全国各地名校学习培训,郭贵方还与黄冈中学签署合作协议,吸纳4名教师“落地生根”终身

援疆，全力推进黄冈教育品牌模式。

作为一名援疆教师，郭贵方时刻保持着责任感和使命感。5年里，他没有“八小时”工作制，也没有上下班的概念。早上，迎着晨曦与学生出早操；夜晚，等学生睡下后再回家。虽然身患严重的腰椎间盘突出症，疼痛常常折磨得他夜不能寐，可他始终坚持工作，不请1天假，用行动践行着“为校长一任，出成绩一方”的信条。

一分耕耘，一分收获，第五师高级中学高考成绩年年提升。今年6月份，高考录取分数线划定，学校本科上线率再创新高，一本率接近5成。学校每一分成绩、学生的每一点进步，都让郭贵方由衷地欣慰，也更加坚定了他勇挑重担、克难奋进、献身边疆教育的决心。“我要在新疆一直干到退休。”他说。

（2019年10月14日发表于《博尔塔拉报》）

冯美湖:一片赤诚洒边疆

巴·金梦

“学校女教师居多,有不少是少数民族,比如蒙古族、维吾尔族、哈萨克族、回族。她们性格各异,或真诚热情,或热辣奔放,或深沉含蓄,或幽默诙谐。和湖北学校女教师相比,真是迥然相异,恍若来到了另一个世界。”这是冯美湖在日记中写的一段话,很幽默,很真实。

2018年8月,冯美湖从湖北省黄石市来到阿拉山口中学,开展为期3年的援疆工作。

11月22日,见到冯美湖,身材中等,看上去平易近人。聊起援疆生活,冯美湖侃侃而谈,说得最多就是“教育”。

“援疆的这一年半,我能和学生从陌生到熟知,从他们怕我,到现在愿意和我聊自己的理想、人生,这是我最大的收获。”冯美湖说,从教33年的他,说出的话总是那么朴实,在他身上,看到更多的是一种坚定、一份教书育人的赤子之心。

当老师是幸福的,当冯美湖的学生也是幸福的。冯美湖会在每节课前教学生诵读金句。

静以修身,俭以养德;淡泊明志,宁静致远;知识改变命运,智慧点亮人生……这些语言优美、含蓄隽永而又蕴含哲思的美文金句,像春风、春雨般,滋润学生的心灵。

“冯老师给我的印象很深刻。我会和冯老师成为好朋友,让冯老师在异地他乡——阿拉山口,也能感受到家的温暖。”学生乔瑞雪在作文《冯老师印象记》中这样写。

把一支粉笔越写越细,把一篇课文从这场雪念到那场雪。冯美湖说:“陪学生一起走过他们十四五岁的青春花季,教他们知识和道理,悄然开启美好人生，世界上还有什么，比这更幸福、更美好呢。”

浓浓师生情，对于冯美湖来说，是援疆最大的意义。

“周末闲下来的时候，还是会想念家人和故乡，人之常情嘛，没有人是不爱故乡的。但是，到阿拉山口来了，这就是我的第二故乡，这里更让我感受到静谧，能写一些文章，打发业余时光。”冯美湖说，“在这里的三年，我更加理解作为教师的责任和意义，是我人生中重要的经历和宝贵财富。”

一次援疆行，一生援疆情。“在人生这条崎岖不平的路上，我们每个人都是追梦人，不必在乎目的地，在乎的是追梦路上的风景以及看风景的心情！”冯美湖老师在文章中写道，之后的援疆工作，他将以更加饱满的精神，带着学生在知识的海洋不断遨游。

（2019年12月3日发表于《博尔塔拉报》）

程建:真情援疆　奉献泉城

王乐乐

3日,温泉县人民医院外科主治医生程建走进手术室,成功为一名患者完成腔镜胆囊切除术,这是他援疆以来主刀及指导的第325例手术。

今年40岁的程建,是湖北科技学院附属第二医院的一名外科主治医师,是一位有16年外科工作经验的业务骨干。2018年8月,程建主动请缨,来到温泉县人民医院开展援疆工作。

在温泉县工作期间,程建很快发现当地医生只能做简单的手术,病情稍复杂的患者就要转诊到州人民医院治疗。他心想:从温泉到博乐,车程要1小时左右,这样不但拖延患者的病情,还会增加患者的经济压力。于是,程建立即着手,在温泉县人民医院做了多项手术。

有一次,一名重型颅脑损伤患者被送到医院,经过检查后,确诊为颅内血肿,急需手术治疗,但县医院以前从未做过此类手术,需转诊州人民医院,路途遥远,风险太大,看到患者家属急切的眼光,程建当即给病人制定了手术方案,准备好手术器械,成功实施了立体定向软通道微创颅内血肿碎吸术,术后他连续两天两夜守在病房,密切观察患者病情变化,经积极治疗,患者出院时生活基本自理。

“每当看到患者脸上洋溢的笑容,我感觉选择援疆的决定是正确的。”日复一日,程建坚持每天早早来到科室,认真为患者看病解疑。

短短一年,程建主持、参与疑难危重症抢救达数十例,接诊病人2100人次,收治住院病人400余人次,先后赴乡镇、社区开展义诊20次。在院内开展了立体定向软通道微创颅内血肿碎吸术、甲状腺全切术、人工膝关节表面置换术、腔镜甲状腺腺瘤切除术、肺包虫肺叶切除术等手术,均为该院首次使用的新技术,填补了该院多项空白。

援疆不光是“输血”,更是“造血”。经过一段时间的工作和调研,程建发现,医院部分同事水平相对较弱。针对此种情况,程建加强人才培养,通过“传、帮、带”提高医务人员整体水平。利用空余时间,加强科室理论学习,开设业务讲座22次;以身作则,坚持每日上午和下午两次查房、坚持每周两次大查房和一次教学查房、坚持大手术术前讨论和疑难危重病人讨论。

“在程建老师的指导下,我已经能顺利完成腹腔镜阑尾切除术、腹腔镜胆囊切除术、锁骨骨折切开复位内固定术等多项手术。”温泉县人民医院住院医师延士杰说。

好的科室离不开高效的管理,程建为医院发展献计献策,在健全门诊就诊规范化流程、加大专家宣传力度、加强手术安全管理规范及制定常见病例诊疗规范等方面,得到认可并有效实施。

累,但快乐!是程建援疆一年来的工作状态;辛苦,但无悔!是程建一年来的工作体验。经历万水千山回望来时路,程建坚持“授人以渔”,留下了一支带不走的专业技术水平过硬的队伍,使温泉县人民医院外科医疗水平有了较大的提升,造福了当地各族群众。

(2019年12月20日发表于《博尔塔拉报》)

奉献边疆　留下真情

——记博尔塔拉报社副总编辑、援疆干部董淑健

王亚萍

“我想给年轻采编人员再上一堂新闻业务培训课。”12月26日，博尔塔拉报社副总编辑、援疆干部董淑健，一位在新闻战线上摸爬滚打了30年的新闻工作者援疆使命结束前夕向博尔塔拉报社党委提出申请。

一年半的援期将满，但这位有丰富采编经验的援疆干部对博州有太多的不舍。他说：“哪怕还有一点时间，也要把自身所学毫无保留地传授给年轻采编人员，把热忱的初心奉献给西部边疆。”

培养一支带不走的新闻队伍

2018年8月，湖北日报传媒集团《楚天都市报》编辑部主任记者董淑健响应国家号召，作为湖北省第七批(下半场)援疆专业技术人才来到博尔塔拉报社，他克服时差、气候、饮食等诸多不适，迅速转变角色，积极投入工作，主动承担起记者队伍培养、新闻报道策划、融媒体中心建设等重任。

来博不久，董淑健发现博尔塔拉报社一线采编人员80%以上都是刚走出校门的年轻人。年轻人有闯劲、有干劲，但是缺乏经验，采访方式不得当、不深入，从而导致写出的稿件质量不高。于是董淑健便与网编室、记者室负责人一起，建立记者分战线采访、老记者带新记者等制度。与此同时，他还推动记者室、网编室建立每周例会制度，开展每周一课业务活动，组织大家学习重要会议和文件精神，总结一周报道得失，推荐赏析获奖新闻作品，交流采编技巧和经验，拓宽报道思路，精心策划选题。

董淑健说：“年轻记者最缺的就是实际操作，非常需要有人带着采访。如果有经验丰富的人带领，多带几次胆子也就大了，采访技巧、写作门道自然就

摸透了。”

记者王乐乐在博尔塔拉报社工作一年多时间，在董淑健的指导下，他认真研读好作品并学以致用，采写了多篇可读性、思辨性强的新闻稿件。“工作上，董总给我业务指导。篮球场上，我们还是切磋技艺的球友，这种亦师亦友的关系是我快速进步的根源。”王乐乐说。

打造一个可读性强的融媒体平台

今年9月底，博州融媒体中心正式上线，这是首家地州级融媒体中心。报社领导评价，为融媒体中心早日上线，援疆干部董淑健付出了很多。

博尔塔拉报社网编室负责博尔塔拉新闻网、“博州零距离”微信平台、博尔塔拉报微信平台、博尔塔拉报官方微博的内容发布，网络技术维护和信息安全管理等工作。董淑健作为分管负责人，他和同事们齐心协力，强化内容把关，创新报道形式，确保网络安全。

为把好内容发布关，董淑健指导网编室修订工作规范，完善编辑流程，严格落实“三审三校”制度。一年多来，他坚持审读每篇微信稿件，确保政治导向正确，内容积极向上，报道生动活泼。

为充分发挥新媒体优势，董淑健积极倡导媒体融合，推动建立报纸记者为新媒体供稿激励机制。同时在新媒体平台加强主题宣传，形成舆论声势。围绕改革开放四十周年、“访惠聚”、民族团结一家亲、中央环保督察、中华人民共和国成立70周年等重大主题报道，带领采编人员提前谋划，多角度、立体式做好宣传报道；《小编探店》《一周图片》《影像博州》等栏目，集中唱响主旋律、传播正能量，内容丰富多彩，形式活泼生动；在自治州两会、中华人民共和国成立70周年等报道中，他指导编辑记者通过图表、H5、直播、视频等多种形式，多方位进行报道，受到网友点赞。

2018年9月底，精河县举办首届“沙漠旅游文化节”，董淑健主动提出带3名记者奔赴现场采访。由他指导采写的多篇稿件刊发在《博尔塔拉报》和“博州零距离”微信平台，获得较好的传播效果。

2019年7月下旬，董淑健无意间得知援疆医生乌剑利在乌鲁木齐做了一台手术，属新疆首例，他立刻去乌鲁木齐采访，采写的稿件《州人民医院医生乌剑利主刀新疆首例产时胎儿手术成功 患儿母女三人平安出院》在《博尔塔拉报》刊发，受到读者好评。稿件在“博州零距离”微信平台刊发后，点击量超过5万次。该稿还在《新疆日报》、《湖北日报》、天山网、荆楚网等媒体刊发，受到好评。

采撷一段珍贵的援疆经历

“援疆一年半，您最大的收获是什么？”面对记者的提问，董淑健若有所思。他说，是为年轻采编人员争取到参加《湖北日报》新闻业务培训班的机会，看到他们满载而归的满足；是指导总编室策划选题、编发“每周错情和亮点”后，看到落实和改观的欣喜；是参与“结亲周”和“民族团结一家亲”活动，在同吃同住同劳动中增进感情的感动；是积极向援疆工作主管部门汇报受援单位情况，衔接落实援助资金的那份坚持。

作为一名援疆干部，董淑健时刻牢记自己“双重身份”，他不仅是博尔塔拉报社的一员，还是湖北省援疆工作前方指挥部的一分子。在第七批援疆工作阶段性成果、援疆干部人才大会、湖北旅游专列和包机抵博、博州在武汉旅游宣传推介会等活动中，董淑健都积极担起宣传工作，让更多人了解鄂博两地人民的深情厚意。

由于表现出色，今年“七一”前夕，董淑健被湖北省援疆工作前方指挥部表彰为2018年度“优秀共产党员”；近日，又被湖北省援疆前指确定为2019年度“优秀共产党员”；12月25日，他被自治州党委、政府授予“优秀援疆干部人才”荣誉称号。

董淑健说：“援疆只有进行时，没有完成时，一年半的工作，已经把我的心留在了博尔塔拉，我终生都会热切关注这片热土。”

（2019年12月31日发表于《博尔塔拉报》）

援疆干部心语(3篇)

第一篇　援疆思考

肖茂林

"来疆为什么？在疆干什么？离疆留什么？"是我援疆期间一直在思考的问题，时至今日，似乎有了越来越清晰的答案。

援疆是政治。援疆，让这里多了一份维护稳定、反对分裂、改善民生、争取民心的力量，让新疆各族人民感受到来自党中央的关怀和其他省份的支持。

援疆是战略。新疆是伟大祖国的西北屏障，新疆稳则国家安，西北固则东南宁。没有赛湖的风平浪静，哪有东湖的碧波荡漾。

援疆是大局。稳定西北、经略东南是国家大局。援疆就是围绕中心，服务大局，就是为国家尽忠，为中央分忧，党有号召，我有行动。

援疆是责任。十九个省市对口支援新疆，是党中央的安排部署，是其他省份的责任担当。任务艰巨，使命光荣。

援疆是团结。新疆少数民族众多，民族团结尤为重要。援疆要当民族团结的使者，与各族群众一起工作生活，促进交流交融。

援疆是学习。边疆有着不同于其他省份的区情、州情、县情，很多理念思想、方式方法值得我们学习借鉴。新疆离首都北京虽远，但新疆各族人民的心同以习近平同志为核心的党中央紧紧贴在一起，想问题首先站在讲政治的高度。这里基层工作抓得紧抓得牢，群众工作做得实效果好；这里上下一盘棋，工作无盲区无缝隙，布置严密，执纪严明。

援疆是锻炼。高强度快节奏的工作，锤炼了我们的能力和本领。在这里，我们提升了政治理论素养，增强了组织协调能力，增强了应急管理能力，增强了群众工作能力,增强了拒腐防变的能力。

援疆是奉献。援疆的背后,是家人的付出、朋友的支持,是所在单位克服困难,从人力、物力、财力等各方面给予的支援。

援疆是形象。我们工作作风怎么样、能力水平怎么样,直接关系到受援地群众对援疆省市干部人才的认知。精河发生6.6级地震后,全体援疆干部人才第一时间全身心投入抗震救灾和灾后重建工作中,争取额外援疆资金700多万元和100多万元应急物资,收获了肯定和认可。

三年来的援疆实践,是我们成长进步、增进团结的载体。我们在贯彻中央治疆方略、落实社会稳定和长治久安总目标的生动实践中经受了压力和挑战,坚定了理想和信念,开阔了眼界和视野,丰富了人生阅历。

我们可以骄傲自豪地说,新疆的社会稳定和长治久安,有我们一份努力和贡献。

(作者系湖北援疆前指精河工作队队长)

第二篇　一次援疆路,一生边疆情

杜　锋

曾经,“边疆”这个概念对我来说非常遥远,直到有一天我真正来到这座被称为“世外灵壤”的边陲城市,才慢慢懂得边疆的真正含义。

还记得刚来博乐时,我还忧虑漫漫长夜如何度过,可转眼间,援疆生涯便结束了,仿佛弹指一挥间,让人有些留恋。留恋忙碌工作的充实,留恋援疆友谊增添的生活色彩,留恋那些不同经历形成的特殊感悟,留恋因奉献边疆而油然而生的特殊感情……

援疆洗涤了我身上的都市浮躁之气,让我曾经消沉的热血再次沸腾起来,让我的人生阅历和生命内涵更加丰富,也让我切身懂得民族团结的深远意义。

曾几何时,觉得个人能力是多么渺小,而在边疆土地上,我却感受到即使是一滴水,也可以滋润一片戈壁,即使是一株树苗,也可以为大漠增添一抹绿色。我们渺小的个体,因为和边疆土地有了联系,生命的意义才变得不一样。

起初,我带着"来疆为什么?""在疆干什么?""离疆留什么?"的思考而来,经过岁月打磨,很多工作画上了句号。有收获,也有遗憾。现在,我开始思考"回乡带什么?""将来忆什么?"。

我想把援疆干部在特殊环境下形成的团队精神、奉献精神和责任意识带回去;将新疆本地干部的"胡杨精神""红柳精神"带回去;将援友情谊、鄂博情谊和民族团结的情谊带回去。

援疆是我们丰富阅历、开阔胸襟、升华灵魂的平台,我们在这里感受到了光荣与梦想,体验了民俗和风情,领悟了感情和友谊,经历了磨砺和考验,这些都是我们一生的宝贵财富和珍贵回忆。

"一次援疆路,一生边疆情。"若干年后,我可以骄傲地对儿孙说,祖国西北边陲那片"青色草原"我曾去过,雄壮轩昂的国门前,绵延漫长的边境线,大漠孤烟的戈壁滩,碧波荡漾的赛湖畔,民族团结的大摇篮,都曾留下我的身影和足迹,此生足矣。

(作者系湖北省援疆干部、博州国有资产投资经营有限责任公司党组成员)

第三篇　依依惜别意　浓浓援疆情

邹小玲

日历一页页翻过,三年援疆生涯一晃而过,从汉江之滨来到边城精河时的情景犹在眼前。倚窗远望,茫茫雪域银装素裹。回首往事,点点滴滴甚是难忘。

2017年,我有幸来到辽阔壮美的新疆,捧着一颗人民教师的赤诚之心,立志用爱浇灌戈壁边城的一粒粒种子,帮助他们萌芽、开花,成就诗意人生。

踏上这片热土后,我深感责任重大。湖北作为科教大省,始终坚持把教育援疆作为援疆工作的重中之重。在新疆的每一天,我都不敢有丝毫懈怠,只想在有限的三年里,把我的爱和热情献给这里的孩子们。

爱在左,责任在右。我用爱心去温暖学生,用耐心去感化学生,用信心去激励学生,用诚心去对待学生。我知道,唯有像慈母关爱孩子般的付出,才对得起课堂上一双双求知若渴的眼睛,才对得起办公桌上不时出现的那一枝花、几颗红枣,才对得起"湖北援疆教师"的光荣称号。

在教好学生的同时,我真诚地与同组教师们交流交往、互动交融。定期讲示范课,带领老师们探讨高效课堂教学模式,抓住课堂分层教学精髓;高考前作专题报告,传授备考经验,指导备考策略。带徒弟时,我一遍遍听课、评课,反复斟酌推敲。

不是每一朵花都能盛开在雪山,雪莲做到了;不是每一棵树都能屹立于戈壁,胡杨做到了;不是每一个人都能于平凡中见卓越,援疆人做到了。从湖北到博州,八千里路云和月,见证了援疆人的奉献情怀,记录着援疆人的无怨无悔。在我的身边,有不少援友从一次援疆变成多次援疆甚至选择终生留疆;有的援友花甲之年依然满腔热情来到边城倾洒大爱……这样的例子太多太多,与他们相比,我仅仅是微不足道的渺小一员,但是我骄傲能与他们为伴!

西行数千里,转眼是归期;援疆工作有归期,民族情谊无止境。近三年的援疆生活,我双手满当当,心里暖洋洋。我感觉到春雨有声,付出有价,我的心早已献给这片坚守三年的筑梦热土。是啊,我怎么舍得呢?美丽的赛里木湖我还没有看够;欧特哈老师做的香喷喷手抓饭我还想再吃一大碗;那些可爱的学生,我还没有送进理想的大学之门;还有我的结对"亲戚"古丽,你可要记得多去看看我俩亲手种下的"连心树",小古丽,你可不要忘了湖北阿姨教你唱的《相逢是首歌》啊……许多不舍,许多留恋,许多遗憾,我只恨留给我的时间太短、太短。

长江天山一脉牵,鄂博情深心相连。此生,"援疆"两个字将会永远萦绕心头。博州,永远是我人生第二个故乡。

(作者系精河县高级中学援疆教师)

(2020年1月7日发表于《博尔塔拉报》)

使命当前 “疫”不容辞

——湖北省援疆前指助力我州织密疫情防控安全网工作纪实(上)

王乐乐 曹轶广 李明星

自疫情防控攻坚战打响以来,湖北省援疆工作前方指挥部(以下简称“湖北省援疆前指”)高度重视,把疫情防控工作作为头等大事,充分发挥自身优势,积极投入到疫情防控和对口援建工作,并结合我州疫情防控工作实际,因时因势调整工作重点,助力我州织密织牢疫情防控安全网,为全州守护各族群众生命安全和身体健康保驾护航。

五台工业园区(湖北工业园)成立于2012年,是湖北省新一轮产业援疆重点打造的示范园区,也是我州重要的石灰石资源工业重地。在疫情防控关键时期,州党委、湖北省援疆前指审时度势、高屋建瓴,在原有4名援疆干部的基础上,加派2名县处级援疆领导干部支援园区一线抗疫,成立临时党支部,发挥战斗堡垒和先锋模范作用,与园区全体干部职工并肩战斗。

“我们严格落实‘五统一’疫情防控要求,建立园区指挥部成员、驻企干部、企业负责人、员工‘四级’责任体系。同时,精细精准、细致入微,协调解决园区企业员工生活物资供应,关怀慰问辖区员工,下沉企业查看疫情防控工作开展情况,确保生产生活安全有序。”援疆干部、五台工业园区党工委书记、主任常荣毅说。

“援疆干部好,不远万里来支援,让我们很暖心,有他们在我们很安心。”25日,说起援疆干部,园区公租房小区居民交口称赞。

疫情防控期间,援疆干部朱文海负责公租房小区疫情防控工作。居民张薛开说:“援疆干部上门为我们测体温时,总是穿着厚厚的防护服,热得汗水直流,但依然耐心地与我们话家常、讲政策,像朋友一样贴心。”

五台工业园区(湖北工业园)已建成基础设施较完善的核心区20平方公

里，现有工业企业60家，在册人员1500人，点多面广、管控难度大成为园区做好疫情防控工作的难点。8月5日，经湖北省援疆前指研究同意，援疆州直工作队决定在踊跃报名的队员中选派詹刚、王吉两名同志，火线驰援园区一线抗疫。

作为园区临时党支部第一书记，詹刚毫不迟疑，第一时间投入园区疫情防控督查工作中。他说："园区建设发展是重点援疆项目，园区企业和项目工地点多线长面广且人员结构复杂，是疫情防控工作的重中之重。疫情防控期间，我们通过走访企业，全面排查化解风险隐患，不折不扣抓好疫情防控各项措施落实，做到守土有责、守土负责、守土尽责，为园区疫情防控和经济发展献策献力。"

作为湖北省第八批援疆干部的一员，疫情防控期间，精河县委副书记、精河援疆工作队党支部书记谭涛第一时间投入全县疫情防控工作中，担任县疫情防控指挥部副指挥长，同时兼任社会面管控组、生活保障组组长，也承担着指挥部办公室统筹协调工作，既当领导又当兵，连续奋战在疫情防控一线一个多月，助力精河县打赢疫情防控攻坚战。

在工作中，有着丰富抗疫经验的谭涛深知，调节物资供需平衡和稳控物价是打赢疫情防控工作的关键。为此，谭涛专门召开会议研究出台《精河县关于做好生活物资储备的实施方案》《关于精河县疫情防控期间蔬菜价格指导意见》；进一步规范农产品市场物价稳控措施，内挖潜力、外拓货源，迅速摸排、统筹调配本地蔬菜、畜禽养殖合作社复工保产；积极组织12家蔬果批发商每日从博乐兴农蔬菜果品批发市场调运物资进行补充；建立12个直销通道、76家小区配送网点，实现城区4万名居民物资保障配送全覆盖；积极协调解决700余吨本地滞销西瓜、甜瓜销路问题。同时，将新鲜、营养、平价的果蔬打包成"爱心蔬菜礼包"，平价直送居民家中，不仅极大提高了配送效率，也让群众吃得放心，吃得舒心。

谭涛说："作为援疆干部，我们要始终坚持以人民为中心的发展思想，时刻把人民群众的安危冷暖作为检验干部工作成效的最高标准，确保我们在制定、落实疫情防控措施时，更多地向解民忧、安民心、惠民生等方面倾斜。"

携手抗疫共克时艰。疫情防控期间，湖北省援疆前指积极对接前后方，多方出击、多途径异地采购、多方面倡导捐赠,紧锣密鼓调配医疗卫生物资。截至目前,省援疆办捐赠口罩40万个、核酸检测试剂4万份,目前,这批医疗物资已在运输途中,后续还将有价值上千万元的医疗卫生物资分批到位;省人社厅等单位联合捐赠口罩10万个;积极动员32名援疆干部人才争取派出单位支持,累计协调以"点对点"方式向受援单位安排援助资金2160万元,为进一步提升我州医疗卫生建设水平奠定坚实基础。

州党委副书记、湖北省援疆工作前方指挥部党组书记、总指挥周锋说:"今后,我们将继续服务好博州、第五师疫情防控工作,积极发挥自身优势,动员各方力量,深化对口帮扶,提升医疗救治能力;加强帮带培训,提升人才支撑能力;充分运用湖北抗疫经验,优化疫情防控指挥调度体系,为打赢疫情防控攻坚战贡献更多湖北智慧和湖北力量。"

(2020年8月27日发表于《博尔塔拉报》)

“疫”往无前共克时艰
——湖北省援疆前指助力我州织密疫情防控安全网工作纪实(下)

王乐乐　何　杉　齐丽格尔

疫情防控期间,湖北省援疆前指按照统一部署,在周密做好自身防护工作的基础上,组织在博援疆干部人才积极投身疫情防控工作,大家主动请缨、逆行出征,坚守一线,开展调研督导和传帮带工作,持续补短强弱,为我州打赢疫情防控攻坚战贡献湖北力量。

连日来,赛里木湖景区有牧民及建筑工人等3200余人,服务景区的援疆干部迅速适应时差、海拔高等环境差异,以主人翁的精神投身疫情防控一线,用实际行动践行初心使命,精准精细落实疫情防控、维护稳定等各项措施,为努力建设更高水平的平安景区贡献力量。

“我们严格按照‘1+3’工作目标和州党委疫情防控各项部署来谋划推进,先后制定了《景区疫情防控工作细化落实方案》《疫情防控工作流程指南》《消杀工作规范》,确保各项防控工作规范有序落实。同时,实行一人一策、一企一策,主动做好周边牧民、驻景区单位、施工企业物资购置协调转运工作,派专人24小时值守热线电话,及时回应和解决群众困难诉求。”援疆干部、赛管委副主任吕煜文说。

7月底,根据疫情防控需要,援疆干部、赛管委计财局副局长张俊主动请缨入驻景区信敏酒店项目建设工地,24小时督导疫情防控工作。张俊说:“疫情防控期间,我们严格按照‘五统一’要求,白天干工作,晚上抓部署,与工人同吃同住。同时,带头学习宣传防控知识,提高企业负责人和工人对疫情防控工作的知晓率和重视度。”

“援疆干部不仅组织我们做好活动区域预防性消毒工作,帮助我们购买生活物资,还与我们同吃住,帮我们疏导情绪,非常感谢援疆干部的付出。”四川南充来博务工工人雷国伟说。

在我州，默默坚守疫情防控一线的援疆干部还有很多。援疆干部、阿拉山口市商工局副局长佟帅就是其中的一员。

8月4日清晨，36岁的佟帅刚值完班回到宿舍，疲惫的他还未来得及休整就被派驻到阿拉山口仁和热力公司开展疫情防控工作。使命在肩，为做好疫情防控工作，他不仅严于律己，还以高标准严要求抓实抓细落实各项防控措施，确保职工安全、企业平稳运行。他克服生活条件简陋、饮食习惯不同的困难，下厨为大家改善伙食，企业员工倍感温暖。

佟帅积极宣传疫情防控知识，发放疫情防控宣传单，引导员工科学认识疫情，消除恐慌情绪，增强防疫意识。

"今后，我将以'任人难任之劳，承人难承之重，挑人难挑之担'的精神全力以赴做好援疆工作，为第二故乡挥洒汗水，让青春在祖国边疆绚丽绽放。"佟帅说。

多年来，湖北省援疆前指持续在"组团式"医疗援疆工作上拓展广度、挖掘深度、体现温度。建立管理干部和专业技术骨干培养长效机制，通过"引进来"和"走出去"，为我州集中培训100名医院院长和卫生计生管理干部，组织100名第五师医护人员赴鄂进修。在援疆医生开展"传帮带"基础上，每年安排2至3批医疗专家进疆开展3—5个月的一对一指导，留下一支"带不走"的医疗骨干队伍，在抗击疫情关键时刻发挥了重要作用。

今年，针对当前疫情防控形势实际，湖北省援疆前指量身定制方案，借助湖北专家丰富的临床实战经验，分别通过远程培训系统，对自治州和第五师开展党政干部防控知识及医疗救治队伍培训，培训各类人员500余人；并组织湖北院感专家团队，远程指导受援地开展发热门、传染病医院建设，全面提升受援地应对疫情能力及医疗救治水平。

州党委副书记、湖北省援疆工作前方指挥部党组书记、总指挥周锋说："我们将以更强的责任感、紧迫感，谋划推进对口援疆工作，通过进一步优化思路、细化措施、强化落实，统筹做好产业援疆、医疗援疆、智力援疆、交往交流等各项工作，向鄂博两地各族群众交一份满意的答卷。"

（2020年8月28日发表于《博尔塔拉报》）

不忘初心两战“疫”

——记湖北援疆干部、精河县委副书记、援疆精河工作队党支部书记谭涛

曹铁广　杨　晨

“能被组织选中参与援疆工作是一种荣誉,更是一种责任,一定要做出成绩,干出样子,不辱使命。”这就是湖北援疆干部、精河县委副书记、援疆精河工作队党支部书记谭涛的援疆初心。

2019年12月,湖北省襄阳市宜城市副市长谭涛被选派到精河县担任县委副书记、援疆精河工作队党支部书记。自援疆以来,谭涛的身影出现在精河县各乡镇场的田间地头、电商企业。疫情期间,他奔赴湖北宜城市各单位部门、企业,为推动精河县经济发展牵线搭桥。今年6月,谭涛回到精河县,主动请缨负责疫情防控工作,用实际行动践行援疆使命。

践行初心使命

今年,受新冠疫情的影响,第八批援疆干部人才进疆返疆的行程从2月10日一直推迟到6月22日,在120多天时间里,谭涛身在宜城却始终心系精河。

3月19日,谭涛主持召开宜城市企业家与精河县工业经济对接座谈会;20日,到襄阳市招商局汇报精河县招商引资工作,把精河县纳入襄阳市招商引资推介县市;27日上午,到襄阳市文旅局沟通将精河县旅游景点纳入襄阳市旅游年票管理事宜。4月23日,到襄阳市四中、五中与两位校长沟通教育援疆工作。6月1日,到襄阳市经信局汇报产业援疆事宜;2日,实地走访襄阳天王服装股份有限公司、湖北银河纺织股份有限公司、湖北妞妞食品有限公司,为精河县招商引资工作牵线搭桥;14日,主持召开襄阳市第八批援疆干部人才座谈会……

谭涛人不在精河县，但认真梳理他的行程，就会发现他的一切工作都在围绕招商引资、产业援疆、教育卫生援疆、干部人才援疆工作开展。为促进精河县发展奔波，为改善民生尽心，谭涛真正把援疆使命扛在肩上，抓在手上，落实在行动上。

在谭涛这种务实作风感染下，他拜访的企业负责人纷纷表示，一定要到精河县走一走，看一看，努力为襄阳市、精河县两地交往交流交融做贡献。

筑牢疫情防控防线

今年2月初，突如其来的新冠疫情，让湖北省成为疫情重灾区。谭涛作为一名党员领导干部，积极参与到宜城市的疫情防控工作中，带队下沉到所在社区，参加值班值守、防疫消杀、代买代购，帮助社区居民解决生活之需。

7月中旬，新疆乌鲁木齐市出现聚集性疫情，新疆多地按下“暂停键”。返疆不久的谭涛主动申请担任精河县疫情防控指挥部副指挥长，兼任社会面管控组、生活保障组组长，同时还负责指挥部办公室统筹协调工作。工作中，他坚持问题导向、效果导向、统筹谋划、精心组织、亲力亲为、率先垂范，连续一个多月奋战在疫情防控一线。

（2020年9月3日发表于《博尔塔拉报》）

无“线”风光在“疫”线

——湖北援疆教师疫情防控期间开办“空中课堂”纪实

曹轶广　吴险峰　赵　勇

今年,面对突如其来的新冠疫情,湖北省援疆工作前方指挥部审时度势,利用“空中课堂”,持续推进教育援疆工作。200余名援疆教师闻令而动,牢记使命担当,勠力同心、攻坚克难,在特殊时期,展现了湖北教育援疆的“铁军”力量,发挥了教育援疆的独特作用,交出了教育援疆的满意答卷。

携手抗疫　远程教学不停教

今年2月,多数援疆教师因寒假返鄂,被隔离在湖北。如果湖北援疆教师不参与网络教学,我州受援学校教学秩序将受到极大影响,少数班级、部分学生或因师资力量不足而被迫停课。针对这种情况,湖北省援疆工作前方指挥部发出号令,要求全体援疆教师积极主动作为、克服实际困难、发挥自身优势、开展网络教学,确保疫情期间教师“离疆不停教”,孩子“离校不停学”。

身在湖北的援疆教师,想要给博州的学生上网课,也面临着种种困难。有的教师在乡下老家,家里没有电脑设备,有的教师所在村队网络信号不好……但接到上课通知的那一刻,大家纷纷想办法克服困难。没有电脑,就用手机;没有Wi-Fi,就用流量;个别教师因手机信号不好,徒步到信号好的地蹭网教学,确保网络教学上得了、连得通、看得见、听得清、用得顺。

博州与湖北相隔4000多公里,有两小时的时差,援疆教师克服时差问题,刻苦钻研,认真学习线上教学方法和技巧,认真备课,采取线上直播、视频会议、微课制作、课堂打卡、在线答疑、在线检测、家校沟通等方式,探索了“直播+演示”“课件+思维导图”等多种教学模式。

援疆教师中,也有因教学任务重选择留博的教师。他们心系家乡亲人安危，时刻牢记援疆使命，积极投入到学校疫情防控工作及承担校园安保、复课复学工作中。华中师大一附中博乐分校援疆教师张华芬承担了3个班的化学教学工作，每周18节课加3个晚自习，还承担晚值班晚查寝任务，常常忙到次日凌晨一、二点才下班。

今年7月中旬，乌鲁木齐市出现新冠疫情，湖北省委、省政府高度关注我州疫情防控工作，特意采购了30万只儿童口罩，助力博州中小学秋季平安开学。湖北省教育厅迅速向我州教育局拨付资金100万元，支援疆州教育系统做好疫情防控工作。

湖北省教育厅厅长陶宏说：“虽然湖北现在仍然比较困难，但我们不能忘记疫情期间博州给予湖北的无私帮助。鄂博万里一家亲，民族团结心连心。我们守望相助，命运与共。”

答好高考成绩满意卷

面对特殊形势，湖北省援疆工作前方指挥部党组书记、总指挥，州党委副书记周锋多次召集会议研究教育援疆工作。他反复要求：“在防控疫情、人员阻隔的情况下，援疆教师要通过网络教学，全心全力抓育人、抓教学、抓教研，不断提升各级各类教育教学质量。”

援疆教师抓住打赢湖北保卫战、武汉保卫战的契机，向学生讲述发生在身边的抗疫故事，让博州学生了解我国在抗击疫情上作出的巨大努力和体现出的大国担当，激发了学生强烈的爱国情怀和学习动力。华中师大一附中博乐分校蒙古族学生腾从尔昊，今年高考取得了全州少数民族第一名的成绩，他果断填报了上海交通大学医学院志愿，并被录取。他说：“我清晰地记得高考前夕，援疆干部、校长高明通过网络寄语全体毕业班学生，他希望我们把个人梦与国家梦紧密结合在一起。经过这次疫情，我更加坚定了自己的选择，白衣执甲，‘疫’不容辞，救死扶伤，我所愿也。”

为提升高考质量，湖北省首次开展了两轮远程线上教研备考活动。5月19日至21日，组织了《疫情下高考备考策略》远程线上教研活动。5月29日至6月13日，又组织了《2020年高考政策解读》系列专题讲座。教研活动围绕今年高考考纲的修订、学科热点的复习和应对策略、高三备考和学科层面备考信息等方面,为博州教师指明了高考、教学的变化趋势,对如何应对高考备考以及每个学科的教学给予具体指导。在此指导下,华中师大一附中博乐分校重点本科上线率由去年的48%提升到了62.1%,更多博州的孩子在这里实现了大学梦。

交心交法强师资

8月2日至15日,湖北省实施了2020年援疆教师培训项目,对博州、第五师6个学科2640名专任教师进行了线上培训,参训人数比上年增加了80%。培训时间由1周延长到2周,鄂博两地的教师一起交流心得,交流教法,教学相长,共同进步。由此,鄂博两地教师建立了长期的交流交往渠道,对于博州教师在教育教学中碰到的问题或困惑,能更及时、精准地得到湖北专家和同行的反馈,有利于我州教师的成长。

周锋说:"经过20年的持续接力援疆,智力援疆已形成湖北援疆的优势和品牌,援疆干部人才队伍中教师已占一半以上,上学找'湖北老师'已经成为博州和第五师父老乡亲们的首选。今后,我们将进一步发挥湖北教育的比较优势,结合实际和需要,实施'组团式'教育援疆,推动职业教育跨越发展,做大做特上水平;推动高中教育特色发展,关键评价有突破;推动义务教育内涵发展,优势均衡提质量,为博州和第五师经济社会发展贡献更多的湖北智慧和智力支撑。"

(2020年9月9日发表于《博尔塔拉报》)

让群众享受更加优质医疗服务

——湖北省医疗援疆综述

张晓敏　齐丽格尔

仁心写大爱，医术暖边疆。近年来，湖北省援疆医疗队舍小家为大家，远赴千里，倾囊相授，把精湛的医术、先进的理念送到边疆，有力促进我州卫生资源总量持续增长，全民健康素质明显提升，疾病预防控制、卫生监督、妇幼保健与卫生应急体系不断健全，我州各族群众享受到更加优质的医疗服务。

9月29日，在州人民医院工作了12年的护师那·哈达说："这些年来，医院无论是硬件设施还是医疗水平，都有了极大的提升，这离不开援疆医生的努力。能够亲眼见证这些变化，我感到很自豪。"

州人民医院是自治区规划的区域医疗中心和武汉协和医院、同济医院及武汉大学中南医院"组团式"援疆技术协作医院。近年来，湖北省援疆医院充分发挥人才、技术、资源帮扶优势，多举措、全方位助力州人民医院医疗水平提高，快速成长为全州规模最大的集医疗、科研、教学、预防保健、急救于一体的综合性三级甲等医院。现在，全州各族患者无论在"线下"还是"线上"，都能享受到优质医疗服务。

"通过远程会诊平台，足不出户，就能让湖北专家看病，真是太方便了！"9月22日，66岁的精河县大河沿子镇沃尔塔布拉克村村民张克君激动地说。前一阵，张克君因阵发性咳嗽，伴有咳痰、胸闷等症状，住进了大河沿子镇中心卫生院。

大河沿子镇中心卫生院院长齐文明说："经过常规检查及病情分析研判，张克君病情比较复杂，需要到上级医院做进一步诊断治疗。考虑到患者转院不便，我们通过逐级申请后，依托远程会诊平台，将张克君的检查结果共享至县级、州级及湖北武汉协和医院，对他的病情进行了四级远程联合会诊。确诊后，专家为其制定治疗方案，经诊治，患者病情逐渐好转。”

这些便利源于2019年，湖北省卫健委向大河沿子镇中心卫生院捐赠的远程会诊系统，使患者在“家门口”就能享受三级甲等医院专家的诊疗服务，解决老百姓看病难问题。

近年来，湖北省先后援建州人民医院外科楼、综合门诊楼、全科医师培养基地、传染性疾病综合楼等项目，累计投入援助资金近5000万元。其中，先后投入300万元用于远程医学中心建设，建成省、州、县(市)、乡镇四级远程会诊平台，预计今年底覆盖全州19个乡镇卫生院、2个社区卫生服务中心。

一人难挑千斤担，众人能移万重山。“组团式”医疗援疆不仅造福患者，更留下了一支带不走的医疗卫生人才队伍，为我州医疗事业的持续发展奠定坚实基础。

2018年8月，湖北省咸宁市赤壁蒲纺医院院长助理、副主任医师姚智作为湖北省第七批中期援疆医生来到温泉县人民医院。其间，他主动承担医护人员培训任务，定期开展理论知识讲座、专题培训，每次主刀技术难度大的手术时，他都会让年轻医生在一旁观摩，并指出疑点和难点，进一步培养年轻医生独立分析问题和解决问题的能力，帮助他们树立信心。

在姚智的指导下，温泉县人民医院外科医生惠治军单独完成首例甲状腺手术，翻开了该院外科治疗的崭新篇章。“在姚医生的帮助下，科室的技术水平有了很大提升，填补了医院在外甲状腺手术、胸腔镜肺叶切除手术、消化道穿孔、喉返神经探查术等多项技术空白。”惠治军说。

随着援疆工作深入，湖北医疗援疆开始从“输血与造血并重”逐步向“强化造血”转变。今年9月14日，160名湖北援疆干部人才顺利抵达博州。华中科技大学同济医学院附属同济医院妇产科副主任医师龚洵，就是其中的一员。

“李红梅大妈，您的血压有点高，平常要清淡饮食，少油少盐。”9月20日，首场援疆干部义诊活动中，龚洵忙着为前来就诊的群众答疑解惑。

“援疆工作要与当地干部群众一起一步一个脚印前行，今年是湖北省对口支援疆州的第21年，对我来说，这也是新的起点。在接下来的援疆工作中，我将在实践中创实绩，积极发挥专业优势和特长，为博州群众提供优质医疗服务。”龚洵说，她现在不仅是一名湖北援疆医生，更是博州人，建设家乡是她义不容辞的责任。

近5年来，我州申报参与“自治州名医培养”“自治州名医工作室”等援疆项目，培养自治州名医高端人才7人，自治州名医骨干38人，名医工作室12个。全州各医疗机构各项业务指标逐年增长，医教研水平明显改善。

“2016年以来，通过‘柔性引才’共引进疆内外专业技术高层次人才65人次，帮助我院开展高精手术120余台，查房1300余次，总体提升了我院医疗科研水平。此外，帮助我院建立书屋，赠送医学专业书籍，还提供了可视性喉镜、科室远程会诊系统、神经定位仪和便携式彩超等仪器，让我州各族群众切实享受到更好的医疗服务。”州人民医院党委副书记、院长庞东溟说。

（2020年10月6日发表于《博尔塔拉报》）

潜心育桃李　润物细无声

——湖北省教育援疆综述

张晓敏　齐丽格　陈文静　梁雅婷

百年大计，教育为本。湖北省对口援助博州以来，特别是2016年以来，湖北省援疆干部人才肩负湖北省委、省政府的重托，承载着鄂博两地的深情厚谊，从“硬件”到“软件”，从“输血”到“造血”，从“引智”到“育人”，全面提升了我州教育教学和管理水平。

“软硬件”两手抓　教学条件上台阶

9月29日，走进华中师大一附中博乐分校，新建的科技艺术综合楼简约大气、造型优美，该校总务处主任罗雪涛介绍，该项目总投资1450万元，建筑面积5000平方米，可同时供2200余人开展大型活动，极大地丰富了师生们的文化体育生活。

“十三五”以来，湖北省委、省政府和教育厅高度重视、关心、支持我州教育发展，大力推进教育援疆项目建设，不断改善博州办学条件。其间，共投入1.6亿元，新建博尔塔拉职业技术学院图文信息中心建设项目、博乐市教育标准化建设项目等基础项目18个，为学校可持续发展奠定了良好的物质基础。

湖北省不仅大力推进教育援疆项目建设，还全力提供援疆资金帮扶，助力我州教育精准扶贫。

家住精河县茫丁乡新庄村21岁的大学生董洁，就读于四川大学物理治疗专业，目前在当地华西医院实习。她说：“自上大学以来，每年我都享受精准扶贫助学金5000元和援疆资金6000元，极大地减轻了家中的负担。目前，我准备考研继续深造，希望毕业后能用自己所学回报社会。”

在我州，和董洁一样享受援疆资金的学生还有很多。自2017年起，湖北省制定《博州援疆资金资助内地普通高校博州籍学生实施方案》，拨付专项资金，每生每年6000元。据统计，截至今年9月，已累计发放资助金1066万元，资助普通高校在校生1700余人次。

先进理念促转变　教学质量稳步升

9月28日上午，温泉县初级中学九年级2班教室内传出阵阵掌声，援疆教师熊江陵正与同学们分享上周发生的趣事。

援疆前，熊江陵是咸宁市通山县九宫山镇初级中学教师，2018年来到温泉县任语文教师。次年，熊江陵用“双向六环”的高效教学模式执教的公开课“心理描写”，获得全国语文名师及全校教师好评。

2011年以来，在湖北省教育厅的积极策划和全力推动下，湖北省15个对口支援市的113所优质学校（幼儿园）与我州、第五师109所学校（幼儿园）实施“百校结对”全覆盖工程，建立了“一对一”或“多对一”的“手拉手”结对帮扶关系，带动鄂博两地广泛互动交流。截至目前，“百校结对工程”开展互访交流32次，结对学生3647人。

2019年1月至今，精河县高级中学开展了“两个一工程”，即湖北援疆教师对该校骨干教师的引领，骨干教师与优秀教师结成益友的培养，促进青年教师成长。同时，援疆教师积极推广湖北省先进教科研经验，并为受援学校教育教学提供了先进的教学理念和理论指导。2019年4月25日，精河县高级中学成功举办首届“自治州鄂博名师大讲堂”。湖北援疆教师精河县高级中学物理教师、襄阳班班主任熊扬爽作为主讲人，为全州高中物理教师带来了一堂精彩的公开课。

智力组团援疆　共享优质资源

“今年高考，我们学校一本上线率达62.1%，本科上线率达97%，2011年以来，学校教育教学质量稳步提升。其间，先后有9名学生考入清华大学、北京大学。成绩来之不易，感谢湖北省的大力援助。”9月29日，华中师大一附中博乐分校党总支书记李筱萍说。

华中师大一附中博乐分校已成为湖北省智力援疆的一面旗帜。多年来，湖北省先后帮助博州打造了武汉职院博州分院等品牌学校,创建了武汉市第一初级中学博乐分校、襄阳四中(义教部)精河分校、襄阳五中精河分校等示范性学校,博州教育教学质量得到稳步提升。同时,其他县市也积极主动对接,创设优质教学班,旨在借助湖北教育大省优势,共享优质教育资源。

自2011年开始,湖北省黄石市部分中小学与阿拉山口市中学结对,不定期邀请阿拉山口市中学的老师到黄石市学习培训,和当地老师一起上课、教研,在实战中提高教学水平。同时,先后派出4批援疆教师,实行青年教师与援疆教师结对,并签订培养协议,在课堂教学、学生培养等方面进行学期验收,促进青年教师快速成长。

春华秋实,岁月如歌。援疆多年来,随着各项教育援疆工作的深入开展,先进的教育理念已悄然在博州大地生根发芽。

(2020年10月7日发表于《博尔塔拉报》)

不做客　当干将

——湖北省援疆干部人才综述

赵震东　刘　敏　赵晓雯

舍家报国，倾情援疆。博尔塔拉地处西北，湖北省位于中部，两地虽风土人情殊异，但援疆，却让相隔8000里的两地干部群众心手相连情相牵。

2016年以来，湖北省落实对口援助资金19.86亿元，实施援疆项目225个，累计向我州选派干部人才1983名。他们以“援疆不做客、援疆做干将”的工作作风，在组织实施和带动产业、教育、医疗、文化旅游等各类援疆项目上发挥优势，倾力援助，为我州实现高质量跨越式发展贡献了“湖北智慧”“湖北力量”。

勇担使命，职责彰显担当

10月的博州，大地丰收、瓜果飘香，一派生机盎然。刚履职不久的湖北省第八批援疆干部人才的各项工作也正在如火如荼地开展，全方位、立体化的帮扶措施，为我州发展输入了新活力。

此次来博援疆干部人才共200人。其中，党政干部32人，援疆教师82人，援疆医生45人，其他企业经营管理人员和专业技术人才41人。目前，有435名援疆干部人才在博工作，专技人员比率进一步增大，队伍结构不断优化。

华中科技大学同济医学院附属协和医院心血管内科主治医师谢江娇，是第八批援疆干部人才中的一员。谢江娇擅长冠心病、高血压、肺动脉栓塞等疾病诊治，11年的从医经验塑造了她沉着冷静的性格。

“作为一名党员，就应主动担当作为，报名申请援疆，既是想为博州各族群众做点实事，也想丰富人生体验，一朝援疆行，一生援疆情，我一定努力工作，发挥‘传帮带’作用，为边疆的医疗事业贡献力量。”谢江娇说。

谢江娇选择用实际行动践行援疆诺言。一到受援地,她就承担起州人民医院心血管科业务主任的工作。谢江娇制订了详细计划,举办专题培训班、学术讲座,毫无保留地将先进技术、经验传授给当地医务工作者,并指导他们执行治疗规范,提出诊疗方案,帮助他们独立诊断急难杂症,进一步提升业务水平。

近5年来,仅州人民医院援疆专家就接诊患者1.3万余人次,开展手术1500余台,参与危重症患者救治及讨论6000余人次,帮带培养当地人才60余人,积极帮助科室开展新技术和新业务16项,填补了我州医疗卫生领域的多项技术空白。

今年,为做好湖北省第七、八批援疆干部人才计划编制工作,有序推进湖北省援疆骨干交接,确保轮换交接期间工作不掉线、不断档,湖北省与我州首创援疆干部人才"无缝对接、压茬轮换"工作模式,得到自治区充分肯定。

干部人才援疆,是援疆工作的关键。近年来,湖北省站在全局和战略的高度,以干部人才援疆为支撑点,开展了力度空前的对口援疆工作,极大缓解了人才紧缺现状,为我州各项事业发展注入了新鲜血液和强劲动力。

牵线搭桥,推动交流合作

近年来,一批批援疆干部人才让一个个援疆项目落地生根,在博州烙下了不可磨灭的湖北印记。

湖北省深化"名校名院嫁接工程",巩固提高教育医疗援疆水平,打造教育医疗援疆的"湖北样板"。如今,华中师大一附中博乐分校已成为湖北省援疆工作中的旗帜和窗口。

在湖北省的帮助下,通过派遣教育骨干、推行先进的管理机制,目前,华中师大一附中博乐分校实行"全员聘任制""年级负责制""中层干部竞聘制"三级聘用扁平化管理,以业绩为主导的绩效考核等一系列科学管理机制的引入,激活了教职员工"赶帮超"的工作热情。援疆教师在学校举办各类示范课、专题讲座等活动,在提升学校教学质量的同时,也改变了当地教师的教学理念。

一批批援疆教师的加入,先进教育理念和成熟管理模式的输入,使该校的办学水平和教学质量得到了快速提升。2020年高考，该校一本上线率由2019年前的48.2%提升到62.1%，本科上线率由92%提升到97%。

近年来，湖北省建立从幼儿园到大学"全链条"教育援疆体系，组织湖北113所学校与我州108所学校结对帮扶；武汉职院博州分院2017年通过高职评审，成为一所以培养高技能人才为主的全日制普通高等职业院校，打通了"读博州中职，上湖北省高职"的"3+2"分段五年制高职教育。

第八批援疆干部人才抵博后，立即进入角色，深入我州基层一线调研摸清情况，了解短板弱项，谋划产业发展，并聚焦我州发展实际，围绕特色优势、培育特色产业，推动我州产业发展。

短短几个月，通过第八批援疆干部人才牵线搭桥，就解决了农产品滞销难题，促成湖北省多家商贸集团帮助受援地销售葡萄600吨、牛肉400吨。协调开通武汉直飞博乐航班，谋划组织旅游包机和旅游专列，带动旅游经济发展。协调长江产业基金等3家单位实施金融项目援疆，推动武汉东湖综保区与阿拉山口综保区战略合作，推动投资20亿元的格罗夫氢能汽车等10个重点项目签约落地……援疆干部人才充分发挥桥梁和纽带作用，有力促进了我州各县市与湖北省市全方位、多领域的交流合作。

组团援疆，增强发展后劲

近年来，湖北省充分利用自身优势，坚持需求导向，探索"组团式"干部人才援疆新模式，通过人才组团、资源整合、智慧集聚，实现援疆工作效应最大化。

"组团式"援疆将单兵作战、"输血式"援疆变为"组团"选派、集体作战、"造血"与"输血"并重，援疆干部人才通过团队带团队、专家带骨干、师傅带徒弟等方式，积极发挥"传帮带"作用，培养了一支带不走的高素质人才队伍，为推动我州经济社会发展不断打牢基础，持续增强发展后劲。

2016年以来，湖北省投入5500余万元，支持我州人才培养培训工作。积极务实推动各部门、各县市(团场)对口开展干部人才培养培训，采取"引进来"讲授和"走出去"学习相结合方式，培训各类人才5.6万人。多措并举支持我州"柔性引才"工作，引进高层次及急需紧缺人才690人。

同时,湖北省坚持把抓工作、谋发展与带干部、育人才相结合,采取“1+1、1+N”方式,帮扶培养当地优秀专业人才1330人。鼓励援疆干部人才领办或创办名师名家工作室50余家,填补各类技术空白100余项,带动受援地人才专业技能和专业素养不断提高。协助制定《援疆干部人才留师市工作办法》,促成7名同志留疆“终身援疆”。

(2020年10月9日发表于《博尔塔拉报》)

培植内生动力　合奏发展新曲

——湖北省产业援疆综述

欧　登

从荆楚大地到博尔塔拉河畔，湖北与博州心连着心。在博州这片沸腾的土地上，产业援疆项目逐步落地生根，结出累累硕果。多年来，湖北省坚持多措并举，帮助博州发展壮大产业、拓展产品销售渠道，为博州经济发展注入了源源活力。

政策推动　增添发展动能

2017年11月，湖北省政府出台《湖北省对口支援新疆博州和兵团第五师双河市产业发展实施意见》，从科学谋划产业援疆项目、加强项目招商对接和跟踪落地服务、支持产业援疆项目建设等方面，实施了一系列部署。

近年来，湖北省协调落实产业援疆项目"一站式"审批和全程跟踪服务，鼓励引导湖北企业来疆投资兴业。同时，对接实施百企援疆工程，开展项目策划推介，定期组织开展新疆湖北商会企业博州行活动，博州和湖北省内有关单位共同举办项目推介会、座谈会、恳谈会，组织湖北企业来博州考察洽谈，对招商项目分争取签约、邀请考察、主动对接三类进行精准跟踪管理服务，推动项目签约落地。

今年，湖北省协调长江产业基金等3家单位实施金融援疆项目，推动武汉东湖综保区与阿拉山口综保区战略合作，推动投资20亿元的格罗夫氢能汽车等10个重点项目签约落地。

一个个大工业项目破土动工、一批批产业援疆项目落地生根，博州已成为产业发展的热土，一项项"连心工程"让博州儿女真切感受到荆楚大地的温暖。

造血式援助　聚力稳定就业

纱机飞转、纱线轻舞。“十一”期间，位于博乐市金三角工业园区的新疆金鑫昱纺织有限责任公司纺纱车间，忙碌的生产线上，工人们从容操作。

金鑫昱公司是湖北援疆企业，也是博州的知名企业之一。该公司总经理刘樊说：“公司解决了周边1000多人的就业问题。”

“作为湖北省纺织行业的龙头企业之一，孝棉集团来博州投资是政治担当，也是发展机遇，更为受援地经济发展增添了活力。除了解决受援地富余劳动力就业外，我们还将在拓展原料种植、延伸产业链上下功夫。”刘樊说。

依托丰富的棉花资源和得天独厚的地缘优势，借助产业援疆的东风，吸引了众多知名纺织服装企业在博州投资兴业，纺织产业集群效应日益凸显。

同时，湖北省加大力度支持园区建设发展，促成武汉经济技术开发区等湖北省内7个园区与博州五台工业园区（湖北工业园）、阿拉山口综保区结对共建，安排援疆资金1.89亿元，支持我州园区基础设施建设，重点建设标准化厂房、创业孵化园、公租房集宿楼及路暖水电等配套设施，园区建设大格局初步形成，产业吸纳和承载能力进一步增强。

截至目前，湖北在博州、第五师援疆企业共51家，直接吸纳群众就业4000余人，有力促进了贫困群众增收。

精准援助　加强交流合作

2019年10月，第七届世界军人运动会在武汉举行，来自世界各地参加军运会的人们都吃到了博州的牛肉——天莱香牛。

经湖北省援疆前指牵线，2019年3月31日，天莱香牛食品有限责任公司与第七届世界军人运动会执委会在武汉签署食材供应采购合同，成为军运会牛肉供应商。“世界军人运动会，再次让天莱香牛走出新疆，被越来越多人熟知，为今后企业改良品种，提升品质注入了动力。”新疆天莱牧业集团有限责任公司副总裁、新疆天莱香牛食品有限责任公司总经理杨东林说。

2016年3月，湖北省协调开通武汉直飞博乐航班，谋划组织旅游包机和旅游专列，进一步打造和完善两地“空中快速通道”，带动受援地旅游经济发展，以促进两地深入交往交流交融。

鄂企发力为我州经济发展注入不竭动能，两地合作共谱发展新篇。如今，产业援疆已逐步由“授人以鱼”转变为“授人以渔”。越来越多的本土企业在龙头企业的带动、产业集群辐射下，告别传统经营模式，走上标准化、组织化、企业化的高质量发展之路。

（2020年10月10日发表于《博尔塔拉报》）

情洒边关守护绿水青山

——湖北省林业援疆综述

赵 莉 赵 哲

从郁郁葱葱的荆楚之地到广袤无垠的青色草原，改变的是环境，不变的是守护绿水青山的初心。

近年来，湖北省林业局高度重视林业援疆工作，准确把握新形势下林业援疆的新思路、新途径和新任务，多措并举，在人才交流、智力援建、项目扶持及结对帮扶等方面取得了显著成效。鄂博两地林业人在多年援疆工作中互促互进，共同守护大美博州。

"造血"式智力援疆

"十三五"时期，湖北省林业局积极协调州林草局干部赴鄂培训，共举办培训班25期，参训人员150人次；组织5人赴湖北省林业系统挂职学习；帮助引才2人。援疆干部通过举办讲座、现场讲解等方式，先后为州直属国有林场技术人员和管理人员进行了林业专业实用技术、森林资源保护管理、高空防火专业技术、生态文明建设、协调经济发展与生态保护等知识培训。通过理论学习、实地考察、交流探讨，将湖北林业好的经验和做法运用到实际工作中，极大地提高了全林业系统干部的业务技能，使博州林业发展和森林管护工作迈上新台阶。

针对博州林业基层技术薄弱现状，第六批援疆技术人才先后举办4期林业信息化技术应用培训班。培训内容涵盖"3S"技术在林业上的应用等，进一步提升博州林业设计技术手段和林业资源管理水平，为博州实现林业资源管理规范化、信息化、科学化奠定了基础。

"目前，全州已有11家国家级公益林管护实施单位运用ArcGIS地理信息系统开展工作。ArcGIS地理信息系统对生态红线划定、森林督察、信息收集等工作意义重大，可有效补足我州信息化短板问题，推动全州林业管护工作走向智能化、信息化。基层一线管护人员的理论和实践经验得到明显提高，全州林业系统专业技术人员林业大数据运用水平也得到了提升。”州林草局公益林和国有林场管理站干部王刚说。

项目援建成效显著

“远红外相机隐蔽性强，一块电池可持续3—4个月，自动感应系统还可随时切换角度，观测范围广，为我们收集珍稀野生动物影像资料、保护林场生态提供了技术支持。”哈日图热格国有林管理局技术员阿扎玛提·哈米提说。

哈日图热格国有林场面积60.04万亩，林场内时有北山羊、黑熊等野生动物出没，但人为进入林场收集资料，不仅容易影响野生动物生活轨迹，破坏生态平衡，而且难以收集到有效信息，远红外相机很好地解决了这一问题。

2019年8月，湖北省神农架国家公园管理局向州林草局捐赠了20台远红外相机，用于完善国有林场管理。远红外相机投入使用后，不仅能拍摄详尽真实的视频资料，为野生动物多样性调查、研监测等工作提供重要参考依据，也为我州野生动物保护工作提供了便利。

“十三五”时期，湖北省林业系统已累计向我州林业和草原系统援建资金365万元，援建项目均已投入使用、运转正常，解决了全州偏远林场森林资源管护视频监控薄弱问题、生态监测等难题。

湖北省林业局建立鄂博两地林业部门结对支援合作机制，组织湖北省部分市州林业主管部门和国家公园、自然保护区、湿地公园、森林公园等管理单位，按照“一对一”或“多对一”方式，与博州及所辖县市林业主管部门、相关林业管理单位开展结对支援。进一步加强自然保护地保护管理及合理利用方面的交流合作，促进管理水平提升。

创新林业生态文化宣传方式

“你敞开慈祥圣洁的怀抱，幸福的人们享受你的芳华，你用雪山的深情大海的壮美，哺育绿水青山的博尔塔拉……”一首悠扬的《博州森林》，道出了湖北援疆干部周晓敏3年援疆心路历程，也将博州林业近几年的发展成果一一呈现：阿拉山口防风固沙成效显著、艾比湖湿地保护工作持续推进，哈夏林场筑起天然绿色屏障……

第六批湖北省林业局援疆干部发挥自身特长和优势，集结社会资源和专业技术，创新林业援建方式，制作电视专题片《寻找最美护林员》《深山护林人》，还在《博尔塔拉报》刊发《生态博州》林业专刊。其中，由援疆干部策划拍摄的《寻找最美护林员》专题片在博州各处滚动播出，歌曲《博州森林》也在网上广为流传，展现了新时代博州林业人的良好精神风貌。

"近年来，湖北省林业局援疆干部在广泛调研的基础上，结合我州实际，发挥自身优势，启动林业生态文化建设援建计划，加大宣传力度，提高群众对生态建设的认知和重视程度，对博州林业和草原事业发展起到重要的助推作用。"州林草局党组书记、局长张新利说。

"十三五"时期，湖北省林业局先后派出博士、硕士和高级工程师等援疆干部人才，他们满怀工作热情，立足本职，发挥优势，突出"造血"式智力援疆，将生态梦根植于青色草原，用心、用情哺育博尔塔拉的一草一木，开创了林业援疆工作新局面。

（2020年11月18日发表于《博尔塔拉报》）

一人援疆　全家陪伴

于苏甫·艾尼

“我随你，你是公职人员，我是个体户，不行我把店关了，跟你一起去就是了。”临行前，丈夫张召辉的这番话，让纠结的毕芳冰瞬间踏实了。

毕芳冰是湖北省孝感市大悟思源实验学校的一名地理老师。今年7月，她接到来博州支教的光荣任务。彼时，毕芳冰的小儿子才1岁5个月，大儿子刚到上幼儿园的年龄，丈夫在当地经营着一家门窗店。

“当时，我想带一个孩子来援疆，但婆婆坚决不同意，心疼我太辛苦了。”毕芳冰说，后来得到丈夫的支持，她深受感动。

说走就走。丈夫关掉了年收入十几万元的店面，婆婆关掉了年收入五六万元的茶馆，一家人满怀期待地来到博乐市。博州实验中学为毕芳冰一家安排了教师周转房，并协调她大儿子入园。

“来这儿之前，很多亲戚朋友说这里条件很艰苦。到了以后发现，这里不仅环境优美，人更美，校领导对我们援疆干部的关心让我有了家的温暖。”11日，毕芳冰接受记者采访时说。

张召辉以前雇人安装自家销售的门窗，如今，他做起给别人安装门窗的活计。从“小老板”变成打工者，他却没有一丝怨言。他说：“鄂博一家亲，援疆工作是一项政治任务，虽然我不是公职人员，做不了这种援助，但是我陪着妻子，完成她的援疆使命，也是一种荣幸。”

转眼来博州已3个月，毕芳冰已经克服了气候和工作上的不适应，全身心投入到教学中；张召辉购买了一辆货车，整日奔波在博乐市大街小巷；毕芳冰的婆婆在家里照顾小孙子，打理家务。一家人的生活，像本地人一样忙碌而有序。

“十年树木，百年树人。作为一名普通援疆教师，我知道个人的力量非常小,但有湖北省援疆指挥部做我的坚强后盾,家人的支持陪伴给了我强大的动力,我会全身心投入工作,尽全力帮边疆学生插上一双梦想的翅膀,让他们飞得更高,走得更远。”毕芳冰说。

(2020年12月15日发表于《博尔塔拉报》)

博州(湖北省)历批援疆干部人才一览表(1413名)

表1

序号	姓名	性别	民族	出生年月	政治面貌	援疆期间工作单位及职务		援疆起止时间
						受援单位职务(职称)	援派单位职务(职称)	
第三批(20人)								
1	邵汉生	男	汉族	1954年1月	中共党员	博州党委副书记	湖北省轻工业行业管理办公室党组成员、副主任	1999年7月至2002年7月
2	张景全	男	汉族	1954年12月	中共党员	博州党委经工办副主任	湖北省外经贸厅	1999年7月至2002年7月
3	陈国忠	男	汉族	1963年5月	中共党员	博州卫生局副局长，州人民医院副院长	湖北省武汉大学人民医院老年病科副主任、副教授	1999年7月至2002年7月
4	黄作田	男	汉族	1958年7月	中共党员	博州糖厂副厂长	湖北省五三农场党委副书记、副场长	1999年6月至2002年4月
5	杨四明	男	汉族	1965年8月	中共党员	博州党委文明办副主任	湖北省宜昌市旅游局办公室主任	1999年7月至2002年7月
6	胡敏	男	汉族	1964年7月	中共党员	博州博乐市委副书记	湖北省黄石市阳新县人民政府副县长	1999年6月至2002年7月
7	史涛	男	汉族	1956年2月	中共党员	博州博乐市教育局党委副书记、副局长，四中副校长	湖北省天门市中学党委委员、副校长	1999年7月至2002年7月
8	江书亭	男	汉族	1962年5月	中共党员	博州博乐市经贸工委副书记、副主任	湖北省天门市经委副主任	1999年7月至2002年7月
9	蔡春华	男	汉族	1958年2月	中共党员	博州博乐市博棉公司副总经理	湖北省天纺集团公司党委委员、副总经理	1999年6月至2002年7月
10	汪健时	男	汉族	1958年2月	中共党员	博州博乐市供销社理事会副主任	湖北省黄石市大冶市玻璃瓶厂常务副厂长	1999年6月至2002年6月

续表1

序号	姓名	性别	民族	出生年月	政治面貌	援疆期间工作单位及职务		援疆起止时间
						受援单位职务(职称)	援派单位职务(职称)	
11	骆进	男	汉族	1971年7月	中共党员	博州博乐市城建局副局长	湖北省黄石市规划局规划监理科副科长	1999年7月至2002年7月
12	陈传平	男	汉族	1953年8月	中共党员	博州阿拉山口口岸管委会副主任	湖北省口岸办副处长	1999年7月至2002年7月
13	詹松青	男	汉族	1957年1月	中共党员	博州精河县副县长	湖北省鄂州市经贸委委员(副县级)	1999年7月至2002年7月
14	朱志勇	男	汉族	1963年3月	中共党员	博州精河县委办公室主任	湖北省鄂州市外经贸委外资科科长	1999年8月至2002年8月
15	周保平	男	汉族	1968年10月	中共党员	博州精河县乡镇企业局副局长	湖北省仙桃市企业局副局长	1999年8月至2002年8月
16	周正平	男	汉族	1962年11月	中共党员	博州精河县天润纺织有限责任公司副总经理	湖北省仙桃市纺织集团副总经理	1999年8月至2002年8月
17	李银汉	男	汉族	1962年11月	中共党员	博州精河县农业局副局长	湖北省仙桃市农业局副局长	1999年7月至2002年7月
18	易仁和	男	汉族	1962年10月	中共党员	博州温泉县副县长	湖北省宜昌市夷陵区(宜昌县)副区(县)长	1999年7月至2002年7月
19	何庆胜	男	汉族	1969年12月	中共党员	博州温泉县乡镇企业局副局长	湖北省潜江市乡镇企业局副局长	1999年7月至2002年7月
20	马则文	男	汉族	1968年12月	中共党员	博州温泉县农业局副局长	湖北省潜江市农业局副局长	1999年7月至2002年7月
第四批(共65人,其中中期轮换25人)								
1	傅立民[①]	男	汉族	1963年5月	中共党员	博州党委副书记	湖北省冶金行业管理办公室副主任	2002年8月至2005年7月

续表1

序号	姓名	性别	民族	出生年月	政治面貌	援疆期间工作单位及职务		援疆起止时间
						受援单位职务(职称)	援派单位职务(职称)	
2	张骏	男	汉族	1958年10月	中共党员	博州劳动人事和社会保障局副局长	湖北省人事厅政策法规处调研员	2002年8月至2005年7月
3	周强	男	汉族	1962年12月	中共党员	博州交通局副局长	湖北省远大交通实业发展有限责任公司经理	2002年8月至2005年7月
4	陈祖明	男	汉族	1965年10月	中共党员	博州党委党校副校长、行政学院副院长	湖北省委党校办公室副主任	2002年8月至2005年7月
5	章荣炎	男	汉族	1963年11月	中共党员	博州科技局副局长	湖北省委机要局党总支副书记	2002年8月至2005年7月
6	左飞	男	汉族	1964年9月	中共党员	博州教育局副局长	湖北省教育厅高校学生处副处长	2002年8月至2005年7月
7	华登友	男	汉族	1957年5月	中共党员	博州财政局副局长	湖北省财政厅注册会计师协会秘书处副处长	2002年8月至2005年7月
8	沈涛	男	汉族	1963年5月	中共党员	博州党委宣传部副部长、广电局副局长	湖北省电视台新闻中心宜昌记者站站长	2002年8月至2005年7月
9	王汉祥	男	汉族	1962年5月	中共党员	博州卫生局副局长、人民医院副院长	湖北省中医医院附属医院人事处处长	2002年8月至2005年7月
10	王兵	男	汉族	1968年9月	中共党员	博尔塔拉报社副总编兼副社长	湖北日报社武汉新闻部副主任	2002年8月至2005年7月
11	郑亚军	男	汉族	1954年5月	群众	博州人民医院医生	湖北省妇幼保健院妇产科副主任医师	2002年8月至2003年7月
12	曹志新	男	汉族	1964年3月	群众	博州人民医院医生	湖北省同济医学院附属协和医院外科医生	2002年8月至2003年7月

续表1

序号	姓名	性别	民族	出生年月	政治面貌	援疆期间工作单位及职务		援疆起止时间
						受援单位职务(职称)	援派单位职务(职称)	
13	操寄望	男	汉族	1970年6月	群众	博州人民医院医生	湖北省人民医院消化内科副主任医师	2002年8月至2003年7月
14	喻春华	男	汉族	1966年11月	群众	博州人民医院医生	湖北省黄石市第二人民医院主治医师	2002年8月至2003年7月
15	肖进	男	汉族	1957年10月	中共党员	博州人民医院医生	湖北省黄石市中心医院骨外科主任	2002年8月至2003年7月
16	褚兰新	男	汉族	1958年9月	中共党员	博州博乐市副市长	湖北省黄石市大冶市副市长	2002年8月至2005年7月
17	周礼发	男	汉族	1963年10月	中共党员	博州博乐市发展计划委员会副主任	湖北省黄石市阳新县发展计划局工业交通发展科科长	2002年8月至2005年7月
18	何兴汤	男	汉族	1957年7月	中共党员	博州博乐市建设局副局长	湖北省黄石市规划建设局法制科科长	2002年8月至2005年7月
19	彭茂林	男	汉族	1964年2月	群众	博州博乐市第四中学教师	湖北省天门市岳口高级中学教师	2002年8月至2003年7月
20	孙明星	男	汉族	1966年8月	群众	博州博乐市第四中学教师	湖北省天门市卢市高级中学教师	2002年8月至2003年7月
21	陈满堂	男	汉族	1968年2月	群众	博州博乐市第四中学教师	湖北省天门市竟陵高级中学教师	2002年8月至2003年7月
22	李军	男	汉族	1957年10月	中共党员	博州博乐市高级中学副校长	湖北省天门市实验高级中学副校长	2002年8月至2005年7月
23	戴伴云	男	汉族	1964年2月	中共党员	博州精河县副县长	湖北省鄂州市华容区委常委	2002年8月至2005年7月
24	石本先	男	汉族	1962年3月	中共党员	博州精河县建设局副局长	湖北省仙桃市建设局副局长	2002年8月至2005年7月

续表1

序号	姓名	性别	民族	出生年月	政治面貌	援疆期间工作单位及职务		援疆起止时间
						受援单位职务(职称)	援派单位职务(职称)	
25	徐建军[2]	男	汉族	1966年9月	中共党员	博州精河县科委副主任	湖北省农村工作领导小组办公室主任科员	2002年8月至2005年7月
26	张鑫	男	汉族	1961年11月	中共党员	博州精河县经委副主任	湖北省鄂州市工业国有资产经营公司经营部负责人	2002年8月至2005年7月
27	张常明	男	汉族	1968年2月	中共党员	博州精河县高级中学副校长	湖北省仙桃市毛嘴高级中学副校长	2002年8月至2005年7月
28	徐兵	男	汉族	1969年2月	群众	博州精河县高级中学教师	湖北省仙桃市毛嘴高级中学教务处主任	2002年8月至2005年7月
29	杨传德	男	汉族	1959年6月	群众	博州精河县高级中学教师	湖北省仙桃市下查埠高级中学英语教师	2002年8月至2005年7月
30	孙文锦	男	汉族	1969年11月	群众	博州精河县人民医院医生	湖北省鄂州市中心医院传染科主治医师	2002年8月至2003年7月
31	范学明	男	汉族	1962年4月	群众	博州精河县人民医院医生	湖北省鄂州市第二人民医院门诊部主任、外科主治医师	2002年8月至2003年7月
32	覃绪华	男	土家族	1962年5月	中共党员	博州温泉县副县长	湖北省宜昌市五峰县副县长	2002年8月至2005年7月
33	汤凯	男	汉族	1972年4月	中共党员	博州温泉县城建局副局长	湖北省宜昌市建筑设计院结构工程师、团支部书记	2002年8月至2005年7月
34	刘中文	男	汉族	1966年7月	中共党员	博州温泉县高级中学副校长	湖北省潜江市文昌高中副校长	2002年8月至2005年7月
35	曾德君	男	汉族	1963年4月	中共党员	博州温泉县高级中学数学教师	湖北省潜江市王场中学数学教师	2002年8月至2005年7月

续表1

序号	姓名	性别	民族	出生年月	政治面貌	援疆期间工作单位及职务		援疆起止时间
						受援单位职务(职称)	援派单位职务(职称)	
36	贺华荣	男	汉族	1959年8月	中共党员	博州温泉县高级中学化学教师	湖北省潜江市章华高中化学教师	2002年8月至2005年7月
37	张波	男	汉族	1967年7月	中共党员	博州温泉县高级中学物理教师	湖北省潜江市老新中学物理教师	2002年8月至2005年7月
38	颜克钧	男	土家族	1967年2月	群众	博州温泉县人民医院外科副主任医师	湖北省宜昌市第一人民医院泌外科副主任医师	2002年8月至2003年7月
39	张祥文	男	汉族	1966年6月	群众	博州温泉县人民医院内科副主任医师	湖北省宜昌市中心医院肾内科副主任医师	2002年8月至2003年7月
40	马泽洪	男	汉族	1966年10月	中共党员	博州温泉县人民医院副院长	湖北省宜昌市第二人民医院中医科副主任医师	2002年8月至2005年7月
第四批中期轮换(25人)								
1	郑小林	男	汉族	1973年8月	群众	博州人民医院医生	湖北省武汉市中心医院肝胆外科主治医师	2003年8月至2004年7月
2	陶晓南	男	汉族	1957年11月	中共党员	博州人民医院医生	湖北省武汉市协和医院内科副主任	2003年8月至2004年7月
3	李家福	男	汉族	1961年5月	群众	博州人民医院医生	湖北省武汉大学中南医院妇产科主任医师	2003年8月至2004年7月
4	喻杰	男	汉族	1955年10月	群众	博州人民医院医生	湖北省黄石市第一人民医院五官科主任医师	2003年7月至2004年7月
5	洪少青	男	汉族	1964年4月	中共党员	博州人民医院医生	湖北省黄石市第五人民医院内科副主任医师	2003年8月至2004年7月

续表1

序号	姓名	性别	民族	出生年月	政治面貌	援疆期间工作单位及职务		援疆起止时间
						受援单位职务(职称)	援派单位职务(职称)	
6	杨襄蓉	女	汉族	1970年3月	中共党员	博州人民医院医生	湖北省黄石市传染病医院医务科科长	2004年8月至2005年7月
7	余姗姗	男	汉族	1967年6月	中共党员	博州人民医院医生	湖北省黄石市中医院内科副主任医师	2004年8月至2005年7月
8	陈纪伟	男	汉族	1959年4月	中共党员	博州人民医院医生	湖北省武汉大学中南医院普外科副主任	2004年8月至2005年7月
9	王燕	女	汉族	1971年4月	群众	博州人民医院医生	湖北省妇幼保健院妇科副主任	2004年8月至2005年7月
10	张继龙	男	汉族	1972年12月	群众	博州人民医院医生	湖北省武汉市第一人民医院神经内科主治医师	2004年8月至2005年7月
11	李华	男	汉族	1973年4月	群众	博州博乐市高级中学教师	湖北省天门市皂市高级中学教师	2003年7月至2004年7月
12	陈利军	男	汉族	1968年2月	群众	博州博乐市高级中学教师	湖北省天门市张港高级中学教师	2003年7月至2004年7月
13	吴新华	男	汉族	1967年9月	群众	博州博乐市第四中学教师	湖北省天门高级中学教师	2003年8月至2004年7月
14	张利群	男	汉族	1965年2月	中共党员	博州博乐市第六中学副校长	湖北省黄石艺术学校党委副书记、副校长	2003年8月至2005年7月
15	杨新华	男	汉族	1962年7月	群众	博州博乐市第四中学教师	湖北省天门市卢市高级中学教师	2004年8月至2005年7月
16	王成	男	汉族	1968年7月	中共党员	博州博乐市第四中学教师	湖北省天门市渔新高级中学教师	2004年8月至2005年7月
17	王毓发	男	汉族	1967年8月	群众	博州博乐市第四中学教师	湖北省天门市岳口中学教师	2004年8月至2005年7月

续表1

序号	姓名	性别	民族	出生年月	政治面貌	援疆期间工作单位及职务		援疆起止时间
						受援单位职务(职称)	援派单位职务(职称)	
18	那顺达莱	男	蒙古族	1962年10月	群众	博州精河县人民医院医生	湖北省鄂州市第二人民医院骨外科副主任医师	2003年7月至2004年7月
19	熊汉忠	男	汉族	1970年2月	中共党员	博州精河县人民医院医生	湖北省鄂州市中心医院呼吸内科副主任	2003年8月至2004年7月
20	余召师	男	汉族	1964年8月	群众	博州精河县人民医院医生	湖北省鄂州市中心医院肿瘤胸外科副主任	2004年8月至2005年7月
21	李佑桥	男	汉族	1969年6月	群众	博州精河县人民医院医生	湖北省鄂州市中医医院肝病治疗中心副主任	2004年8月至2005年7月
22	谭晓毅	男	汉族	1967年11月	群众	博州温泉县人民医院外科副主任医师	湖北省宜昌市第一人民医院骨外科副主任医师	2003年7月至2004年7月
23	陈世雄	男	汉族	1963年11月	群众	博州温泉县人民医院内科副主任医师	湖北省宜昌市中心医院内科副主任医师	2003年8月至2004年7月
24	曾令海	男	汉族	1966年11月	群众	博州温泉县人民医院内科副主任医师	湖北省宜昌市第一人民医院神经内科副主任医师	2004年7月至2005年7月
25	王河洲	男	汉族	1962年10月	群众	博州温泉县人民医院外科副主任医师	湖北省宜昌市中心医院骨科副主任医师	2004年8月至2005年7月
第五批(共80人,其中中期轮换32人)								
1	王兴於	男	汉族	1965年12月	中共党员	博州党委副书记、领队	湖北省经济委员会党组成员、副主任	2005年7月至2008年7月
2	王洲洋	男	汉族	1965年6月	中共党员	博州党委组织部副部长	湖北省委组织部党建研究所副处长	2005年7月至2008年7月
3	尹祚田	男	汉族	1961年1月	中共党员	博州财政局副局长	湖北省财政厅科研所副所长	2005年7月至2008年7月

续表1

序号	姓名	性别	民族	出生年月	政治面貌	援疆期间工作单位及职务		援疆起止时间
						受援单位职务(职称)	援派单位职务(职称)	
4	冉述楣	男	土家族	1963年2月	中共党员	博州经贸委副主任	湖北省发改委利用世界银行贷款项目办公室副主任(副处级)	2005年7月至2008年7月
5	方贻立	男	汉族	1967年5月	中共党员	博州交通局副局长	湖北省交通厅基本建设管理处助理调研员	2005年7月至2008年7月
6	吕厚全	男	汉族	1974年7月	群众	博州交通局公路科科长	湖北省交通厅公路管理局养路科副科级干部	2005年7月至2008年7月
7	谭冰	男	汉族	1975年9月	中共党员	博州交通局项目执行办主任	湖北京珠高速公路经营有限公司工程技术部副部长(正科级)	2005年7月至2008年7月
8	万应荣	男	汉族	1972年3月	中共党员	博州建设局副局长	湖北省建设厅城市建设处副处长	2005年7月至2008年7月
9	徐文虹	男	汉族	1963年8月	中共党员	博州建筑规划设计院院长助理	中南建筑设计院设计事务所党支部书记(正处级)	2005年7月至2008年7月
10	史新华	男	汉族	1968年10月	中共党员	博州教育局副局长	湖北省教育厅财务处副处长	2005年7月至2008年7月
11	朱文成	男	汉族	1964年4月	中共党员	博州卫生局副局长,州医院副院长	湖北省中山医院消化内科副主任、副主任医师	2005年7月至2008年7月
12	陈振国	男	汉族	1965年7月	中共党员	博州广播电视局副局长	湖北省广播电视局法规宣传处助理调研员	2005年7月至2008年7月
13	谢智	男	汉族	1968年6月	中共党员	博州报社副总编辑、副社长	湖北日报报业集团出版部副主任	2005年7月至2008年7月

续表1

序号	姓名	性别	民族	出生年月	政治面貌	援疆期间工作单位及职务		援疆起止时间
						受援单位职务(职称)	援派单位职务(职称)	
14	肖卫康	男	汉族	1968年11月	中共党员	博州党校副校长	湖北省委党校教务处副处长	2005年7月至2008年7月
15	李旭	男	汉族	1961年6月	中共党员	博州技工学校校长	湖北省武汉职业技术学院电信系副主任	2005年7月至2008年7月
16	沈凌汛	男	汉族	1956年9月	中共党员	博州人民医院医生	湖北省华中科技大学同济医学院附属协和医院风湿科主任、副教授	2005年7月至2006年7月
17	邓仁跃	男	汉族	1958年5月	中共党员	博州人民医院医生	湖北省武汉大学人民医院耳鼻咽喉头颈外科副主任医师、副教授	2005年7月至2006年7月
18	熊世禄	男	汉族	1957年12月	群众	博州人民医院医生	湖北省肿瘤医院妇癌科副主任医师	2005年7月至2006年7月
19	魏红兵	男	汉族	1966年8月	群众	博州人民医院医生	湖北省中山医院泌尿外科主治医师	2005年7月至2006年7月
20	彭永海	男	汉族	1966年7月	群众	博州人民医院医生	湖北省武汉市普爱医院骨科副主任医师	2005年7月至2006年7月
21	纪春明	男	汉族	1965年12月	中共党员	博州博乐市副市长	湖北省黄石市大冶市副市长	2005年7月至2008年7月
22	吕伟胜	男	汉族	1964年11月	中共党员	博州博乐市教育局副局长	湖北省黄石市第二中学教科处主任	2005年7月至2008年7月
23	周志强	男	汉族	1965年3月	中共党员	博乐市高级中学副校长	湖北省天门市天门中学政教处副主任	2005年7月至2008年7月

续表1

序号	姓名	性别	民族	出生年月	政治面貌	援疆期间工作单位及职务		援疆起止时间
						受援单位职务(职称)	援派单位职务(职称)	
24	杜少红	男	汉族	1974年12月	群众	博乐市高级中学教师	湖北省天门市竟陵高级中学教师	2005年7月至2007年7月
25	周崇甫	男	汉族	1958年2月	中共党员	博乐市高级中学教师	湖北省天门市干驿高级中学教师	2005年7月至2007年7月
26	王立平	男	汉族	1968年9月	群众	博乐市高级中学教师	湖北省天门市竟陵高级中学教师	2005年7月至2007年7月
27	刘卫国	男	汉族	1966年1月	中共党员	博州博乐市第一中学副校长	湖北省大冶市东岳中学副校长	2005年7月至2006年7月
28	张凯	男	汉族	1970年7月	中共党员	博州博乐市第二中学副校长	湖北省黄石市十五中学副校长	2005年7月至2006年7月
29	张四明	男	汉族	1966年2月	中共党员	博乐市第三中学副校长	湖北省天门市竟陵小学副校长	2005年7月至2006年7月
30	张利群	男	汉族	1965年2月	中共党员	博州博乐市第六中学副校长	湖北省黄石艺术学校党委副书记、副校长	2005年7月至2006年7月
31	黄国仿	男	汉族	1962年9月	中共党员	博乐市第八中学副校长	湖北省天门市实验初级中学副校长	2005年7月至2006年7月
32	余国安	男	汉族	1967年9月	中共党员	博州博乐市第一小学副校长	湖北省黄石市西塞中心小学校长	2005年7月至2006年7月
33	吴清华	男	汉族	1961年12月	中共党员	博州博乐市逸夫小学副校长	湖北省黄石市大冶市师范附小副校长	2005年7月至2006年7月
34	傅宝山	男	汉族	1973年9月	中共党员	博州精河县副县长	湖北省鄂州市委政策研究室副主任	2005年7月至2008年7月

续表1

序号	姓名	性别	民族	出生年月	政治面貌	援疆期间工作单位及职务		援疆起止时间
						受援单位职务(职称)	援派单位职务(职称)	
35	曾全贵	男	汉族	1969年11月	中共党员	博州精河县高级中学副校长	湖北省仙桃市实验高中教导处副主任、高三年级主任	2005年7月至2007年7月
36	赵远翔	男	汉族	1963年11月	中共党员	博州精河县高级中学教师	湖北省仙桃市委党校校委委员、教研室主任	2005年7月至2008年7月
37	雷芳	女	汉族	1960年12月	群众	博州精河县高级中学教师	湖北省仙桃市第八中学教师	2005年7月至2008年7月
38	戚华伟	男	汉族	1966年5月	群众	博州精河县高级中学教师	湖北省仙桃市汉江中学教师	2005年7月至2008年7月
39	张安源	男	汉族	1953年11月	群众	博州精河县人民医院医生	湖北省鄂州市中心医院普外科副主任医师	2005年7月至2006年7月
40	田耀成	男	汉族	1968年11月	群众	博州精河县人民医院医生	湖北省鄂州市妇幼保健院放射科主治医师	2005年7月至2006年7月
41	谢守丽	女	汉族	1974年4月	群众	博州精河县人民医院医生	湖北省仙桃市妇幼保健院妇产科主治医师	2005年7月至2006年7月
42	王世斌	男	汉族	1967年3月	中共党员	博州温泉县副县长	湖北省宜昌市宜都市副市长	2005年7月至2008年7月
43	胡向阳	男	汉族	1968年9月	中共党员	博州温泉县财政局副局长	湖北省宜昌市财政局农业科副主任科员	2005年7月至2008年7月
44	万立国	男	汉族	1969年4月	中共党员	博州温泉县建设局副局长	湖北省潜江市环保局副局长	2005年7月至2008年7月
45	周建中	男	汉族	1955年1月	中共党员	博州温泉县人民医院医生	湖北省潜江市中心医院骨外科副主任医师	2005年7月至2006年7月
46	王维涛	男	汉族	1973年1月	中共党员	博州温泉县人民医院医生	湖北省潜江市精神病医院外科主任，主治医师	2005年7月至2006年7月

续表1

序号	姓名	性别	民族	出生年月	政治面貌	援疆期间工作单位及职务		援疆起止时间
						受援单位职务(职称)	援派单位职务(职称)	
47	郑勇	男	汉族	1959年6月	中共党员	博州温泉县人民医院医生	湖北省宜昌市中医医院副主任医师	2005年7月至2006年7月
48	周宗贵	男	汉族	1969年7月	中共党员	博州温泉县人民医院医生	湖北省宜昌市第二医院口腔科副主任医师	2005年7月至2006年7月
第五批(中期轮换32人)								
1	赵波	男	汉族	1970年1月	中共党员	博州人民医院医生	湖北省华中科技大学同济医院胸外科医师	2006年7月至2007年7月
2	王乐	男	汉族	1965年2月	群众	博州人民医院医生	湖北省武汉大学中南医院胸外科副主任医师	2006年7月至2007年7月
3	袁琨	女	汉族	1962年3月	中共党员	博州人民医院医生	湖北省武汉市中心医院普外科副主任医师	2006年7月至2007年7月
4	田立群	女	汉族	1973年8月	群众	博州人民医院医生	湖北省武汉市第一医院心内科主治医师	2006年7月至2007年7月
5	肖明	男	汉族	1957年2月	群众	博州人民医院医生	湖北省中山医院儿科副主任医师	2007年7月至2008年7月
6	魏波	男	汉族	1967年4月	中共党员	博州人民医院医生	湖北省新华医院眼科副主任医师	2007年7月至2008年7月
7	马书进	男	汉族	1963年3月	群众	博州人民医院医生	湖北省人民医院胃肠外科副主任医师	2007年7月至2008年7月
8	周毅	男	汉族	1973年9月	群众	博州人民医院医生	湖北省中医院消化科副主任医师	2007年7月至2008年7月

续表1

序号	姓名	性别	民族	出生年月	政治面貌	援疆期间工作单位及职务		援疆起止时间
						受援单位职务（职称）	援派单位职务（职称）	
9	高晗	男	汉族	1972年2月	群众	博州蒙医医院医生	湖北省妇幼保健院妇产科主治医师	2006年7月至2007年7月
10	黄桓	男	汉族	1971年10月	中共党员	博州蒙医医院医生	湖北省武汉市第三医院妇产科主任医师	2007年7月至2008年7月
11	马汉国	男	汉族	1958年9月	群众	博州博乐市高级中学教师	湖北省黄石市第三中学教师	2007年8月至2008年7月
12	郭红军	男	汉族	1971年6月	中共党员	博州博乐市高级中学教师	湖北省黄石市实验中学教师	2007年8月至2008年7月
13	吴学锋	男	汉族	1963年1月	群众	博州博乐市高级中学教师	湖北省黄石市第六中学教师	2007年8月至2008年7月
14	徐春敏	男	汉族	1964年3月	中共党员	博州博乐市第一中学副校长	湖北省大冶市实验中学政教处主任	2006年8月至2007年7月
15	谈东林	男	汉族	1961年12月	群众	博州精河县高级中学教师	湖北省鄂州市泽林高中教师	2006年8月至2007年7月
16	吴细桥	男	汉族	1964年9月	群众	博州精河县高级中学教师	湖北省鄂州市葛店镇岳陂中学教师	2006年8月至2007年7月
17	郭晓腾	男	汉族	1975年1月	中共党员	博州精河县高级中学教师	湖北省鄂州市第二中学团委书记、教师	2006年8月至2007年7月
18	王刚	男	汉族	1973年7月	中共党员	博州精河县高级中学教师	湖北省鄂州市程潮铁矿学校教师	2007年8月至2008年7月
19	王利祥	男	汉族	1972年1月	群众	博州精河县人民医院医生	湖北省鄂州市中心医院麻醉科副主任医师	2006年7月至2007年7月
20	罗秋明	男	汉族	1950年8月	中共党员	博州精河县人民医院医生	湖北省鄂州市中医医院耳鼻喉科主治医师	2006年7月至2007年7月
21	曾义高	男	汉族	1972年12月	中共党员	博州精河县人民医院医生	湖北省仙桃市第一人民医院骨外科医师	2006年7月至2007年7月

续表1

序号	姓名	性别	民族	出生年月	政治面貌	援疆期间工作单位及职务		援疆起止时间
						受援单位职务(职称)	援派单位职务(职称)	
22	张美义	男	汉族	1963年4月	中共党员	博州精河县人民医院医生	湖北省仙桃市中医医院耳鼻喉科主治医师	2007年7月至2008年7月
23	叶辉	男	汉族	1975年8月	中共党员	博州精河县人民医院医生	湖北省鄂州市中心医院急诊科主治医师	2007年7月至2008年7月
24	范永红	女	汉族	1974年4月	群众	博州精河县人民医院医生	湖北省鄂州市妇幼保健院检验科主管技师	2007年7月至2008年7月
25	赵卫民	男	汉族	1971年5月	群众	博州温泉县人民医院医生	湖北省宜昌市第一医院内分泌专业副主任医师	2006年7月至2007年7月
26	张绪初	男	汉族	1966年3月	中共党员	博州温泉县人民医院医生	湖北省宜昌市中医医院外科副主任医师	2006年7月至2007年7月
27	曾光	男	汉族	1975年6月	群众	博州温泉县人民医院医生	湖北省潜江市中心医院主治医师(医学影像学)	2006年7月至2007年7月
28	何忠良	男	汉族	1964年1月	群众	博州温泉县人民医院医生	湖北省潜江市中心医院内科副主任医师	2006年7月至2007年7月
29	杨全	男	汉族	1970年5月	中共党员	博州温泉县人民医院医生	湖北省宜昌市当阳市中医院副主任医师	2007年7月至2008年7月
30	刘卫红	男	汉族	1955年5月	中共党员	博州温泉县人民医院医生	湖北省宜昌市中心医院放射科主任医师	2007年7月至2008年7月
31	周才胜	男	汉族	1970年7月	中共党员	博州温泉县人民医院医生	湖北省宜昌市第一医院外科副主任医师	2007年7月至2008年7月
32	赵发兵	男	汉族	1972年12月	群众	博州温泉县人民医院医生	湖北省宜昌市第二医院急诊内科副主任医师	2007年7月至2008年7月

续表1

序号	姓名	性别	民族	出生年月	政治面貌	援疆期间工作单位及职务		援疆起止时间
						受援单位职务(职称)	援派单位职务(职称)	
第六批(共计112人,其中中期轮换70人)								
1	张家胜	男	汉族	1968年10月	中共党员	博州党委副书记、领队	湖北省科学技术协会党组成员、副主席	2008年7月至2010年10月
2	余军	男	汉族	1969年7月	中共党员	博州党委组织部副部长	湖北省机构编制委员会办公室编制一处调研员	2008年7月至2010年11月
3	张成	男	汉族	1973年6月	中共党员	博州发改委党组成员、副主任,粮食局副局长	湖北省发改委国民经济综合处副调研员	2008年7月至2010年11月
4	王海波	男	汉族	1970年12月	中共党员	博州经贸委党组成员、副主任	湖北省经济委员会(省中小企业发展局)电力处副调研员	2008年7月至2010年11月
5	吴尔军	男	汉族	1963年7月	中共党员	博州财政局党组成员、副局长	湖北省财政投资评审中心副主任	2008年7月至2010年11月
6	王凌云	男	汉族	1974年1月	中共党员	博尔塔拉报社党委委员、副社长、副总编辑	湖北日报传媒集团北京办事处主任	2008年7月至2010年11月
7	杜爱华	男	汉族	1962年10月	中共党员	博州民族宗教事务委员会党组成员、副主任	湖北省民族宗教事务委员会政策研究室副主任	2008年7月至2010年11月
8	黄海	男	汉族	1968年9月	中共党员	博州广播电视局党组成员、副局长	湖北省广播电视总台总编辑室副主任	2008年7月至2010年11月
9	彭方中	男	汉族	1969年8月	中共党员	博州经济技术协作办公室(招商局)副主任(副局长)	湖北省黄金工业管理办公室副调研员	2008年7月至2010年11月

续表1

序号	姓名	性别	民族	出生年月	政治面貌	援疆期间工作单位及职务		援疆起止时间
						受援单位职务(职称)	援派单位职务(职称)	
10	陈方先	男	汉族	1966年1月	中共党员	博州交通局党组成员、副局长	湖北省高速公路开发实业有限公司总工程师(现任湖北省交通运输厅鄂西高速公路管理处处长)	2008年7月至2010年11月
11	施勤	男	汉族	1964年10月	中共党员	博州劳动人事和社会保障局党组成员、副局长	湖北省劳动和社会保障厅养老保险处副调研员	2008年7月至2010年11月
12	杨东	男	汉族	1971年4月	中共党员	博州建设局党组成员、副局长	湖北省建设厅计划财务处副处长	2008年7月至2010年11月
13	钟山	男	汉族	1967年12月	中共党员	博州教育局党委委员、副局长	湖北省教育厅财务处副调研员	2008年7月至2010年11月
14	余焱明	男	汉族	1966年11月	中共党员	博州卫生局副局长	湖北省疾病预防控制中心办公室副主任[现任湖北省预防医学科学院(湖北省疾病预防控制中心)党委委员、纪委书记]	2008年7月至2010年11月
15	张从义	男	汉族	1974年9月	中共党员	博州水产处工程师	湖北省水产科学研究所工程师	2008年7月至2010年1月
16	袁武	男	汉族	1970年2月	中共党员	博州技工学校党委委员、副校长	湖北省武汉交通职业学院电子与计算机系副主任	2008年7月至2010年11月
17	洪少华	男	汉族	1957年10月	中共党员	博州技工学校教师	湖北省武汉交通职业学院科研处副处长、高职教育研究所副所长	2008年7月至2010年11月

续表1

序号	姓名	性别	民族	出生年月	政治面貌	援疆期间工作单位及职务		援疆起止时间
						受援单位职务（职称）	援派单位职务（职称）	
18	杨文平	男	汉族	1965年7月	中共党员	博州技工学校教师	湖北轻工职业技术学院机电工程系实训中心副主任	2008年7月至2010年11月
19	郑浩	男	汉族	1966年2月	中共党员	博州实验中学教师	湖北省江汉油田教育集团广华中学教师	2008年7月至2011年6月
20	刘永汉	男	汉族	1954年2月	中共党员	博州实验中学教师	湖北省江汉油田教育集团文华学校高中部教师	2008年7月至2011年6月
21	乔丰波	男	汉族	1972年10月	中共党员	博州实验中学教师	湖北省江汉油田教育集团广华中学教师	2008年7月至2011年6月
22	赵良平	男	汉族	1974年5月	群众	博州人民医院医生	湖北省武汉市中心医院妇产科副主任医师	2008年7月至2010年1月
23	金太欣	男	汉族	1963年5月	中共党员	博州人民医院医生	湖北省武汉市第一医院外科副主任医师	2008年7月至2010年1月
24	谈宇梁	男	汉族	1956年7月	中共党员	博州人民医院医生	湖北省武汉市中医医院急诊科副主任中医师	2008年7月至2010年1月
25	卢金萍	女	汉族	1967年10月	群众	博州人民医院医生	湖北省武汉大学中南医院综合科副主任医师	2008年7月至2010年1月
26	邸石	男	汉族	1962年11月	中共党员	博州人民医院医生	湖北省武汉市第三医院妇产科副主任、主任医师	2010年3月至2010年4月
27	汪涛	男	汉族	1976年3月	中共党员	博州人民医院医生	湖北省华中科技大学同济医学院附属同济医院呼吸内科主治医师	2010年3月至2011年7月
28	邱昌建	男	汉族	1969年7月	中共党员	博州人民医院医生	湖北省武汉大学人民医院肾内科主治医师	2010年3月至2011年7月

续表1

序号	姓名	性别	民族	出生年月	政治面貌	援疆期间工作单位及职务		援疆起止时间
						受援单位职务(职称)	援派单位职务(职称)	
29	沈海滨	女	汉族	1968年9月	中共党员	博州人民医院医生	湖北省武汉市普爱医院产科行政副主任、副主任医师	2010年3月至2011年7月
30	陈湘漪	女	汉族	1976年1月	群众	博州蒙医医院医生	湖北省妇幼保健院产科主治医师	2008年7月至2010年1月
31	李胜利	男	汉族	1967年9月	群众	博州蒙医医院医生	湖北省中医院(光谷院区)骨伤科副主任医师	2008年7月至2010年1月
32	蔡志	男	汉族	1968年11月	群众	博州蒙医医院医生	湖北省肿瘤医院麻醉科主治医师	2010年3月至2011年7月
33	赵志强	男	汉族	1975年8月	群众	博州蒙医医院医生	湖北省武汉科技大学附属天佑医院骨外科主治医师	2010年3月至2011年7月
34	刘玉松	男	汉族	1970年1月	中共党员	博乐市委常委	湖北省十堰市南水北调工程领导小组办公室党组成员、副主任	2008年7月至2010年11月
35	雷华	男	汉族	1974年2月	中共党员	博乐市副市长	湖北省天门市委副秘书长	2008年7月至2010年11月
36	李顺杰	男	汉族	1983年8月	中共党员	博乐市城市规划管理局工程师	湖北省十堰市规划设计院规划一室工程师	2008年7月至2010年1月
37	贺红卫	男	汉族	1966年8月	中共党员	博乐市城市规划管理局工程师	湖北省十堰市规划局市政科科长、工程师	2010年3月至2011年7月
38	刘佑初	男	汉族	1961年8月	中共党员	博乐市高级中学副校长	湖北省十堰市柳林中学党委委员、副校长	2008年7月至2010年6月
39	周文	男	汉族	1974年11月	中共党员	博乐市高级中学教师	湖北省十堰市柳林中学政教处副主任、年级组长	2008年7月至2010年6月

续表1

序号	姓名	性别	民族	出生年月	政治面貌	援疆期间工作单位及职务		援疆起止时间
						受援单位职务(职称)	援派单位职务(职称)	
40	王萍	女	汉族	1983年8月	中共党员	博乐市高级中学教师	湖北省十堰市东风教育集团第六中学团委书记、教师	2008年7月至2010年6月
41	张华山	男	汉族	1973年11月	群众	博乐市高级中学教师	湖北省十堰市第一中学数学教师	2008年8月至2010年6月
42	陈新贵	男	汉族	1965年4月	群众	博乐市高级中学教师	湖北省十堰市东风教育集团第一中学物理教师	2008年8月至2010年6月
第六批(中期轮换70人)								
1	徐金传	男	汉族	1971年9月	中共党员	博州水产处工程师	湖北省水产良种试验站成鱼养殖公司副经理(副科级)、水产工程师	2010年3月至2011年7月
2	杨国红	男	汉族	1968年8月	中共党员	博州博乐市高级中学(华师一附中博乐分校)校长	湖北省华中师大一附中党委委员、副校长	2009年7月至2012年7月
3	宋涛	男	汉族	1977年12月	中共党员	博州博乐市高级中学(华师一附中博乐分校)教务主任	湖北省华中师范大学附属一中教师	2009年7月至2012年7月
4	赵飞马	男	汉族	1973年9月	中共党员	博州博乐市高级中学(华师一附中博乐分校)高一年级组长	湖北省华中师范大学附属一中教师	2009年7月至2012年7月
5	吴远山	男	汉族	1969年1月	中共党员	博州博乐市高级中学(华师一附中博乐分校)高二年级组长	湖北省华中师范大学附属一中教师	2009年7月至2012年7月

续表1

序号	姓名	性别	民族	出生年月	政治面貌	援疆期间工作单位及职务		援疆起止时间
						受援单位职务(职称)	援派单位职务(职称)	
6	张祝华	男	汉族	1964年11月	中共党员	博州博乐市高级中学(华师一附中博乐分校)高三年级组长	湖北省华中师范大学附属一中教师	2009年7月至2012年7月
7	操九勇	男	汉族	1975年7月	中共党员	博州博乐市高级中学(华师一附中博乐分校)教师	湖北省武汉市第二十九中学教师	2009年8月至2012年7月
8	宋凌子	女	汉族	1966年12月	群众	博州博乐市高级中学(华师一附中博乐分校)教师	湖北省武汉市长虹中学教师	2009年8月至2012年7月
9	王建峡	女	汉族	1973年1月	群众	博州博乐市高级中学(华师一附中博乐分校)教师	湖北省武汉市第十七中学教师	2009年8月至2012年7月
10	林铁纯	男	汉族	1973年3月	群众	博州博乐市高级中学(华师一附中博乐分校)教师	湖北省武汉市第十七中学教师	2009年8月至2012年7月
11	鲁国正	男	汉族	1971年9月	群众	博州博乐市高级中学(华师一附中博乐分校)教师	湖北省武汉市第十五中学教师	2009年8月至2012年7月
12	李佑胜	男	汉族	1964年3月	中共党员	博州博乐市高级中学(华师一附中博乐分校)教师	湖北省武汉市江夏职业技术学校教师	2009年8月至2012年7月
13	李青峰	男	汉族	1963年5月	群众	博州博乐市高级中学(华师一附中博乐分校)教师	湖北省武汉市第十一中学教师	2009年8月至2012年7月
14	艾顺	男	汉族	1970年11月	中共党员	博州博乐市高级中学(华师一附中博乐分校)教师	湖北省武汉市江夏区实验高级中学教师	2009年8月至2012年7月
15	周天平	男	汉族	1971年1月	群众	博州博乐市高级中学(华师一附中博乐分校)教师	湖北省武汉市光谷第二高级中学教师	2009年8月至2012年7月
16	邓洪波	男	汉族	1962年1月	群众	博州博乐市高级中学(华师一附中博乐分校)教师	湖北省武汉市汉口铁中教师	2009年8月至2012年7月

续表1

序号	姓名	性别	民族	出生年月	政治面貌	援疆期间工作单位及职务		援疆起止时间
						受援单位职务(职称)	援派单位职务(职称)	
17	卢周红	男	汉族	1964年11月	群众	博州博乐市高级中学(华师一附中博乐分校)教师	湖北省武汉市第二十三中学教师	2009年8月至2012年7月
18	李志民	男	汉族	1975年7月	中共党员	博州博乐市高级中学(华师一附中博乐分校)教师	湖北省武汉市青山区钢城十中教师	2009年8月至2012年7月
19	周生齐	男	汉族	1966年12月	群众	博州博乐市高级中学(华师一附中博乐分校)教师	湖北省武汉市第十二中学教师	2009年8月至2012年7月
20	冯发红	男	汉族	1971年12月	中共党员	博州博乐市高级中学(华师一附中博乐分校)教师	湖北省武汉市青山区钢城十中教师	2009年8月至2012年7月
21	孔俊华	男	汉族	1967年10月	中共党员	博州博乐市高级中学(华师一附中博乐分校)教师	湖北省武汉市第十六中学教师	2009年8月至2012年7月
22	熊新堂	男	汉族	1970年1月	群众	博州博乐市高级中学(华师一附中博乐分校)教师	湖北省武汉市实验学校教师	2009年8月至2012年7月
23	徐志亮	男	汉族	1978年1月	中共党员	博州博乐市高级中学(华师一附中博乐分校)教师	湖北省武汉市吴家山第四中学教师	2009年8月至2012年7月
24	邱道	男	汉族	1976年9月	群众	博州博乐市高级中学(华师一附中博乐分校)教师	湖北省武汉市吴家山第四中学教师	2009年8月至2012年7月
25	胡能刚	男	汉族	1981年11月	中共党员	博州博乐市高级中学(华师一附中博乐分校)教师	湖北省武汉市新洲区第四中学教师	2009年8月至2012年7月
26	江峰	男	汉族	1969年6月	群众	博州博乐市高级中学(华师一附中博乐分校)教师	湖北省武汉市第七中学教师	2009年8月至2012年7月
27	毛扬	男	汉族	1963年3月	群众	博州博乐市高级中学(华师一附中博乐分校)教师	湖北省武汉市弘桥中学教师	2009年8月至2012年7月

续表1

序号	姓名	性别	民族	出生年月	政治面貌	援疆期间工作单位及职务		援疆起止时间
						受援单位职务(职称)	援派单位职务(职称)	
28	李超	男	汉族	1969年11月	群众	博州博乐市高级中学(华师一附中博乐分校)教师	湖北省武汉市实验学校教师	2009年8月至2012年7月
29	余定山	男	汉族	1955年9月	群众	博州博乐市高级中学(华师一附中博乐分校)教师	湖北省武汉市第十九中学教师	2009年8月至2012年7月
30	张泽海	男	汉族	1967年8月	群众	博州博乐市高级中学(华师一附中博乐分校)教师	湖北省武汉市武汉中学教师	2009年8月至2012年7月
31	王银晶	男	汉族	1967年3月	群众	博州博乐市高级中学(华师一附中博乐分校)教师	湖北省武汉市武昌实验中学教师	2009年8月至2012年7月
32	何汉生	男	汉族	1968年7月	群众	博州博乐市高级中学(华师一附中博乐分校)教师	湖北省武汉市第二十三中学教师	2009年8月至2012年7月
33	李旭东	男	汉族	1977年1月	群众	博州博乐市高级中学(华师一附中博乐分校)教师	湖北省武汉市三角路中学教师	2009年8月至2012年7月
34	童华兵	男	汉族	1974年9月	群众	博州博乐市高级中学(华师一附中博乐分校)教师	湖北省武汉市汉阳三中教师	2009年8月至2012年7月
35	杨洲	男	汉族	1974年9月	群众	博州博乐市高级中学(华师一附中博乐分校)教师	湖北省武汉市汉南一中教师	2009年8月至2012年7月
36	郑小元	男	汉族	1967年9月	中共党员	博州博乐市高级中学(华师一附中博乐分校)教师	湖北省武汉市江夏区第一中学教师	2009年8月至2012年7月
37	涂海兵	男	汉族	1966年6月	群众	博州博乐市高级中学(华师一附中博乐分校)教师	湖北省武汉市第十七中学教师	2009年8月至2012年7月
38	潘德启	男	汉族	1965年2月	群众	博州博乐市高级中学(华师一附中博乐分校)教师	湖北省武汉市江夏区第一中学教师	2009年8月至2015年7月

续表1

序号	姓名	性别	民族	出生年月	政治面貌	援疆期间工作单位及职务		援疆起止时间
						受援单位职务(职称)	援派单位职务(职称)	
39	朱佩珍	女	汉族	1965年12月	群众	博州博乐市高级中学(华师一附中博乐分校)教师	湖北省武汉市三角路中学教师	2009年8月至2015年7月
40	赵哲华	男	汉族	1971年5月	中共党员	博州博乐市高级中学(华师一附中博乐分校)教师	湖北省武汉市江夏职业技术学校教师	2009年8月至2015年7月
41	刘进军	男	汉族	1967年2月	群众	博州博乐市高级中学(华师一附中博乐分校)教师	湖北省武汉市东湖中学教师	2009年8月至2015年7月
42	邹庆	男	汉族	1967年10月	群众	博州博乐市高级中学(华师一附中博乐分校)教师	湖北省武汉市第十二中学教师	2009年8月至2015年7月
43	王家光	男	汉族	1966年11月	中共党员	博州博乐市高级中学(华师一附中博乐分校)教师	湖北省武汉市汉南一中教师	2009年8月至2015年7月
44	梁继鲁	男	汉族	1957年10月	中共党员	博州博乐市高级中学(华师一附中博乐分校)教师	湖北省武汉市第三中学教师	2009年8月至2018年8月
45	薛家鹏	男	汉族	1970年6月	中共党员	博乐市妇幼保健站医生	湖北省十堰市太和医院普外科主治医师	2008年7月至2009年12月
46	杨力	男	汉族	1971年3月	群众	博乐市妇幼保健站医生	湖北省十堰市人民医院呼吸内科主治医师	2008年7月至2009年12月
47	赵亚娟	女	汉族	1973年2月	群众	博乐市妇幼保健站医生	湖北省十堰市太和医院妇产科副主任、主治医师	2010年3月至2011年7月
48	项国兴	男	汉族	1967年3月	中共党员	博州精河县委常委	湖北省鄂州市林业局党组成员、副局长	2008年7月至2010年11月

续表1

序号	姓名	性别	民族	出生年月	政治面貌	援疆期间工作单位及职务		援疆起止时间
						受援单位职务(职称)	援派单位职务(职称)	
49	王宏	男	汉族	1967年9月	中共党员	博州精河县副县长	湖北省仙桃经济开发区工委书记、管委会主任(副县级),仙桃市龙华山街道办事处党委书记、人大联络处主任	2008年7月至2010年11月
50	刘绪峥	男	汉族	1963年5月	群众	博州精河县高级中学教师	湖北省鄂州市第二中学教师	2008年7月至2011年6月
51	夏超	男	汉族	1972年4月	群众	博州精河县高级中学教师	湖北省鄂州市程潮铁矿学校中学教师	2008年7月至2011年6月
52	胡长江	男	汉族	1955年9月	群众	博州精河县高级中学教师	湖北省鄂州市鄂城水泥厂中学教师	2008年7月至2011年6月
53	郭金权	男	汉族	1966年9月	中共党员	博州精河县高级中学教师	湖北省鄂州市程潮铁矿学校中学教师	2008年7月至2008年12月
54	柯源	男	汉族	1970年8月	中共党员	博州精河县人民医院医生	湖北省鄂州市中医医院团委书记、脑病科副主任医师	2008年7月至2010年1月
55	严国胜	男	汉族	1967年9月	农工党	博州精河县人民医院医生	湖北省鄂州市中心医院麻醉科副主任、副主任医师	2008年7月至2010年1月
56	危晴天	男	汉族	1970年3月	群众	博州精河县人民医院医生	湖北省仙桃市第一人民医院神经外科副主任医师	2008年7月至2010年1月
57	周建军	男	汉族	1974年3月	群众	博州精河县人民医院医生	湖北省仙桃市第一人民医院麻醉科主治医师	2010年3月至2011年7月
58	王志	男	汉族	1981年1月	群众	博州精河县人民医院医生	湖北省鄂州市妇幼保健院病理科医师	2010年3月至2011年7月
59	谈昌宾	男	汉族	1975年10月	群众	博州精河县人民医院医生	湖北省鄂州市中心医院泌尿外科主治医师	2010年3月至2011年7月

续表1

序号	姓名	性别	民族	出生年月	政治面貌	援疆期间工作单位及职务		援疆起止时间
						受援单位职务（职称）	援派单位职务（职称）	
60	秦世华	男	汉族	1963年10月	中共党员	博州温泉县委常委	湖北省荆门市钟祥市委常委	2008年7月至2010年11月
61	董方平	男	汉族	1970年1月	中共党员	博州温泉县副县长	湖北省潜江市政府副调研员	2008年7月至2010年11月
62	王勇	男	汉族	1974年9月	中共党员	博州温泉县财政局党组成员、副局长	湖北省荆门市东宝区财政局副局长	2008年7月至2010年11月
63	向志雄	男	汉族	1972年3月	中共党员	博州温泉县人民医院医生	湖北省荆门市第二人民医院CT室副主任、主治医师	2008年7月至2010年1月
64	徐博	男	汉族	1969年9月	群众	博州温泉县人民医院医生	湖北省荆门市石化医院外二科副主任医师	2008年7月至2010年1月
65	敖金娥	女	汉族	1973年11月	群众	博州温泉县人民医院医生	湖北省荆门市第一人民医院病理科主治医师	2008年7月至2010年1月
66	刘联平	男	汉族	1974年1月	中共党员	博州温泉县人民医院医生	湖北省潜江市人民医院主治医师	2008年7月至2010年1月
67	陈宏	男	汉族	1972年9月	群众	博州温泉县人民医院医生	湖北省荆门市石化医院放射科主治医师	2010年3月至2011年7月
68	张伟	男	汉族	1973年9月	群众	博州温泉县人民医院医生	湖北省荆门市二医院急诊科副主任、主治医师	2010年3月至2011年7月
69	余汉凤	女	汉族	1965年1月	群众	博州温泉县人民医院医生	湖北省钟祥市人民医院病理科主治医师	2010年3月至2011年7月
70	彭一鹏	男	汉族	1973年6月	群众	博州温泉县人民医院医生	湖北省潜江市中心医院外科主治医师	2010年3月至2011年7月

续表1

序号	姓名	性别	民族	出生年月	政治面貌	援疆期间工作单位及职务		援疆起止时间
						受援单位职务(职称)	援派单位职务(职称)	
第七批(共计228人,其中中期轮换108人)								
1	彭军	男	汉族	1960年4月	中共党员	博州党委副书记	湖北省发改委党组成员、副主任,省援疆办常务副主任,省人民政府驻新疆办事处主任,省援疆工作前方指挥部党组书记、总指挥	2010年8月至2012年10月
2	苗欣	男	汉族	1963年10月	中共党员	博州人民政府副州长	湖北省联合发展投资有限公司党委委员、副总经理,省援疆工作前方指挥部党组成员、副总指挥	2011年12月至2014年12月
3	徐小兵	男	汉族	1969年10月	中共党员	博州党委组织部副部长	湖北省委组织部处长,省援疆工作前方指挥部党组成员(现任咸宁市委常委、市委组织部部长)	2010年10月至2014年1月
4	熊文	男	汉族	1963年1月	中共党员	博州发展和改革委党组书记、副主任	湖北省农业资源区划委员会办公室主任	2010年12月至2014年1月
5	沙顺利	男	汉族	1968年6月	中共党员	博州教育局副局长	湖北省教育厅基础教育处调研员	2010年12月至2014年1月
6	陈翠	女	汉族	1967年2月	中共党员	博州卫生局党组成员、副局长	湖北省中医院门诊部办公室主任	2010年12月至2014年1月
7	张忠诚	男	汉族	1963年6月	中共党员	博州住建局副局长	湖北省住建厅直属机关党委办公室副主任	2010年12月至2014年1月

续表1

序号	姓名	性别	民族	出生年月	政治面貌	援疆期间工作单位及职务		援疆起止时间
						受援单位职务(职称)	援派单位职务(职称)	
8	张谦	男	汉族	1974年9月	中共党员	博州建筑规划设计院副院长	湖北省城市规划设计研究院一所副所长	2010年12月至2012年7月
9	王均荣	男	汉族	1973年7月	中共党员	博州总工会副主席	湖北省总工会财务部副调研员	2011年8月至2014年1月
10	蒋杰峰	男	汉族	1972年11月	中共党员	博州国家安全局党委委员、副局长	湖北省国家安全厅机关副处长	2011年8月至2014年1月
11	沈辉	男	汉族	1972年12月	中共党员	博州国家安全局党委委员、副局长	湖北省国家安全厅机关副处长	2011年8月至2014年1月
12	邹登权	男	汉族	1976年2月	中共党员	博州国家安全局局长助理	湖北省国家安全厅十七处五科科长	2011年8月至2014年1月
13	余晓刚	男	汉族	1974年11月	中共党员	博州国家安全局副科长	湖北省武汉市国家安全局一处科长(正科级)	2011年8月至2014年1月
14	刘耿铭	男	汉族	1982年4月	中共党员	博州国家安全局副科长	湖北省武汉市国家安全局八处四科副科长(副科级)	2011年8月至2014年1月
15	刘贤才	男	汉族	1972年3月	中共党员	博州水利水电勘测设计院副院长、总工程师	湖北省水利水电勘测设计院成都分院院长	2010年12月至2012年7月
16	石义付	男	汉族	1973年10月	中共党员	博州水产处水产工程师	湖北省水产良种试验站副站长	2010年12月至2012年7月
17	王洪杰	男	汉族	1972年6月	中共党员	博州电视台副台长	湖北省广电总台技术管理服务中心监测科副科长(工程师)	2010年12月至2012年7月

续表1

序号	姓名	性别	民族	出生年月	政治面貌	援疆期间工作单位及职务		援疆起止时间
						受援单位职务(职称)	援派单位职务(职称)	
18	黄发新	男	汉族	1970年6月	中共党员	新疆艾比湖湿地国家级自然保护区管理局副局长	湖北省林业厅林木种苗管理总站林木种苗管理科、科研管理科科长(高级工程师)	2010年12月至2014年1月
19	刘长久	男	汉族	1957年11月	中共党员	博州公安局局长助理	湖北省公安厅网安总队副处长	2010年12月至2012年7月
20	戴建军	男	汉族	1960年7月	中共党员	博州公安局行动技术支队副支队长	湖北省公安厅技术侦察总队一支队副调研员	2010年12月至2012年7月
21	柯鹏振	男	汉族	1982年3月	中共党员	博尔塔拉蒙古自治州环境监测站(站长助理)	湖北省环境监测中心站工程师	2010年12月至2012年7月
22	向文	男	汉族	1971年9月	中共党员	博州歌舞团声乐教师	湖北省长江大学艺术学院音乐系副教授	2011年3月至2012年7月
23	刘金昌	男	汉族	1977年7月	中共党员	博州歌舞团舞蹈教师	湖北省武汉音乐学院舞蹈系教师年助教	2011年3月至2012年7月
24	林涛	男	汉族	1965年7月	中共党员	博州中等职业技术学校教师(高级讲师)	湖北省随州技师学院教务科科长(高级讲师)	2011年3月至2012年7月
25	杜明友	男	汉族	1965年11月	中共党员	博州中等职业技术学校教师(高级讲师)	湖北省荆州市高级技工学校生产服务总公司总经理(高级讲师)	2011年3月至2012年7月
26	王冠华	男	汉族	1978年10月	中共党员	博州中等职业技术学校教师(讲师)	湖北省鄂州职业大学电子电气工程系党总支副书记(讲师)	2011年3月至2012年7月

续表1

序号	姓名	性别	民族	出生年月	政治面貌	援疆期间工作单位及职务		援疆起止时间
						受援单位职务（职称）	援派单位职务（职称）	
27	刘晓斌	男	汉族	1976年10月	群众	博州中等职业技术学校教师（讲师）	湖北省襄樊职业技术学院人文艺术学院平面设计专业教师（讲师）	2011年3月至2012年7月
28	薛嵘	男	汉族	1974年8月	群众	博州中等职业技术学校教师（工程师）	湖北省襄樊机电工程学校汽车专业教师（工程师）	2011年3月至2012年7月
29	张优珍	女	汉族	1970年10月	中共党员	博州中等职业技术学校教师（讲师）	湖北省襄樊职业技术学院护理专业教师（讲师）	2011年3月至2014年1月
30	李永庆	男	汉族	1978年3月	群众	博州实验中学教师	湖北省随州市广水市第一高级中学办公室副主任、教师	2011年8月至2012年12月
31	高艳玲	女	汉族	1979年7月	群众	博州实验中学教师	湖北现代教育集团中学教师	2011年8月至2014年8月
32	蔡群山	男	汉族	1976年7月	群众	博州实验中学教师	湖北省随州市曾都区第二中学教师	2011年8月至2014年8月
33	刘全军	男	汉族	1973年10月	群众	博州实验中学教师	湖北省随州市随县一中教师	2011年8月至2014年8月
34	屈新才	男	汉族	1964年10月	中共党员	博州人民医院外一科副主任、副主任医师	湖北省华中科技大学协和医院普外科副主任、副教授	2010年12月至2011年8月
35	黄成姣	女	汉族	1974年9月	群众	博州人民医院儿科副主任、主治医师	湖北省妇幼保健院儿内科主治医师	2010年12月至2012年7月
36	冯晓波	男	汉族	1963年1月	群众	博州人民医院外一科副主任、副主任医师	湖北省肿瘤医院肿瘤介入副主任医师	2010年12月至2012年7月
37	梅敦成	男	汉族	1974年9月	群众	博州人民医院麻醉科副主任、主治医师	湖北省中山医院麻醉科主治医师	2010年12月至2012年7月

续表1

序号	姓名	性别	民族	出生年月	政治面貌	援疆期间工作单位及职务		援疆起止时间
						受援单位职务(职称)	援派单位职务(职称)	
38	王财卫	男	汉族	1966年10月	群众	博州人民医院分院放射科副主任、主治医师	湖北省武汉市普仁医院放射科主治医师	2010年12月至2014年1月
39	廖宇圣	男	汉族	1977年6月	中共党员	博州人民医院内一科副主任、主治医师	湖北省武汉市中心医院消化内科主治医师	2010年12月至2012年7月
40	赵鸿声	男	汉族	1961年11月	群众	博州人民医院外二科副主任、副主任医师	湖北省江汉大学附属医院(武汉市第六医院)骨科副主任医师	2010年12月至2012年7月
41	曾浩	男	汉族	1974年9月	群众	博州人民医院中医科副主任、主治医师	湖北省武汉市中医医院肝胆科主治医师	2010年12月至2012年7月
42	陈吉相	男	汉族	1962年4月	中共党员	博州人民医院内二科副主任、主任医师	湖北省华中科技大学同济医学院附属协和医院神经内科主任医师	2012年2月至2014年1月
43	吴云华	男	汉族	1964年7月	中共党员	博州蒙医医院肛肠科副主任	湖北省武汉大学中南医院结直肠肛门外科	2010年11月至2012年7月
44	黄学兵	男	汉族	1967年9月	中共党员	博州蒙医医院内科副主任	湖北省中医院肾病科医生	2010年11月至2011年7月
45	张燕	女	汉族	1971年2月	中共党员	博州蒙医医院妇产科副主任	湖北省新华医院妇产科副主任	2010年11月至2011年7月
46	徐贻功	男	汉族	1966年11月	中共党员	博州博乐市委副书记	湖北省武汉市蔡甸区委办公室副主任	2010年12月至2014年1月
47	沈必晟	男	汉族	1973年5月	群众	博州博乐市委常委	湖北武汉市纪律检查委员会副处级纪检监察员	2011年10月至2014年1月

续表1

序号	姓名	性别	民族	出生年月	政治面貌	援疆期间工作单位及职务		援疆起止时间
						受援单位职务(职称)	援派单位职务(职称)	
48	林铭	男	汉族	1968年3月	群众	博州博乐市边境经济合作区管委会主任	湖北省武汉市东湖新技术开发区经济发展局正科级干部	2010年12月至2014年1月
49	罗长义	男	汉族	1978年12月	中共党员	博州博乐市发展和改革委员会党组书记、副主任	湖北省武汉市发展和改革委员会投资处主任科员	2010年12月至2014年1月
50	彭晓厚	男	汉族	1973年2月	中共党员	博州博乐市教育局副局长	湖北省武汉市教育局副主任科员	2010年12月至2014年1月
51	张志峰	男	汉族	1978年11月	中共党员	博州博乐市卫生局副局长	湖北省武汉市疾病预防控制中心应急办副主任	2010年12月至2014年1月
52	代义军	男	汉族	1972年10月	中共党员	博州博乐市规划局局长	湖北省武汉市交通规划设计研究院规划设计室主任	2010年12月至2014年1月
53	王安	男	土家族	1982年9月	中共党员	博州博乐市招商局副局长	湖北省武汉市商务局政治处副主任科员	2010年12月至2014年1月
54	李哲	男	汉族	1983年5月	中共党员	博州博乐市规划局规划工程师	湖北省武汉市土地利用和城市空间规划研究中心干部	2010年12月至2012年7月
55	朱姚霖	男	汉族	1968年11月	群众	博州博乐市规划局规划工程师	湖北省武汉市规划设计研究院高级工程师	2010年12月至2012年7月
56	彭力	男	汉族	1976年3月	中共党员	博州博乐市建设局工程师	湖北省武汉市建筑节能办公室技术管理科工程师	2010年12月至2012年7月
57	丁一	男	汉族	1976年5月	中共党员	博州博乐市建设局工程师	湖北省武汉市商品混凝土管理站市场科工程师	2010年12月至2012年7月
58	魏广	男	汉族	1985年5月	中共党员	博州博乐市公安局技术人员	湖北省武汉市公安局刑事侦查局十大队科员	2010年12月至2012年7月

续表1

序号	姓名	性别	民族	出生年月	政治面貌	援疆期间工作单位及职务		援疆起止时间
						受援单位职务(职称)	援派单位职务(职称)	
59	皇甫留杰	男	汉族	1978年2月	中共党员	博州博乐市妇幼保健站医生	湖北省武汉市武昌医院内科主治医师	2010年12月至2012年7月
60	龚世雄	男	汉族	1967年5月	中共党员	博州博乐市妇幼保健站医生	湖北省武汉市第一医院妇产科副主任医师	2010年12月至2012年7月
61	程端斌	男	汉族	1970年8月	中共党员	博州博乐市第一中学副校长	湖北省武汉市培英中学副校长	2011年8月至2014年8月
62	徐首建	男	汉族	1974年8月	中共党员	博州博乐市第二中学副校长	湖北省武汉市第六十四中学副校长	2011年8月至2014年8月
63	章云峰	男	汉族	1971年9月	中共党员	博州博乐市第六中学副校长	湖北省武汉市永丰中学副校长	2011年8月至2014年8月
64	刘荣辉	男	汉族	1966年12月	中共党员	博州博乐市第八中学副校长	湖北省武汉市新河街学校德育副校长	2011年8月至2014年8月
65	林伟	男	汉族	1969年4月	群众	博州阿拉山口口岸人民医院副院长	湖北省黄石市中医医院骨科副主任医师	2010年12月至2012年7月
66	孔杰	男	汉族	1972年1月	群众	博州阿拉山口口岸人民医院医师	湖北省黄石市第一人民医院外一科主治医师	2010年12月至2012年7月
67	李合心	女	汉族	1964年2月	群众	博州阿拉山口口岸人民医院医师	湖北省黄石市阳新县妇幼保健院妇产科门诊副主任、主治医师	2010年12月至2012年7月
68	赵志雄	男	汉族	1978年11月	群众	博州阿拉山口口岸人民医院医师	湖北省黄石市妇幼保健院内科主治医师	2010年12月至2012年7月
69	陈杰	男	汉族	1982年9月	中共党员	博州阿拉山口口岸人民医院医师	湖北省黄石市第二人民医院呼吸内科主治医师	2010年12月至2012年7月

续表1

序号	姓名	性别	民族	出生年月	政治面貌	援疆期间工作单位及职务		援疆起止时间
						受援单位职务（职称）	援派单位职务（职称）	
70	朱定君	男	汉族	1968年7月	中共党员	博州阿拉山口口岸人民医院医师	湖北省黄石市中心医院心血管内科主治医师	2010年12月至2012年7月
71	刘伟立	男	汉族	1970年5月	群众	博州阿拉山口口岸人民医院医师	湖北省黄石市第四人民医院放射科主治医师	2010年12月至2012年7月
72	胡智安	男	汉族	1973年4月	中共党员	博州阿拉山口口岸人民医院医师	湖北省黄石市中心医院功能科主治医师	2010年12月至2012年7月
73	刘公平	男	汉族	1976年6月	中共党员	博州阿拉山口口岸中学副校长	湖北省黄石市第十六中学副校长	2011年8月至2014年8月
74	张纯	男	汉族	1970年1月	中共党员	博州阿拉山口口岸中学教务处教研主任	湖北省黄石市第十八中学教务处主任	2011年8月至2014年8月
75	郝彻	男	汉族	1966年4月	中共党员	博州阿拉山口口岸中学教师	湖北省黄石市有色中学办公室主任	2011年8月至2014年8月
76	张勇	男	汉族	1975年6月	群众	博州阿拉山口口岸中学教师	湖北省黄石市大冶市东岳中学教务处副主任	2011年8月至2014年8月
77	万文元	男	汉族	1969年8月	群众	博州阿拉山口口岸中学教师	湖北省黄石市黄石经济开发区四棵中学副校长	2011年9月至2014年8月
78	王新来	男	汉族	1968年4月	中共党员	博州精河县委副书记	湖北省襄阳市襄阳市委副秘书长	2010年9月至2014年1月
79	卢文忠	男	汉族	1974年4月	中共党员	博州精河县发改委党组书记、副主任	湖北省襄樊市发改委规划科科长	2010年12月至2014年1月
80	邓忠新	男	汉族	1969年9月	中共党员	博州精河县经济贸易委员会副主任	湖北省荆门市京山县政府办公室党副主任	2010年12月至2014年1月

续表1

序号	姓名	性别	民族	出生年月	政治面貌	援疆期间工作单位及职务		援疆起止时间
						受援单位职务(职称)	援派单位职务(职称)	
81	刘明春	男	汉族	1971年12月	中共党员	博州精河县教育局副局长	湖北省襄阳市第一实验小学副校长	2010年12月至2014年1月
82	李克华	男	汉族	1971年12月	中共党员	博州精河县卫生局副局长	湖北省荆门市沙洋县疾控中心主任	2010年12月至2014年1月
83	刘刚	男	汉族	1968年6月	中共党员	博州精河县公安局副局长	湖北省襄阳市公安局重点工程公安分局指挥中心主任	2010年12月至2014年1月
84	刘金波	男	汉族	1973年1月	中共党员	博州精河县农业局技术员	湖北省襄阳市农业科学院农艺师	2010年12月至2012年7月
85	江晓玲	女	汉族	1976年10月	群众	博州精河县妇幼保健院医生	湖北省荆门市京山县人民医院妇产科主治医师	2010年12月至2012年7月
86	郭晓华	男	汉族	1975年12月	群众	博州精河县人民医院医生	湖北省荆门市第一人民医院普外科	2010年12月至2012年7月
87	李红星	男	汉族	1972年7月	群众	博州精河县人民医院医生	湖北省荆门市第一人民医院消化内科副主任医师	2010年12月至2012年7月
88	宋杰	男	汉族	1973年1月	群众	博州精河县人民医院医生	湖北省荆门市钟祥市人民医院麻醉科主治医师	2010年12月至2012年7月
89	唐国民	男	汉族	1966年1月	群众	博州精河县人民医院医生	湖北省荆门市沙洋县人民医院副主任医师科主任	2010年12月至2012年7月
90	许尘鏖	男	汉族	1972年2月	群众	博州精河县人民医院医生	湖北省荆门市第二人民医院外科主治医师	2010年12月至2012年7月
91	杨丽丽	女	汉族	1975年3月	群众	博州精河县人民医院医生	湖北省荆门市石化医院主治医师	2010年12月至2012年7月

续表1

序号	姓名	性别	民族	出生年月	政治面貌	援疆期间工作单位及职务		援疆起止时间
						受援单位职务（职称）	援派单位职务（职称）	
92	吴晓霞	女	汉族	1980年6月	群众	博州精河县人民医院医生	湖北省荆门市第二人民医院心胸外科、乳腺外科医师	2010年12月至2012年7月
93	王成	男	汉族	1973年1月	群众	博州精河县人民医院医生	湖北省荆门市妇幼保健院放射科主治医师	2010年12月至2012年7月
94	王启冲	男	汉族	1971年5月	中共党员	博州精河县高级中学教师	湖北省襄阳市第四中学数学教师	2011年8月至2014年8月
95	李坚	男	汉族	1967年1月	中共党员	博州精河县高级中学教师	湖北省襄阳市第八中学高级教师	2011年8月至2014年8月
96	沈大伟	男	汉族	1972年1月	中共党员	博州精河县高级中学教师	湖北省襄阳市致远中学化学教师	2011年8月至2014年8月
97	罗成文	男	汉族	1973年11月	群众	博州精河县高级中学教师	湖北省襄阳市襄樊五中教师	2011年8月至2014年8月
98	杨栋三	男	汉族	1965年1月	中共党员	博州温泉县委副书记	湖北省宜昌市政府副秘书长	2010年9月至2014年1月
99	刘汉成	男	土家族	1966年5月	中共党员	博州温泉县发改委党组书记、副主任	湖北省宜昌市发改委地区经济科（援疆办）主任科员	2010年12月至2014年1月
100	黄朝信	男	汉族	1962年10月	中共党员	博州温泉县旅游局局长	湖北省咸宁市旅游局促联科科长	2010年12月至2014年1月
101	张忠泽	男	汉族	1965年3月	中共党员	博州温泉县教育局副局长	湖北省宜昌市第六中学副校长	2010年12月至2017年1月
102	彭兆	男	汉族	1970年3月	中共党员	博州温泉县卫生局副局长	湖北省咸宁市结核病防治所副所长	2010年12月至2014年1月
103	杨涛	男	汉族	1977年9月	中共党员	博州温泉县公安局副局长	湖北省宜昌市公安局伍家岗区分局中南派出所指导员	2011年8月至2014年1月

续表1

序号	姓名	性别	民族	出生年月	政治面貌	援疆期间工作单位及职务		援疆起止时间
						受援单位职务(职称)	援派单位职务(职称)	
104	刘建文	男	汉族	1968年12月	群众	博州温泉县建设局工程师	湖北省宜昌市建设局工程安全监督站副站长、工程师	2010年12月至2014年1月
105	刘华明	男	汉族	1972年9月	中共党员	博州温泉县农产品加工局企业经营管理人员	湖北省宜昌市夷陵区林业局办公室副主任	2010年12月至2014年1月
106	叶碧宁	男	汉族	1974年8月	中共党员	博州温泉县妇幼保健站医生	湖北省咸宁市中心医院检验科主管技师	2010年12月至2012年8月
107	杨万桂	女	汉族	1966年8月	群众	博州温泉县计生指导站医生	湖北省咸宁市第一人民医院主治医师	2010年12月至2012年7月
108	毛旭东	男	汉族	1979年5月	群众	博州温泉县人民医院医生	湖北省咸宁市通城县人民医院儿科主治医师	2010年12月至2012年7月
109	舒小钢	男	汉族	1970年2月	中共党员	博州温泉县人民医院医生	湖北省咸宁市赤壁市人民医院放射科主治医师	2010年12月至2012年7月
110	徐武敏	男	汉族	1979年11月	中共党员	博州温泉县人民医院医生	湖北省咸宁市通山县人民医院内科主治医师	2010年12月至2012年7月
111	蔡平华	男	汉族	1963年8月	群众	博州温泉县人民医院医生	湖北省咸宁市崇阳县人民医院骨外科主治医师	2010年12月至2012年7月
112	李焱	男	汉族	1983年7月	中共党员	博州温泉县人民医院医生	湖北省咸宁市嘉鱼县人民医院病理科医师	2010年12月至2012年7月
113	黄可芹	女	汉族	1968年10月	群众	博州温泉县高级中学教师	湖北省宜昌市当阳市河溶高级中学数学老师	2011年8月至2014年8月
114	杨荣贵	男	汉族	1962年9月	群众	博州温泉县高级中学教师	湖北省宜昌市外国语学校英语教师	2011年8月至2014年8月

续表1

序号	姓名	性别	民族	出生年月	政治面貌	援疆期间工作单位及职务		援疆起止时间
						受援单位职务（职称）	援派单位职务（职称）	
115	王万春	男	汉族	1973年2月	中共党员	博州温泉县高级中学教师	湖北省宜昌市枝江市第二高级中学地理教师、地理教研组组长	2011年8月至2014年8月
116	孙红芹	女	汉族	1975年9月	群众	博州温泉县高级中学教师	湖北省宜昌市当阳市河溶高级中学心理辅导老师	2011年8月至2014年8月
117	邓尚先	男	汉族	1963年1月	中共党员	博州温泉县初级中学教师	湖北省宜昌市夷陵区雾渡河镇中心学校业务干事	2011年8月至2014年8月
118	胡馨	男	汉族	1962年12月	中共党员	博州温泉县初级中学教师	湖北省宜昌市第九中学物理教师	2011年8月至2014年8月
119	廖玙和	男	汉族	1962年3月	群众	博州温泉县初级中学教师	湖北省宜昌市宜都市枝城中学地理教师	2011年8月至2014年8月
120	谭树林	男	汉族	1973年7月	群众	博州温泉县初级中学教师	湖北省宜昌市秭归县沙镇溪初级中学化学教师	2011年8月至2014年8月
第七批（中期轮换108人）								
1	施真强	男	汉族	1968年1月	中共党员	博州党委副书记	湖北省发改委党组成员、副主任，省援疆办常务副主任，省人民政府驻新疆办事处主任，省援疆工作前方指挥部党组书记、总指挥	2012年8月至2015年9月
2	黄金星[③]	男	汉族	1958年1月	中共党员	湖北省援疆工作前方指挥部党组成员、党组纪检组组长	湖北省纪委、省监察厅法规室副主任（正处长级）	2010年10月至2014年1月

续表1

序号	姓名	性别	民族	出生年月	政治面貌	援疆期间工作单位及职务		援疆起止时间
						受援单位职务(职称)	援派单位职务(职称)	
3	杜文杰	男	汉族	1974年9月	中共党员	湖省援疆工作前方指挥部党组纪检组副处级纪检监察员	湖北省纪委、省监察厅副处级纪检监察员，	2011年3月至2013年5月
4	李东	男	汉族	1974年9月	中共党员	湖北省援疆工作前方指挥部项目处科长	湖北省随州市发改委综合科科长(正科级)	2011年7月至2014年1月
5	刘大鹏	男	汉族	1973年11月	中共党员	湖北省援疆工作前方指挥部干部人才处科长	湖北省荆门市钟祥市委组织部办公室主任(正科级)	2011年7月至2014年1月
6	居陞	男	汉族	1976年3月	中共党员	湖北省援疆工作前方指挥部综合处副处长	湖北省委宣传部副调研员(副处级)	2011年7月至2013年2月
7	郭健	男	汉族	1976年4月	中共党员	博州水利水电勘测设计院副院长兼总工	湖北省漳河工程管理局计财科副科长	2012年7月至2014年1月
8	李杰	男	汉族	1965年2月	群众	博州水产处水产工程师	湖北省水产科学研究所第三研究室副主任	2012年7月至2014年1月
9	袁建荣	男	汉族	1966年1月	中共党员	博州电视台技术台长	湖北省广播电视台技术管理服务中心制作部高级工程师	2012年7月至2014年1月
10	李建	男	汉族	1973年10月	中共党员	博州公安局行动技术支队副支队长	湖北省公安厅技侦总队935指导科科长	2012年7月至2014年1月
11	张辉	男	汉族	1983年9月	中共党员	博州公安局网络安全监察支队副支队长	湖北省公安厅网安总队副主任科员	2012年7月至2014年1月
12	何佳	男	汉族	1982年3月	群众	博州建筑规划设计院副院长	湖北省城市规划设计研究院一所工程师	2012年7月至2014年1月
13	杨安平	男	壮族	1981年12月	中共党员	博尔塔拉蒙古自治州环境监测站(站长助理)	湖北省环境监测中心站工程师	2012年7月至2014年1月

续表1

序号	姓名	性别	民族	出生年月	政治面貌	援疆期间工作单位及职务		援疆起止时间
						受援单位职务(职称)	援派单位职务(职称)	
14	李云清	男	汉族	1965年1月	中共党员	博尔塔拉报社新闻总监	湖北日报评论理论中心主任编辑	2012年7月至2014年1月
15	田志康	男	汉族	1957年2月	中共党员	博州科技局副局长	湖北省科学技术厅科技成果处调研员	2012年7月至2014年1月
16	张峰	男	汉族	1969年11月	中共党员	博州赛里木湖风景名胜区管委会旅游投资有限责任公司副总经理	湖北省武当山特区景区管理局综合执法大队五龙宫中队队长	2012年7月至2014年1月
17	任钢	男	汉族	1974年1月	中共党员	博州国资委国投公司副总经理	湖北省中房集团襄阳房地产开发有限公司开发处处长	2012年7月至2014年1月
18	刘明权	男	汉族	1963年1月	中共党员	博州国资委国投公司副总经理	湖北省荆门市政府国资委监察室主任	2012年7月至2014年1月
19	熊贤斌	男	汉族	1972年8月	中共党员	博州五台工业园区(湖北工业园)党组书记	湖北省武汉市洪山区委办公室副主任	2012年7月至2014年1月
20	周谦	男	汉族	1978年9月	中共党员	博州五台工业园区(湖北工业园)规划建设局副局长	湖北省武汉市园林建筑规划设计院规划分院院长	2012年7月至2014年1月
21	潘伟	男	汉族	1976年9月	中共党员	博州计生委人口计生指导所副所长	湖北省黄石市中心医院妇产科副主任	2012年7月至2014年1月
22	聂贞萍	女	汉族	1967年12月	民革党员	博州歌舞团声乐教师	湖北省长江大学艺术学院教授	2012年3月至2013年1月
23	王海洋	男	汉族	1974年2月	中共党员	博州歌舞团舞蹈教师	湖北省歌剧院婺剧院创编室副主任一级编导	2012年7月至2014年1月

续表1

序号	姓名	性别	民族	出生年月	政治面貌	援疆期间工作单位及职务		援疆起止时间
						受援单位职务(职称)	援派单位职务(职称)	
24	邹敏	女	汉族	1979年7月	中共党员	博州歌舞团声乐教师	湖北省长江大学艺术学院音乐系副主任	2013年3月至2014年1月
25	胡建中	男	汉族	1969年3月	群众	博州中等职业技术学校师范教育教学部教师(讲师)	湖北省鄂州职业大学教师	2012年10月至2014年1月
26	黄刚	男	汉族	1973年6月	中共党员	博州中等职业技术学校汽车电气骨干教师(讲师)	湖北省交通职业技术学院教研室主任(讲师)	2012年7月至2014年1月
27	宫玉斌	男	汉族	1983年1月	群众	博州中等职业技术学校重型实训基地教师(讲师)	湖北省武汉市船舶职业技术学院教师(讲师)	2012年7月至2013年3月
28	严锐	男	汉族	1983年8月	中共党员	博州中等职业技术学校教师(讲师)	湖北省武汉市船舶职业技术学院教师(讲师)	2013年3月至2014年1月
29	朱大权	男	汉族	1957年4月	中共党员	博州中等职业技术学校医疗教学部教师(副教授)	湖北省武汉市铁路职业技术学院护理教研室主任(副教授)	2012年7月至2014年1月
30	陈皓	男	汉族	1974年6月	中共党员	博州中等职业技术学校网站建设与维护骨干教师(高级实验师	湖北省武汉市职业技术学院实训科科长(高级实验师)	2012年7月至2014年1月
31	丁雪雁	女	汉族	1978年2月	中共党员	博州中等职业技术学校旅游服务专业骨干教师(讲师)	湖北省武汉市职业技术学院旅游专业骨干教师(讲师)	2012年7月至2014年1月
32	徐桂莲	女	汉族	1966年7月	群众	博州中等职业技术学校护理专业骨干教师(副教授)	湖北省黄冈职业技术学院护理教师(副教授)	2012年7月至2014年1月
33	袁丽容	女	汉族	1964年7月	中共党员	博州中等职业技术学校护理专业带头人(副教授)	湖北省职业技术学院护理教师(副教授)	2012年7月至2014年1月

续表1

序号	姓名	性别	民族	出生年月	政治面貌	援疆期间工作单位及职务		援疆起止时间
						受援单位职务(职称)	援派单位职务(职称)	
34	冉新成	男	汉族	1963年2月	群众	博州中等职业技术学校教学副校长(高级讲师)	湖北省武汉市职业技术学院正处级干部(高级讲师)	2012年7月至2014年1月
35	王军	男	汉族	1968年6月	中共党员	博州中等职业技术学校工程技术教学部电气类专业带头人(副教授)	湖北省武汉市交通职业学院电子信息工程系专业教师、教研室主任(副教授)	2012年7月至2014年1月
36	刘庆生	男	汉族	1971年8月	中共党员	博州中等职业技术学校教师(副教授)	湖北省黄石市职业技术学院信息工程系主任(副教授)	2012年7月至2014年1月
37	李勇	男	汉族	1970年11月	民主同盟	博州人民医院副院长	湖北省华中科技大学同济医学院附属协和医院普外科副主任医师	2011年8月至2014年10月
38	凌中义	男	汉族	1974年7年9月	中共党员	博州人民医院麻醉科副主任、主治医师	湖北省武汉亚洲心脏病医院麻醉科主治医师	2012年7月至2014年1月
39	徐国斌	男	汉族	1969年7月	中共党员	博州人民医院介入科副主任、副主任医师	湖北省武汉大学中南医院放射科(放射介入科)副主任医师、讲师	2012年7月至2014年1月
40	欧阳为相	男	汉族	1962年4月	群众	博州人民医院妇产科副主任、副主任医师	湖北省华中科技大学同济医学院附属协和医院产科副主任医师	2012年7月至2014年1月
41	王玥	男	汉族	1980年3月	中共党员	博州人民医院博乐市分院皮肤科副主任	湖北省武汉市第一医院皮肤科主治医师	2012年7月至2014年1月
42	李晖	男	汉族	1977年11月	农工民主党	博州人民医院博乐市分院消化内科副主任	湖北省武汉市中心医院消化内科主治医师	2012年7月至2014年1月

续表1

序号	姓名	性别	民族	出生年月	政治面貌	援疆期间工作单位及职务		援疆起止时间
						受援单位职务(职称)	援派单位职务(职称)	
43	黄勉	男	汉族	1970年2月	中共党员	博州人民医院博乐市分院呼吸内科副主任	湖北省武汉市第三医院呼吸内科副主任医师	2012年7月至2014年1月
44	晏凯利	女	汉族	1971年6月	中共党员	博州蒙医医院内科科副主任	湖北省新华医院内科医生	2012年7月至2014年1月
45	万洁	女	汉族	1971年2月	中共党员	博州蒙医医院放射科副主任	湖北省肿瘤医院放射科医生	2012年7月至2014年1月
46	李新华	男	汉族	1969年5月	中共党员	博州蒙医医院手麻科副主任	湖北省同济医院麻醉科医生	2012年7月至2014年1月
47	王力斌	男	汉族	1977年1月	中共党员	博州博乐市城乡规划管理局工程师	湖北省武汉市测绘研究院(高级工程师)	2012年7月至2014年1月
48	吴天飞	男	汉族	1975年1月	群众	博州博乐市城乡规划管理局工程师	湖北省武汉市国土资源和规划信息中心	2012年7月至2014年1月
49	沈祥	男	汉族	1972年11月	中共党员	博州博乐市住房和城乡建设局工程师	湖北省武汉市建筑质量监督站监督三科科长	2012年7月至2014年1月
50	杨劼	男	汉族	1972年1月	中共党员	博州博乐市住房和城乡建设局工程师	湖北省武汉市建筑市场管理站检查三科科长	2012年7月至2014年1月
51	陈煌峰	男	汉族	1982年4月	中共党员	博州博乐市公安局技术员	湖北省武汉市公安局刑事侦查局十大队一级警员	2012年7月至2014年1月
52	张海强	男	汉族	1961年11月	中共党员	博州博乐市妇幼保健站内儿科医生	湖北省武汉市妇女儿童医疗保健中心副主任医师	2012年7月至2014年1月
53	聂华	女	汉族	1970年9月	群众	博州博乐市妇幼保健站内妇产科医生	湖北省武汉市武昌医院妇产科	2012年7月至2014年1月

续表1

序号	姓名	性别	民族	出生年月	政治面貌	援疆期间工作单位及职务		援疆起止时间
						受援单位职务(职称)	援派单位职务(职称)	
54	朱琴	女	汉族	1970年6月	群众	博州博乐市第二中学/博乐市第一中学教师	湖北省武汉市武昌文华中学教师	2012年8月至2015年7月
55	杨文科	男	汉族	1967年11月	中共党员	博州华师一博乐分校校长	湖北省华中师范大学第一附属中学副校长	2012年8月至2015年7月
56	陈阳平	男	汉族	1969年12月	中共党员	博州华师一附中博乐分校教师	湖北省武汉市第十二中学教师	2012年8月至2015年7月
57	程建利	女	汉族	1969年8月	群众	博州华师一附中博乐分校教师	湖北省武汉市新洲区城关高级中学教师	2012年8月至2015年7月
58	郭佳欣	男	汉族	1965年5月	中共党员	博州华师一附中博乐分校教师	湖北省华中师范大学第一附属中学办公室主任	2012年8月至2015年7月
59	洪青	男	汉族	1968年9月	中共党员	博州华师一附中博乐分校教师	湖北省武汉市马房山中学教导主任	2012年8月至2015年7月
60	胡金玲	女	汉族	1970年9月	群众	博州华师一附中博乐分校教师	湖北省武汉市黄陂第一高级中学教研组长	2012年8月至2015年7月
61	胡伦文	男	汉族	1970年10月	中共党员	博州华师一附中博乐分校教师	湖北省武汉市新洲区城关高级中学教师	2012年8月至2015年7月
62	胡能刚	男	汉族	1981年11月	中共党员	博州华师一附中博乐分校教师	湖北省武汉市新洲四中教师	2009年8月至2012年7月 2012年8月至2015年7月
63	李建波	男	汉族	1968年1月	中共党员	博州华师一附中博乐分校教师	湖北省武汉市第十五中学教师(高级)	2012年8月至2015年7月
64	李宁	男	汉族	1973年2月	中共党员	博州华师一附中博乐分校教师	湖北省武汉市青山区钢城十六中教师	2012年8月至2015年7月

续表1

序号	姓名	性别	民族	出生年月	政治面貌	援疆期间工作单位及职务		援疆起止时间
						受援单位职务(职称)	援派单位职务(职称)	
65	刘海燕	女	汉族	1979年11月	中共党员	博州华师一附中博乐分校教师	湖北省武汉市蔡甸区五中教师	2012年8月至2015年7月
66	刘少波	男	汉族	1969年9月	群众	博州华师一附中博乐分校教师	湖北省武汉市东西湖吴家山四中教师	2012年8月至2015年7月
67	梅席	男	汉族	1974年11月	中共党员	博州华师一附中博乐分校教师	湖北省华中师范大学第一附属中学教师	2012年8月至2015年7月
68	彭先权	男	汉族	1968年9月	中共党员	博州华师一附中博乐分校教师	湖北省武汉市黄陂第七高级中学教师	2012年8月至2015年7月
69	沈观鑫	男	汉族	1965年4月	中共党员	博州华师一附中博乐分校教师	湖北省武汉市第二中学教师	2012年8月至2015年7月
70	汤峰	男	汉族	1967年12月	群众	博州华师一附中博乐分校教师	湖北省武汉市育才高级中学教师	2012年8月至2015年7月
71	田丰	男	汉族	1966年12月	群众	博州华师一附中博乐分校教师	湖北省华中师范大学第一附属中学教师	2012年8月至2015年7月
72	涂海斌	男	汉族	1966年6月	群众	博州华师一附中博乐分校教师	湖北省武汉市第十七中学教师	2012年8月至2015年7月
73	汪立新	男	汉族	1966年10月	群众	博州华师一附中博乐分校教师	湖北省武汉市二十六中学教师	2012年8月至2015年7月
74	王大舟	男	汉族	1969年9月	群众	博州华师一附中博乐分校教师	湖北省武汉市第二中学教师	2012年8月至2015年7月
75	王继军	男	汉族	1987年4月	群众	博州华师一附中博乐分校教师	湖北省武汉市武昌区粮道街中学教师	2012年8月至2015年7月

续表1

序号	姓名	性别	民族	出生年月	政治面貌	援疆期间工作单位及职务		援疆起止时间
						受援单位职务(职称)	援派单位职务(职称)	
76	王玉珍	女	汉族	1969年9月	群众	博州华师一附中博乐分校教师	湖北省武汉市青山区钢城十四中教师	2012年8月至2015年7月
77	魏红梅	女	汉族	1969年2月	中共党员	博州华师一附中博乐分校教师	湖北省武汉市汉铁高中教师	2012年8月至2015年7月
78	魏威	男	汉族	1968年6月	群众	博州华师一附中博乐分校教师	湖北省华中师范大学第一附属中学教师	2012年8月至2015年7月
79	肖伯元	男	汉族	1961年10月	中共党员	博州华师一附中博乐分校教师	湖北省武汉市吴家山四中教师	2012年8月至2015年7月
80	谢受才	男	汉族	1961年6月	群众	博州华师一附中博乐分校教师	湖北省武汉市第十九中学教师	2012年8月至2015年7月
81	徐建芳	女	汉族	1962年1月	群众	博州华师一附中博乐分校教师	湖北省武汉市二十三中学教师	2012年8月至2015年7月
82	许艺高	男	汉族	1966年3月	群众	博州华师一附中博乐分校教师	湖北省武汉市蔡甸区五中教师	2012年8月至2015年7月
83	周学勇	男	汉族	1968年12月	中共党员	博州华师一附中博乐分校教师	湖北省武汉市第十六中学(中高)	2012年8月至2015年7月
84	刘进军	男	汉族	1967年2月	群众	博州华师一附中博乐分校教师	湖北省武汉市东湖中学教师	2009年8月至2012年7月 2012年8月至2015年7月
85	潘德启	男	汉族	1965年2月	群众	博州华师一附中博乐分校教师	湖北省武汉市江夏区一中	2009年8月至2012年7月
86	王家光	男	汉族	1966年11月	中共党员	博州华师一附中博乐分校教师	湖北省武汉市汉南第一中学教师	2009年8月至2012年7月 2012年8月至2015年7月

续表1

序号	姓名	性别	民族	出生年月	政治面貌	援疆期间工作单位及职务		援疆起止时间
						受援单位职务(职称)	援派单位职务(职称)	
87	赵哲华	男	汉族	1971年5月	中共党员	博州华师一附中博乐分校教师	湖北省武汉市江夏职业技术学校教师	2009年8月至2012年7月 2012年8月至2015年7月
88	朱佩珍	女	汉族	1965年12月	群众	博州华师一附中博乐分校教师	湖北省武汉市三角路中学教师	2009年8月至2012年7月 2012年8月至2015年7月
89	邹庆	男	汉族	1967年10月	民盟	博州华师一附中博乐分校教师	湖北省武汉市十二中学教师	2012年8月至2013年3月 2012年8月至2015年7月
90	梁继鲁	男	汉族	1957年10月	中共党员	博州华师一附中博乐分校教师	湖北省武汉市三中教师	2009年8月至2012年7月 2012年8月至2015年7月
91	郑杰	男	汉族	1980年9月	群众	精河县人民医院医生	湖北省荆门市第一人民医院病理科副主任	2012年7月至2014年1月
92	周畅军	男	汉族	1976年6月	群众	精河县人民医院医生	湖北省荆门市第一人民医院急诊科主治医师	2012年7月至2014年1月
93	陈伟	男	汉族	1978年2月	群众	精河县人民医院医生	湖北省荆门市第二人民医院泌尿外科主治医师	2012年7月至2014年1月
94	罗云	男	汉族	1972年4月	中共党员	精河县人民医院医生	湖北省荆门市妇保院麻醉科主任	2012年7月至2014年1月
95	史卫建	男	汉族	1973年5月	群众	精河县人民医院医生	湖北省荆门市中医医院放射科主治医师	2012年7月至2014年1月
96	张雄华	男	汉族	1968年8月	群众	精河县人民医院医生	湖北省荆门市第二医院神经内科主治医师	2012年7月至2014年1月
97	寇小莉	女	汉族	1977年12月	群众	精河县人民医院医生	湖北省钟祥市人民医院妇产科主治医师	2012年7月至2014年1月

续表1

序号	姓名	性别	民族	出生年月	政治面貌	援疆期间工作单位及职务		援疆起止时间
						受援单位职务（职称）	援派单位职务（职称）	
98	刘辉	男	汉族	1981年9月	中共党员	博州精河县妇幼保健院医生	湖北省荆门市京山县人民医院临床检验医师	2012年7月至2014年1月
99	鲁尔芬	女	汉族	1978年1月	群众	博州精河县妇幼保健院医生	湖北省荆门市沙洋县人民医院妇产科主治医师	2012年7月至2014年1月
100	刘凤琦	女	汉族	1958年12月	中共党员	博州精河县妇幼保健院医生	湖北省襄阳市妇幼保健院主治医师	2012年7月至2014年1月
101	黄伟	男	汉族	1984年11月	中共党员	博州温泉县城乡规划局工程师	湖北省宜昌市规划局测绘大队干部	2012年7月至2014年1月
102	林世海	男	汉族	1986年3月	中共	博州温泉县住建局质监站	湖北省咸宁市建工处建筑安全监督站副科级干部	2012年7月至2014年1月
103	肖维	男	汉族	1981年2月	中共党员	博州温泉县妇幼保健站医生	湖北省咸宁市中心医院检验科主管技师	2012年7月至2013年12月
104	张义高	男	汉族	1972年6月	群众	博州温泉县人民医院医生	湖北省咸宁市通山县人民医院检验科主管技师	2012年7月至2014年1月
105	甘清	男	汉族	1979年9月	群众	博州温泉县人民医院医生	湖北省咸宁市第一人民医院麻醉科主治医师	2012年7月至2014年1月
106	熊辉伟	男	汉族	1968年4月	中共党员	博州温泉县人民医院医生	湖北省咸宁市崇阳县人民医院ICU（重症监护病房）负责人	2012年7月至2014年1月
107	潘秀娥	女	汉族	1977年3月	中共党员	博州温泉县人民医院医生	湖北省咸宁市通城县妇幼保健院内儿科主任	2012年7月至2014年1月
108	王晓宏	女	汉族	1968年3月	群众	博州温泉县人民医院医生	湖北省咸宁市赤壁市第二人民医院内科主治医师	2012年7月至2014年1月

续表1

序号	姓名	性别	民族	出生年月	政治面貌	援疆期间工作单位及职务		援疆起止时间
						受援单位职务(职称)	援派单位职务(职称)	
第八批(共计252人,其中中期轮换72人)								
1	施真强	男	汉族	1968年1月	中共党员	博州党委副书记	湖北省发改委党组成员、副主任,省援疆办常务副主任,省人民政府驻新疆办事处主任,省援疆工作前方指挥部党组书记、总指挥	2012年8月至2015年9月
2	苗欣	男	汉族	1963年10月	中共党员	博州人民政府副州长	湖北省联合发展投资有限公司党委委员、副总经理,省援疆工作前方指挥部党组成员、副总指挥	2011年12月至2014年12月
3	熊晓泉	男	汉族	1967年10月	中共党员	博州纪委副书记	湖北省纪委、省监察厅第二纪检监察室副主任,省援疆工作前方指挥部党组成员、党组纪检组组长	2013年8月至2014年12月
4	胡勇	男	汉族	1973年4月	中共党员	博州党委组织部副部长	湖北省党建研究所理论指导处处长,省援疆工作前方指挥部党组成员 (现任襄阳市委常委、市委组织部部长)	2013年8月至2016年12月
5	宋祥	男	汉族	1963年11月	中共党员	博州党委宣传部副部长	湖北省委宣传部办公室副调研员	2013年4月至2015年7月
6	雷国平	男	汉族	1968年12月	中共党员	博州党委党史研究室(地方志办公室)副主任	湖北省委党史研究室人事处副处长	2013年4月至2016年4月

续表1

序号	姓名	性别	民族	出生年月	政治面貌	援疆期间工作单位及职务		援疆起止时间
						受援单位职务（职称）	援派单位职务（职称）	
7	陈卫军	男	汉族	1974年2月	中共党员	博州党委政法委副书记	湖北省委政法委办公室副调研员	2014年2月至2017年2月
8	孙群	男	汉族	1964年6月	中共党员	博州发改委（粮食局）党组书记、副主任（副局长）	湖北省发改委开发区管理处处长	2014年2月至2017年2月
9	彭波	男	汉族	1979年1月	中共党员	博州党委组织部人才办副主任	湖北省荆门市委组织部研究室主任，省援疆工作前方指挥部干部人才处科长	2014年2月至2017年1月
10	朱方平	男	汉族	1964年8月	中共党员	博州卫生局副局长	湖北省临床检验中心主任助理（副处级）	2014年2月至2017年2月
11	乔楚华	男	汉族	1966年4月	中共党员	博州科技局副局长	湖北省科学厅高新技术发展与产业化处副处长	2014年2月至2017年2月
12	赵国新	男	汉族	1967年12月	中共党员	博州教育局副局长	湖北省教育厅职业教育与成人教育处副调研员	2014年2月至2017年2月
13	陈维	男	汉族	1971年4月	中共党员	博州总工会副主席	湖北省总工会教育工会办公室主任	2014年2月至2017年2月
14	帅元新	男	汉族	1970年11月	中共党员	博州住建局副局长	湖北省建筑工程管理局离退休干部处主任科员（现任湖北省建筑工程管理局质量安全处副处长）	2014年2月至2017年2月 2017年2月至2020年1月
15	沈浩	男	汉族	1969年7月	中共党员	博州商务局副局长	湖北省外商投诉协调中心副主任	2014年2月至2017年2月

续表1

序号	姓名	性别	民族	出生年月	政治面貌	援疆期间工作单位及职务		援疆起止时间
						受援单位职务(职称)	援派单位职务(职称)	
16	罗玉贵	男	汉族	1963年1月	中共党员	博州五台工业园区(湖北工业园)管委会党组书记、副主任	湖北省武汉市蔡甸区委办公室副主任,蔡甸区后官湖生态宜居新城党委书记	2014年2月至2017年2月
17	许浩	男	汉族	1974年8月	群众	博州五台工业园区(湖北工业园)管委会投资开发责任公司副总经理	湖北省武汉光谷联合产权交易所有限公司股权托管交易中心部门副经理	2014年2月至2015年8月
18	倪仕明	男	汉族	1970年8月	中共党员	博州财政局副局长	湖北省财政厅商贸处副调研员	2014年2月至2017年2月
19	徐健	男	汉族	1976年11月	中共党员	博州旅游局副局长	湖北省旅游局市场处副处长	2014年2月至2015年8月
20	张爱虎	男	汉族	1975年3月	中共党员	博尔塔拉报社副总编辑、新闻总监	湖北日报农村新闻中心主任记者	2014年2月至2015年8月
21	刘东海	男	汉族	1963年11月	中共党员	博州水利水电勘测设计院总工程师	湖北省水利水电规划勘测设计院高级工程师	2014年2月至2015年8月
22	刘汉新	男	汉族	1967年7月	群众	博州水产处专业技术人员	湖北省水产良种试验站水产工程师	2014年2月至2017年2月
23	樊晓琦	男	汉族	1957年8月	群众	博州电视台业务副台长	湖北广播电视台电视新闻中心记者	2014年2月至2015年8月
24	文少军	男	汉族	1968年4月	中共党员	博州电子政务办网络宣传专业技术人员	湖北三峡技师学院夷陵路校区负责人、高级讲师	2014年2月至2015年8月
25	黄昌勇	男	汉族	1975年6月	群众	博州金三角工业园区专业技术人员	新疆兴发化工有限公司副总经理	2014年2月至2015年8月

续表1

序号	姓名	性别	民族	出生年月	政治面貌	援疆期间工作单位及职务		援疆起止时间
						受援单位职务(职称)	援派单位职务(职称)	
26	胡毅军	男	汉族	1971年11月	群众	博州建筑规划设计院专业技术人员	湖北省建筑科学研究设计院改制办主任、工程师	2014年2月至2015年7月
27	黄雄文	男	汉族	1976年12月	中共党员	博州环保局监察支队专业技术人员	湖北省天门市环境监察支队副支队长、工程师	2014年2月至2015年8月
28	赖钟洪	男	汉族	1979年1月	中共党员	博州国家安全局专业技术人员	湖北省国家安全厅一总队二支队副支队长	2014年2月至2015年8月
29	刘杰	男	汉族	1978年10月	中共党员	博州国家安全局专业技术人员	湖北省国家安全厅指挥部办公室科长	2014年2月至2015年8月
30	沈云峰	男	汉族	1975年3月	中共党员	博州国家安全局专业技术人员	湖北省武汉市国家安全局三局十二支队科长	2014年2月至2015年8月
31	戴杨	男	汉族	1987年7月	中共党员	博州国家安全局专业技术人员	湖北省武汉市国家安全局二局四支队副科长	2014年2月至2015年8月
32	罗小兵	男	汉族	1976年3月	中共党员	博州公安局专业技术人员	湖北省公安厅刑事侦查总队刑事技术支队二室主任	2014年2月至2015年8月
33	周来学	男	汉族	1971年12月	中共党员	博州公安局专业技术人员	湖北省公安厅反恐怖工作总队主任科员	2014年2月至2017年2月
34	周晓敏	男	土家族	1973年6月	中共党员	博州公益林和国有林场管理站专业技术人员	湖北省林业厅天然林保护中心主任科员	2015年8月至2018年8月
35	冉新成	男	汉族	1963年2月	中共党员	博州中等职业技术学校(武汉职院博州分院)教学副校长	湖北省武汉职业技术学院正处级干部	2012年7月至2015年8月
36	刘庆生	男	汉族	1971年8月	中共党员	博州中等职业技术学校(武汉职院博州分院)教师	湖北省黄石职业技术学院信息工程系主任、副教授	2012年7月至2015年8月

续表1

序号	姓名	性别	民族	出生年月	政治面貌	援疆期间工作单位及职务		援疆起止时间
						受援单位职务(职称)	援派单位职务(职称)	
37	王军	男	汉族	1968年6月	中共党员	博州中等职业技术学校(武汉职院博州分院)工程技术教学部电气类专业带头人	湖北省武汉交通职业学院电子信息工程系教研室主任、副教授	2012年7月至2015年8月
38	张优珍	女	汉族	1970年10月	中共党员	博州中等职业技术学校(武汉职院博州分院)教师	湖北省襄樊职业技术学院教师	2011年3月至2015年8月
39	张雪萍	女	汉族	1966年1月	民盟	博州中等职业技术学校(武汉职院博州分院)教师	湖北省武汉城市职业学院副教授	2014年2月至2015年8月
40	杨杰	男	汉族	1976年1月	群众	博州中等职业技术学校(武汉职院博州分院)教师	湖北省武汉职业技术学院教师	2014年2月至2015年8月
41	胡迎九	男	汉族	1969年3月	中共党员	博州中等职业技术学校(武汉职院博州分院)教师	湖北省武汉交通职业学院副教授	2014年2月至2015年8月
42	杨宏	男	汉族	1962年11月	群众	博州中等职业技术学校(武汉职院博州分院)教师	湖北省武汉铁路职业技术学院教师	2014年2月至2015年8月
43	李双庆	男	汉族	1966年6月	群众	博州中等职业技术学校(武汉职院博州分院)教师	湖北职业技术学院教师	2014年2月至2015年8月
44	王劭	男	汉族	1966年8月	中共党员	博州中等职业技术学校(武汉职院博州分院)教师	湖北轻工职业技术学院学工处处长	2014年2月至2015年8月
45	郭福洲	男	汉族	1972年6月	中共党员	博州中等职业技术学校(武汉职院博州分院)教师	湖北省黄冈职业技术学院电子信息学院副教授	2014年2月至2015年8月
46	汪瑞军	男	汉族	1974年4月	中共党员	博州中等职业技术学校(武汉职院博州分院)教师	湖北省旅游学校组织人事办主任、教师	2014年2月至2017年2月

续表1

序号	姓名	性别	民族	出生年月	政治面貌	援疆期间工作单位及职务		援疆起止时间
						受援单位职务（职称）	援派单位职务（职称）	
47	田林波	男	汉族	1975年1月	群众	博州中等职业技术学校（武汉职院博州分院）教师	湖北交通职业技术学院教师	2014年2月至2018年8月
48	夏循海	男	汉族	1962年8月	中共党员	博州中等职业技术学校（武汉职院博州分院）教学副校长	湖北省武汉职业技术学院后勤集团副总经理	2015年8月至2018年8月
49	朱龙信	男	汉族	1971年2月	中共党员	博州实验中学副校长	湖北省潜江市潜江中学教师	2014年8月至2017年8月 2017年8月至2020年8月
50	刘志宇	男	汉族	1968年7月	中共党员	博州实验中学教师	湖北省潜江市竹根滩高中教师	2014年8月至2017年8月 2017年8月至2020年8月
51	关喜生	男	汉族	1960年1月	中共党员	博州实验中学教师	湖北省潜江市园林高中教师	2014年8月至2017年8月
52	朱建松	男	汉族	1986年8月	中共党员	博州实验中学教师	湖北省潜江市江汉油田广华中学教师	2014年8月至2017年8月
53	何明	男	汉族	1979年6月	中共党员	博州人民医院（武汉协和医院博州分院）医生	湖北省妇幼保健院妇产科主治医师	2014年2月至2015年8月
54	杨敏	女	汉族	1977年1月	群众	博州人民医院（武汉协和医院博州分院）医生	湖北省武汉大学中南医院急诊医学教研室副主任、急救中心主治医师	2014年2月至2015年8月
55	何强	男	汉族	1977年12月	群众	博州人民医院（武汉协和医院博州分院）医生	湖北省新华医院皮肤科主治医师	2014年2月至2015年8月
56	陈俊	男	汉族	1977年11月	群众	博州人民医院（武汉协和医院博州分院）医生	湖北省长江航运总医院脑外科主治医师	2014年2月至2015年8月

续表1

序号	姓名	性别	民族	出生年月	政治面貌	援疆期间工作单位及职务		援疆起止时间
						受援单位职务(职称)	援派单位职务(职称)	
57	肖军	男	汉族	1974年4月	中共党员	博州人民医院(武汉协和医院博州分院)医生	湖北省武汉市普爱医院骨科副主任医师	2014年2月至2015年8月
58	邵立华	男	汉族	1979年4月	中共党员	博州人民医院(武汉协和医院博州分院)医生	湖北省武汉市第五医院消化内科主治医师	2014年2月至2015年8月
59	喻业安	男	汉族	1971年7月	中共党员	博州人民医院(武汉协和医院博州分院)医生	湖北省武汉市第三医院内科党支部副书记、肾内科主治医师	2014年2月至2015年8月
60	李宁杰	男	土家族	1986年6月	群众	博州人民医院(武汉协和医院博州分院)医生	湖北省江汉大学附属医院(武汉市第六医院)放射影像科医师	2014年2月至2015年8月
61	何生华	男	汉族	1975年10月	中共党员	博州蒙医医院医生	湖北省中山医院康复科副主任医师	2014年2月至2015年8月
62	夏文清	男	汉族	1971年8月	中共党员	博州蒙医医院医生	湖北省中医院骨伤科主治医师	2014年2月至2015年8月
63	张鹏	男	汉族	1974年6月	群众	博州蒙医医院医生	湖北省华中科技大学同济医学院附属同济医院胃肠外科主治医师	2014年2月至2015年8月
64	钱乔	男	汉族	1976年1月	中共党员	博州博乐市委副书记	湖北省武汉市汉南区供销联社(商务局、商管中心)委员会委员、书记	2013年8月至2016年12月
65	徐涛	男	汉族	1977年3月	中共党员	博州博乐市发改委副主任	湖北省武汉市发改委办公室主任科员	2014年2月至2017年2月

续表1

序号	姓名	性别	民族	出生年月	政治面貌	援疆期间工作单位及职务		援疆起止时间
						受援单位职务(职称)	援派单位职务(职称)	
66	万里	男	汉族	1968年12月	中共党员	博州博乐市城乡规划局局长	湖北省武汉市国土资源和规划局汉阳分局规划用地科科长	2014年2月至2017年2月
67	谢申刚	男	汉族	1973年1月	中共党员	博州博乐市教育局副局长	湖北省武汉市委党校分校培训部主任、副教授	2014年2月至2017年2月
68	李文	女	汉族	1968年12月	群众	博州博乐市卫生局副局长	湖北省武汉市结核病防治所信息科副科长	2014年2月至2017年2月
69	高祥勇	男	汉族	1984年11月	中共党员	博州博乐市招商局副局长	湖北省武汉市商务局会展综合处副主任科员	2014年2月至2017年2月
70	荣博	男	汉族	1981年12月	中共党员	博州博乐市公安局指挥中心副主任	湖北省武汉市公安局情报信息中心一级警员(副科级)	2014年2月至2017年2月
71	付为	男	汉族	1980年7月	群众	博州博乐市城乡规划局专业技术人员	湖北省武汉市国土资源和规划局信息中心土地信息部科员、高级工程师	2014年2月至2015年8月
72	邓小康	男	汉族	1985年7月	中共党员	博州博乐市住建局专业技术人员	湖北省武汉市市政工程质量监督站质监员、工程师	2014年2月至2015年8月
73	王轶	男	汉族	1980年12月	群众	博州博乐市园林绿化局专业技术人员	湖北省武汉市园林设施服务站工程师	2014年2月至2015年8月
74	龚为	男	汉族	1978年3月	中共党员	博州博乐市建设工程质量安全监督站专业技术人员	湖北省武汉市建筑工程质量监督站质监员、高级工程师	2014年2月至2015年8月

续表1

序号	姓名	性别	民族	出生年月	政治面貌	援疆期间工作单位及职务		援疆起止时间
						受援单位职务(职称)	援派单位职务(职称)	
75	张勇	男	汉族	1972年10月	群众	博州博乐市阳光城乡投资公司工程部经理	湖北省武汉地产集团工程一部高级主管、高级工程师,武汉市城乡统筹示范区建没投资公司建设开发部部长	2014年2月至2015年8月
76	董焕斌	男	汉族	1966年5月	中共党员	博州博乐市阳光城乡投资公司融资部经理	湖北省武汉农业集团财务总监、梁子湖水产品公司董事	2014年2月至2015年8月
77	周青松	男	汉族	1962年4月	群众	博州博乐市妇幼保健院医生	湖北省武汉市中心医院妇产科副主任医师	2014年2月至2015年8月
78	熊瑞华	男	汉族	1975年2月	群众	博州博乐市妇幼保健院医生	湖北省武汉市儿童医院重症医学科主治医师	2014年2月至2015年8月
79	刘兴华	男	汉族	1982年7月	群众	博州博乐市妇幼保健院医生	湖北省武汉市第一医院放射科主治医师	2014年2月至2017年2月
80	梁建军	男	汉族	1969年6月	中共党员	博州博乐市第一中学副校长	湖北省武汉市旅游学校副校长	2014年8月至2017年8月
81	何志怀	男	汉族	1973年1月	中共党员	博州博乐市第二中学副校长	湖北省武汉市第四十九中学办公室副主任	2014年8月至2017年8月
82	周德军	男	汉族	1968年4月	中共党员	博州博乐市第六中学副校长	湖北省武汉市盲童学校副校长	2014年8月至2017年8月
83	乐朝晖	男	汉族	1972年7月	中共党员	博州博乐市第八中学副校长	湖北省武汉市吴家山第二中学副校长	2014年8月至2017年8月
84	黄崇飞	男	汉族	1974年11月	中共党员	博州博乐市第一小学副校长	湖北省武汉市黄陂区前川街第五小学教科主任	2014年8月至2017年8月

续表1

序号	姓名	性别	民族	出生年月	政治面貌	援疆期间工作单位及职务		援疆起止时间
						受援单位职务(职称)	援派单位职务(职称)	
85	王刚	男	土家族	1969年7月	中共党员	博州博乐市第五小学副校长	湖北省武汉市新洲区旧街街黄林小学副校长	2014年8月至2017年8月
86	陶涛	男	汉族	1972年9月	群众	博州博乐市高级中学(华师一附中博乐分校)校长	湖北省华中师范大学第一附属中学人事处主任	2015年8月至2018年8月
87	赵飞马	男	汉族	1973年9月	中共党员	博州博乐市高级中学(华师一附中博乐分校)副校长	湖北省华中师范大学第一附属中学级部副主任	2015年8月至2018年8月
88	赵捷	男	汉族	1968年5月	中共党员	博州博乐市高级中学(华师一附中博乐分校)教师	湖北省华中师范大学第一附属中学教师	2015年8月至2018年8月
89	徐明	男	汉族	1970年5月	群众	博州博乐市高级中学(华师一附中博乐分校)教师	湖北省华中师范大学第一附属中学教师	2015年8月至2018年8月
90	柳福文	男	土家族	1962年4月	群众	博州博乐市高级中学(华师一附中博乐分校)教师	湖北省武汉市洪山高级中学教师	2015年8月至2018年8月
91	吕江勇	男	汉族	1971年10月	中共党员	博州博乐市高级中学(华师一附中博乐分校)教师	湖北省武汉市黄陂区第二中学教师	2015年8月至2018年8月
92	杜大权	男	汉族	1974年10月	群众	博州博乐市高级中学(华师一附中博乐分校)教师	湖北省武汉市洪山高级中学教师	2015年8月至2018年8月
93	刘族刚	男	汉族	1971年10月	中共党员	博州博乐市高级中学(华师一附中博乐分校)教师	湖北省武汉市吴家山中学教师	2015年8月至2018年8月
94	袁昭	女	汉族	1982年7月	中共党员	博州博乐市高级中学(华师一附中博乐分校)教师	湖北省武汉市钢城第十四中学教师	2015年8月至2018年8月
95	宋小妹	女	汉族	1973年9月	群众	博州博乐市高级中学(华师一附中博乐分校)教师	湖北省武汉市黄陂区第二中学教师	2015年8月至2018年8月

续表1

序号	姓名	性别	民族	出生年月	政治面貌	援疆期间工作单位及职务		援疆起止时间
						受援单位职务(职称)	援派单位职务(职称)	
96	肖建新	男	汉族	1971年7月	中共党员	博州博乐市高级中学(华师一附中博乐分校)教师	湖北省武汉市黄陂区第二中学教师	2015年8月至2018年8月
97	左念平	男	汉族	1972年2月	群众	博州博乐市高级中学(华师一附中博乐分校)教师	湖北省武汉市新洲区第一中学教师	2015年8月至2018年8月
98	谭志社	男	汉族	1963年5月	群众	博州博乐市高级中学(华师一附中博乐分校)教师	湖北省武汉市第十一中学教师	2015年8月至2018年8月
99	秦凡	男	汉族	1969年4月	中共党员	博州博乐市高级中学(华师一附中博乐分校)教师	湖北省武汉市江汉区教育局中学教研室师培中心主任	2015年8月至2018年8月
100	程龙文	男	汉族	1968年12月	中共党员	博州博乐市高级中学(华师一附中博乐分校)教师	湖北省武汉市经济技术开发区第一中学教师	2015年8月至2018年8月
101	许德权	男	汉族	1972年11月	中共党员	博州博乐市高级中学(华师一附中博乐分校)教师	湖北省武汉市二职中心(普高班)教师	2015年8月至2018年8月
102	程再林	男	汉族	1969年4月	群众	博州博乐市高级中学(华师一附中博乐分校)教师	湖北省武汉市吴家山中学教师	2015年8月至2018年8月
103	曾春来	男	汉族	1971年7月	群众	博州博乐市高级中学(华师一附中博乐分校)教师	湖北省武汉市第六中学教师	2015年8月至2018年8月
104	孙伟	女	汉族	1970年3月	群众	博州博乐市高级中学(华师一附中博乐分校)教师	湖北省武汉市钢城第十三中学教师	2015年8月至2018年8月
105	余翔	男	汉族	1968年6月	群众	博州博乐市高级中学(华师一附中博乐分校)教师	湖北省武汉市第六十八中学教师	2015年8月至2018年8月
106	肖青	男	汉族	1970年3月	群众	博州博乐市高级中学(华师一附中博乐分校)教师	湖北省武汉市第十五中学教师	2015年8月至2018年8月

续表1

序号	姓名	性别	民族	出生年月	政治面貌	援疆期间工作单位及职务		援疆起止时间
						受援单位职务(职称)	援派单位职务(职称)	
107	郑国斌	男	汉族	1970年2月	中共党员	博州博乐市高级中学(华师一附中博乐分校)教师	湖北省武汉市蔡甸区侏儒山中学教师	2015年8月至2018年8月
108	郑凯	男	汉族	1960年10月	群众	博州博乐市高级中学(华师一附中博乐分校)教师	湖北省华中师范大学第一附属中学教师	2015年8月至2018年8月
109	梁继鲁	男	汉族	1957年10月	中共党员	博州博乐市高级中学(华师一附中博乐分校)教师	湖北省武汉市第三中学教师	2009年8月至2018年8月
110	唐君	女	土家族	1972年4月	群众	博州博乐市高级中学(华师一附中博乐分校)教师	湖北省武汉市第十六中学教师	2015年8月至2018年8月
111	高启存	男	汉族	1974年6月	群众	博州博乐市高级中学(华师一附中博乐分校)教师	湖北省武汉市第二十三中学教师	2015年8月至2018年8月
112	孙红霞	女	汉族	1976年12月	群众	博州博乐市高级中学(华师一附中博乐分校)教师	湖北省武汉市光谷第二高级中学教师	2015年8月至2018年8月
113	郭建斌	男	汉族	1971年9月	中共党员	博州博乐市第九中学副校长	湖北省武汉市钟家村中学教师	2015年8月至2018年8月
114	张艳红	女	汉族	1973年10月	群众	博州博乐市第九中学教师	湖北省武汉市江夏实验高级中学教师	2015年8月至2018年8月
115	易钊	男	汉族	1973年8月	中共党员	博州博乐市第九中学教师	湖北省武汉市第十七初级中学教师	2015年8月至2018年8月
116	江莹	女	汉族	1972年9月	中共党员	博州博乐市第九中学教师	湖北省武汉市新河街学校教师	2015年8月至2018年8月
117	刘红霞	女	汉族	1974年10月	群众	博州博乐市第九中学教师	湖北省武汉市吴家山第四中学教师	2015年8月至2018年8月

续表1

序号	姓名	性别	民族	出生年月	政治面貌	援疆期间工作单位及职务		援疆起止时间
						受援单位职务(职称)	援派单位职务(职称)	
118	易相文	男	汉族	1974年7月	群众	博州博乐市第九中学教师	湖北省武汉市吴家山中学教师	2015年8月至2018年8月
119	袁光明	男	汉族	1972年12月	群众	博州博乐市第九中学教师	湖北省武汉市吴家山第三小学教师	2015年8月至2018年8月
120	范俊华	男	汉族	1970年11月	中共党员	博州博乐市第九中学教师	湖北省武汉市蔡甸区东方小学教师	2015年8月至2018年8月
121	甘勇军	男	汉族	1973年2月	中共党员	博州博乐市第九中学教师	湖北省武汉市金鹤园学校教师	2015年8月至2018年8月
122	袁磊	男	汉族	1972年10月	中共党员	博州博乐市第九中学教师	湖北省武汉市金银湖中学教师	2015年8月至2018年8月
123	汪勇	男	汉族	1976年7月	中共党员	博州阿拉山口市委副书记	湖北省黄石市发改委党组成员、副主任	2013年8月至2016年12月
124	潘泽明	男	汉族	1964年10月	群众	博州阿拉山口综保区管委会副主任	湖北省武汉市吴家山经济技术开发区保税物流管理处副主任	2014年2月至2017年2月
125	周辉光	男	汉族	1969年11月	中共党员	博州阿拉山口市发展改革统计局副局长	湖北省黄石市大冶市商务局党委委员、副局长	2014年2月至2017年2月
126	王三平	男	汉族	1969年6月	中共党员	博州阿拉山口市商务局副局长	湖北省黄石市商务委现代服务业招商分局副局长	2014年2月至2017年2月
127	余洪泽	男	汉族	1976年10月	中共党员	博州阿拉山口市建设环境保护局副局长	湖北省黄石市规划局黄石港规划分局副局长	2014年2月至2017年2月
128	孙杰	男	汉族	1980年8月	中共党员	博州阿拉山口市人民医院医生	湖北省黄石市第二医院主治医师	2014年2月至2015年8月

续表1

序号	姓名	性别	民族	出生年月	政治面貌	援疆期间工作单位及职务		援疆起止时间
						受援单位职务（职称）	援派单位职务（职称）	
129	刘耀剑	男	汉族	1972年6月	群众	博州阿拉山口市人民医院医生	湖北省黄石市第四医院主治医师	2014年2月至2015年8月
130	刘佳	女	汉族	1982年1月	群众	博州阿拉山口市人民医院医生	湖北省黄石市妇幼保健院主治医师	2014年2月至2014年4月
131	伍艳红	男	汉族	1969年10月	群众	博州阿拉山口市人民医院医生	湖北省黄石市大冶市还地桥镇卫生院主治医师	2014年2月至2015年8月
132	叶丽娟	女	汉族	1981年4月	群众	博州阿拉山口市人民医院医生	湖北省黄石市阳新县妇幼保健院妇产科主治医师	2014年2月至2015年8月
133	明文剑	男	汉族	1977年12月	群众	博州阿拉山口市人民医院医生	湖北省黄石市阳新县人民医院副主任医师	2014年2月至2015年8月
134	刘泽洪	男	汉族	1971年2月	中共党员	博州阿拉山口市中学副校长	湖北省黄石市第十五中学校长助理、教务主任	2014年8月至2017年8月
135	郑文军	男	汉族	1970年1月	中共党员	博州阿拉山口市中学教师	湖北省黄石市第十六中学教师	2014年8月至2017年8月
136	徐汉华	男	汉族	1962年6月	中共党员	博州阿拉山口市中学教师	湖北省黄石市铁山一中教师	2014年8月至2017年8月
137	程时稳	男	汉族	1971年8月	中共党员	博州阿拉山口市中学教师	湖北省黄石市大冶实验中学教师	2014年8月至2017年8月
138	戴征兵	男	汉族	1966年11月	中共党员	博州阿拉山口市中学教师	湖北省黄石市阳新县第二实验小学纪检组长、教师	2014年8月至2017年8月
139	付劲松	男	汉族	1971年2月	中共党员	博州精河县委副书记	湖北省襄阳市发改委党组副书记、副主任（正县级）	2013年8月至2016年12月

续表1

序号	姓名	性别	民族	出生年月	政治面貌	援疆期间工作单位及职务		援疆起止时间
						受援单位职务(职称)	援派单位职务(职称)	
140	杜琦林	男	汉族	1979年8月	中共党员	博州精河县教育局副局长	湖北省荆门市楚天学校副校长	2014年2月至2017年2月
141	刘新红	男	汉族	1978年8月	中共党员	博州精河县商信委副主任	湖北省襄阳市宜城市流水镇党委委员、副镇长	2014年2月至2017年2月
142	刘明浩	男	汉族	1975年11月	中共党员	博州精河县卫生局副局长	湖北省襄阳市第二医院副院长	2014年2月至2017年2月
143	骆俊	男	汉族	1985年9月	中共党员	博州精河县住建局副局长	湖北省荆门市园林局工程技术科副科长	2014年2月至2017年2月
144	张勇	男	汉族	1974年4月	中共党员	博州精河县招商局副局长	湖北省荆门市钟祥市商务执法大队大队长	2014年2月至2017年2月
145	王选强	男	汉族	1971年6月	中共党员	博州精河县住建局专业技术人员	湖北省襄阳市南漳县城乡规划管理局副局长、工程师	2014年2月至2015年8月
146	覃小敏	男	土家族	1979年6月	中共党员	博州精河县人民医院医生	湖北省襄阳市中心医院妇产科主治医师	2014年2月至2015年8月
147	刘大伟	男	汉族	1969年8月	群众	博州精河县人民医院医生	湖北省襄阳市中医医院肾病科副主任医师	2014年2月至2015年8月
148	韩宁	男	汉族	1979年8月	群众	博州精河县人民医院医生	湖北省襄阳市老河口市第一医院主治医师	2014年2月至2015年8月
149	李昌伟	男	汉族	1972年2月	群众	博州精河县人民医院医生	湖北省襄阳市枣阳市第一人民医院麻醉科主治医师	2014年2月至2015年8月
150	崔勇	男	汉族	1972年12月	群众	博州精河县人民医院医生	湖北省襄阳市襄州区人民医院普外科主治医师	2014年2月至2015年8月

续表1

序号	姓名	性别	民族	出生年月	政治面貌	援疆期间工作单位及职务		援疆起止时间
						受援单位职务(职称)	援派单位职务(职称)	
151	张正艳	女	汉族	1976年6月	中共党员	博州精河县人民医院医生	湖北省荆门市第二人民医院耳鼻喉科主治医师	2014年2月至2015年8月
152	却学云	男	汉族	1974年9月	中共党员	博州精河县人民医院医生	湖北省荆门市中医医院副主任医师	2014年2月至2015年8月
153	夏士涛	男	汉族	1978年9月	群众	博州精河县人民医院医生	湖北省荆门市第一人民医院副主任医师	2014年2月至2015年8月
154	李仙	男	汉族	1972年9月	群众	博州精河县高级中学副校长	湖北省荆门市沙洋县后港中学教务处副主任、数学教研组长	2014年8月至2017年8月
155	杨晓凤	女	汉族	1971年12月	群众	博州精河县高级中学教师	湖北省荆门市沙洋县后港中学教师	2014年8月至2017年8月
156	马远胜	男	汉族	1968年11月	群众	博州精河县高级中学教师	湖北省荆门市胡集高级中学教师	2014年8月至2017年8月
157	程鹏	男	汉族	1970年8月	中共党员	博州温泉县委副书记	湖北省宜昌市政府副秘书长、市政府办公室党组成员	2013年8月至2013年9月
158	王军	男	汉族	1968年6月	中共党员	博州温泉县委副书记	湖北省宜昌市政府副秘书长、市政府办公室党组成员	2013年12月至2017年2月
159	向昌碧	男	土家族	1983年9月	中共党员	博州温泉县发改委副主任	湖北省宜昌市发改委重大项目稽察办副主任	2014年2月至2017年2月
160	张忠泽	男	汉族	1965年3月	中共党员	博州温泉县教育局副局长	湖北省宜昌市第六中学副校长	2010年12月至2017年2月
161	柯剡天	男	汉族	1984年10月	中共党员	博州温泉县卫生局副局长	湖北省咸宁市卫生服务中心主任助理	2014年2月至2017年2月

续表1

序号	姓名	性别	民族	出生年月	政治面貌	援疆期间工作单位及职务		援疆起止时间
						受援单位职务(职称)	援派单位职务(职称)	
162	陈绍东	男	汉族	1965年1月	中共党员	博州温泉县旅游局副局长	湖北省咸宁市旅游局发展计划与财务科科长	2014年2月至2017年2月
163	聂其兵	男	汉族	1974年4月	中共党员	博州温泉县水利局副局长	湖北省宜昌市黄柏河流域管理局工程管理科科长	2014年2月至2017年2月
164	黎中发	男	汉族	1970年6月	中共党员	博州温泉县招商局党组书记、副局长	湖北省宜昌市猇亭区委办公室副主任(正科级)	2014年2月至2017年2月
165	杜藻	男	汉族	1977年3月	中共党员	博州温泉县住建局专业技术人员	湖北省宜昌市建筑市场管理站工程师	2014年2月至2015年8月
166	黄鹏飞	男	土家族	1984年7月	中共党员	博州温泉县城乡规划局专业技术人员	湖北省咸宁市规划设计院设计二所副所长	2014年2月至2015年8月
167	王晓璐	男	汉族	1981年1月	中共党员	博州温泉县妇幼保健站医生	湖北省宜昌市中心人民医院病理科主治医师	2014年2月至2015年8月
168	祁海滨	男	汉族	1976年12月	中共党员	博州温泉县人民医院医生	湖北省宜昌市妇幼保健院儿科主治医师	2014年2月至2015年8月
169	舒承福	男	汉族	1974年1月	群众	博州温泉县人民医院医生	湖北省宜昌市第二人民医院内科主治医师	2014年2月至2015年8月
170	周国栋	男	汉族	1976年3月	群众	博州温泉县人民医院医生	湖北省咸宁市中医医院门诊副主任	2014年2月至2015年8月
171	李星	男	汉族	1981年11月	群众	博州温泉县人民医院医生	湖北省咸宁市中心医院医师	2014年2月至2015年8月
172	陈如意	女	汉族	1969年7月	群众	博州温泉县人民医院医生	湖北省咸宁市妇幼保健院副院长	2014年2月至2015年8月
173	李连洪	男	汉族	1972年10月	群众	博州温泉县高级中学教师	湖北省宜昌市第七中学教师	2014年8月至2017年8月 2017年8月至2020年8月

续表1

序号	姓名	性别	民族	出生年月	政治面貌	援疆期间工作单位及职务		援疆起止时间
						受援单位职务(职称)	援派单位职务(职称)	
174	郑华	男	汉族	1969年9月	群众	博州温泉县高级中学教师	湖北省宜昌市夷陵中学教师	2014年8月至2017年8月 2017年8月至2020年8月
175	余承勇	男	汉族	1972年3月	群众	博州温泉县高级中学教师	湖北省咸宁市咸安区横沟高中教师	2014年8月至2017年8月
176	赵亚军	男	汉族	1972年10月	群众	博州温泉县高级中学教师	湖北省咸宁市崇阳县第一中学教师	2014年8月至2017年8月
177	张祖平	男	汉族	1970年4月	中共党员	博州温泉县初级中学教师	湖北省宜昌市第四中学教师	2014年8月至2017年8月
178	肖作后	男	汉族	1964年8月	中共党员	博州温泉县初级中学教师	湖北省当阳市河溶中学教师	2014年8月至2017年8月
179	施海军	男	汉族	1966年5月	群众	博州温泉县初级中学教师	湖北省咸宁市嘉鱼县城北中学教师	2014年8月至2017年8月
180	汤晓琳	女	汉族	1972年12月	群众	博州温泉县初级中学教师	湖北省咸宁市通城县南门中学教师	2014年8月至2017年8月
第八批(中期轮换72人)								
1	陈新武	男	汉族	1968年7月	中共党员	博州党委副书记	湖北省发改委党组成员、副主任,省援疆办常务副主任,省援疆工作前方指挥部党组书记、总指挥 (现任十堰市委副书记、市长)	2015年9月至2016年12月

续表1

序号	姓名	性别	民族	出生年月	政治面貌	援疆期间工作单位及职务		援疆起止时间
						受援单位职务(职称)	援派单位职务(职称)	
2	张弘	男	土家族	1962年12月	中共党员	博州人民政府副州长	湖北省住房和城乡建设厅党组成员,省建筑工程管理局党组书记、局长,省援疆工作前方指挥部党组成员、副总指挥 (现任湖北省住建厅党组副书记、副厅长)	2014年12月至2017年12月
3	田汉军	男	汉族	1960年7月	中共党员	博州纪委副书记	湖北省纪委、省监察厅信息(培训中心)主任,省援疆工作前方指挥部党组成员、党组纪检组组长	2014年12月至2017年2月
4	胡从东	女	汉族	1971年11月	中共党员	博州党委宣传部副部长	湖北省委宣传部宣教处副处长	2015年10月至2017年2月
5	贾文虎	男	汉族	1987年5月	群众	博州五台工业园区(湖北工业园)管委会投资开发责任公司副总经理	湖北机场集团有限公司财务部干部	2015年8月至2017年2月
6	彭俊武	男	汉族	1973年10月	中共党员	博州公安局副局长	湖北省公安厅警务督察总队副总队长	2015年4月至2017年2月
7	傅洪波	男	汉族	1966年7月	中共党员	博尔塔拉报社副总编辑、新闻总监	湖北日报新闻编辑中心副主任、主编、高级编辑	2015年8月至2017年2月
8	游世雄	男	汉族	1966年9月	中共党员	博州电视台专业技术人员	湖北广播电视台经营管理办公室副主任	2015年8月至2017年2月

续表1

序号	姓名	性别	民族	出生年月	政治面貌	援疆期间工作单位及职务		援疆起止时间
						受援单位职务(职称)	援派单位职务(职称)	
9	龚飞宇	男	汉族	1977年5月	群众	博州电子政务办公室专业技术人员	湖北省襄阳技师学院教师	2015年8月至2017年2月
10	王延该	男	汉族	1965年6月	中共党员	博州建筑规划设计院副院长	湖北省城市建设职业技术学院校企合作处处长(正科级)	2015年8月至2018年8月
11	黄宏	男	汉族	1971年6月	中共党员	博州环保局监察支队专业技术人员	湖北省仙桃市环境监察支队副支队长	2015年8月至2017年2月
12	李秋锐	男	汉族	1987年5月	中共党员	博州公安局专业技术人员	湖北省公安厅网络安全保卫总队副主任科员	2015年8月至2017年2月
13	易红新	男	汉族	1978年1月	中共党员	博州公益林和国有林场管理站专业技术人员	湖北省林业调查规划院林业信息室副主任、高级工程师	2014年2月至2015年8月
14	邓尚平	男	汉族	1971年9月	中共党员	博州中等职业技术学校(武汉职院博州分院)教师	湖北三峡职业技术学院医学院教学办主任	2015年8月至2017年2月
15	赵艳杰	男	汉族	1975年1月	群众	博州中等职业技术学校(武汉职院博州分院)教师	湖北工业职业技术学院汽车工程系副主任	2015年8月至2017年2月
16	焦柳英	女	汉族	1965年1月	群众	博州中等职业技术学校(武汉职院博州分院)教师	湖北省黄冈职业技术学院医药卫生学院教师	2015年8月至2017年2月
17	余峰浩	男	汉族	1978年12月	中共党员	博州中等职业技术学校(武汉职院博州分院)教师	湖北省武汉船舶职业技术学院教师	2015年8月至2017年2月
18	李昆	男	汉族	1984年3月	中共党员	博州中等职业技术学校(武汉职院博州分院)教师	湖北省武汉电力职业技术学院机电技术教研室主任	2015年8月至2017年2月
19	马硕	男	蒙古族	1981年2月	群众	博州中等职业技术学校(武汉职院博州分院)教师	湖北省武汉交通职业学院讲师	2015年8月至2017年2月

续表1

序号	姓名	性别	民族	出生年月	政治面貌	援疆期间工作单位及职务		援疆起止时间
						受援单位职务(职称)	援派单位职务(职称)	
20	于继武	男	汉族	1977年2月	中共党员	博州中等职业技术学校(武汉职院博州分院)教师	湖北省武汉软件工程职业学院物联网应用技术专业教研室主任	2015年8月至2017年2月
21	熊利军	男	汉族	1973年3月	中共党员	博州中等职业技术学校(武汉职院博州分院)教师	湖北省武汉铁路职业技术学院电子电气学院教研室主任	2015年8月至2017年2月
22	于利伟	女	汉族	1983年10月	中共党员	博州中等职业技术学校(武汉职院博州分院)教师	湖北省襄阳职业技术学院医学院教师	2015年8月至2017年2月
23	王青云	男	汉族	1967年2月	中共党员	博州中等职业技术学校(武汉职院博州分院)教师	湖北工程职业学院交通工程系主任、副教授	2015年8月至2017年2月
24	宋英	女	汉族	1973年1月	中共党员	博州中等职业技术学校(武汉职院博州分院)教师	湖北省武汉城市职业学院副教授	2015年8月至2017年2月
25	王忠元	男	汉族	1968年8月	中共党员	博州中等职业技术学校(武汉职院博州分院)教师	湖北省武汉职业技术学院商学院电商教研室主任	2015年8月至2017年2月
26	高伟	男	汉族	1973年7月	中共党员	博州人民医院(武汉协和医院博州分院)医生	湖北省华中科技大学同济医学院附属同济医院创伤外科副主任医师	2015年8月至2017年2月
27	吴剑波	男	汉族	1974年5月	群众	博州人民医院(武汉协和医院博州分院)医生	湖北省武汉大学中南医院皮肤科副主任、副主任医师	2015年8月至2017年2月
28	罗小敏	男	汉族	1975年10月	中共党员	博州人民医院(武汉协和医院博州分院)医生	湖北省人民医院急重症医学科副主任医师	2015年8月至2017年2月
29	宋海平	男	汉族	1976年12月	群众	博州人民医院(武汉协和医院博州分院)医生	湖北省华中科技大学同济医学院附属协和医院主治医师	2015年8月至2017年2月

续表1

序号	姓名	性别	民族	出生年月	政治面貌	援疆期间工作单位及职务		援疆起止时间
						受援单位职务(职称)	援派单位职务(职称)	
30	曹阳	男	汉族	1968年10月	中共党员	博州人民医院(武汉协和医院博州分院)医生	湖北省武汉市中心医院医学检验科副主任技师	2015年8月至2017年2月
31	陈永刚	男	汉族	1975年6月	中共党员	博州人民医院(武汉协和医院博州分院)医生	湖北省武汉市第三医院药学部副主任	2015年8月至2017年2月
32	王群	男	汉族	1980年3月	中共党员	博州人民医院(武汉协和医院博州分院)医生	湖北省武汉市第五医院肿瘤综合科主治医师	2015年8月至2017年2月
33	刘连忠	男	汉族	1968年12月	中共党员	博州人民医院(武汉协和医院博州分院)医生	湖北省武汉市精神卫生中心医务办主任	2015年8月至2017年2月
34	丁得方	男	汉族	1982年12月	群众	博州人民医院(武汉协和医院博州分院)医生	湖北省武汉市普爱医院疼痛科主治医师	2015年8月至2017年2月
35	汪金锋	男	汉族	1963年10月	中共党员	博州蒙医医院医生	湖北省华中科技大学同济医学院附属协和医院主治医师	2015年8月至2017年2月
36	陈宏慈	女	汉族	1974年3月	中共党员	博州蒙医医院医生	湖北省中医院老年病科副主任医师	2015年8月至2017年2月
37	郭小芳	女	汉族	1983年7月	中共党员	博州蒙医医院医生	湖北省肿瘤医院放射科CT室主任助理	2015年8月至2017年2月
38	余咏胜	男	汉族	1979年1月	中共党员	博州博乐市城乡规划局专业技术人员	湖北省武汉市测绘研究院副主任、工程师	2015年8月至2017年2月
39	段斌	男	汉族	1968年2月	中共党员	博州博乐市园林绿化局专业技术人员	湖北省武汉市黄鹤楼公园管理处园容管理科科长	2015年8月至2017年2月
40	杨道合	男	汉族	1981年6月	中共党员	博乐市建设工程质量安全监督站专业技术人员	湖北省武汉市建设工程安全监督站科员	2015年8月至2017年2月

续表1

序号	姓名	性别	民族	出生年月	政治面貌	援疆期间工作单位及职务		援疆起止时间
						受援单位职务(职称)	援派单位职务(职称)	
41	杨雯	女	汉族	1976年2月	群众	博州博乐市妇幼保健院医生	湖北省武汉市妇女儿童医疗保健中心妇产科主治医师	2015年8月至2017年2月
42	余永林	男	汉族	1962年9月	群众	博州博乐市维吾尔医医院医生	湖北省武汉市中医医院副主任医师	2015年8月至2017年2月
43	涂弋	男	汉族	1983年2月	中共党员	博州博乐市房产局专业技术人员	湖北省武汉市住房保障和房屋管理局物业处副主任科员	2015年8月至2017年2月
44	柯华	男	汉族	1981年1月	中共党员	博州博乐市市政工程管理局专业技术人员	湖北省武汉航空港发展集团城建公司外埠分公司部门负责人	2015年8月至2017年2月
45	张勇	男	汉族	1972年10月	中共党员	博州博乐市公安局专业技术人员	湖北省武汉市公安局江岸区分局刑事侦查大队四级警长	2015年8月至2017年2月
46	彭振林	男	汉族	1972年8月	中共党员	博州金三角工业园区企业经营管理人员	湖北东贝新能源有限公司副总经理	2015年8月至2017年2月
47	尹恒	男	汉族	1975年11月	中共党员	博州阿拉山口市公安局副局长	湖北省黄石市公安局经济犯罪案件侦查支队商贸犯罪侦查大队教导员	2015年4月至2017年2月
48	马斌	男	汉族	1977年3月	中共党员	博州阿拉山口市人民医院医生	湖北省黄石市中心医院医学影像主治医师	2015年8月至2017年2月
49	王德承	男	汉族	1978年1月	群众	博州阿拉山口市人民医院医生	湖北省黄石市妇幼保健院儿科主治医师	2015年8月至2017年2月
50	赵才胜	男	汉族	1968年12月	中共党员	博州阿拉山口市人民医院医生	湖北省黄石市阳新县中医院急诊科主治医师	2015年8月至2017年2月

续表1

序号	姓名	性别	民族	出生年月	政治面貌	援疆期间工作单位及职务		援疆起止时间
						受援单位职务(职称)	援派单位职务(职称)	
51	叶莅琦	女	汉族	1972年12月	群众	博州阿拉山口市人民医院医生	湖北省黄石市第二医院妇产科副主任	2015年8月至2017年2月
52	柏鑫	男	汉族	1981年6月	中共党员	博州阿拉山口市人民医院医生	湖北省黄石市大冶市人民医院普外科医生	2015年8月至2017年2月
53	石太平	男	汉族	1986年1月	中共党员	博州阿拉山口综合保税区企业经营管理人员	湖北省黄石市大冶市规划局还地桥规划分局副局长	2015年8月至2017年2月
54	郭自东	男	汉族	1977年5月	中共党员	博州精河县公安局副局长	湖北省襄阳市公安局刑侦支队六大队副大队长(副科级)	2015年4月至2020年1月
55	周章	男	汉族	1972年1月	群众	博州精河县人民医院医生	湖北省襄阳市中心医院麻醉科医生	2015年8月至2017年2月
56	文荣荣	女	汉族	1983年5月	中共党员	博州精河县人民医院医生	湖北省襄阳市枣阳市第一人民医院重症医学科医生	2015年8月至2017年2月
57	沈景秋	男	汉族	1972年1月	群众	博州精河县人民医院医生	湖北省襄阳市老河口市第一医院耳鼻喉科副主任	2015年8月至2017年2月
58	王超	男	汉族	1978年11月	九三学社	博州精河县人民医院医生	湖北省荆门市第一人民医院泌尿外科副主任医师	2015年8月至2017年2月
59	佘小艳	女	汉族	1975年4月	群众	博州精河县人民医院医生	湖北省荆门市第二人民医院妇产科主治医师	2015年8月至2017年2月
60	李永涛	男	汉族	1979年4月	群众	博州精河县人民医院医生	湖北省荆门市钟祥市中医医院消化内科主治医师	2015年8月至2017年2月
61	聂青平	男	汉族	1963年8月	中共党员	博州精河县妇幼保健院医生	湖北省襄阳市襄州区计划生育服务站副站长	2015年8月至2017年2月

续表1

序号	姓名	性别	民族	出生年月	政治面貌	援疆期间工作单位及职务		援疆起止时间
						受援单位职务(职称)	援派单位职务(职称)	
62	宋书亭	男	汉族	1982年6月	中共党员	博州精河县水务局水利专业技术人员	湖北省荆门市水利科学研究所设计室副主任、工程师	2015年8月至2017年2月
63	刘华伟	男	汉族	1972年11月	中共党员	博州精河县枸杞开发管理中心主任助理	湖北省襄阳市原种繁殖场党委委员、副场长(正科级)	2015年8月至2017年2月
64	燕晓波	男	汉族	1979年8月	中共党员	博州温泉县公安局党委委员、副局长	湖北省宜昌市公安局禁毒支队缉毒大队副大队长	2015年4月至2017年2月
65	廖亮	男	汉族	1988年9月	群众	博州温泉县住房和城乡建设局专业技术人员	湖北省宜昌市宜都市国土整治局干部	2015年8月至2017年2月
66	龚勇	男	汉族	1978年3月	群众	博州温泉县人民医院医生	湖北省宜昌市中心人民医院消化内科主治医师	2015年8月至2017年2月
67	万鹏	男	汉族	1979年11月	中共党员	博州温泉县人民医院医生	湖北省宜昌市第一人民医院重症医学科副主任、主治医师	2015年8月至2017年2月
68	曹华平	男	汉族	1980年8月	群众	博州温泉县人民医院医生	湖北省宜昌市第二人民医院外科主治医师	2015年8月至2017年2月
69	邹伟	男	汉族	1970年8月	群众	博州温泉县人民医院医生	湖北省咸宁市中心医院泌尿外科副主任	2015年8月至2017年2月
70	章胜洋	男	汉族	1964年1月	中共党员	博州温泉县人民医院医生	湖北省咸宁市第一人民医院急诊科副主任医师	2015年8月至2017年2月
71	王晓宏	女	汉族	1968年3月	中共党员	博州温泉县人民医院医生	湖北省咸宁市赤壁市中医院内科副主任医师	2012年7月至2014年1月 2015年8月至2017年2月
72	程毅	男	汉族	1986年7月	中共党员	博州温泉县环境保护局专业技术人员	湖北省咸宁市环境保护监测站综合质量室主任	2015年8月至2017年2月

续表1

序号	姓名	性别	民族	出生年月	政治面貌	援疆期间工作单位及职务		援疆起止时间
						受援单位职务(职称)	援派单位职务(职称)	
第九批(共计325人,其中中期轮换125人)								
1	冯伟	男	汉族	1972年11月	中共党员	博州党委副书记,湖北省援疆干部领队、援疆工作前方指挥部总指挥	湖北省发改委副主任、省援疆办常务副主任、省政府驻新疆办事处主任	2016年11月至2020年1月
2	张弘	男	汉族	1962年12月	中共党员	博州副州长,湖北省援疆干部副领队、援疆工作前方指挥部副总指挥	湖北省住建厅党组成员,建筑工程管理局党组书记、局长	2014年12月至2017年12月
3	赵志国	男	汉族	1972年9月	中共党员	博州纪委副书记	湖北省纪委驻省司法厅纪检组副组长	2016年11月至2020年1月
4	廖进军	男	汉族	1974年11月	中共党员	博州党委组织部副部长(正处级)	湖北省委组织部举报中心主任(正处级)	2016年11月至2020年1月
5	朱绍雄	男	汉族	1988年12月	中共党员	博州党委组织部援疆干部科副部长(正科级)	湖北省襄阳市樊城区牛首镇党委委员、组织委员	2017年2月至2020年1月
6	王祖鹏	男	汉族	1981年6月	中共党员	博州发改委副主任	湖北省发改委工业处副调研员	2017年2月至2020年1月
7	任泽付	男	汉族	1974年12月	中共党员	博州党委宣传部副部长	湖北省委宣传部国有文化资产监督管理处副处长	2017年2月至2020年1月
8	汪厚云	男	汉族	1971年10月	中共党员	博州政协副秘书长	湖北省政协文史和学习委员会办公室主任	2016年4月至2019年4月
9	杨靖蔚	男	汉族	1974年4月	中共党员	博州党委党校(行政学院)副校长(副院长)	湖北省委党校、行政学院办公室副主任	2016年4月至2019年4月
10	余云飞	男	汉族	1977年10月	中共党员	博州金融办副主任	湖北省政府办公厅秘书五处副处长	2017年2月至2020年1月

续表1

序号	姓名	性别	民族	出生年月	政治面貌	援疆期间工作单位及职务		援疆起止时间
						受援单位职务(职称)	援派单位职务(职称)	
11	陈洁	女	汉族	1971年3月	中共党员	博州教育局副局长	湖北省教育厅办公室副主任	2017年2月至2018年8月
12	熊国平	男	汉族	1977年5月	中共党员	博州卫生计生委副主任	湖北省卫生计生委综合监督处(行政审批办公室)副调研员	2017年2月至2018年8月
13	帅元新	男	汉族	1970年11月	中共党员	博州住建局副局长	湖北省建筑工程管理局离退休干部处副团职干部	2017年2月至2020年1月
14	吴宏伟	男	汉族	1973年10月	中共党员	博州赛里木湖风景名胜区党工委委员、管委会副主任	湖北省宜昌市王家河公园管理处党支部书记、主任(正科级)	2017年2月至2020年1月
15	卢超	男	汉族	1973年9月	中共党员	博州公安局副局长	湖北省公安厅高警总队一支队副调研员	2017年2月至2020年1月
16	张小舟	男	汉族	1975年7月	中共党员	博州经信委副主任	湖北省经信委政策法规处副处长	2017年2月至2020年1月
17	韩继军	男	汉族	1971年9月	中共党员	博州招商局副局长	湖北省工商联办公室副主任	2017年2月至2020年1月
18	杜国正	男	土家族	1979年5月	中共党员	博州商务局副局长	湖北省商务厅投资促进处副处长	2017年2月至2020年1月
19	肖良成	男	汉族	1969年4月	中共党员	博州旅游局副局长	湖北省旅游委监督管理处副调研员	2017年2月至2020年1月
20	许耀文	男	汉族	1969年12月	中共党员	博州科技局副局长	湖北省知识产权局专利管理处副处长	2017年2月至2020年1月

续表1

序号	姓名	性别	民族	出生年月	政治面貌	援疆期间工作单位及职务		援疆起止时间
						受援单位职务(职称)	援派单位职务(职称)	
21	肖超	男	汉族	1969年10月	中共党员	博州五台工业园区(湖北工业园)党工委委员、管委会副主任	湖北省武汉经济技术开发区汽车及零部件产业园管理办公室副主任	2017年2月至2020年1月
22	陈骞臻	男	汉族	1974年4月	中共党员	博州交通运输局副局长	湖北省交通厅鄂西高速公路管理处副处长	2017年2月至2020年1月
23	王延该	男	汉族	1964年6月	中共党员	博州建筑规划设计院副院长	湖北省城市建设职业技术学院校企合作处处长(正科级)	2017年2月至2018年8月
24	朱重宁	男	汉族	1972年1月	群众	博州环保局业务科专业技术人员	湖北省环境科学研究院环境经济研究中心专业技术人员	2017年2月至2018年8月
25	蔡昌海	男	汉族	1973年2月	中共党员	博州公安局网安支队副支队长	湖北省公安厅网安总队网络安全管理支队等保暨信息安全通报大队大队长	2017年2月至2018年8月
26	程鹏	男	汉族	1982年9月	中共党员	博州公安局综合情报研判支队专业技术人员	湖北省公安厅禁毒总队情报支队主任科员、副支队长	2017年2月至2018年8月
27	吕纪忠	男	汉族	1978年9月	中共党员	博州公安局刑侦支队专业技术人员	湖北省公安厅刑侦总队刑事技术支队二室副主任(正科级)	2017年2月至2018年8月
28	周晓敏	男	土家族	1973年6月	中共党员	博州公益林和国有林场管理站副站长	湖北省林业厅天保中心主任科员	2017年2月至2018年8月
29	吴伟民	男	汉族	1967年10月	中共党员	博州电视台副台长	湖北省广播电视台电视经济频道制片人	2017年2月至2018年8月
30	赵良英	男	汉族	1979年1月	中共党员	博尔塔拉报社副总编辑、新闻总监	湖北日报传媒集团时事新闻中心副主任	2017年2月至2018年8月

续表1

序号	姓名	性别	民族	出生年月	政治面貌	援疆期间工作单位及职务		援疆起止时间
						受援单位职务(职称)	援派单位职务(职称)	
31	李炎	男	汉族	1978年7月	群众	博州五台工业园区(湖北工业园)管委会经济发展局副局长	湖北省武汉市经济技术开发区基建项目和节能监察中心干部	2017年2月至2018年8月
32	陶欢	男	汉族	1981年10月	中共党员	博州五台工业园区(湖北工业园)管委会招商局副局长	湖北省武汉市东湖新技术开发区光谷智能制造产业园建设管理办公室副科级干部	2017年2月至2018年8月
33	孟祥旭	男	汉族	1985年1月	中共党员	博州五台工业园区(湖北工业园)管委会规划建设局副局长	湖北省武汉市东湖新技术开发区国土资源和规划局副科级干部	2017年2月至2018年8月
34	朱龙信	男	汉族	1971年2月	中共党员	博州实验中学副校长	湖北省潜江市中学物理教师	2017年8月至2020年8月
35	刘志宇	男	汉族	1968年7月	中共党员	博州实验中学教师	湖北省潜江市竹根滩高中化学教师	2017年8月至2020年8月
36	夏循海	男	汉族	1962年8月	中共党员	博州中等职业技术学校副校长(高级讲师)	湖北省武汉职业技术学院后勤集团副总经理(高级讲师)	2017年2月至2018年8月
37	李俊	男	汉族	1981年2月	中共党员	博州中等职业技术学校教师(副教授)	湖北省武汉职业技术学院旅游与航空学院副院长(副教授)	2017年2月至2018年8月
38	何云海	男	汉族	1966年5月	群众	博州中等职业技术学校教师(副教授)	湖北职业技术学院护理学院教师(副教授)	2017年2月至2018年8月
39	何水英	女	汉族	1964年10月	中共党员	博州中等职业技术学校教师(副教授)	湖北省黄冈职业技术学院教师(副教授)	2017年2月至2018年8月

续表1

序号	姓名	性别	民族	出生年月	政治面貌	援疆期间工作单位及职务		援疆起止时间
						受援单位职务（职称）	援派单位职务（职称）	
40	叶莎	女	汉族	1962年8月	群众	博州中等职业技术学校教师（副教授）	湖北省武汉船舶职业技术学院电气与电子工程学院教师（副教授）	2017年2月至2018年8月
41	杨宏	男	汉族	1962年11月	群众	博州中等职业技术学校教师（副教授）	湖北省武汉铁路职业技术学院教师（副教授）	2017年2月至2018年8月
42	潘海燕	男	汉族	1962年9月	中共党员	博州中等职业技术学校教师（教授）	湖北第二师范学院教师（教授）	2017年2月至2018年8月
43	张要	男	汉族	1973年1月	群众	博州中等职业技术学校教师（讲师）	湖北省黄冈职业技术学院教师（讲师）	2017年2月至2018年8月
44	罗滨	男	汉族	1978年1月	群众	博州中等职业技术学校教师（工程师）	湖北省武汉软件工程职业学院（武汉电视大学）现代教育技术中心专业技术人员（工程师）	2017年2月至2018年8月
45	田林波	男	汉族	1975年1月	群众	博州中等职业技术学校教师（讲师）	湖北交通职业技术学院教师（讲师）	2017年2月至2018年8月
46	李小波	男	汉族	1980年8月	中共党员	博州中等职业技术学校教师（讲师）	湖北省武汉城市职业学院教师（讲师）	2017年2月至2018年8月
47	龙宇	男	汉族	1991年6月	中共党员	博州中等职业技术学校教师（助理讲师）	湖北省武汉城市职业学院教师（助理讲师）	2017年2月至2018年8月
48	屈亚锋	男	汉族	1983年9月	中共党员	博州中等职业技术学校教师（讲师）	湖北省武汉交通职业学院教师（讲师）	2017年2月至2018年8月
49	朱峰	男	汉族	1985年12月	中共党员	博州中等职业技术学校教师（讲师）	湖北省武汉商学院教师（讲师）	2017年2月至2018年8月

续表1

序号	姓名	性别	民族	出生年月	政治面貌	援疆期间工作单位及职务		援疆起止时间
						受援单位职务(职称)	援派单位职务(职称)	
50	张燕	女	汉族	1981年6月	中共党员	博州中等职业技术学校教师(讲师)	湖北省襄阳职业技术学院医学院护理研究室主任(讲师)	2017年2月至2018年8月
51	朱代玉	女	汉族	1980年12月	群众	博州妇幼保健院医生	湖北民族学院附属民大医院产科医生	2017年2月至2018年8月
52	廖晖	男	汉族	1973年12月	群众	博州人民医院骨科代理副主任	湖北省武汉市华中科技大学同济医学院附属同济医院骨科副主任医生	2017年2月至2018年8月
53	丁虎	男	汉族	1982年5月	中共党员	博州人民医院心血管内科代理副主任	湖北省武汉市华中科技大学同济医学院附属同济医院心内科副主任医师	2017年2月至2018年8月
54	项飞翔	女	汉族	1977年11月	中共党员	博州人民医院超声科代理副主任	湖北省武汉市华中科技大学同济医学院附属协和医院超声科主治医师	2017年2月至2018年8月
55	余青松	男	汉族	1963年5月	群众	博州人民医院耳鼻咽喉科代理副主任	湖北省武汉市华中科技大学同济医学院附属协和医院耳鼻喉科副主任医师	2017年2月至2018年8月
56	彭红星	男	汉族	1973年6月	中共党员	博州人民医院重症医学科代理副主任	湖北省武汉市华中科技大学同济医学院附属梨园医院呼吸内科副主任医师	2017年2月至2018年8月
57	陈宏斌	男	汉族	1974年10月	中共党员	博州人民医院呼吸内科代理副主任	湖北省武汉市武汉大学人民医院呼吸内科党支部书记、副主任医师	2017年2月至2018年8月

续表1

序号	姓名	性别	民族	出生年月	政治面貌	援疆期间工作单位及职务		援疆起止时间
						受援单位职务(职称)	援派单位职务(职称)	
58	王艳军	男	汉族	1973年12月	群众	博州人民医院儿科代理副主任	湖北省武汉市武汉大学中南医院儿科主治医师	2017年2月至2018年8月
59	何跃明	男	汉族	1962年2月	群众	博州人民医院肝胆外科代理副主任	湖北省武汉市武汉大学中南医院普外科主任医师	2017年2月至2018年8月
60	熊一全	男	汉族	1983年11月	中共党员	博州人民医院甲乳外科代理副主任	湖北省武汉市华中科技大学同济医学院附属协和医院甲乳外科主治医师	2017年2月至2018年8月
61	张秋艳	女	汉族	1959年1月	群众	博州人民医院功能科主管技师	湖北省武汉市华中科技大学同济医学院附属协和医院超声影像科主管技师	2017年2月至2017年5月
62	杨明	男	汉族	1974年5月	民盟	博州人民医院肝胆主治医师	湖北省武汉市华中科技大学同济医学院附属协和医院胰腺外科医生	2017年2月至2018年8月
63	李云君	女	汉族	1967年10月	中共党员	博州蒙医医院医生	湖北省中医医院妇产科主任	2017年4月至2018年8月
64	龙剑文	男	汉族	1979年11月	群众	博州蒙医医院医生	湖北省中医医院皮肤科学科副主任	2017年2月至2018年8月
65	陈俊	女	汉族	1986年3月	中共党员	博州蒙医医院医生	湖北省中医医院脑病科医生	2017年2月至2018年8月
66	邓志坚	男	汉族	1984年4月	中共党员	博州国有资产投资经营有限公司副总经理	湖北省宏泰国有资本投资运营集团有限公司战略投资部部长助理	2017年2月至2018年8月
67	李田	男	汉族	1970年12月	中共党员	博州博乐市委副书记	湖北省武汉市洪山区政府党组成员、办公室主任	2016年11月至2019年11月

续表1

序号	姓名	性别	民族	出生年月	政治面貌	援疆期间工作单位及职务		援疆起止时间
						受援单位职务(职称)	援派单位职务(职称)	
68	刘双武	男	汉族	1973年6月	中共党员	博州博乐市发改委党组书记、副主任	湖北省武汉市发改委组织人事处主任科员	2017年2月至2020年2月
69	冯原	男	汉族	1975年10月	中共党员	博州博乐市住房和城乡建设规划局党委委员、副局长	湖北省武汉市国土规划局江岸分局行政审批科(规划用地科)副科长	2017年2月至2020年2月
70	谭东	男	汉族	1974年9月	中共党员	博州博乐市教育局党委委员、副局长	湖北省武汉市第四初级中学副校长	2017年2月至2020年2月
71	陈君	女	汉族	1975年3月	中共党员	博州博乐市卫计委党组成员、副主任	湖北省武汉市卫生计生执法督察总队综合三科(学校卫生监督)副科长	2017年2月至2020年2月
72	徐望清	男	汉族	1973年1月	中共党员	博州博乐市招商局党组成员、副局长	湖北省武汉市商务局政治处主任科员	2017年2月至2020年2月
73	赵佩成	男	汉族	1972年5月	中共党员	博州博乐市商信委党组成员、副主任	湖北省武汉市经信委机械装备处主任科员	2017年2月至2020年2月
74	李敬	男	汉族	1972年11月	中共党员	博州博乐市旅游局党组成员、副局长	湖北省武汉市东湖生态旅游风景区听涛管理处房产管理科党支部书记	2017年2月至2020年2月
75	刘清皓	男	汉族	1981年10月	中共党员	博州博乐市公安局党委委员、副局长	湖北省武汉市公安局硚口分局汉正街新安派出所副所长(正科级)	2017年2月至2020年2月
76	刘维国	男	汉族	1976年9月	中共党员	博州金三角工业园区党组成员、副主任	湖北省武汉市洪山区水务局水务工程建设办公室主任	2017年2月至2018年8月

续表1

序号	姓名	性别	民族	出生年月	政治面貌	援疆期间工作单位及职务		援疆起止时间
						受援单位职务（职称）	援派单位职务（职称）	
77	牛德祥	男	汉族	1978年8月	中共党员	博州金三角工业园区经贸招商局专业技术人员	湖北省武汉市东西湖区发改委统计信息中心副主任	2017年2月至2018年8月
78	李鹏	男	汉族	1974年10月	中共党员	博州金三角工业园区管委会经济发展局专业技术人员	湖北省武汉市武昌区投资促进服务中心副主任	2017年2月至2018年8月
79	罗勇	男	汉族	1975年2月	中共党员	博乐市阳光城投公司副总经理	湖北省武汉港务集团下属湖北宏港石化储运有限公司财务部经理	2017年2月至2018年8月
80	胡懿君	男	汉族	1988年11月	群众	博州博乐市园林绿化局专业技术人员	湖北省武汉市花木公司项目负责人	2017年2月至2018年8月
81	杨宇欢	男	汉族	1983年8月	中共党员	博州博乐市公安局视频侦查大队专业技术人员	湖北省武汉市公安局视频侦查支队十三大队四级警长	2017年2月至2018年8月
82	邵卫	男	汉族	1974年8月	中共党员	博州博乐市人民医院（中西医结合医院）党委副书记、院长	湖北省武汉市第一医院神经内科病区副主任	2017年2月至2018年8月
83	何绮雪	女	汉族	1976年12月	中共党员	博州博乐市人民医院（中西医结合医院）医生	湖北省武汉市中医医院心内科主治医师	2017年2月至2018年8月
84	樊汉利	男	汉族	1966年5月	群众	博州博乐市人民医院（中西医结合医院）医生	湖北省武汉市普爱医院心外科副主任医师	2017年2月至2018年8月
85	谢莺	女	汉族	1976年5月	农工民主党	博州博乐市人民医院（中西医结合医院）医生	湖北省武汉市中心医院妇产科副主任医师	2017年2月至2018年8月

续表1

序号	姓名	性别	民族	出生年月	政治面貌	援疆期间工作单位及职务		援疆起止时间
						受援单位职务(职称)	援派单位职务(职称)	
86	倪文昌	男	汉族	1970年11月	中共党员	博州博乐市人民医院(中西医结合医院)医生	湖北省武汉市第三医院(光谷院区)儿科副主任	2017年2月至2018年8月
87	刘久英	女	汉族	1968年7月	中共党员	博州博乐市妇幼保健院医生	湖北省武汉市妇女儿童保健中心妇产科副主任、副主任医师	2017年2月至2018年8月
88	杜卒	男	汉族	1974年6月	中共党员	博州博乐市一中副校长	湖北省武汉市第二十一(警予)中学副校长	2017年8月至2020年8月
89	吴新球	男	汉族	1972年8月	中共党员	博州博乐市六中副校长	湖北省武汉市台北路学校副校长	2017年8月至2020年8月
90	游昕	女	汉族	1970年3月	中共党员	博州博乐市八中副校长	湖北省武汉市马房山中学副校长(高级教师)	2017年8月至2020年8月
91	金莉	女	汉族	1969年10月	中共党员	博州博乐市二小副校长	湖北省武汉市武昌区中山路小学副校长	2017年8月至2020年8月
92	钱平	男	汉族	1972年4月	中共党员	博州博乐市三小副校长	湖北省武汉市汉阳区郭茨口小学副校长	2017年8月至2020年8月
93	鲍婕	女	汉族	1975年10月	中共党员	博州博乐市二幼副园长	湖北省武汉市青山区第二幼儿园教研组长	2017年8月至2020年8月
94	高启存	男	汉族	1974年6月	群众	博州华师一附中博乐分校教师	湖北省武汉市第二十三中学数学教师、高级教师	2015年8月至2018年7月 2018年8月至2021年8月
95	孙红霞	女	汉族	1976年12月	中共党员	博州华师一附中博乐分校教师	湖北省武汉市光谷第二高级中学英语教师、高级教师	2015年8月至2018年7月 2018年8月至2021年8月
96	唐君	女	土家族	1972年4月	群众	博州华师一附中博乐分校教师	湖北省武汉市第十六中学语文教师、高级教师	2015年8月至2018年7月 2018年8月至2021年8月

续表1

序号	姓名	性别	民族	出生年月	政治面貌	援疆期间工作单位及职务		援疆起止时间
						受援单位职务(职称)	援派单位职务(职称)	
97	甘勇军	男	汉族	1973年2月	中共党员	博州博乐市第九中学副校长	湖北省武汉市金鹤园学校语文教师、高级教师	2015年8月至2018年7月 2018年8月至2021年8月
98	袁磊	男	汉族	1972年10月	中共党员	博州博乐市第九中学教师	湖北省武汉市金银湖中学数学教师、高级教师	2015年8月至2018年7月 2018年8月至2021年8月
99	陶涛	男	汉族	1972年9月	群众	博州华师一附中博乐分校校长	湖北省华中师范大学第一附属中学人事处主任	2015年8月至2018年8月
100	赵捷	男	汉族	1968年5月	群众	博州华师一附中博乐分校教师	湖北省华中师范大学第一附属中学教师	2015年8月至2018年8月
101	徐明	男	汉族	1970年5月	中共党员	博州华师一附中博乐分校教师	湖北省华中师范大学第一附属中学教师	2015年8月至2018年8月
102	唐君	女	汉族	1972年4月	群众	博州博乐市华师一附中博乐分校教师	湖北省武汉市第十六中学(中高)	2015年8月至2018年8月
103	柳福文	男	土家族	1962年4月	群众	博州华师一附中博乐分校教师	湖北省武汉市洪山高级中学教师	2015年8月至2018年8月
104	吕江勇	男	汉族	1971年10月	中共党员	博州华师一附中博乐分校教师	湖北省武汉市黄陂区第二中学教师	2015年8月至2018年8月
105	杜大权	男	汉族	1974年10月	群众	博州华师一附中博乐分校教师	湖北省武汉市洪山高级中学教师	2015年8月至2018年8月
106	刘族刚	男	汉族	1971年10月	中共党员	博州华师一附中博乐分校教师	湖北省武汉市吴家山中学教师	2015年8月至2018年8月
107	袁昭	女	汉族	1982年7月	中共党员	博州华师一附中博乐分校教师	湖北省武汉市钢城第十四中学教师	2015年8月至2018年8月

续表1

序号	姓名	性别	民族	出生年月	政治面貌	援疆期间工作单位及职务		援疆起止时间
						受援单位职务(职称)	援派单位职务(职称)	
108	宋小妹	女	汉族	1973年9月	群众	博州华师一附中博乐分校教师	湖北省武汉市黄陂区第二中学教师	2015年8月至2018年8月
109	孙红霞	女	汉族	1976年12月	群众	博州华师一附中博乐分校教师	湖北省武汉市光谷第二高级中学教师	2015年8月至2018年8月
110	肖建新	男	汉族	1971年7月	中共党员	博州华师一附中博乐分校教师	湖北省武汉市黄陂区第二中学教师	2015年8月至2018年8月
111	左念平	男	汉族	1972年2月	群众	博州华师一附中博乐分校教师	湖北省武汉市新洲一中教师	2015年8月至2018年8月
112	谭志社	男	汉族	1963年5月	群众	博州华师一附中博乐分校教师	湖北省武汉市第十一中学教师	2015年8月至2018年8月
113	秦凡	男	汉族	1969年4月	中共党员	博州华师一附中博乐分校教师	湖北省武汉市江汉区教育局中学教研室师培中心主任	2015年8月至2018年8月
114	程龙文	男	汉族	1968年12月	中共党员	博州华师一附中博乐分校教师	湖北省武汉经济技术开发区第一中学教师	2015年8月至2018年8月
115	许德权	男	汉族	1972年11月	中共党员	博州华师一附中博乐分校教师	湖北省武汉市二职中心(普高班)教师	2015年8月至2018年8月
116	程再林	男	汉族	1969年4月	群众	博州华师一附中博乐分校教师	湖北省武汉市吴家山中学教师	2015年8月至2018年8月
117	曾春来	男	汉族	1971年8月	群众	博州华师一附中博乐分校教师	湖北省武汉市第六中学教师(一级教师)	2015年8月至2018年8月
118	孙伟	女	汉族	1970年3月	群众	博州华师一附中博乐分校教师	湖北省武汉市钢城第十三中学教师	2015年8月至2018年8月

续表1

序号	姓名	性别	民族	出生年月	政治面貌	援疆期间工作单位及职务		援疆起止时间
						受援单位职务(职称)	援派单位职务(职称)	
119	余翔	男	汉族	1968年6月	群众	博州华师一附中博乐分校教师	湖北省武汉市第六十八中教师	2015年8月至2018年8月
120	肖青	男	汉族	1970年3月	群众	博州华师一附中博乐分校教师	湖北省武汉市第十五中学教师(高级)	2015年8月至2018年8月
121	郑国斌	男	汉族	1970年2月	中共党员	博州华师一附中博乐分校教师	湖北省武汉市蔡甸区侏儒山中学教师	2015年8月至2018年8月
122	郑凯	男	汉族	1960年10月	群众	博州华师一附中博乐分校教师	湖北省华师一附中教师	2015年8月至2018年8月
123	郭建斌	男	汉族	1971年9月	中共党员	博州博乐市第九中学(博州特校)副校长	湖北省武汉市钟家村中学教师	2015年8月至2018年8月
124	甘勇军	男	汉族	1973年2月	中共党员	博州博乐市第九中学副校长	湖北省武汉市金鹤园学校高级教师	2015年8月至2018年8月
125	张艳红	女	汉族	1973年10月	群众	博州博乐市第九中学(博州特校)教师	湖北省武汉市江夏区第一中学教师	2015年8月至2018年8月
126	易钊	男	汉族	1973年8月	中共党员	博州博乐市第九中学(博州特校)教师	湖北省武汉市第十七初级中学教师	2015年8月至2018年8月
127	袁磊	男	汉族	1972年10月	中共党员	博州博乐市第九中学(博州特校)教师	湖北省武汉市金银湖中学教师	2015年8月至2018年8月
128	江莹	女	汉族	1972年9月	中共党员	博州博乐市第九中学(博州特校)教师	湖北省武汉市新河街学校教师	2015年8月至2018年8月
129	刘红霞	女	汉族	1974年10月	群众	博州博乐市第九中学(博州特校)教师	湖北省武汉市吴家山四中教师	2015年8月至2018年8月

续表1

序号	姓名	性别	民族	出生年月	政治面貌	援疆期间工作单位及职务		援疆起止时间
						受援单位职务(职称)	援派单位职务(职称)	
130	易相文	男	汉族	1974年7月	群众	博州博乐市第九中学(博州特校)教师	湖北省武汉市吴家山中学教师	2015年8月至2018年8月
131	袁光明	男	汉族	1972年12月	群众	博州博乐市第九中学(博州特校)教师	湖北省武汉市东西湖区吴家山第三小学教师	2015年8月至2018年8月
132	范俊华	男	汉族	1970年11月	中共党员	博州博乐市第九中学(博州特校)教师	湖北省武汉市蔡甸区东方小学教师	2015年8月至2018年8月
133	张明晖	男	汉族	1971年5月	中共党员	博州阿拉山口市委副书记(正处级)	湖北省黄石市政协副秘书长	2016年11月至2020年12月
134	沈巍	男	汉族	1973年6月	中共党员	博州阿拉山口市综合保税区副主任	湖北省黄石市环保局副局长	2017年2月至2020年2月
135	秦爱兵	女	汉族	1973年9月	中共党员	博州阿拉山口市发改委(粮食局、价格监督检查局)副主任(副局长)、统计局副局长	湖北省黄石市发改委社会科科长	2017年2月至2020年2月
136	何祥军	男	汉族	1977年10月	中共党员	博州阿拉山口市公安局副局长	湖北省黄石市公安局西塞山分局刑事侦查大队副大队长	2017年2月至2020年2月
137	刘学东	男	汉族	1968年8月	中共党员	博州阿拉山口市安监局(安全生产委员会办公室)副局长(副主任)	湖北省黄石市黄石港区安监局副局长	2017年2月至2020年2月
138	石锦	男	汉族	1967年5月	中共党员	博州阿拉山口市文化体育广播影视局专业技术人员	湖北省黄石市广播电视台技术规划办副主任	2017年2月至2018年8月
139	张晔	女	汉族	1977年6月	群众	博州阿拉山口市小学教师	湖北省黄石市广场路小学教务处副主任	2017年8月至2020年8月

续表1

序号	姓名	性别	民族	出生年月	政治面貌	援疆期间工作单位及职务		援疆起止时间
						受援单位职务(职称)	援派单位职务(职称)	
140	黄大鹏	男	汉族	1971年12月	中共党员	博州阿拉山口市中学副校长	湖北省黄石市第九中学副校长	2017年8月至2020年8月
141	汪洋	男	汉族	1969年7月	群众	博州阿拉山口市人民医院副院长	湖北省黄石市中医医院(市传染病医院)功能科副主任	2017年2月至2018年8月
142	丁建军	男	汉族	1968年7月	群众	博州阿拉山口市人民医院医生	湖北省黄石市第五人民医院妇产科住院医生	2017年2月至2018年8月
143	叶元林	男	汉族	1975年8月	群众	博州阿拉山口市人民医院医生	湖北省大冶市中医医院外一科医生	2017年2月至2018年8月
144	葛广德	男	汉族	1979年8月	群众	博州阿拉山口市人民医院医生	湖北省鄂州市中心医院中医科医生	2017年2月至2018年8月
145	张国新	男	汉族	1971年5月	中共党员	博州阿拉山口市人民医院医生	湖北省汉川市人民医院医疗安全办公室副主任	2017年2月至2018年8月
146	徐连民	男	汉族	1972年2月	中共党员	博州阿拉山口市商务和经济信息化局副局长	湖北省鄂州市质量技术监督行政许可分局副局长	2017年2月起
147	周巍	男	汉族	1983年5月	中共党员	博州阿拉山口市招商局副局长	湖北省孝感市商务局(招商局)对外贸易科副科长	2017年2月起
148	杨延超	男	汉族	1978年2月	中共党员	博州阿拉山口市住建局副局长	湖北省十堰市规划设计院工程咨询室主任	2017年2月起
149	黄德	男	汉族	1984年10月	群众	博州阿拉山口市规划建设交通环保局专业技术人员	湖北省孝感市规划建筑设计院专业技术人员	2017年2月至2018年8月
150	周平	男	汉族	1970年2月	中共党员	博州阿拉山口市口岸管理办公室专业技术人员	湖北省鄂州市商务局国内贸易服务科科长	2017年2月至2018年8月

续表1

序号	姓名	性别	民族	出生年月	政治面貌	援疆期间工作单位及职务		援疆起止时间
						受援单位职务(职称)	援派单位职务(职称)	
151	李鑫	男	汉族	1984年2月	中共党员	博州阿拉山口市水利局专业技术人员	湖北省十堰市水库管理处茅塔河水库管理所副所长	2017年2月至2018年8月
152	刘勇	男	汉族	1982年7月	中共党员	博州阿拉山口市小学教师	湖北省十堰市广东路小学教务主任	2017年8月至2020年8月
153	翟文秀	男	汉族	1968年1月	中共党员	博州阿拉山口市中学教师	湖北省鄂州市第一中学教师	2017年8月至2020年8月
154	姜从容	男	汉族	1965年12月	群众	博州阿拉山口市中学教师	湖北省孝感市楚澴中学教师	2017年8月至2020年8月
155	吴勇	男	汉族	1983年8月	群众	博州阿拉山口市人民医院医生	湖北省十堰市太和医院儿科医生	2017年2月至2018年8月
156	肖茂林	男	汉族	1973年12月	中共党员	博州精河县委副书记(正处级)	湖北省襄阳市委副秘书长(正处级)	2016年11月至2020年1月
157	艾华	女	汉族	1979年10月	中共党员	博州精河县卫生计生委副主任	湖北省荆门市第二人民医院护理部副主任	2017年2月至2020年1月
158	郑勇	男	汉族	1980年11月	中共党员	博州精河县住建局副局长	湖北省荆门市东宝工业园管委会副主任科员	2017年2月至2020年1月
159	郭明勇	男	汉族	1977年4月	中共党员	博州精河县商务和经济信息化委员会副主任	湖北省襄阳市创业服务局企业家服务科科长	2017年2月至2020年1月
160	郭自东	男	汉族	1977年5月	中共党员	博州精河县公安局副局长,县网信党工委(互联网信息、网信领导小组)办公室主任	湖北省襄阳市公安局刑侦支队六大队副大队长	2017年2月至2020年1月
161	李振龙	男	汉族	1968年11月	中共党员	博州精河县教育局副局长	湖北省襄阳市第一中学政教处主任	2017年2月至2020年1月

续表1

序号	姓名	性别	民族	出生年月	政治面貌	援疆期间工作单位及职务		援疆起止时间
						受援单位职务(职称)	援派单位职务(职称)	
162	吴继超	男	汉族	1975年1月	中共党员	博州精河县枸杞开发管理中心专业技术人员	湖北省荆门市十里牌林场党委委员、纪委书记	2017年2月至2018年8月
163	王毅	男	汉族	1970年9月	群众	博州精河县高级中学教师	湖北省襄阳市第八中学数学教师	2017年8月至2020年8月
164	邹小玲	女	汉族	1970年3月	中共党员	博州精河县高级中学教师	湖北省襄阳市第二中学党委副书记、语文教师	2017年8月至2020年8月
165	张良	男	汉族	1970年8月	群众	博州精河县高级中学教师	湖北省钟祥市胡集高级中学政治教师	2017年8月至2020年8月
166	彭春光	男	汉族	1968年1月	群众	博州精河县高级中学教师	湖北省钟祥市胡集高级中学生物教师	2017年8月至2020年8月
167	罗云南	女	汉族	1971年3月	群众	博州精河县妇幼保健院医生	湖北省荆门市妇幼保健院医生	2017年2月至2018年8月
168	李俊	女	汉族	1968年8月	中共党员	博州精河县人民医院医生	湖北省襄阳市第一人民医院妇产科医生	2017年2月至2018年8月
169	陈林	男	汉族	1977年8月	群众	博州精河县人民医院医生	湖北省荆门市皮肤病防治院医生	2017年2月至2018年8月
170	邓元锐	男	汉族	1970年8月	群众	博州精河县人民医院医生	湖北省南漳县中医医院五官科医生	2017年2月至2018年8月
171	樊亮	男	汉族	1980年10月	中共党员	博州精河县人民医院医生	湖北省荆门市第一人民医院医生	2017年2月至2018年8月
172	李作为	男	汉族	1974年1月	群众	博州精河县人民医院医生	湖北省钟祥市人民医院医生	2017年2月至2018年8月
173	李军	男	汉族	1972年8月	群众	博州精河县中医医院医生	湖北省宜城市中医医院皮肤科医生	2017年2月至2018年8月

续表1

序号	姓名	性别	民族	出生年月	政治面貌	援疆期间工作单位及职务		援疆起止时间
						受援单位职务(职称)	援派单位职务(职称)	
174	程亮亮	女	汉族	1983年4月	中共党员	博州精河县中医医院医生	湖北省襄阳市中医医院妇产科医生	2017年2月至2018年8月
175	沙高峰	男	汉族	1984年7月	中共党员	博州精河县中医医院医生	湖北省荆门市中医医院中医医生	2017年2月至2018年8月
176	梅卫民	男	汉族	1972年12月	中共党员	博州温泉县委副书记(正处级)	湖北省宜昌新区建设推进办公室副主任、党工委委员、项目部部长(正处级)	2016年11月至2020年1月
177	张双全	男	汉族	1988年6月	中共党员	博州温泉县发改委副主任	湖北省宜昌市发改委国民经济综合科副科长	2017年2月至2020年1月
178	宋华明	男	汉族	1978年8月	中共党员	博州温泉县公安局副局长	湖北省咸宁市公安局公安科学技术信息规划建设部副主任	2017年2月至2020年1月
179	任尚发	男	汉族	1982年10月	中共党员	博州温泉县旅游局副局长	湖北省宜昌市三峡旅游新区管委会综合部副科级干部	2017年2月至2020年1月
180	徐涛	男	汉族	1981年10月	中共党员	博州温泉县教育局副局长	湖北省咸宁市咸安区横沟高中副校长	2017年2月至2020年1月
181	杜群超	女	汉族	1987年8月	中共党员	博州温泉县水利局专业技术人员	湖北省宜昌市夷陵区防汛抗旱指挥部办公室副主任	2017年2月至2018年8月
182	徐勇	男	汉族	1982年2月	中共党员	博州温泉县住建局专业技术人员	湖北省咸宁市建设工程质量监督站副主任科员	2017年2月至2018年8月
183	胡洪军	男	汉族	1967年2月	群众	博州温泉县高级中学教师	湖北省咸宁市嘉鱼县南嘉中学政治教师	2017年8月至2020年8月

续表1

序号	姓名	性别	民族	出生年月	政治面貌	援疆期间工作单位及职务		援疆起止时间
						受援单位职务(职称)	援派单位职务(职称)	
184	雷岳奎	男	汉族	1973年10月	群众	博州温泉县高级中学教师	湖北省崇阳县第一高级中学历史教师	2017年8月至2020年8月
185	周汉林	女	汉族	1966年1月	中共党员	博州温泉县初级中学教师	湖北省宜昌市第六中学副校长、英语教师	2017年8月至2020年8月
186	王万春	男	汉族	1973年2月	中共党员	博州温泉县初级中学教师	湖北省枝江市第一高级中学地理教师	2017年8月至2020年8月
187	车雄兵	男	汉族	1970年11月	群众	博州温泉县初级中学教师	湖北省通城县城关初中工会主席、政治教师	2017年8月至2020年8月
188	陈学	男	汉族	1966年5月	群众	博州温泉县初级中学教师	湖北省通山县第二中学数学教师	2017年8月至2020年8月
189	彭华	女	汉族	1971年12月	群众	博州温泉县人民医院医生	湖北省宜昌市第一人民医院医生	2017年2月至2018年8月
190	王定强	男	汉族	1978年5月	群众	博州温泉县人民医院医生	湖北省宜昌市中心人民医院医生	2017年2月至2018年8月
191	郭辉	男	汉族	1975年7月	群众	博州温泉县人民医院医生	湖北省当阳市河溶镇卫生院医生	2017年2月至2018年8月
192	昌浩	男	汉族	1969年9月	群众	博州温泉县人民医院医生	湖北省宜昌市第二人民医院康复科医生	2017年2月至2018年8月
193	孙瑾	男	汉族	1969年2月	中共党员	博州温泉县人民医院医生	湖北省三峡大学仁和医院医生	2017年2月至2018年8月
194	阚进游	男	汉族	1985年7月	群众	博州温泉县人民医院医生	湖北省咸宁市通山县人民医院口腔科医生	2017年2月至2018年8月

续表1

序号	姓名	性别	民族	出生年月	政治面貌	援疆期间工作单位及职务		援疆起止时间
						受援单位职务(职称)	援派单位职务(职称)	
195	邓斌	男	汉族	1982年10月	中共党员	博州温泉县人民医院医生	湖北省咸宁市通山县中医医院内二科医生	2017年2月至2018年8月
196	黎曙明	男	汉族	1975年12月	群众	博州温泉县人民医院医生	湖北省咸宁市通城县人民医院内六科副主任	2017年2月至2018年8月
197	田厚祥	男	汉族	1975年7月	群众	博州温泉县人民医院医生	湖北省咸宁市嘉鱼县潘家湾镇卫生院内科医生	2017年2月至2018年8月
198	柳先	男	汉族	1982年9月	群众	博州温泉县人民医院医生	湖北省咸宁市崇阳县人民医院医生	2017年2月至2018年8月
第九批(中期轮换125人)								
1	金鹏	男	汉族	1978年7月	中共党员	博州副州长,湖北省援疆工作前方指挥部副总指挥	湖北省援疆办副主任	2017年12月至2020年1月
2	朱杰	男	汉族	1964年6月	中共党员	博州建筑规划设计院专业技术人员	湖北省交投集团中南勘察设计院有限责任公司岩土三所副主任,高级工程师	2018年8月至2020年1月
3	王峰	男	汉族	1978年9月	中共党员	博州环保局专业技术人员	湖北省环境科学研究院土壤与生态环境研究所工程师	2018年8月至2020年1月
4	傅伟	男	汉族	1971年5月	中共党员	博州公益林和国有林场管理站副站长	湖北省森林公安局一级主任科员	2018年8月至2020年1月
5	郑莉莉	女	满族	1978年11月	中共党员	博州电视台副台长	湖北省垄上优选绿色科技有限公司副总经理	2018年8月至2020年1月
6	董淑健	男	汉族	1966年2月	中共党员	博尔塔拉报社副总编辑	湖北日报传媒集团楚天都市报编辑部主任记者	2018年8月至2020年1月

续表1

序号	姓名	性别	民族	出生年月	政治面貌	援疆期间工作单位及职务		援疆起止时间
						受援单位职务（职称）	援派单位职务（职称）	
7	陈程	男	壮族	1988年6月	中共党员	博州公安局网络安全保卫支队副支队长	湖北省公安厅技侦总队技侦三支队副主任科员	2018年8月至2020年1月
8	韩威	男	苗族	1982年7月	中共党员	博州公安局科技信息化科副科长	湖北省公安交管局科技管理处主任科员	2018年8月至2020年1月
9	任端	男	汉族	1976年10月	中共党员	博州公安局经侦支队副支队长	湖北省公安厅经侦总队直属侦查支队主任科员	2018年8月至2020年1月
10	周红武	男	汉族	1976年6月	中共党员	博州五台工业园区（湖北工业园）经济发展局副局长	湖北省武汉市吴家山台商工业园区管委会规划建设部部长	2018年8月至2020年1月
11	姜祥	男	汉族	1989年12月	中共党员	博州五台工业园区（湖北工业园）招商局副局长	湖北省武汉市东湖新技术开发区产业发展和科技创新局主任科员	2018年8月至2020年1月
12	张景太	男	汉族	1973年1月	中共党员	博州五台工业园区（湖北工业园）安环局副局长	湖北省武汉市经济技术开发区军山街办事处公共管理办公室副主任	2018年8月至2020年1月
13	杨忠旭	男	汉族	1968年9月	中共党员	博尔塔拉职业技术学院副院长（高级实验师）	湖北省武汉职业技术学院机电工程学院党委书记、副院长（高级实验师）	2018年8月至2020年1月
14	秦冲	男	汉族	1981年5月	群众	博尔塔拉职业技术学院教师（讲师）	湖北省武汉职业技术学院（讲师）	2018年8月至2020年1月
15	贾翔	男	汉族	1971年9月	中共党员	博尔塔拉职业技术学院教师（讲师）	湖北省武汉商学院（讲师）	2018年8月至2020年1月

续表1

序号	姓名	性别	民族	出生年月	政治面貌	援疆期间工作单位及职务		援疆起止时间
						受援单位职务(职称)	援派单位职务(职称)	
16	张义	男	汉族	1968年1月	群众	博尔塔拉职业技术学院教师(医师)	湖北省荆楚理工学院医学院教师(医师)	2018年8月至2020年1月
17	任桂华	女	汉族	1968年5月	中共党员	博尔塔拉职业技术学院教师(教授)	湖北理工学院机电工程学院(教授)	2018年8月至2020年1月
18	朱继军	男	汉族	1965年10月	群众	博尔塔拉职业技术学院教师(副教授)	湖北经济学院会计学院(副教授)	2018年8月至2020年1月
19	向昕彦	男	汉族	1973年4月	中共党员	博尔塔拉职业技术学院教师(讲师)	湖北省武汉软件工程职业学院(讲师)	2018年8月至2020年1月
20	曾跃霞	女	汉族	1966年11月	中共党员	博尔塔拉职业技术学院教师(副教授)	湖北省汉江师范学院旅游系党总支副书记(副教授)	2018年8月至2020年1月
21	华丹	女	汉族	1969年6月	中共党员	博尔塔拉职业技术学院教师(副教授)	湖北职业技术学院(副教授)	2018年8月至2020年1月
22	桂峰	男	汉族	1980年9月	中共党员	博尔塔拉职业技术学院教师(讲师)	湖北省荆州职业技术学院后勤服务中心科长(讲师)	2018年8月至2020年1月
23	黄海军	男	汉族	1966年8月	中共党员	博尔塔拉职业技术学院教师	湖北师范大学计算机科学与技术学院党总支副书记(副教授)	2018年8月至2020年1月
24	李军华	女	汉族	1972年9月	农工党	博尔塔拉职业技术学院教师(副教授)	湖北省武汉铁路职业技术学院(副教授)	2018年8月至2020年1月
25	潘磊	男	汉族	1989年1月	中共党员	博尔塔拉职业技术学院教师(助理讲师)	湖北省襄阳职业技术学院(助理讲师)	2018年8月至2020年1月
26	国树文	男	汉族	1985年2月	中共党员	博尔塔拉职业技术学院教师(讲师)	湖北省黄冈职业技术学院(讲师)	2018年8月至2020年1月

续表1

序号	姓名	性别	民族	出生年月	政治面貌	援疆期间工作单位及职务		援疆起止时间
						受援单位职务(职称)	援派单位职务(职称)	
27	祝福	男	汉族	1970年9月	民盟	博尔塔拉职业技术学院教师(副教授)	湖北省武汉船舶职业技术学院(副教授)	2018年8月至2020年1月
28	张秀霞	女	汉族	1973年1月	中共党员	博尔塔拉职业技术学院教师(副教授)	湖北医药学院护理学院护理技能培训教学中心主任(副教授)	2019年1月至2020年1月
29	陈卫红	男	汉族	1967年9月	群众	博州妇幼保健计划生育服务中心主管技师	湖北省中西医结合医院检验科主管技师	2018年8月至2020年1月
30	魏芬	女	汉族	1976年11月	群众	博州人民医院心血管内科代理副主任、主治医师	湖北省武汉市华中科技大学同济医学院附属协和医院心血管内科主治医师	2018年8月至2020年1月
31	翟荣林	男	汉族	1978年3月	中共党员	博州人民医院肝胆外科代理副主任、主治医师	湖北省武汉市华中科技大学同济医学院附属协和医院肝胆外科主治医师	2018年8月至2020年1月
32	胡晓敏	女	汉族	1971年12月	中共党员	博州人民医院麻醉科代理副主任、主治医师	湖北省武汉市华中科技大学同济医学院附属协和医院麻醉科主治医师	2018年8月至2020年1月
33	刘嘉锋	男	汉族	1974年10月	中共党员	博州人民医院美容整形科代理副主任、副主任医师	湖北省武汉市华中科技大学同济医学院附属协和医院整形科副主任医师	2018年8月至2020年1月
34	乌剑利	男	蒙古族	1982年7月	中共党员	博州人民医院妇产科代理副主任、主治医师	湖北省武汉市华中科技大学同济医学院附属同济医院妇产科主治医师	2018年8月至2020年1月

续表1

序号	姓名	性别	民族	出生年月	政治面貌	援疆期间工作单位及职务		援疆起止时间
						受援单位职务(职称)	援派单位职务(职称)	
35	林阳	男	汉族	1980年2月	中共党员	博州人民医院骨科代理副主任、副主任医师	湖北省武汉市华中科技大学同济医学院附属同济医院骨外科副主任医师	2018年8月至2020年1月
36	项辉	男	汉族	1984年10月	群众	博州人民医院重症医学科代理副主任、主治医师	湖北省武汉市武汉大学中南医院重症医学科主治医师	2018年8月至2020年1月
37	杨亦斌	男	汉族	1966年8月	群众	博州人民医院呼吸内科代理副主任、副主任医师	湖北省武汉市武汉大学中南医院呼吸与危重症医学科副主任医师	2018年8月至2020年1月
38	高剑	女	汉族	1972年2月	中共党员	博州人民医院泌尿外科代理副主任、副主任医师	湖北省武汉市武汉科技大学附属天佑医院肝胆普胸外科副主任医师	2018年8月至2020年1月
39	孟长安	男	汉族	1957年5月	中共党员	博州人民医院神经外科代理副主任、主治医师	湖北省荣军医院外四科副主任，主治医师	2018年8月至2020年1月
40	廖明锋	男	苗族	1983年1月	中共党员	博州蒙医医院麻醉科副主任医师	湖北省华中科技大学同济医学院附属同济医院麻醉科副主任医师	2018年8月至2020年1月
41	邓凡	男	汉族	1983年2月	中共党员	博州蒙医医院放射科主治医师	湖北省中医医院放射科主治医师	2018年8月至2020年1月
42	王颂杨	男	汉族	1977年12月	中共党员	博州蒙医医院治未病科主治医师	湖北省中医医院心血管病科主治医师	2018年8月至2020年1月
43	杜锋	男	汉族	1982年9月	中共党员	博州国有资产投资经营有限责任公司总经理助理	湖北银行总行公司金融部机构业务团队主管	2018年8月至2020年1月

续表1

序号	姓名	性别	民族	出生年月	政治面貌	援疆期间工作单位及职务		援疆起止时间
						受援单位职务(职称)	援派单位职务(职称)	
44	左双喜	男	汉族	1984年10月	中共党员	博州博乐市国资委总会计师	湖北省武汉市国资委产权管理处主任科员	2018年8月至2020年1月
45	李良正	男	汉族	1990年4月	中共党员	博州博乐市园林绿化局专业技术人员	湖北省武汉市园林建筑规划设计院景观分院园林景观设计师	2018年8月至2020年1月
46	艾贤明	男	汉族	1982年4月	中共党员	博州博乐市公安局视频侦查大队专业技术人员	湖北省武汉市公安局视频侦查支队十三大队三级警长	2018年8月至2020年1月
47	涂晶晶	男	回族	1981年12月	中共党员	博州博乐市金三角工业园区管委会副主任	湖北省武汉经济技术开发区(汉南区)经济和信息化局主任科员	2018年8月至2020年1月
48	吴鹏	男	汉族	1977年4月	中共党员	博州博乐市金三角工业园区经贸招商局专业技术人员	湖北省武汉市硚口区建筑工程管理站副站长	2018年8月至2020年1月
49	陈一清	男	汉族	1983年10月	群众	博州博乐市金三角工业园区经济发展局专业技术人员	湖北省武汉市汉阳市政工程总公司一公司项目部技术负责人,高级工程师	2018年8月至2020年1月
50	高明	男	汉族	1982年10月	中共党员	博州华师一附中博乐分校校长	湖北省华中师范大学第一附属中学校长助理	2018年8月至2021年8月
51	李继林	男	汉族	1976年11月	中共党员	博州华师一附中博乐分校教师	湖北省华中师范大学第一附属中学教师	2018年8月至2021年8月
52	魏群	女	汉族	1975年5月	中共党员	博州华师一附中博乐分校教师	湖北省华中师范大学第一附属中学教师	2018年8月至2021年8月

续表1

序号	姓名	性别	民族	出生年月	政治面貌	援疆期间工作单位及职务		援疆起止时间
						受援单位职务(职称)	援派单位职务(职称)	
53	罗丹	女	汉族	1975年4月	群众	博州华师一附中博乐分校教师	湖北省华中师范大学第一附属中学教师	2018年8月至2021年8月
54	汪礼波	男	汉族	1974年12月	群众	博州华师一附中博乐分校教师	湖北省华中师范大学第一附属中学教师	2018年8月至2021年8月
55	唐华清	男	汉族	1965年1月	群众	博州华师一附中博乐分校教师	湖北省武汉市第二十六中学数学教师、高级教师	2018年8月至2021年8月
56	高启存	男	汉族	1974年6月	群众	博州华师一附中博乐分校教师	湖北省武汉市第二十三中学数学教师、高级教师	2015年8月至2018年7月 2018年8月至2021年8月
57	张怡	女	壮族	1974年12月	群众	博州华师一附中博乐分校教师	湖北省武汉中学数学教师、高级教师	2018年8月至2021年8月
58	王正国	男	汉族	1975年2月	群众	博州华师一附中博乐分校教师	湖北省武汉市第二中学物理教师、高级教师	2018年8月至2021年8月
59	李起志	男	汉族	1968年7月	中共党员	博州华师一附中博乐分校教师	湖北省武汉市新洲区第三中学物理教师、高级教师	2018年8月至2021年8月
60	李汉洪	男	汉族	1971年3月	群众	博州华师一附中博乐分校教师	湖北省武汉市蔡甸职业教育中心学校物理教师、中学二级教师	2018年8月至2021年8月
61	孙红霞	女	汉族	1976年12月	中共党员	博州华师一附中博乐分校教师	湖北省武汉市光谷第二高级中学英语教师、高级教师	2015年8月至2018年7月 2018年8月至2021年8月
62	余勤轩	男	汉族	1963年10月	群众	博州华师一附中博乐分校教师	湖北省武汉市建港中学英语教师、一级教师	2018年8月至2021年8月
63	张怒	男	汉族	1969年10月	群众	博州华师一附中博乐分校教师	湖北省武汉市吴家山四中英语教师、一级教师	2018年8月至2021年8月

续表1

序号	姓名	性别	民族	出生年月	政治面貌	援疆期间工作单位及职务		援疆起止时间
						受援单位职务（职称）	援派单位职务（职称）	
64	唐君	女	土家族	1972年4月	群众	博州华师一附中博乐分校教师	湖北省武汉市第十六中学语文教师、高级教师	2015年8月至2018年7月 2018年8月至2021年8月
65	周耀凯	男	汉族	1967年1月	群众	博州华师一附中博乐分校教师	湖北省武汉市新洲区第一中学语文教师、高级教师	2018年8月至2021年8月
66	张华芬	女	汉族	1967年11月	群众	博州华师一附中博乐分校教师	湖北省武汉市第七中学化学教师、高级教师	2018年8月至2021年8月
67	李喜珍	女	汉族	1973年10月	中共党员	博州华师一附中博乐分校教师	湖北省武汉市新洲区第一中学化学教师、高级教师	2018年8月至2021年8月
68	李敏	女	汉族	1978年1月	群众	博州华师一附中博乐分校教师	湖北省武汉市黄陂一中盘龙分校生物教师、高级教师	2018年8月至2021年8月
69	田开云	男	土家族	1973年10月	群众	博州华师一附中博乐分校教师	湖北省武汉市第二十六中学生物教师、中级教师	2018年8月至2021年8月
70	邓帮强	男	汉族	1970年11月	群众	博州华师一附中博乐分校教师	湖北省武汉市江夏区实验高级中学政治教师、高级教师	2018年8月至2021年8月
71	柏泽辰	男	汉族	1977年9月	中共党员	博州华师一附中博乐分校教师	湖北省武汉市钢城第十六中学历史教师、一级教师	2018年8月至2021年8月
72	陈林	男	土家族	1976年10月	群众	博州华师一附中博乐分校教师	湖北省武汉市常青第一中学地理教师、高级教师	2018年8月至2021年8月
73	马平	男	汉族	1972年8月	群众	博州华师一附中博乐分校教师	湖北省武汉市第二十六中学体育教师、中级教师	2018年8月至2021年8月
74	刘芳荣	女	汉族	1969年5月	群众	博州华师一附中博乐分校教师	湖北省武汉市第七中学美术教师、高级教师	2018年8月至2021年8月

续表1

序号	姓名	性别	民族	出生年月	政治面貌	援疆期间工作单位及职务		援疆起止时间
						受援单位职务（职称）	援派单位职务（职称）	
75	赵勇	男	汉族	1982年8月	中共党员	博州华师一附中博乐分校教师	湖北省武汉市工业科技学校信息技术教师、一级教师	2018年8月至2021年8月
76	甘勇军	男	汉族	1973年2月	中共党员	博州博乐市第九中学副校长	湖北省武汉市金鹤园学校语文教师、高级教师	2015年8月至2018年7月 2018年8月至2021年8月
77	陈彬	男	汉族	1968年4月	中共党员	博州博乐市第九中学教师	湖北省武汉市十一初级中学语文教师、高级教师	2018年8月至2021年8月
78	袁磊	男	汉族	1972年10月	中共党员	博州博乐市第九中学教师	湖北省武汉市金银湖中学数学教师、高级教师	2015年8月至2018年7月 2018年8月至2021年8月
79	张琴	女	汉族	1983年3月	群众	博州博乐市第九中学教师	湖北省武汉市新河街学校数学教师、一级教师	2018年8月至2021年8月
80	黄志勇	男	汉族	1971年11月	中共党员	博州博乐市第九中学教师	湖北省武汉市钢城第十中学英语教师、高级教师	2018年8月至2021年8月
81	向彩琴	女	汉族	1984年6月	群众	博州博乐市第九中学教师	湖北省武汉市光谷实验中学物理教师、一级教师	2018年8月至2021年8月
82	张望文	男	汉族	1970年8月	群众	博州博乐市第九中学教师	湖北省武汉市汉南区纱帽中学化学教师、一级教师	2018年8月至2021年8月
83	王玲	女	汉族	1968年11月	群众	博州博乐市第九中学教师	湖北省武汉市长虹中学英语教师、中学一级教师	2018年8月至2021年8月
84	黄红艳	女	汉族	1975年4月	群众	博州博乐市第九中学教师	湖北省武汉市金银湖中学数学教师、一级教师	2018年8月至2021年8月
85	尹新华	男	汉族	1973年9月	中共党员	博州博乐市第九中学小学教师	湖北省武汉市蔡甸区玉贤中学语文教师、一级教师	2018年8月至2021年8月

续表1

序号	姓名	性别	民族	出生年月	政治面貌	援疆期间工作单位及职务		援疆起止时间
						受援单位职务(职称)	援派单位职务(职称)	
86	李永自	男	汉族	1977年10月	群众	博州博乐市第九中学小学教师	湖北省武汉市光谷第二十八小学数学教师、一级教师	2018年8月至2021年8月
87	周燕	女	汉族	1973年10月	中共党员	博州博乐市妇幼保健计划生育服务中心医生	湖北省武汉市妇幼保健院产科三病区副主任	2018年8月至2020年1月
88	罗东	男	汉族	1973年5月	中共党员	博州博乐市中西医结合医院党委副书记、院长,普外科医生	湖北省武汉市第一人民医院普胸血管外科副主任	2018年8月至2020年1月
89	方玉蓉	女	汉族	1970年5月	群众	博州博乐市中西医结合医院儿科医生	湖北省武汉市儿童医院儿科副主任医师	2018年8月至2020年1月
90	丁晓明	男	汉族	1980年1月	群众	博州博乐市中西医结合医院中西医结合内科医生	湖北省武汉市第三人民医院中医科副主任医师	2018年8月至2020年1月
91	丁艳霄	男	回族	1974年10月	群众	博州博乐市中西医结合医院心内科医生	湖北省武汉市东湖区人民医院心内科副主任医师	2018年8月至2020年1月
92	郭一新	女	汉族	1976年4月	群众	博州博乐市中西医结合医院麻醉科医生	湖北省武汉市第五人民医院麻醉科副主任医师	2018年8月至2020年1月
93	李震	男	汉族	1988年7月	中共党员	博州阿拉山口综合保税区规划建设局副局长	湖北省孝感市建设工程质量监督站工程师	2018年8月至2020年1月
94	耿冀	男	汉族	1986年11月	中共党员	博州阿拉山口市口岸管理办公室专业技术人员	湖北省鄂州市经济和信息化委员会规划与技术改造科副主任科员	2018年8月至2020年1月
95	李名强	男	汉族	1966年3月	中共党员	博州阿拉山口市文化体育广播影视局专业技术人才	湖北省黄石市广播电视台安保总监,高级工程师	2018年8月至2020年1月

续表1

序号	姓名	性别	民族	出生年月	政治面貌	援疆期间工作单位及职务		援疆起止时间
						受援单位职务(职称)	援派单位职务(职称)	
96	周建军	男	汉族	1967年11月	中共党员	博州阿拉山口市水利局专业技术人员	湖北省十堰市水土保持工作站副站长、高级工程师	2018年8月至2020年1月
97	严正	男	汉族	1982年7月	群众	博州阿拉山口市人民医院副院长、外科医生	湖北省黄石市第四人民医院创伤外科一病区副主任，主治医师	2018年8月至2020年1月
98	丁丽君	女	汉族	1987年8月	中共党员	博州阿拉山口市人民医院妇科主治医师	湖北省鄂东医疗集团黄石市妇幼保健院主治医师	2018年8月至2020年1月
99	盛顺顺	男	汉族	1985年4月	中共党员	博州阿拉山口市人民医院B超医生	湖北省大冶市殷祖中心卫生院彩超室医生	2018年8月至2020年1月
100	潘军	男	土家族	1974年10月	中共党员	博州阿拉山口市人民医院医生	湖北省十堰市太和医院儿科门诊副主任，副主任医师	2018年8月至2020年1月
101	肖文照	男	汉族	1979年11月	群众	博州阿拉山口市人民医院医生	湖北省鄂州市中医医院针灸推拿科主治医师	2018年8月至2020年1月
102	祝武辉	男	汉族	1975年6月	群众	博州阿拉山口市人民医院医生	湖北省孝感市第一人民医院内科主治医师	2018年8月至2020年1月
103	曾德斌	男	汉族	1963年12月	群众	博州精河县枸杞开发管理中心专业技术人员	湖北省荆门市农业综合执法局财务科科长，高级农艺师	2018年8月至2020年1月
104	王杰	男	汉族	1974年9月	中共党员	博州精河县高级中学历史教师	湖北省襄阳市田家炳中学教科室主任	2018年8月至2020年1月
105	张红云	女	汉族	1967年10月	群众	博州精河县妇幼保健计划生育服务中心儿科医生	湖北省钟祥市妇幼保健计划生育服务中心副主任医师	2018年8月至2020年1月
106	雷珉	女	汉族	1969年10月	中共党员	博州精河县人民医院妇产科医生	湖北省枣阳市中医医院妇产科主任	2018年8月至2020年1月

续表1

序号	姓名	性别	民族	出生年月	政治面貌	援疆期间工作单位及职务		援疆起止时间
						受援单位职务(职称)	援派单位职务(职称)	
107	姜波	男	汉族	1969年8月	群众	博州精河县人民医院超声影像诊断科医生	湖北省襄阳市中心医院超声影像科副主任医师	2018年8月至2020年1月
108	全正莉	女	汉族	1979年12月	群众	博州精河县人民医院血液净化科医生	湖北省荆门市第一人民医院肾脏内科副主任医师	2018年8月至2020年1月
109	严浩	男	汉族	1980年4月	群众	博州精河县人民医院耳鼻喉科医生	湖北省京山市人民医院耳鼻喉科主治医师	2018年8月至2020年1月
110	曾文	男	汉族	1984年4月	群众	博州精河县人民医院麻醉科医生	湖北省荆门市第二人民医院麻醉科主治医师	2018年8月至2020年1月
111	向振勇	男	汉族	1963年3月	群众	博州精河县中医医院放射影像诊断(CT)科医生	湖北省宜城市人民医院放射科副主任	2018年8月至2020年1月
112	王华	男	汉族	1978年12月	中共党员	博州精河县中医医院眼科医生	湖北省襄阳市第一人民医院主治医师	2018年8月至2020年1月
113	杨丽	女	汉族	1982年10月	群众	博州精河县中医医院医务管理人员	湖北省荆门市中医医院康复科主治医师	2018年8月至2020年1月
114	刘琴	女	汉族	1974年7月	中共党员	博州温泉县水利局专业技术人员	湖北省宜昌市当阳市水利规划与工程质量安全监督管理站干部	2018年8月至2020年1月
115	任奇	男	汉族	1982年4月	中共党员	博州温泉县住房和城乡建设局专业技术人员	湖北省咸宁市建设工程质量监督站工程师	2018年8月至2020年1月
116	鲁开文	男	汉族	1968年5月	群众	博州温泉县人民医院放射科医生	湖北省宜昌市中心人民医院放射科主治医师	2018年8月至2020年1月
117	谢芬高	男	汉族	1979年10月	群众	博州温泉县人民医院急诊科医生	湖北省宜昌市第一人民医院急诊科主治医师	2018年8月至2020年1月

续表1

序号	姓名	性别	民族	出生年月	政治面貌	援疆期间工作单位及职务		援疆起止时间
						受援单位职务(职称)	援派单位职务(职称)	
118	徐内卫	男	汉族	1965年9月	中共党员	博州温泉县人民医院消化内科医生	湖北省宜昌市第二人民医院急诊科主任，主任医师	2018年8月至2020年1月
119	张德新	男	汉族	1968年11月	群众	博州温泉县人民医院中医科医生	湖北省宜昌市中医医院副主任医师	2018年8月至2020年1月
120	丁芳	女	汉族	1975年11月	中共党员	博州温泉县人民医院妇科医生	湖北省三峡大学附属仁和医院妇产科副主任医师	2018年8月至2020年1月
121	祝深山	男	汉族	1982年12月	中共党员	博州温泉县人民医院口腔科主治医师	湖北省咸宁市中心医院口腔科主治医师	2018年8月至2020年1月
122	姚智	男	汉族	1974年6月	中共党员	博州温泉县人民医院副主任医师	湖北省咸宁市赤壁市蒲纺医院院长助理兼外科主任，副主任医师	2018年8月至2020年1月
123	程建	男	汉族	1979年1月	群众	博州温泉县人民医院主治医师	湖北省科技学院附属第二医院主治医师	2018年8月至2020年1月
124	张军	男	汉族	1970年7月	中共党员	博州温泉县人民医院儿科副主任医师	湖北省咸宁市妇幼保健院儿科副主任医师	2018年8月至2020年1月
125	吴宝明	女	汉族	1969年2月	群众	博州温泉县人民医院内科主治医生	湖北省咸宁市咸安区中医医院肾内科主治医师	2018年8月至2020年1月

续表1

序号	姓名	性别	民族	出生年月	政治面貌	援疆期间工作单位及职务		援疆起止时间
						受援单位职务(职称)	援派单位职务(职称)	
第十批(共计199人)								
1	周锋	男	汉族	1971年3月	中共党员	博州党委副书记	湖北省发展和改革委员会副主任、党组成员(2019年6月),省援疆工作前方指挥部党组书记、总指挥,省援疆工作办公室常务副主任,省政府驻新疆办事处主任	2019年6月至2022年6月
2	方向荣	男	汉族	1972年11月	中共党员	博州人民政府党组成员、副州长	湖北省教育厅党组成员(2019年10月),省援疆工作前方指挥部党组成员、副总指挥	2019年11月至2022年11月
3	张照云	男	汉族	1974年7月	中共党员	博州纪委副书记、监委副主任	湖北省纪委监委派驻省住建厅纪检监察组副组长(2019年7月)、一级调研员(2019年9月),省援疆工作前方指挥部党组成员	2019年11月至2022年11月
4	贺卫平	男	汉族	1981年11月	中共党员	博州党委组织部副部长	湖北省委组织部办公室副主任(2016年12月)、三级调研员(2020年6月),省援疆工作前方指挥部党组成员	2019年11月至2022年11月
5	王栋	男	汉族	1981年3月	中共党员	博州党委副秘书长	湖北省委军民融合发展委员会办公室秘书处处长(2020年9月)	2019年4月至2022年4月

续表1

序号	姓名	性别	民族	出生年月	政治面貌	援疆期间工作单位及职务		援疆起止时间
						受援单位职务(职称)	援派单位职务(职称)	
6	屈冬云	男	汉族	1986年11月	中共党员	博州党委组织部援疆干部科副科长	湖北省宜昌市远安县旧县镇党委副书记、镇长(2019年4月)、一级主任科员(2018年3月)	2020年7月至2023年2月
7	熊洁	男	汉族	1990年1月	中共党员	博州政府办公室信息科副科长	湖北省委直属机关工委研究室二级主任科员(2020年9月)	2019年4月至2022年4月
8	张桂洋	男	汉族	1975年1月	中共党员	博州党委宣传部副部长	湖北省委宣传部电影处四级调研员(2018年12月)	2020年7月至2023年2月
9	詹刚	男	汉族	1982年9月	中共党员	博州发改委党组成员、副主任	湖北省发改委就业和收入分配处副处长(2019年10月)	2020年7月至2023年2月
10	王吉	男	汉族	1981年4月	中共党员	博州文旅局党组成员、副局长	湖北省文物交流信息中心、省古建筑保护中心(湖北明清古建筑博物馆)副主任(2017年11月)	2020年7月至2023年2月
11	吴险峰	男	汉族	1977年7月	中共党员	博州教育局党组成员、副局长	湖北省教育督导办公室副主任(2018年2月)、三级调研员(2019年5月)	2020年7月至2023年2月
12	杨文波	男	汉族	1974年6月	中共党员	博州卫健委党组成员、副主任	湖北省血液管理中心副主任(2015年10月)	2020年7月至2023年2月
13	王星洲	男	汉族	1979年12月	中共党员	博州财政局党组成员、副局长	湖北省财政厅预算编审中心四级调研员(2018年2月)	2020年7月至2023年2月
14	高传进	男	汉族	1979年11月	中共党员	博州公安局党委委员、副局长	湖北省公安厅离退休干部处副处长(2018年5月)	2020年7月至2023年2月

续表1

序号	姓名	性别	民族	出生年月	政治面貌	援疆期间工作单位及职务		援疆起止时间
						受援单位职务(职称)	援派单位职务(职称)	
15	常荣毅	男	汉族	1979年8月	中共党员	博州五台工业园区(湖北工业园)党工委书记、管委会主任	湖北省武汉市黄陂区大潭办事处、大潭原种场党工委副书记、人武部部长(2014年11月)	2020年7月至2023年2月
16	吕煜文	男	汉族	1971年4月	中共党员	博州赛里木湖风景名胜区党工委委员、管理委员会副主任	湖北省文化和旅游厅政策法规与科教处四级调研员(2019年3月)	2020年7月至2023年2月
17	蒋永业	男	汉族	1979年10月	中共党员	博尔塔拉职业技术学院党委委员、副院长	武汉职业技术学院旅游与航空服务学院副院长、副教授	2021年10月至2023年2月
18	马进	男	汉族	1975年4月	中共党员	博尔塔拉职业技术学院交通学院院长	湖北交通职业技术学院汽车与航空学院党总支副书记、讲师	2021年10月至2023年2月
19	胡家忠	男	汉族	1969年5月	中共党员	博尔塔拉职业技术学院旅游学院副院长	湖北三峡职业技术学院旅游与教育学院教学办主任、副教授	2021年10月至2023年2月
20	徐圣	男	汉族	1983年8月	群众	博尔塔拉职业技术学院商学院院长	武汉职业技术学院生物工程学院院长助理、讲师	2021年10月至2023年2月
21	张要	男	汉族	1972年12月	群众	博尔塔拉职业技术学院商学院国际贸易教研室主任	黄冈职业技术学院商学院讲师	2021年10月至2023年2月
22	王朝晖	男	汉族	1968年1月	中共党员	博尔塔拉职业技术学院卫生健康学院院长	襄阳职业技术学院医学院副院长、副教授	2021年10月至2023年2月

续表1

序号	姓名	性别	民族	出生年月	政治面貌	援疆期间工作单位及职务		援疆起止时间
						受援单位职务(职称)	援派单位职务(职称)	
23	谢梅	女	汉族	1971年2月	民盟	博尔塔拉职业技术学院卫生健康学院临床医学教研室主任	襄阳职业技术学院医学院主治医师	2021年10月至2023年2月
24	朱健	男	汉族	1989年5月	群众	博尔塔拉职业技术学院卫生健康学院基础护理教研室主任	湖北职业技术学院护理学院讲师	2021年10月至2023年2月
25	谢民	女	汉族	1972年9月	中共党员	博尔塔拉职业技术学院教育学院院长	武汉城市职业学院学前教育学院舞蹈教研室主任、副教授	2021年10月至2023年2月
26	祁昕	女	汉族	1982年3月	群众	博尔塔拉职业技术学院教育学院小学教育教研室主任	武汉城市职业学院初等教育学院教学办公室副主任、讲师	2021年10月至2023年2月
27	别毕荣	男	汉族	1970年9月	中共党员	博尔塔拉职业技术学院机电学院副院长	武汉船舶职业技术学院交通运输工程学院高级工程师	2021年10月至2023年2月
28	高锦南	男	汉族	1984年2月	中共党员	博尔塔拉职业技术学院机电学院机电一体化教研室主任	武汉船舶职业技术学院机械工程学院讲师	2021年10月至2023年2月
29	刘春梅	女	汉族	1973年11月	中共党员	博尔塔拉职业技术学院信息工程学院副院长	武汉软件工程职业学院高职教务处副处长、教授	2021年10月至2023年2月
30	张勇	男	汉族	1969年2月	群众	博尔塔拉职业技术学院信息工程学院计算机教研室主任兼图文信息中心副主任	武汉软件工程职业学院计算机学院讲师	2021年10月至2023年2月

续表1

序号	姓名	性别	民族	出生年月	政治面貌	援疆期间工作单位及职务		援疆起止时间
						受援单位职务（职称）	援派单位职务（职称）	
31	邱丽明	女	汉族	1984年5月	中共党员	博尔塔拉职业技术学院马克思主义学院院长	长江工程职业技术学院马克思主义学院副院长、讲师	2021年10月至2023年2月
32	余德林	男	汉族	1986年7月	中共党员	博尔塔拉职业技术学院交通学院新能源汽车技术教研室主任	湖北交通职业技术学院汽车与航空学院讲师	2021年10月至2023年2月
33	赵沃华	男	汉族	1972年7月	中共党员	博州人民医院党委委员、副院长	华中科技大学同济医学院附属协和医院神经外科副主任	2021年10月至2023年2月
34	刘克	男	汉族	1982年3月	中共党员	博州人民医院党委委员、副院长	武汉大学口腔医院副主任医师	2021年10月至2023年2月
35	蔡飞	男	汉族	1986年11月	群众	博州人民医院普外科业务主任	华中科技大学同济医学院附属协和医院血管外科主治医师	2021年10月至2023年2月
36	张曌	女	汉族	1977年11月	群众	博州人民医院麻醉科业务主任	华中科技大学同济医学院附属协和医院麻醉科主治医师	2021年10月至2023年2月
37	王江	男	汉族	1974年12月	群众	博州人民医院骨科业务主任	华中科技大学同济医学院附属同济医院骨外科副主任医师	2021年10月至2023年2月
38	易桂文	男	汉族	1979年11月	群众	博州人民医院心血管内科业务主任	华中科技大学同济医学院附属协和医院心血管内科主治医师	2021年10月至2023年2月
39	刘燕燕	女	汉族	1982年1月	中共党员	博州人民医院妇产科业务主任	华中科技大学同济医学院附属同济医院妇产科副主任医师	2021年10月至2023年2月

续表1

序号	姓名	性别	民族	出生年月	政治面貌	援疆期间工作单位及职务		援疆起止时间
						受援单位职务(职称)	援派单位职务(职称)	
40	杜春仙	女	汉族	1971年11月	群众	博州人民医院呼吸与重症医学科业务主任	武汉大学中南医院呼吸与危重症医学科副主任医师	2021年10月至2023年2月
41	冯俊	男	汉族	1978年7月	群众	博州人民医院重症医学科业务主任	华中科技大学同济医学院附属同济医院急诊科副主任医师	2021年10月至2023年2月
42	李倩	女	汉族	1983年3月	农工党	博州人民医院超声影像科业务主任	省肿瘤医院超声科主治医师	2021年10月至2023年2月
43	陈德军	男	汉族	1981年1月	群众	博州妇幼保健计生服务中心副院长	省妇幼保健院妇科主治医师	2021年10月至2023年2月
44	胡晓琳	女	汉族	1983年11月	中共党员	博州妇幼保健计生服务中心儿童保健部副主任	华中科技大学同济医学院附属同济医院儿科主治医师	2021年10月至2023年2月
45	余文雄	男	汉族	1990年6月	群众	博州妇幼保健计生服务中心麻醉科副主任	武汉科技大学附属天佑医院麻醉科主治医师	2021年10月至2023年2月
46	曾少林	男	汉族	1983年1月	群众	博州蒙医医院呼吸重症监护室副主任	省人民医院呼吸与危重症医学科主治医师	2021年10月至2023年2月
47	雷育军	男	汉族	1978年3月	中共党员	博州蒙医医院手麻科副主任	仙桃市第一人民医院麻醉科主治医师	2021年10月至2023年2月
48	陈华东	男	汉族	1982年8月	群众	博州蒙医医院放射科副主任	恩施州中心医院放射科副主任医师	2021年10月至2023年2月

续表1

序号	姓名	性别	民族	出生年月	政治面貌	援疆期间工作单位及职务		援疆起止时间
						受援单位职务(职称)	援派单位职务(职称)	
49	黄李	男	土家族	1984年2月	中共党员	博州公安局技术侦察支队副支队长	湖北省公安厅技侦总队江汉支队三大队大队长(2019年4月)	2021年10月至2023年2月
50	叶露	男	汉族	1982年12月	中共党员	博州公安局网络安全保卫支队副支队长	湖北省公安厅网安总队网络技术侦察支队网络反恐情报侦察大队警务技术二级主管(2018年9月)	2021年10月至2023年2月
51	赵灵	男	汉族	1985年8月	中共党员	博州公安局经济犯罪侦查支队副支队长	湖北省公安厅技侦总队技侦一支队一大队警务技术二级主管(2018年9月)	2021年10月至2023年2月
52	李红吉	男	汉族	1988年1月	中共党员	博州赛里木湖风景名胜区管理委员会旅游发展管理局副局长	武汉旅游体育集团旅游股份集团市场部主管	2021年10月至2023年2月
53	冯磊	男	汉族	1976年2月	群众	博州赛里木湖风景名胜区管理委员会计划财务管理局副局长	襄阳市文物管理处财务科负责人、馆员	2021年10月至2023年2月
54	张华明	男	汉族	1987年12月	中共党员	新疆赛里木湖旅游投资有限责任公司副总经理	湖北三峡旅游集团股份有限公司旅游发展事业部副总经理、中级经济师	2021年10月至2023年2月
55	孙林	男	汉族	1972年10月	中共党员	州党委党校副校长(行政学院副院长)	武汉市委党校教务处副处长、三级调研员	2021年10月至2023年2月
56	王诚	男	汉族	1989年11月	中共党员	博州工信局专业技术人员	省经济和信息化厅科学技术处三级主任科员	2021年10月至2023年2月

续表1

序号	姓名	性别	民族	出生年月	政治面貌	援疆期间工作单位及职务		援疆起止时间
						受援单位职务(职称)	援派单位职务(职称)	
57	戴忠清	男	汉族	1968年10月	中共党员	博州实验中学高中副校长	云梦县黄香高级中学高中教师(2005年1月)、教务主任(2012年7月)	2020年9月至2023年8月
58	王亮	男	汉族	1985年5月	群众	博州实验中学高中数学教师	孝昌县第一高级中学一级教师(2017年12月)	2020年9月至2023年8月
59	毕芳冰	女	汉族	1986年6月	中共党员	博州实验中学高中地理教师	大悟县思源实验学校一级教师(2015年12月)	2020年9月至2023年8月
60	刘会敏	女	汉族	1977年5月	群众	博州实验中学高中政治教师	随州市第二中学高级教师(2018年12月)	2020年9月至2023年8月
61	王瑞丰	男	汉族	1979年7月	中共党员	博州实验中学高中物理教师	随州市第一中学高级教师(2014年7月)	2020年9月至2023年8月
62	易庆娟	女	汉族	1970年10月	群众	博州实验中学高中英语教师	仙桃市沔城高中英语教师(2003年8月)、中学高级教师(2009年5月)	2020年9月至2023年8月
63	范江华	男	汉族	1981年12月	群众	博州实验中学高中化学教师	天门实验高级中学化学教师(2003年9月)、一级教师(2009年10月)、专技9级(2018年1月)	2020年9月至2023年8月
64	刘涛	男	汉族	1970年9月	中共党员	博州实验中学高中生物教师	潜江中学高级教师(2009年5月)	2020年9月至2023年8月
65	李峰	男	汉族	1983年4月	中共党员	博州蒙古中学副校长	安陆市第一高级中学政教处主任(2016年8月)、一级教师(2015年12月)	2020年9月至2023年8月

续表1

序号	姓名	性别	民族	出生年月	政治面貌	援疆期间工作单位及职务		援疆起止时间
						受援单位职务(职称)	援派单位职务(职称)	
66	晏庆丰	女	汉族	1971年1月	群众	博州蒙古中学教务处主任	潜江市职业教育中心中学高级教师(2017年12月)	2020年9月至2023年8月
67	胡定玉	女	汉族	1979年8月	群众	博州蒙古中学政教处主任	潜江市实验高中中学二级教师(2005年12月)	2020年9月至2023年8月
68	朱红兵	男	汉族	1979年11月	中共党员	博乐市委副书记	湖北省武汉市硚口区古田街工委副书记、办事处主任(2015年7月)、政协联络委主任(2019年7月)	2019年11月至2022年11月
69	胡刚	男	汉族	1983年10月	中共党员	博乐市委常委、副市长	湖北省武汉市江汉区北湖街办事处副主任(2019年8月)	2020年7月至2023年2月
70	张锋	男	汉族	1986年2月	中共党员	博乐市委组织部副部长	湖北省武汉市蔡甸区委组织部组织一科科长(2019年7月)	2020年9月至2023年2月
71	虞京军	男	汉族	1971年1月	中共党员	博乐市教育局党组成员、副局长	湖北省武汉市四美塘中学副校长(2018年7月)	2020年7月至2023年2月
72	王强	男	汉族	1986年10月	中共党员	博乐市农业农村局党组副书记、局长	湖北省武汉市农业农村局农产品质量安全监管处二级主任科员(2019年6月)	2020年9月至2023年2月
73	韩瑞	男	汉族	1984年3月	中共党员	博乐市人民医院副院长	武汉市第一医院主治医师	2021年10月至2023年2月
74	俞鑫	男	汉族	1987年7月	群众	博乐市人民医院中医部医生	武汉市中医医院主治医师	2021年10月至2023年2月

续表1

序号	姓名	性别	民族	出生年月	政治面貌	援疆期间工作单位及职务		援疆起止时间
						受援单位职务(职称)	援派单位职务(职称)	
75	吴成龙	男	汉族	1976年10月	中共党员	博乐市人民医院疼痛康复科医生	武汉市第四医院主治医师	2021年10月至2023年2月
76	杨浩	男	汉族	1981年12月	中共党员	博乐市人民医院内一科医生	武汉市黄陂区人民医院主治医师	2021年10月至2023年2月
77	李凡	男	汉族	1986年11月	中共党员	博乐市人民医院普外科医生	武汉市中心医院主治医师	2021年10月至2023年2月
78	费曦艳	女	汉族	1975年8月	群众	博乐市妇幼保健计划生育服务中心妇产科医生	武汉市第三医院主治医师	2021年10月至2023年2月
79	陈国策	男	汉族	1989年2月	中共党员	博乐市妇幼保健计划生育服务中心妇产科医生	武汉儿童医院主治医师	2021年10月至2023年2月
80	华国良	男	汉族	1982年4月	中共党员	博乐市住建局房地产市场综合服务中心专业技术人员	武汉市青山区城区改造更新局四级主任科员	2021年10月至2023年2月
81	刘斌	男	汉族	1995年6月	群众	博乐市住建局园林绿化服务中心专业技术人员	武汉市园林建筑工程有限公司工程一部施工员、助理工程师	2021年10月至2023年2月
82	甄云鹏	男	满族	1981年11月	中共党员	博乐市自然资源局国土空间规划管理办主任	武汉市测绘研究院经营计划部主任、高级工程师	2021年10月至2023年2月
83	程玮	男	汉族	1987年6月	中共党员	博乐市公安局网络安全保卫大队专业技术人员	武汉市公安局硚口区分局网络安全保卫大队二级警长	2021年10月至2023年2月
84	姚克	男	汉族	1982年7月	群众	博乐市文旅局旅游办专业技术人员	武汉武旅股份集团工程项目部主管	2021年10月至2023年2月

续表1

序号	姓名	性别	民族	出生年月	政治面貌	援疆期间工作单位及职务		援疆起止时间
						受援单位职务(职称)	援派单位职务(职称)	
85	万飞	男	汉族	1971年10月	中共党员	博乐市文旅局文化馆专业技术人员	武汉市东西湖区文化馆音乐专干、副研究馆员	2021年10月至2023年2月
86	朱庆杰	男	汉族	1972年10月	中共党员	博乐市融媒体中心(广播电视台)总工程师	武汉市蔡甸区新闻采访中心主任、记者	2021年10月至2023年2月
87	刘丹	男	汉族	1989年6月	中共党员	博乐市边合区管理委员会副主任	省科技投资集团有限公司建设管理中心工程技术部部长	2021年10月至2023年2月
88	杨宏毅	男	汉族	1986年11月	中共党员	博乐市边合区管理委员会规划建设部干事	武汉建工集团股份有限公司工程研究设计院建筑设计师、工程师	2021年10月至2023年2月
89	李鹏	男	汉族	1974年10月	中共党员	博乐市边合区管理委员会招商服务部干事	武汉市武昌区商务局现代商贸服务中心主任	2021年10月至2023年2月
90	李柱	男	汉族	1969年11月	中共党员	博乐市高级中学(华师一附中博乐分校)校长	华中师大一附中年级主任、高级教师	2021年10月至2023年2月
91	付伶俐	女	汉族	1977年2月	中共党员	博乐市高级中学(华师一附中博乐分校)教师	华中师大一附中一级教师	2021年10月至2023年2月
92	杨毅	男	汉族	1975年10月	群众	博乐市高级中学(华师一附中博乐分校)教师	华中师大一附中一级教师	2021年10月至2023年2月
93	范连美	男	汉族	1974年9月	群众	博乐市高级中学(华师一附中博乐分校)教师	华中师大一附中一级教师	2021年10月至2023年2月
94	罗晓兵	男	汉族	1974年8月	群众	博乐市高级中学(华师一附中博乐分校)教师	华中师大一附中一级教师	2021年10月至2023年2月
95	张鹄	男	汉族	1977年11月	群众	博乐市高级中学(华师一附中博乐分校)教师	武汉市第二中学一级教师	2021年10月至2023年2月

续表1

序号	姓名	性别	民族	出生年月	政治面貌	援疆期间工作单位及职务		援疆起止时间
						受援单位职务(职称)	援派单位职务(职称)	
96	彭芬	女	汉族	1974年7月	群众	博乐市高级中学(华师一附中博乐分校)教师	武汉市第二中学一级教师	2021年10月至2023年2月
97	张志明	男	汉族	1973年9月	群众	博乐市高级中学(华师一附中博乐分校)教师	武汉市第二十中学一级教师	2021年10月至2023年2月
98	王惠敏	女	汉族	1969年6月	民盟	博乐市高级中学(华师一附中博乐分校)教师	武汉市实验学校高级教师	2021年10月至2023年2月
99	张照康	男	汉族	1992年9月	群众	博乐市高级中学(华师一附中博乐分校)教师	武汉市育才高级中学教师	2021年10月至2023年2月
100	邹庆	男	汉族	1967年10月	民盟	博乐市高级中学(华师一附中博乐分校)教师	武汉市第十二中学高级教师	2021年10月至2023年2月
101	陈阳平	男	汉族	1969年12月	中共党员	博乐市高级中学(华师一附中博乐分校)教师	武汉市第十二中学高级教师	2021年10月至2023年2月
102	涂海滨	男	汉族	1966年6月	群众	博乐市高级中学(华师一附中博乐分校)教师	武汉市第十七中学高级教师	2021年10月至2023年2月
103	陈文华	男	汉族	1966年12月	群众	博乐市高级中学(华师一附中博乐分校)教师	武汉市第三中学高级教师	2021年10月至2023年2月
104	陈三红	男	汉族	1969年10月	中共党员	博乐市高级中学(华师一附中博乐分校)教师	武汉市第二十三中学一级教师	2021年10月至2023年2月
105	宋玉芬	女	汉族	1974年8月	中共党员	博乐市高级中学(华师一附中博乐分校)教师	武汉市第十四中学高级教师	2021年10月至2023年2月
106	伍琼	女	汉族	1969年8月	中共党员	博乐市高级中学(华师一附中博乐分校)教师	武汉中学高级教师	2021年10月至2023年2月

续表1

序号	姓名	性别	民族	出生年月	政治面貌	援疆期间工作单位及职务		援疆起止时间
						受援单位职务(职称)	援派单位职务(职称)	
107	张成全	女	汉族	1967年11月	民盟	博乐市高级中学(华师一附中博乐分校)教师	武汉中学高级教师	2021年10月至2023年2月
108	张雄显	男	白族	1968年12月	中共党员	博乐市高级中学(华师一附中博乐分校)教师	武汉市钢城第四中学高级教师	2021年10月至2023年2月
109	朱娅	女	汉族	1972年11月	中共党员	博乐市高级中学(华师一附中博乐分校)教师	武汉市钢都中学高级教师	2021年10月至2023年2月
110	周清平	女	汉族	1967年1月	群众	博乐市高级中学(华师一附中博乐分校)教师	武汉市洪山高级中学高级教师	2021年10月至2023年2月
111	宋三兵	男	汉族	1968年6月	群众	博乐市高级中学(华师一附中博乐分校)教师	武汉市江夏区第一中学高级教师	2021年10月至2023年2月
112	吴永军	男	汉族	1972年2月	群众	博乐市高级中学(华师一附中博乐分校)教师	武汉市江夏实验高级中学高级教师	2021年10月至2023年2月
113	王锦川	男	汉族	1967年10月	群众	博乐市高级中学(华师一附中博乐分校)教师	武汉市新洲区城关高级中学高级教师	2021年10月至2023年2月
114	李长发	男	汉族	1994年7月	群众	博乐市高级中学(华师一附中博乐分校)教师	武汉市新洲区第四中学二级教师	2021年10月至2023年2月
115	程建利	女	汉族	1969年8月	群众	博乐市高级中学(华师一附中博乐分校)教师	武汉市新洲区城关高级中学高级教师	2021年10月至2023年2月
116	李立新	男	汉族	1970年1月	中共党员	博乐市第一中学教师	武汉市第十二初级中学高级教师	2021年10月至2023年2月
117	管维保	男	汉族	1967年8月	中共党员	博乐市第一中学教师	武汉市先锋中学高级教师	2021年10月至2023年2月

续表1

序号	姓名	性别	民族	出生年月	政治面貌	援疆期间工作单位及职务		援疆起止时间
						受援单位职务(职称)	援派单位职务(职称)	
118	黄辉东	男	汉族	1979年12月	中共党员	博乐市第一中学教师	武汉市常码头中学一级教师	2021年10月至2023年2月
119	褚金红	女	汉族	1973年11月	中共党员	博乐市第一中学教师	武汉市任家路中学一级教师	2021年10月至2023年2月
120	姚雯霞	女	汉族	1977年1月	群众	博乐市第一中学教师	武汉市卓刀泉中学一级教师	2021年10月至2023年2月
121	饶新清	男	汉族	1969年6月	中共党员	博乐市第一中学教师	武汉市新沟中学一级教师	2021年10月至2023年2月
122	吴明会	女	汉族	1977年2月	群众	博乐市第一中学教师	武汉市蔡甸区小集中学一级教师	2021年10月至2023年2月
123	艾启斌	男	汉族	1969年9月	中共党员	博乐市第一中学教师	武汉市江夏区第二中学高级教师	2021年10月至2023年2月
124	彭小浜	男	汉族	1970年9月	群众	博乐市第一中学教师	武汉黄陂前川环城中学一级教师	2021年10月至2023年2月
125	翁先胜	男	汉族	1974年9月	民盟	博乐市第一中学教师	武汉市汉南区纱帽中学高级教师(现聘专技七级岗)	2021年10月至2023年2月
126	程宏	男	汉族	1975年9月	中共党员	博乐市第一中学(武汉市第一初级中学博乐分校)校长	武汉一初慧泉中学教务处副主任(2015年10月)	2020年9月至2023年8月
127	王晓明	男	汉族	1965年8月	中共党员	博乐市第一中学(武汉市第一初级中学博乐分校)教师	武汉市第四中学语文教师(专技六级)(2005年9月)	2020年9月至2023年8月
128	盛蓉	女	汉族	1970年1月	中共党员	博乐市第一中学(武汉市第一初级中学博乐分校)教师	武汉市东西湖区走马岭中学语文教师(专技六级)(2006年6月)	2020年9月至2023年8月

续表1

序号	姓名	性别	民族	出生年月	政治面貌	援疆期间工作单位及职务		援疆起止时间
						受援单位职务(职称)	援派单位职务(职称)	
129	胡静婷	女	汉族	1973年11月	中共党员	博乐市第一小学校长	武汉市硚口区红旗村小学副校长(2018年8月)	2020年9月至2023年8月
130	刘开辉	男	汉族	1973年9月	中共党员	博乐市第一小学教师	武汉市汉阳区钟家村小学数学教师(专技八级)(2007年7月)	2020年9月至2023年8月
131	宋朝勇	男	汉族	1975年8月	中共党员	博乐市第一小学教师	武汉市青山区钢城第十八小学数学教师(专技十级)(2012年12月)	2020年9月至2023年8月
132	秦遵怀	男	汉族	1975年1月	中共党员	阿拉山口市委副书记	湖北省大冶市委常委、组织部部长(2015年12月)	2019年11月至2022年11月
133	何佳硕	男	汉族	1984年6月	中共党员	阿拉山口综保区党工委委员、管委会副主任	湖北省商务厅投资促进处副处长(2019年6月)	2020年7月至2023年2月
134	刘合林	男	汉族	1976年3月	中共党员	阿拉山口市委组织部副部长	湖北省黄石市西塞山区人力资源和社会保障局党组书记、局长(2019年3月)	2020年9月至2023年2月
135	王朝霞	女	汉族	1969年10月	中共党员	阿拉山口综合保税区经济发展局专业技术人员	襄阳市市场发展服务中心党委委员、纪委书记	2021年10月至2023年2月
136	王新春	男	汉族	1969年9月	中共党员	阿拉山口综合保税区经济发展局专业技术人员	武汉市伍家岗区商务局党组成员、区物流业发展服务中心主任	2021年10月至2023年2月
137	魏晓林	男	汉族	1976年12月	中共党员	阿拉山口综合保税区经济发展局企业经营管理人员	湖北联投新材料开发有限公司综合部经理	2021年10月至2023年2月

续表1

序号	姓名	性别	民族	出生年月	政治面貌	援疆期间工作单位及职务		援疆起止时间
						受援单位职务(职称)	援派单位职务(职称)	
138	丁义伟	男	汉族	1980年3月	中共党员	阿拉山口综合保税区经济发展局企业经营管理人员	湖北现代农业有限公司行政总监兼襄阳分公司负责人	2021年10月至2023年2月
139	马闻	男	汉族	1972年12月	中共党员	阿拉山口市人民医院副院长	黄石市第五医院医疗部部长、副主任医师	2021年10月至2023年2月
140	彭中德	男	汉族	1970年1月	群众	阿拉山口市人民医院中医科副主任	汉川市中医医院副主任医师	2021年10月至2023年2月
141	刘锦萍	女	汉族	1970年6月	群众	阿拉山口市人民医院影像科副主任	鄂东医疗集团市中心医院超声影像科副主任医师	2021年10月至2023年2月
142	周保锋	男	汉族	1971年10月	中共党员	阿拉山口市人民医院妇产科副主任	十堰市妇幼保健院产科主任、副主任医师	2021年10月至2023年2月
143	柯利平	男	汉族	1980年9月	中共党员	阿拉山口市人民医院急救科副主任	黄石市第四医院创伤外科主治医师	2021年10月至2023年2月
144	胡文昌	男	汉族	1971年8月	农工党	阿拉山口市人民医院急救科副主任	鄂州市中心医院急诊科副主任、副主任医师	2021年10月至2023年2月
145	汪爽	女	汉族	1992年2月	农工党	阿拉山口市文化旅游局专业技术人员	黄石市下陆区东方山街道办事处副主任	2021年10月至2023年2月
146	张佳木	男	汉族	1978年8月	中共党员	阿拉山口市住建局城建办专业技术人员	大冶市城建重点工程服务中心技术科科长	2021年10月至2023年2月
147	伍丹花	女	汉族	1976年10月	致公党	阿拉山口市住建局建管办专业技术人员	十堰市建设工程管理处工程师	2021年10月至2023年2月
148	陈辉	男	汉族	1971年1月	中共党员	阿拉山口市水利局专业技术人员	大冶市水利和湖泊局政策法规股兼水资源股股长	2021年10月至2023年2月

续表1

序号	姓名	性别	民族	出生年月	政治面貌	援疆期间工作单位及职务		援疆起止时间
						受援单位职务（职称）	援派单位职务（职称）	
149	石振华	男	汉族	1985年9月	群众	阿拉山口市广播电视台专业技术人员	黄石日报社记者	2021年10月至2023年2月
150	黄永福	男	汉族	1971年4月	中共党员	阿拉山口市中学副校长	黄石市下陆区教育局办公室主任2017年7月（中教一级1998年5月）	2020年9月至2023年8月
151	杨司乾	男	汉族	1970年9月	民革	阿拉山口市中学化学教师	大冶市第六中学化学老师1999年8月（讲师2001年10月）	2020年9月至2023年8月
152	林静	女	汉族	1976年9月	群众	阿拉山口市中学语文教师	黄石市十六中语文教师1997年6月（中教高级2011年8月）	2020年9月至2023年8月
153	王恒	男	汉族	1976年12月	民进、中共党员	阿拉山口市中学信息技术教师	黄石市十六中信息技术处主任2012年9月（中教高级2016年12月）	2020年9月至2023年8月
154	王冲	男	汉族	1973年12月	中共党员	阿拉山口市中学信息技术教师	鄂州市第一中学教师2002年7月（中教一级2008年12月）	2020年9月至2023年8月
155	谭涛	男	汉族	1976年11月	中共党员	精河县委副书记	湖北省宜城市副市长（2016年12月）	2019年11月至2022年11月
156	胡俊义	男	汉族	1981年5月	中共党员	精河县委常委、副县长	湖北省荆门高新区·掇刀区招商局（商务局）局长（2018年11月）	2020年7月至2023年2月

续表1

序号	姓名	性别	民族	出生年月	政治面貌	援疆期间工作单位及职务		援疆起止时间
						受援单位职务(职称)	援派单位职务(职称)	
157	冯德俊	男	汉族	1978年7月	中共党员	精河县委组织部副部长	湖北省襄阳市南漳县委组织部办公室主任(2010年12月)、二级主任科员(2017年12月)	2020年9月至2023年2月
158	陈美琴	女	汉族	1971年6月	中共党员	精河县人民医院副院长	湖北省荆门市第一人民医院院办副主任兼北院区综合办公室主任(2017年1月)、副主任护师	2020年9月至2021年8月
159	史超	男	汉族	1976年12月	群众	精河县人民医院耳鼻喉科副主任	襄阳市第一人民医院主治医师	2021年10月至2023年2月
160	李卿	男	汉族	1981年7月	群众	精河县人民医院麻醉科副主任	京山市人民医院麻醉科主治医师	2021年10月至2023年2月
161	彭洪琼	男	汉族	1988年8月	群众	精河县人民医院心血管内科副主任	钟祥市人民医院神经内科主治医师	2021年10月至2023年2月
162	佘小艳	女	汉族	1975年4月	群众	精河县人民医院妇科副主任	荆门市第二人民医院妇产科主治医师	2021年10月至2023年2月
163	杨丹	女	汉族	1978年11月	中共党员	精河县人民医院检验科副主任	老河口市第一医院输血科副主任、主管技师	2021年10月至2023年2月
164	曹雪梅	女	汉族	1979年7月	群众	精河县人民医院急诊科副主任	枣阳市人民医院重症医学科主治医师	2021年10月至2023年2月
165	陈勇	男	土家族	1990年4月	中共党员	精河县文化体育广播电视和旅游局专业技术人员	襄阳市隆中风景名胜区综合执法大队队员	2021年10月至2023年2月

续表1

序号	姓名	性别	民族	出生年月	政治面貌	援疆期间工作单位及职务		援疆起止时间
						受援单位职务(职称)	援派单位职务(职称)	
166	郑朗	男	汉族	1988年1月	中共党员	精河县自然资源局专业技术人员	京山市自然资源和规划局工作人员	2021年10月至2023年2月
167	望向阳	男	汉族	1969年1月	中共党员	精河工业园区管委会企业经营管理人员	宜城经济开发区一级主任科员	2021年10月至2023年2月
168	雷清虎	男	汉族	1980年1月	中共党员	精河县枸杞产业发展中心副主任	荆门市彭场林场造林绿化科科长	2021年10月至2023年2月
169	曾铮	男	汉族	1984年11月	群众	精河县高级中学教师	京山市第一中学语文教师、中学一级教师(2008年8月)	2020年9月至2023年8月
170	杨镇华	男	汉族	1977年1月	群众	精河县高级中学教师	沙洋中学数学教师、中学一级教师(2001年7月)	2020年9月至2023年8月
171	宋书帆	男	土家族	1982年12月	中共党员	精河县高级中学英语教师	襄阳市第一中学英语教师、一级教师(2011年12月)	2020年9月至2023年8月
172	黄贞珍	女	汉族	1987年1月	党员	精河县高级中学教师	京山市第一中学化学教师、中学一级教师(2009年8月)	2020年9月至2023年8月
173	金毅枫	男	汉族	1988年4月	群众	精河县高级中学物理教师	襄阳市致远中学物理教师、二级教师(2014年12月)	2020年9月至2023年8月
174	吴志强	男	汉族	1972年12月	中共党员	精河县高级中学政治教师	襄阳市第九中学政治教师、一级教师(2013年12月)	2020年9月至2023年8月
175	黄光学	男	汉族	1977年6月	中共党员	温泉县委副书记	湖北省宜昌市夷陵区委常委、宣传部部长(2016年12月)，三级调研员(2018年2月)	2019年11月至2022年11月

续表1

序号	姓名	性别	民族	出生年月	政治面貌	援疆期间工作单位及职务		援疆起止时间
						受援单位职务(职称)	援派单位职务(职称)	
176	胡泉	男	汉族	1977年9月	中共党员	温泉县委常委、副县长	湖北省咸宁市委组织部部务委员(2016年6月)	2020年7月至2023年2月
177	杨凡	男	汉族	1982年3月	中共党员	温泉县委组织部副部长	湖北省宜昌市委组织部正科职干部、四级调研员(2019年11月)	2020年7月至2023年2月
178	陈亮	男	汉族	1981年9月	中共党员	温泉县发改委党组成员、副主任	湖北省咸宁市发改委核电办主任科员(负责市援疆办日常工作)(2017年12月)	2020年7月至2023年2月
179	吴海锐	男	汉族	1987年7月	中共党员	温泉县人民医院消化内科医师	咸宁市第一人民医院主治医师	2021年10月至2023年2月
180	曾祥明	男	汉族	1970年3月	中共党员	温泉县人民医院普外科副主任	咸宁市嘉鱼县人民医院外一科副主任、副主任医师	2021年10月至2023年2月
181	郑松华	男	汉族	1981年11月	群众	温泉县人民医院急诊科医师	宜昌市夷陵医院ICU主治医师	2021年10月至2023年2月
182	郭昌云	女	汉族	1980年12月	中共党员	温泉县人民医院重症医学科副主任	宜昌市第一人民医院重症医学科主治医师	2021年10月至2023年2月
183	李齐勇	男	汉族	1979年3月	群众	温泉县人民医院医学影像科副主任	宜昌市第二人民医院放射科副主任医师	2021年10月至2023年2月
184	谷菲	女	汉族	1970年1月	中共党员	温泉县人民医院医学影像科医师	湖北科技学院附属第二医院超声科副主任主治医师	2021年10月至2023年2月
185	陈梦宇	男	汉族	1988年10月	中共党员	温泉县人民医院神经内科医师	咸宁市中心医院神经内科医师主治医师	2021年10月至2023年2月

续表1

序号	姓名	性别	民族	出生年月	政治面貌	援疆期间工作单位及职务		援疆起止时间
						受援单位职务(职称)	援派单位职务(职称)	
186	杨谆谆	女	汉族	1976年6月	群众	温泉县人民医院妇科副主任	宜昌市妇幼保健和计划生育服务中心副主任医师	2021年10月至2023年2月
187	徐翔	男	汉族	1985年8月	群众	温泉县人民医院口腔科医师	宜昌市中心人民医院口腔科主治医师	2021年10月至2023年2月
188	陈旭光	男	汉族	1986年5月	群众	温泉县人民医院中医科医师	咸宁市中医医院皮肤科主治中医师	2021年10月至2023年2月
189	翟银艳	女	汉族	1976年7月	群众	温泉县财政局专业技术人员	宜昌市夷陵区房屋征收服务中心财务股股长、高级会计师	2021年10月至2023年2月
190	国玉洁	女	汉族	1986年6月	中共党员	温泉县文化体育广播电视和旅游局专业技术人员	远安县文化馆副馆长、馆员	2021年10月至2023年2月
191	徐刚	男	汉族	1975年2月	中共党员	温泉县文化体育广播电视和旅游局专业技术人员	咸宁市博物馆陈列部主任、馆员	2021年10月至2023年2月
192	付邦郎	男	汉族	1968年12月	中共党员	温泉县高级中学副校长	宜昌市外国语高中教科处主任、语文教师 高级(2002年11月)	2020年9月至2023年8月
193	郭道松	男	土家族	1979年11月	中共党员	温泉县高级中学教研组长	宜昌市第一中学化学教研组副组长、化学教师 中级(2011年12月)	2020年9月至2023年8月
194	周海云	女	汉族	1976年5月	群众	温泉县城镇小学副校长	当阳市太子桥小学副校长 一级(2006年12月)	2020年9月至2023年8月

续表1

序号	姓名	性别	民族	出生年月	政治面貌	援疆期间工作单位及职务		援疆起止时间
						受援单位职务(职称)	援派单位职务(职称)	
195	周瑾	女	汉族	1979年2月	中共党员	温泉县高级中学年级组长	鄂南高中英语教师、党办主任、团委书记(中小学高级)(2010年5月)	2020年9月至2023年8月
196	胡洪军	男	汉族	1967年2月	群众	温泉县高级中学政治教师	嘉鱼县南嘉中学政治教师(中小学高级)(2018年12月)	2020年9月至2023年8月
197	蔡太平	男	汉族	1968年3月	群众	温泉县高级中学化学教师	嘉鱼县城北中学化学教师(中小学高级)(2012年12月)	2020年9月至2023年8月
198	汪会敏	女	汉族	1978年12月	群众	温泉县初级中学副校长	咸宁实验外国语学校教师(中小学高级)(2016年12月)	2020年9月至2023年8月
199	黄晓芳	女	汉族	1974年12月	群众	温泉县初级中学教师	赤壁市实验中学教师(中小学一级)(2006年6月)	2020年9月至2023年8月
第十批(中期轮换132人)								
1	陈其国	男	汉族	1973年10月	中共党员	博尔塔拉职业技术学院党委委员、副院长	武汉职业技术学院计算机技术与软件工程学院副院长、副教授(2018年4月)	2020年9月至2021年8月
2	祝福	男	汉族	1970年9月	民盟盟员	博尔塔拉职业技术学院机电系电气自动化技术专业教师	武汉船舶职业技术学院电气与电子工程学院教师、副教授(2005年12月)	2020年9月至2021年8月
3	逯晓琪	男	汉族	1998年10月	共青团员	博尔塔拉职业技术学院机电系无人机应用技术专业教师	荆州理工职业学院电子信息学院无人机专业教师(2019年7月)	2020年9月至2021年8月

续表1

序号	姓名	性别	民族	出生年月	政治面貌	援疆期间工作单位及职务		援疆起止时间
						受援单位职务(职称)	援派单位职务(职称)	
4	杨健	男	土家族	1987年12月	中共党员	博尔塔拉职业技术学院医药卫生系护理专业教师	黄冈职业技术学院护理学院护理专业副主任、讲师(2017年11月)	2020年9月至2021年8月
5	张明军	男	汉族	1968年11月	群众	博尔塔拉职业技术学院医药卫生系医学影像专业教师	湖北职业技术学院医学基础部教师、副教授(2009年7月)	2020年9月至2021年8月
6	石龙标	男	汉族	1989年5月	群众	博尔塔拉职业技术学院汽车系汽车营销服务技术专业教师	湖北生态工程职业技术学院助教(2018年12月)	2020年9月至2021年8月
7	李远武	男	汉族	1964年4月	群众	博尔塔拉职业技术学院汽车系汽车检测与维修专业教师	襄阳职业技术学院汽车工程学院讲师(1993年4月)	2020年9月至2021年8月
8	李博	男	汉族	1981年12月	中共党员	博尔塔拉职业技术学院电子信息系电子商务专业教师	长江职业学院电商物流学院讲师(专技十级)(2018年1月)	2020年9月至2021年8月
9	王发早	女	汉族	1994年3月	中共党员	博尔塔拉职业技术学院电子信息系物联网专业教师	湖北生物科技职业学院教师(2016年9月)	2020年9月至2021年8月
10	汪洋	女	汉族	1974年10月	中共党员	博尔塔拉职业技术学院电子信息系网络技术专业教师	武汉软件工程职业学院教师、副教授(2013年3月)	2020年9月至2021年8月
11	周子良	男	汉族	1979年10月	群众	博尔塔拉职业技术学院电子信息系平面设计专业教师	湖北交通职业技术学院讲师(2010年12月)	2020年9月至2021年8月

续表1

序号	姓名	性别	民族	出生年月	政治面貌	援疆期间工作单位及职务		援疆起止时间
						受援单位职务(职称)	援派单位职务(职称)	
12	杨美芳	女	汉族	1963年1月	中共党员	博尔塔拉职业技术学院教育系小学教育专业教师	武汉城市职业学院教授(2016年12月)	2020年9月至2021年8月
13	冯细平	女	汉族	1971年10月	群众	博尔塔拉职业技术学院教育系学前教育专业教师	湖北幼儿师范高等专科学校学前教育系讲师(2004年10月)	2020年9月至2021年8月
14	宁瑞鹏	男	汉族	1971年6月	中共党员	博尔塔拉职业技术学院旅游与经济管理系会计专业教师	湖北轻工职业技术学院讲师(2000年3月)	2020年9月至2021年8月
15	刘琪	男	汉族	1980年10月	中共党员	博尔塔拉职业技术学院旅游与经济管理系酒店管理专业教师	三峡旅游职业技术学院酒店管理专业讲师(2013年7月)、党委宣传科科长(2018年9月)	2020年9月至2021年8月
16	李光辉	男	汉族	1970年10月	中共党员	博州人民医院党委委员、副院长、骨科业务主任	华中科技大学同济医学院附属同济医院骨外科副主任医师(2007年11月)	2020年9月至2021年8月
17	谢江娇	女	汉族	1981年4月	中共党员	博州人民医院心血管科业务主任	华中科技大学同济医学院附属协和医院心血管内科主治医师(2009年11月)	2020年9月至2021年8月
18	王洁	男	汉族	1971年10月	群众	博州人民医院麻醉科副主任	华中科技大学同济医学院附属协和医院麻醉科副主任医师(2016年11月)	2020年9月至2021年8月

续表1

序号	姓名	性别	民族	出生年月	政治面貌	援疆期间工作单位及职务		援疆起止时间
						受援单位职务(职称)	援派单位职务(职称)	
19	刘兴华	男	汉族	1980年8月	群众	博州人民医院普外科业务主任	华中科技大学同济医学院附属协和医院胃肠外科主治医师(2011年11月)	2020年9月至2021年8月
20	刘超	男	汉族	1979年9月	群众	博州人民医院普外科副主任	湖北省第三人民医院普外科副主任医师(2018年12月)	2020年9月至2021年8月
21	杨国超	男	汉族	1974年3月	群众	博州人民医院普外科副主任	湖北省荣军医院外三科副主任医师(2011年12月)	2020年9月至2021年8月
22	刘磊	男	汉族	1979年8月	群众	博州人民医院神经外科业务主任	武汉科技大学附属天佑医院神经外科主治医师(2011年8月)	2020年9月至2021年8月
23	龚洵	女	汉族	1978年10月	中共党员	博州人民医院妇产科业务主任	华中科技大学同济医学院附属同济医院妇产科副主任医师(2017年11月)	2020年9月至2021年8月
24	郭剑锋	男	汉族	1981年6月	群众	博州人民医院妇产科副主任	华中科技大学同济医学院附属协和医院妇产科副主任医师(2017年11月)	2020年9月至2021年8月
25	王大伟	男	汉族	1982年4月	群众	博州人民医院麻醉科副主任	武汉大学中南医院重症医学科副主任医师(2018年4月)	2020年9月至2021年8月
26	彭伟	男	汉族	1982年8月	中共党员	博州蒙医院麻醉科副主任	武汉大学口腔医院麻醉科副主任医师(2016年6月)	2020年9月至2021年8月
27	周爽	男	汉族	1987年9月	中共党员	博州蒙医院放射科副主任	湖北省中医院光谷放射科主治医师(2012年6月)	2020年9月至2021年8月

续表1

序号	姓名	性别	民族	出生年月	政治面貌	援疆期间工作单位及职务		援疆起止时间
						受援单位职务(职称)	援派单位职务(职称)	
28	刘虎	男	汉族	1986年9月	中共党员	博州蒙医院超声科副主任	湖北省中医院超声影像科主治医师(2017年12月)	2020年9月至2021年8月
29	胡兴文	男	汉族	1969年1月	中共党员	博州妇幼保健计划生育服务中心副院长	湖北省妇幼保健院检验科主任技师(2012年11月)	2020年9月至2021年8月
30	雷凡	男	汉族	1973年9月	中共党员	博州妇幼保健计划生育服务中心麻醉科副主任	湖北省人民医院麻醉科主治医师(2010年5月)	2020年9月至2021年8月
31	任加红	男	汉族	1975年3月	群众	博州妇幼保健计划生育服务中心儿科副主任	湖北省妇幼保健院儿童呼吸内科主治医师(2008年5月)	2020年9月至2021年8月
32	黄李	男	土家族	1984年2月	中共党员	博州公安局技术侦察支队专业技术人才	湖北省公安厅技侦总队江汉支队三大队大队长(2019年4月)	2020年9月至2021年8月
33	叶露	男	汉族	1982年12月	中共党员	博州公安局网络安全保卫支队专业技术人才	湖北省公安厅网安总队网络技术侦察支队网络反恐情报侦察大队警务技术二级主管(2018年9月)	2020年9月至2021年8月
34	赵灵	男	汉族	1985年8月	中共党员	博州公安局科技信息化科专业技术人才	湖北省公安厅技侦总队技侦一支队一大队警务技术二级主管(2018年9月)	2020年9月至2021年8月
35	李娇	女	汉族	1987年1月	中共党员	博州五台工业园区(湖北工业园)经济发展局专业技术人才	湖北省襄阳市襄州区科学技术和经济信息化局经济运行股负责人、襄州区区域经济发展服务中心工作人员(2017年11月)	2020年9月至2021年8月

续表1

序号	姓名	性别	民族	出生年月	政治面貌	援疆期间工作单位及职务		援疆起止时间
						受援单位职务(职称)	援派单位职务(职称)	
36	朱文海	男	汉族	1985年2月	中共党员	博州五台工业园区(湖北工业园)招商局专业技术人才	湖北省武汉市水务集团有限公司人力资源部干事(2015年8月)	2020年9月至2021年8月
37	彭辉	男	汉族	1984年11月	中共党员	博州五台工业园区(湖北工业园)安全生产和环境保护局专业技术人才	湖北省秭归县环保局污防股股长、环保工程师(2015年10月)	2020年9月至2021年8月
38	罗亚男	女	汉族	1984年6月	中共党员	博州赛里木湖风景名胜区管委会旅游发展管理局专业技术人才	湖北省随州职业技术学院旅游管理学院讲师(2016年12月)	2020年9月至2021年8月
39	张俊	男	汉族	1977年5月	中共党员	博州赛里木湖风景名胜区管委会计划财务局专业技术人才	湖北省荆州市经济和信息化局经济运行科副科长(2019年12月)	2020年9月至2021年8月
40	吴小莹	男	汉族	1985年12月	中共党员	博州赛里木湖旅游投资有限责任公司副总经理	鄂旅投集团湖北三峡大老岭旅游开发有限公司副总经理(2015年1月1)	2020年9月至2021年8月
41	段刚峰	男	汉族	1977年1月	中共党员	博乐市人民医院党委副书记、院长	湖北省武汉市第一医院心血管内科主治医师(2017年12月)	2020年9月至2021年8月
42	傅兰萍	女	汉族	1981年6月	中共党员	博乐市人民医院中医科副主任	湖北省武汉市中医医院主治医师(2016年1月)	2020年9月至2021年8月
43	蔡钧	男	汉族	1976年7月	群众	博乐市人民医院急诊科副主任	湖北省武汉市中心医院急诊科主治医师(2016年3月)	2020年9月至2021年8月

续表1

序号	姓名	性别	民族	出生年月	政治面貌	援疆期间工作单位及职务		援疆起止时间
						受援单位职务(职称)	援派单位职务(职称)	
44	袁勇谋	男	汉族	1979年4月	中共党员	博乐市人民医院皮肤科副主任	湖北省武汉市皮肤病防治院主治医师(2014年4月)	2020年9月至2021年8月
45	王红	女	汉族	1977年7月	群众	博乐市妇幼保健计划生育服务中心妇产科副主任	湖北省武汉市儿童医院主治医师(2011年11月)	2020年9月至2021年8月
46	袁文浩	男	汉族	1983年4月	中共党员	博乐市妇幼保健计划生育服务中心新生儿科副主任	湖北省武汉市儿童医院主治医师(2018年1月)	2020年9月至2021年8月
47	刘玺	男	汉族	1983年12月	中共党员	博乐市公安局专业技术人才	湖北省武汉市公安局经济犯罪侦查支队八大队副大队长(2019年4月)、三级警长(2018年12月)	2020年9月至2021年8月
48	钟运涛	男	汉族	1977年8月	中共党员	博乐市公安局专业技术人才	湖北省武汉市公安局网络安全保卫支队七大队警务技术四级主任(2018年12月)	2020年9月至2021年8月
49	刘磊	男	汉族	1981年1月	中共党员	博乐市文旅局专业技术人才	长江日报总编室主编(2018年3月)	2020年9月至2021年8月
50	张伟	男	汉族	1971年10月	群众	博乐市文旅局专业技术人才	武汉金旅建设投资有限责任公司高级主管(2012年12月)	2020年9月至2021年8月
51	唐冬云	男	汉族	1987年12月	中共党员	博乐市住建局专业技术人才	湖北省武汉市市政工程质量监督站工程师(2012年7月)	2020年9月至2021年8月
52	王坤	男	汉族	1985年11月	群众	博乐市市政工程管理局专业技术人才	湖北省武汉市城建工程有限公司道桥四公司副经理、安全总监(2017年9月)	2020年9月至2021年8月

续表1

序号	姓名	性别	民族	出生年月	政治面貌	援疆期间工作单位及职务		援疆起止时间
						受援单位职务(职称)	援派单位职务(职称)	
53	龚乙锋	男	汉族	1995年11月	群众	博乐市园林绿化局专业技术人才	湖北省武汉市花木公司工程五部职员(2019年3月)	2020年9月至2021年8月
54	金松	男	汉族	1987年10月	群众	博乐市质监站专业技术人才	武汉中城实业开发有限公司工程管理部经理助理(2016年3月)	2020年9月至2021年8月
55	王飞	男	汉族	1975年9月	中共党员	博乐边境经济合作区(金三角工业园区)副主任	湖北省武汉经济技术开发区汽车及零部件产业园管理办公室经济运行部管理七级职员(2015年5月)	2020年9月至2021年8月
56	杨明	男	汉族	1980年12月	中共党员	博乐边境经济合作区(金三角工业园区)专业技术人才	武汉地产集团市政建设管理有限公司质量安全部部长(2019年1月)	2020年9月至2021年8月
57	文革	男	汉族	1968年3月	中共党员	博乐边境经济合作区(金三角工业园区)专业技术人才	武汉商控实业有限公司物业部三阳路分区招商主管(2017年6月)	2020年9月至2021年8月
58	高明	男	汉族	1982年10月	中共党员	博乐市高级中学(华师一附中博乐分校)校长	华中师范大学第一附属中学教师、年级副主任(2018年8月)	2018年8月至2021年8月
59	李继林	男	汉族	1976年11月	中共党员	博乐市高级中学(华师一附中博乐分校)教师	华中师范大学第一附属中学数学教师(2018年8月)	2018年8月至2021年8月
60	魏群	女	汉族	1975年5月	中共党员	博乐市高级中学(华师一附中博乐分校)教师	华中师范大学第一附属中学语文教师(2018年8月)	2018年8月至2021年8月

续表1

序号	姓名	性别	民族	出生年月	政治面貌	援疆期间工作单位及职务		援疆起止时间
						受援单位职务(职称)	援派单位职务(职称)	
61	罗丹	女	汉族	1975年4月	群众	博乐市高级中学(华师一附中博乐分校)教师	华中师范大学第一附属中学语文教师(2018年8月)	2018年8月至2021年8月
62	汪礼波	男	汉族	1974年12月	群众	博乐市高级中学(华师一附中博乐分校)教师	华中师范大学第一附属中学英语教师(2018年8月)	2018年8月至2021年8月
63	唐华清	男	汉族	1965年1月	群众	博乐市高级中学(华师一附中博乐分校)教师	武汉市第二十六中学数学教师、高级教师(2018年8月)	2018年8月至2021年8月
64	高启存	男	汉族	1974年6月	群众	博乐市高级中学(华师一附中博乐分校)教师	武汉市第二十三中学数学教师、高级教师(2018年8月)	2018年8月至2021年8月
65	张怡	女	壮族	1974年12月	群众	博乐市高级中学(华师一附中博乐分校)教师	武汉中学数学教师、高级教师(2018年8月)	2018年8月至2021年8月
66	王正国	男	汉族	1975年2月	群众	博乐市高级中学(华师一附中博乐分校)教师	武汉市第二中学物理教师、高级教师(2018年8月)	2018年8月至2021年8月
67	李起志	男	汉族	1968年7月	中共党员	博乐市高级中学(华师一附中博乐分校)教师	武汉市新洲区第三中学物理教师、高级教师(2018年3月)	2018年8月至2021年8月
68	李汉洪	男	汉族	1971年3月	群众	博乐市高级中学(华师一附中博乐分校)教师	武汉市蔡甸职业教育中心学校物理教师、中学二级教师(2018年8月)	2018年8月至2021年8月
69	孙红霞	女	汉族	1975年12月	中共党员	博乐市高级中学(华师一附中博乐分校)教师	武汉市光谷第二高级中学英语教师、高级教师(2018年8月)	2018年8月至2021年8月
70	余勤轩	男	汉族	1963年10月	群众	博乐市高级中学(华师一附中博乐分校)教师	武汉市建港中学英语教师、一级教师(2018年8月)	2018年8月至2021年8月

续表1

序号	姓名	性别	民族	出生年月	政治面貌	援疆期间工作单位及职务		援疆起止时间
						受援单位职务(职称)	援派单位职务(职称)	
71	张怒	男	汉族	1969年1月	群众	博乐市高级中学(华师一附中博乐分校)教师	武汉市吴家山四中英语教师、一级教师(2018年8月)	2018年8月至2021年8月
72	唐君	女	土家族	1972年4月	群众	博乐市高级中学(华师一附中博乐分校)教师	武汉市第十六中学语文教师、高级教师(2018年8月)	2018年8月至2021年8月
73	周耀凯	男	汉族	1967年1月	群众	博乐市高级中学(华师一附中博乐分校)教师	武汉市新洲区第一中学语文教师、高级教师(2018年8月)	2018年8月至2021年8月
74	张华芬	女	汉族	1967年11月	群众	博乐市高级中学(华师一附中博乐分校)教师	武汉市第七中学化学教师、高级教师(2018年8月)	2018年8月至2021年8月
75	李喜珍	女	汉族	1973年10月	中共党员	博乐市高级中学(华师一附中博乐分校)教师	武汉市新洲区第一中学化学教师、高级教师(2018年8月)	2018年8月至2021年8月
76	李敏	女	汉族	1978年1月		博乐市高级中学(华师一附中博乐分校)教师	武汉市黄陂一中盘龙分校生物教师、高级教师(2018年8月)	2018年8月至2021年8月
77	田开云	男	土家族	1973年10月	群众	博乐市高级中学(华师一附中博乐分校)教师	武汉市第二十六中学生物教师、中级教师(2018年8月)	2018年8月至2021年8月
78	邓帮强	男	汉族	1970年11月	中共党员	博乐市高级中学(华师一附中博乐分校)教师	武汉市江夏区实验高级中学政治教师、高级教师(2018年8月)	2018年8月至2021年8月
79	柏泽辰	男	汉族	1977年9月	中共党员	博乐市高级中学(华师一附中博乐分校)教师	武汉市钢城第十六中学历史教师、一级教师(2018年8月)	2018年8月至2021年8月
80	陈林	男	土家族	1967年10月	群众	博乐市高级中学(华师一附中博乐分校)教师	武汉市常青第一中学地理教师、高级教师(2018年8月)	2018年8月至2021年8月

续表1

序号	姓名	性别	民族	出生年月	政治面貌	援疆期间工作单位及职务		援疆起止时间
						受援单位职务(职称)	援派单位职务(职称)	
81	马平	男	汉族	1972年8月	群众	博乐市高级中学(华师一附中博乐分校)教师	武汉市第二十六中学体育教师、中级教师(2018年8月)	2018年8月至2021年8月
82	刘芳荣	女	汉族	1969年5月	群众	博乐市高级中学(华师一附中博乐分校)教师	武汉市第七中学美术教师、高级教师(2018年8月)	2018年8月至2021年8月
83	赵勇	男	汉族	1982年8月	中共党员	博乐市高级中学(华师一附中博乐分校)教师	武汉市工业科技学校信息技术教师、一级教师(2018年8月)	2018年8月至2021年8月
84	甘勇军	男	汉族	1973年2月	中共党员	博乐市第九中学副校长	武汉市金鹤园学校语文教师、高级教师(2018年8月)	2018年8月至2021年8月
85	陈彬	男	汉族	1968年4月	中共党员	博乐市第九中学教师	武汉市十一初级中学语文教师、高级教师(2018年8月)	2018年8月至2021年8月
86	袁磊	男	汉族	1972年10月	中共党员	博乐市第九中学教师	武汉市金银湖中学数学教师、高级教师(2018年8月)	2018年8月至2021年8月
87	张琴	女	汉族	1983年3月	群众	博乐市第九中学教师	武汉市新河街学校数学教师、一级教师(2018年8月)	2018年8月至2021年8月
88	黄志勇	男	汉族	1971年11月	中共党员	博乐市第九中学教师	武汉市钢城第十中学英语教师、高级教师(2018年8月)	2018年8月至2021年8月
89	向彩琴	女	汉族	1984年6月	群众	博乐市第九中学教师	武汉市光谷实验中学物理教师、一级教师(2018年8月)	2018年8月至2021年8月
90	王玲	女	汉族	1968年11月	群众	博乐市第九中学教师	武汉市长虹中学英语教师、一级教师(2018年8月)	2018年8月至2021年8月
91	黄红艳	女	汉族	1975年4月	群众	博乐市第九中学教师	武汉市金银湖中学数学教师、一级教师(2018年8月)	2018年8月至2021年8月

续表1

序号	姓名	性别	民族	出生年月	政治面貌	援疆期间工作单位及职务		援疆起止时间
						受援单位职务(职称)	援派单位职务(职称)	
92	尹新华	男	汉族	1973年9月	中共党员	博乐市第九中学小学教师	武汉市蔡甸区玉贤中学语文教师、一级教师(2018年8月)	2018年8月至2021年8月
93	李永自	男	汉族	1977年10月	群众	博乐市第九中学小学教师	武汉市光谷第二十八小学数学教师、一级教师(2018年8月)	2018年8月至2021年8月
94	徐钢	男	汉族	1971年1月	中共党员	阿拉山口综保区管委会经济发展局专业技术人才	武汉建设投资有限公司投资发展部副部长(2013年3月)	2020年9月至2021年8月
95	汪兴清	女	汉族	1969年12月	中共党员	阿拉山口综保区管委会经济发展局专业技术人才	湖北省襄阳市商务局电子商务科科长(2019年5月)	2020年9月至2021年8月
96	徐元	男	汉族	1991年8月	群众	阿拉山口综保区管委会经济发展局专业技术人才	武汉东湖综合保税区建设管理办公室副科级干部(2019年8月)	2020年9月至2021年8月
97	佟帅	男	汉族	1984年9月	中共党员	阿拉山口综保区管委会经济发展局专业技术人才	宜昌高新园林绿化有限公司常务副总经理、宜昌市东山建设发展有限公司董事，工程师(2017年5月)	2020年9月至2021年8月
98	伍勇	男	汉族	1986年11月	群众	阿拉山口市人民医院副院长	鄂东医疗集团黄石市中心医院医保办主任(2018年4月)	2020年9月至2021年8月
99	王忠军	男	汉族	1967年4月	群众	阿拉山口市人民医院中医科副主任	鄂东医疗集团黄石市中心医院(市普爱医院)中医科副主任(2018年5月)(中级职称)	2020年9月至2021年8月

续表1

序号	姓名	性别	民族	出生年月	政治面貌	援疆期间工作单位及职务		援疆起止时间
						受援单位职务(职称)	援派单位职务(职称)	
100	李安军	男	汉族	1972年5月	群众	阿拉山口市人民医院外科副主任	湖北省十堰市人民医院脊柱外科副主任、副主任医师(2010年8月)	2020年9月至2021年8月
101	张芷铭	女	回族	1978年12月	中共党员	阿拉山口市人民医院儿科副主任	鄂东医疗集团黄石市第二医院儿科副主任(2018年7月)	2020年9月至2021年8月
102	张芳华	女	汉族	1975年10月	群众	阿拉山口市人民医院妇产科副主任	湖北省孝感市妇幼保健院孕产保健部副主任医师(2016年11月)	2020年9月至2021年8月
103	程军	男	汉族	1973年10月	中共党员	阿拉山口市人民医院B超科副主任	湖北省鄂州市妇幼保健院超声影像科主任(2013年4月)、副主任医师(2011年1月)	2020年9月至2021年8月
104	喻卫军	男	汉族	1981年7月	中共党员	阿拉山口市文旅局专业技术人才	湖北省黄石市图书馆网络部中级馆员(2012年1月)	2020年9月至2021年8月
105	张明忠	男	汉族	1974年11月	中共党员	阿拉山口市文旅局专业技术人才	湖北省十堰广播电视台记者(2013年3月)	2020年9月至2021年8月
106	陈燕	女	汉族	1973年6月	中共党员	阿拉山口市住建局专业技术人才	湖北省黄石市住房和城乡建设局住房保障工作领导小组常务副组长(2019年8月)(正科级)	2020年9月至2021年8月
107	陈猛	男	汉族	1985年12月	中共党员	阿拉山口市住建局专业技术人才	湖北省孝感市住房和城乡建设局城市建设科副科长(2019年4月)	2020年9月至2021年8月

续表1

序号	姓名	性别	民族	出生年月	政治面貌	援疆期间工作单位及职务		援疆起止时间
						受援单位职务（职称）	援派单位职务（职称）	
108	吕鉴权	男	汉族	1988年11月	群众	阿拉山口市水利局专业技术人才	湖北省黄石市水文水资源勘测局水资源科科员	2020年9月至2021年8月
109	陈美琴	女	汉族	1971年6月	中共党员	精河县人民医院副院长	湖北省荆门市第一人民医院院办副主任兼北院区综合办公室主任（2017年1月）、副主任护师	2020年9月至2021年8月
110	孙华玲	女	汉族	1976年9月	群众	精河县人民医院妇产科主任	湖北省荆门市中医医院妇科副主任医师（201[illegible]年6月）	2020年9月至2021年8月
111	胡豪	男	汉族	1980年3月	中共党员	精河县人民医院妇产科副主任	湖北省襄阳市妇幼保健院妇产科副主任（2015年5月）	2020年9月至2021年8月
112	孔旭华	男	汉族	1982年7月	群众	精河县人民医院耳鼻喉科副主任	湖北省沙洋县人民医院五官科医生（2009年5月）	2020年9月至2021年8月
113	胡汇敏	男	汉族	1981年8月	中共党员	精河县人民医院麻醉科副主任	湖北省襄阳市中心医院麻醉科医生（2006年7月）	2020年9月至2021年8月
114	廖廷彦	男	汉族	1975年3月	群众	精河县人民医院儿科副主任	湖北省枣阳市第一人民医院儿科副主任（2018年5月）	2020年9月至2021年8月
115	段梅梅	女	汉族	1982年2月	群众	精河县人民医院内三科副主任	湖北省京山市人民医院内科医生（2007年6月）	2020年9月至2021年8月
116	王龙	男	汉族	1983年1月	中共党员	精河县枸杞产业发展局副局长	湖北省襄阳市保康县店垭林业管理站站长（2018年3月）	2020年9月至2021年8月
117	李国平	男	汉族	1975年8月	中共党员	精河县林业和草原局专业技术人才	湖北省荆门市十里牌林场黄山分场场长（2010年7月）	2020年9月至2021年8月

续表1

序号	姓名	性别	民族	出生年月	政治面貌	援疆期间工作单位及职务		援疆起止时间
						受援单位职务(职称)	援派单位职务(职称)	
118	郑朗	男	汉族	1988年1月	中共党员	精河工业园区管委会专业技术人才	湖北省京山市自然资源和规划局工作人员(2019年5月)	2020年9月至2021年8月
119	潘耀伟	男	汉族	1986年4月	民建	精河工业园区管委会服务中心副主任	湖北省襄阳市林业发展投资有限公司投资部员工(2018年3月)	2020年9月至2021年8月
120	何天兵	男	汉族	1977年5月	中共党员	温泉县人民医院副院长	湖北省崇阳县人民医院一外科副主任、副高级职称(2018年7月)	2020年9月至2021年8月
121	胡回忆	男	汉族	1972年7月	群众	温泉县人民医院普外科主任	湖北省宜昌市第一人民医院普外科医生、副主任医师(2005年12月)	2020年9月至2021年8月
122	熊志军	男	汉族	1965年5月	群众	温泉县人民医院肛肠科副主任	湖北省嘉鱼县人民医院肛肠科副主任(2016年5月)	2020年9月至2021年8月
123	廖海勇	男	汉族	1977年11月	群众	温泉县人民医院急诊科副主任	湖北省通城县中医医院医务科主任(2017年2月)	2020年9月至2021年8月
124	宋更生	男	汉族	1969年7月	群众	温泉县人民医院CT室副主任	湖北省宜昌市第二人民医院放射科主治医师(1997年12月)	2020年9月至2021年8月
125	余少伟	男	汉族	1972年12月	中共党员	温泉县人民医院儿科副主任	湖北省赤壁市中医医院主治医师(2004年12月)、医务科负责人	2020年9月至2021年8月
126	吴孟君	男	汉族	1984年10月	中共党员	温泉县人民医院肾内科副主任	湖北省宜昌市中心人民医院肾病内科主治医师(2014年5月)	2020年9月至2021年8月

续表1

序号	姓名	性别	民族	出生年月	政治面貌	援疆期间工作单位及职务		援疆起止时间
						受援单位职务(职称)	援派单位职务(职称)	
127	兰晓东	男	汉族	1983年9月	群众	温泉县人民医院消化内科副主任	湖北省宜都市红花套镇卫生院副院长、内儿科主任，主治医师(2016年5月)	2020年9月至2021年8月
128	张莹	女	汉族	1985年4月	中共党员	温泉县人民医院重症医学科副主任	湖北省咸宁市中心医院急危重症科主治医师(2016年10月)	2020年9月至2021年8月
129	阮普寨	女	汉族	1976年10月	群众	温泉县人民医院妇产科主任	湖北省通山县通羊镇卫生院妇产科主治医师(2013年5月)	2020年9月至2021年8月
130	章建雄	男	汉族	1983年4月	中共党员	温泉县文旅局专业技术人才	湖北省宜昌市长阳土家族自治县文化和旅游局办公室主任(2019年3月)	2020年9月至2021年8月
131	冯磊	男	汉族	1985年4月	中共党员	温泉县文旅局专业技术人才	湖北省咸宁市群众艺术馆副馆长(2016年8月)，馆员(中级，2013年9月)	2020年9月至2021年8月
132	万国清	女	汉族	1970年11月	中共党员	温泉县文化馆馆长	湖北省宜昌市兴山县文联副秘书长(2016年4月)	2020年9月至2021年8月

①2022年9月，傅立民因严重违纪违法被开除党籍和公职。

②2023年11月，徐建军涉嫌严重违纪违法，接受湖北省纪委监委纪律审查和监察调查。

③2024年9月，黄金星涉嫌严重违纪违法，接受湖北省纪委监委纪律审查和监察调查。